글로벌 시대 재미한인 연구

이론적 리뷰와 새로운 방향의 모색

이 책은 2016년도 대한민국 교육부와 한국학중앙연구원(한국학진흥사업단)의
해외한인연구사업의 지원을 받아 수행된 연구임(AKS-2016-SRK-1230005)

글로벌 시대 재미한인 연구

이론적 리뷰와 새로운 방향의 모색

정은주 엮음

정은주 · 한경구 · 박계영 · 이정덕
김현희 · 박정선 · 이재협 · 유철인 지음

學古房

이 책은 해외 거주 한인, 그 중에서도 가장 큰 분포를 보이는 재미한인에 대한 연구를 진행하면서 현대 이주의 맥락에서 필요한 시각과 패러다임이 무엇일까를 고민한 결과물이다. 주지하듯, 기술적 진전에 힘입어 시공간을 압축(Harvey 1991)하듯 글로벌화(globalization)가 심화되면서 국경의 이동은 더 이상 예외적인 현상으로 여겨지지 않는다. 자본과 상품, 이념과 기술, 그리고 사람들의 국경을 넘는 이동이 일상의 질서로 자리잡으면서, 국가 경계를 넘어 정치 · 경제 · 문화의 흐름을 공유하며 현재를 살아가는 우리의 활동과 네트워크의 범위, 그리고 정체성의 경계는 더 이상 한국 혹은 미국 등 하나의 국민국가의 테두리에 한정된다고 보기 힘들게 되었다. 더욱이 재미한인을 포함한 국제이주자의 경우, 과거보다 국경의 이동이 일반적으로 용이하고 빈번해지면서, 그 정체성과 연대의 양상, 언어 및 문화가 영토에 고착되기보다는 각각의 이주의 이유와 시기만큼이나 다양하고 복합적인 모습으로 드러나고 있다. 이러한 환경은 예전처럼 재미한인을 거주지만 옮겨 간 '한국사람'으로 보거나 정착지 미국의 일원으로 동화되어가는 '미국시민'으로만 인식하는 시각이 더 이상 유효하지 않다는 것을 말해준다. 2016년 한국학진흥사업단의 해외한인 연구 지원 하에 재미한인 연구 프로젝트를 시작하면서 필자를 포함한 8인의 저자들이 가장 먼저 제기한 점은 이처럼 재미한인들이 단순히 혈연의 연대에 의해 '동포'로 묶이거나 '미국에 사는 그들'로 단순화될 수 없는 다양하고 복합적인 집단으로 변모하고 있다는 점이었다. 이 연구는 '재외동포'의 한 줄기, 혹은 미국 내 소수민족 집단 중 하나이지만 민족적 구분이나 국적성, 법적 지위에 준하여 모두를 하나의 공동체로 간주하기 힘들어지고 있는 이들을 파악하는 데 있어 핵심적인 시대적 조건은 무엇이며, 변화와 성장을 분석하고 설명해낼 패러다임은 무엇일까라는 질문으로 시작되었다.

종래의 재미한인 연구를 거칠게 대별해 볼 때, 많은 이주 연구들이 그렇듯, 대체로 이주지에서의 적응 및 통합에 초점을 두거나 한인으로서의 정체성을 천착한 연구들이 주를 이루었다. 첫 번째 연구 경향은 이민사와 정착지에서의 적응과정에 초점을 두며 이주한 국가에서 한인 이주자가 어떤 기회와 경제활동을 통해 적응하고, 현지에 통합되어가는 가에 주목한 것이다. 재미한인 연구도 일제강점기 식민 지배를 피해 이주한 여정과 정착 과정, 재미한인들이 독립운동 및 이후 한국의 정치·사회 과정과 어떻게 연관되고 있는지에 대한 연구에서부터, 1965년 미국 이민법 개정 이후 미국 본토로 이민하여 정착하고 적응해가는 과정 등 이주사와 적응과정에 주목한 연구가 큰 부분을 차지하고 있다. 적응, 동화, 통합과 관련된 주제는 지금까지도 이어지는 연구 전통으로서, 정치, 경제, 교육 등의 영역에서 한인이 어떻게 미국사회에 적응하고 있으며, 어떤 특성을 드러내고 있는가를 논한 연구들이 다수 존재한다. 두 번째는 1990년대 이후 등장한, 한국인으로서의 정체성에 집중한 연구 경향이다. 한인 인구 전체를 민족적 정체성이 최우선되는 디아스포라로 상정하여 모국에 대한 감정적이고 이념적인 애착을 자연스러운 것으로 가정한 관점에서 이루어진 연구들이다. 이 두 가지 접근법은 각각 이민이 활발해지는 시기에 시작된 동화와 적응에 대한 관심에서 비롯되었거나, 국내에서 해외한인에 대한 관심이 대두하기 시작하던 때의 시대적 요청과 맞물린다. 1992년 재미한인 사회에 충격과 각성을 가져왔던 LA 폭동 이후 등장한 또다른 연구경향은, 한인의 미국 내에서의 위치와 타인종·타민족과의 관계에 대한 관심이 고조되면서 한인을 미국사회의 일원으로 바라보고자 한다. 한인이 미국의 소수민족으로 어떻게 존재하고 있는지, 나아가 어떻게 아시안 아메리칸이라는 정치적 집단으로 만들어지는지에 대한 현실적, 학문적 관심을 반영한 연구경향이다.

이와 같은 연구의 축적은 미국으로 이주한 한인들의 특성과 그들 간의 상호관계를 파악하고 집단적 적응과 차별 등을 이해하는 토대를 제공하며, 변화하는 재미한인 삶의 지형을 반영하고 있다. 미국이라는 새로운 장에서의 적응과 그 과정에서 한인으로서의 정체성이 어떻게 유지되거나 발현되는가에 초점을 둔 연구들과, 혼성의 정체성을 가지게 된 한인계 미국인에 주목한 접근 모두 재미한인을 이해하는 귀중한 연구를 축적하였다. 후자의 접근은, 거주지만 바뀐 채 여전히 한국사람으로서 새로운 정착지에서 살아남으려는 모습에 초점을 둔 전자의 관점이 지시하는 이론적, 현실적 오류를 극복하고자 한 것이기도 하다. 그런데 이 접근들은 모두 재미한인을 내부적으로 단단히 결속된 하나의 공동체로 상정하는 가정에 기반하고 있다는 공통점을 보인다. 이는 한인사회 외부에서 미국사회가 한인 이민과 그 후세대를 구조적으로 인종화(racialization)하고 민족화(ethnicization)한 시각과도 맞물린다. 그러나 이주 인구가 증가하는 과정에서 재미한인들은 어떤 역사적 맥락 속에서 이주했는지, 어떤 경제적, 직업적 위치에서 출발하고 성장했는지, 그리고 미국 내 지역의 특성이나 접촉하는 이들과의 관계가 어떤가 등의 요인에 따라 소속감이나 문화적 특성에 있어 단일하지 않다. 또한, 1992년 LA 폭동이 촉발한 각성이라든가 이민 세대가 다변화되며 미국시민으로서 마이너리티(minority)의 지위에 대응하는 모습이 등장하지만, 한인 전체를 종족적 마이너리티로 묶어내는 관점은 또다른 한계를 드러낸다. 초국적 왕래가 빈번해지고, 글로벌 경제가 재편되며 한국 자본이 유입되고 한류의 영향이 확산되는 과정에서 여전히 혹은 후세대에서 새로이 한인으로서의 정체성이 강화되는 모습도 등장하는 것이다. 이는 미국에 이주한 이들을 모두 혹은 세대별로 대체로 비슷한 사회적, 경제적, 문화적, 정치적 운명을 지닌 공동체로 단일하게 묶어내는 가정이 재고되어야 함을 지시하고 있다.

재미한인 사회를 비롯, 이주와 이주민에 대한 연구는 수많은 '경계'(border, in-between-ness)에 대한 질문을 수반하게 마련이다. 사실 글로벌화가 심화되고 국경 이동이 기술적으로 용이해지기 이전부터 이주민은 떠나기 전의 저쪽과 떠나온 후의 이쪽, 그 어느 한 쪽으로부터도 완벽히 단절되거나 완벽히 속하기 힘든 상황들을 일상적으로 마주해왔다. 양쪽(혹은 둘 이상 장소)의 가치와 문화, 물적 토대 및 인간관계 사이에서 끊임없이 제기될 수밖에 없는, 나는 누구이며, 어느 곳의 가치에 삶의 준거를 두어야 하고, 어디에 우선적으로 속해야 하는가라는 질문들은, 글로벌화로 인한 문화경제(Appadurai 1996)의 지각변동, 기원지와 이주지 간의 잦아진 접촉과 함께 더 두드러지고 그 층위가 다양해지고 있다. 과거에도 이민자들을 기원지나 정착지의 국적성 및 민족성에 기초하여 하나의 공동체로 가정하는 것은 실제와 잘 들어맞지 않았지만, 글로벌 미디어의 발달과 이동성의 폭발적 확대는 더욱 거주지 로칼(locale)에 한정되거나 모국 민족정체성으로 귀결되지 않고 다변화되고 있는 현 인구의 다양성을 심화하고 있는 것이다. 이는 근본적으로 일국에 한정되기 힘든 이주자와 이주 현상을 관성적으로 하나의 국가 혹은 민족이라는 프레임 속에서 파악하고자 하는 접근, '방법론적 내셔널리즘'(methodological nationalism, i.e. Glick-Schiller et al 1992)이 특히 도마위에 오를 수밖에 없는 시대적 환경에 놓여있음을 말해준다.

본저의 연구진은 종래 재미한인을 마이너리티 혹은 이민 이론에 기반하여 적응과 동화, 한인 고유의 특성과 연대의 양상을 분석하는 데에서 나아가, 다양하고 복합적인 층위를 품어가는 현재의 재미한인 사회를 파악하기 위해, 그들의 삶이 초국가적인 장에서 전개되고 있음에 주목하였다. 초국가주의(transnationalism) 논의는 1990년대 이후 여러 학문 영역에서 국가의 경계를 넘나드는 사람과 장소, 제도 간의 연결성에 주목하며 활발해졌다. 이주 연구에서 초국가주의는 이주자들이 이주 후에도 본국에서 여전히 활동한다는 점을 재조명하며, 정착지에 속하기 위해 노력하면서도 국경 너머의 정치적, 경제적, 문화적, 종교적 과정에 참여하고 있는 양상을 묘사해왔다(i.e. Basch et al. 1994; Faist 2000; Glick-Schiller et al 1992). 앞서 언급한 것처럼, 이주 이후에도 본국과의 관계와 상호작용이 국경을 넘어 지속되거나 새로이 형성되는 양상은 과거 20세기 초의 국제이주에서도 크게 주목되지 않았을 뿐 분명히 존재했다. 현재와 같이 일상화되고 광범위한 양상이 아닐지라도 국경을 넘어 연계가 유지되고 정보가 교환되며 새로운 이주를 촉발하고 있었던 점은 이주 체계이론과 네트워크 이론(Castles and Miller 2013 참조)을 통해서도 확인할 수 있다.

그러나 본저의 저자들이 주목한 재미한인 사회 내부의 다양성과 복합성은 이주 현상에 근본적으로 내재하고 있는 초국가적 움직임 이상의 시대적 조건, 즉 글로벌화의 심화와 연동되어 글로벌 경제가 재편되고 그 속에서 새로운 기회와 관계, 연대가 형성되는 초국가적 장에서 촉발되고 있다는 데에 초점을 둔다. 즉, 국제이주가 처음부터 초국가성과 연관되고 있었음을 인식하되, 무엇보다 글로벌화가 심화되면서 본국 및 연계된 글로벌 장소들과의 물리적, 정서적, 상징적 왕래가 빈번해지는 양상, 그리고 이주 모국과 정착국 사회, 그리고 그 사이의 장소들을 연결하는 다선적 사회관계가 재미한인의 삶과 행동에 제공할 수 있는 맥락을 초국가주의적 진전으로 보고 그것을 읽어낼 수 있는 연구의 방향타를 설정하고자 했다. 이주 기원국과의 초국적 연대가 단순히 모국을 그리워하는 첫 세대에 그치지 않고, 정보화 시대의 기술적 진전 및 21세기 글로벌 정치·경제 상황이라는 시대적 조건의 진전에 의해 초국가적 관계 형성과 활동이 다수의 재미한인에게 어떻게 현실적으로 또는 가능성으로 드러나고 있는지를 주목하였다. 초국가주의 접근을 통해, 글로벌 층위와 로컬의 층위가 연결되며 상호작용하는 가운데 재미한인 사회에 미치는 영향에 주목하였고, 따라서 같은 미국이라도 이민한 각 도시에서 생성되는 특성에 따라 뉴욕, 로스엔젤레스, 하와이, 피닉스 등의 서로 다른 도시의 재미한인 사회가 어떻게 다른 흐름을 생성하고 있는지를 고찰하고자 했다. 8인의 연구자들은 미국 내 몇 곳의 다른 도시에서 현장연구를 진행하면서 초국적 움직임 속에서 각 로칼이 달리 드러내는 양상을 분석하기 위해, 초기 이주에서부터 현재의 2세 이상 재미한인의 일상과 공간, 지역 운동과 역사 인식 및 정치 활동, 나아가 직역구조와 대중문화 등의 영역에서 각 영역과 관련된 개념적, 이론적 흐름을 정리하였다.

이와 같이 재미한인 사회를 초국가적 장에서 파악하려는 접근은 이주민으로서의 재미한인을 새로운 환경에 맞춰 적응하고 동화되며 삽입되는 수동적 존재, 영향력이 미미한 마이너리티, 혹은 뿌리에서 떨어져 나가 차별과 이질성을 견뎌야 하는 희생자로 보는 전통적 이민자 프레임과의 거리두기이기도 하다. 본저의 초국가주의 시각은, 재미한인을 로컬과 이주 기원지 국가를 넘어서는 차원에서의 관계와 활동을 일상적으로 혹은 상징적 차원에서 수행하는 이, 그 활동을 통해 정착지 및 기원지의 성격을 모두 변화시킬 수 있는 행위자로 보는 시각과 연관된다. 본저에서는 행위주체성(agency)과 관련된 방대한 이론 및 리뷰를 직접적으로 다루지는 않지만, 재미한인들이 초국가적 장에서 삶을 전개하는 과정에서 장소들을 연결시키고 매개하거나 둘 이상 장소의 문화를 전달함으로써 각 장소의 특성들을 변화시킬 수 있는 행위자라는 가정 하에 논의를 전개했다. 각 장에서 재미한인 사회를 조망할 이론적 논의 및 리뷰를 전개하면서 사회운동이나 역사쓰기, 지역사회 참여 및 정치적 참여 등의 주제를 다룬 것은 이러한 행위주체성에 대한 가정에서 비롯된다.

또한, 현재 재미한인 사회의 다양성과 복합성을 포착하기 위해 연구진은 에스닉 렌즈(ethnic lens)를 끼운 채 접근하는 방식, 즉 한인이라는 공통의 민족적 특성을 우선하여 접근하는 방식을 지양한다. 한인으로서 공감하고 공유하게 되는 경험이 존재하는 한편, 초국가적 장에서의 서로 다른 위치와 활동에 따라 다른 대응과 자기인식(subjectivity)이 존재할 것이므로, 재미한인을 종족적으로 단일한 하나의 공동체로 보기보다는 각 개인과 집단의 선택의 향방과 실천의 결과 드러나는 한인 내부의 다양성을 파악할 접근법에 대해 고심했다. 연구진은 재미한인을 1세와 이후 세대로 구분하고 이들의 성격을 이분법적으로 대비시켜 이해하는 시각에서 벗어나, 각 세대 내부에서도 가정의 분위기, 거주지, 교육 정도, 직업 및 계급적 차이, 한국과의 왕래 정도 등의 요인에 따라 한국과의 관계나 미국의 사회문화적 가치의 내면화 정도, 미국 시민으로서의 정체성과 활동, 지역 내 교류하는 인종 및 민족 집단의 크기 등에 드러나는 차이의 스펙트럼이 존재함에 주목한다.

이러한 시각 하에 이 책에서는 미국에 거주하는 한인 전체를 통칭하는 개념으로 '재미한인'이라는 용어를 사용하고 있지만, 논의의 성격에 따라, '코리안 아메리칸', '이민세대' 및 '이민후 세대', 재미한인 1세, 1.5세, 2세 등 다른 방식의 용어들을 사용한다. 용어 각각은 재미한인이라 통칭하고 있는 사람들 내부에서 실제로 서로에 대해 다른 성격을 부여하고 있음을 보여주고 있어서, 용어의 다양성 자체가 다변화하는 재미한인의 모습을 드러내고 있기도 하다. '코리안 아메리칸'(Korean American, 한국계 미국인)은 거주를 목적으로 이주한 한인들과 그 후손을 지칭하는 공식 표현으로서, 통상적으로 미국에서 태어나 시민권을 소지하고 영어를 모국어로 사용하는 2세 이상을 가리킨다. 한인들이 코리안 아메리칸이라는 용어를 특정해서 사용할 때는 미국에서 태어나고 자랐지만 한인으로서의 정체성을 인식하고 있을 때이기도 하다(Jang & Kim 2013). 이민 1세는, 시민권을 소지하여 법적으로 미국시민인 이들이 많음에도 불구하고, 시민권 소지 여부와 별도로 종종 이민자(immigrant), 이민세대라는 용어로 일컬어진다. 그러나 실제로는 미국시민으로서의 권리와 의무를 강조하며 활동하는 이민 1세가 있는가 하면, 과거보다 더 한국어 학습에 의미를 두거나 한국 대중문화를 통해 한국적 관행과 문화에 익숙해지면서 최근 한국사회의 가치를 잘 아는 2세들도 존재한다. 따라서 고정관념에서 벗어나는 1세에 대한 서술을 할 때에는 이민세대라는 지칭보다는 1세라는 용어를 선호하였다. 1.5세는 어린 나이에 미국으로 이주하여 대체로 한국어와 영어, 한국과 미국의 사회문화적 에토스에 모두 익숙한 이들을 가리킨다. 미국 사회에서 공식적으로 사용하는 말이 아님에도 불구하고 1.5세에 대한 논의가 활발한 것은 1.5세의 역할과 위치의 차이가 재미한인들의 세대 간 그리고 세대 내적 다양성을 보여주고 있기 때문이다.

세대에 따른 다양성 뿐 아니라 미국 내 지역의 성격과 그 곳으로의 이주 역사에 따라 달라지는 다양한 면모를 파악하기 위해, 연구진은 앞서 언급한 것처럼 뉴욕, 로스엔젤레스, 하와이, 피닉스를 연구지역으로 설정하는 다지역 연구방식을 채택했다. 이 지역들은 각각 미국 내 한인 거주 인구가 가장 많거나 한인 이주 역사가 상대적으로 깊은 미국의 동부, 서부, 도서 지역의 대표 지역과 새로이 한인 인구가 증가하고 있는 도시이다. 이와 같은 다지역 연구는 휴 거스터슨(Hugh Gusterson 1997)이 다형의 개입(polymorphous engagement)이라 부른 방식과 유사하다. 거스터슨은 정책 생산에 대한 연구가 단순히 상층부 연구(study-up)를 수행하는 데 머무르지 않고 엘리트의 정책 결정이 어떻게 공적으로 정당화되며 그 효과를 생산하는 더 넓은 담론의 범위가 무엇인가를 살펴야 한다고 주장한 바 있다. 본 연구 또한 특정 지역에서 두드러지는 한인의 모습을 일반화하거나 활동이 두드러지는 엘리트 한인의 모습에 대표성을 부여하기보다는, 다수의 지역과 상황에서의 한인에 대한 다형의 개입을 통해, 재미한인 다양성의 스펙트럼을 천착하고 재미한인 사회를 입체적으로 파악하고자 노력하였다. 이 책은 그러한 시각 하에 현장연구를 포함, 미국 내 몇몇 도시의 재미한인에 대한 연구를 진행하면서 관련된 주제를 조망하기 위한 이론과 리뷰를 정리한 글이다. 현장에 대한 연구결과는 다른 저서들에서 다루었다.

이제 소개할 총 8편의 글은 각각 현재의 재미한인을 이해하는 데 필요한 문제의식과 연구방법, 그리고 주제별 현상의 탐구에 대한 독립적이지만 연관된 논의를 담고 있다. 각 챕터의 주제는 연구진이 각각 현장연구를 수행하며 진행한 연구의 주제와 관련된다. 따라서 중점적으로 다루는 이슈는 조금씩 다르지만, 저자들은 모두 위에서 서술한 초국가성, 다양성, 행위주체성(agency)이라는 테마가 재미한인의 삶에서 상호 연관되며 드러나는 모습을 염두에 두고 논의하였다.

한경구의 「왜 초국가주의인가?: 재미한인의 삶에 대한 시각과 접근」은 이주 연구에서의 초국가성이 완전히 새로운 것이 아님을 환기시킨다. 저자는 국제이주 연구에서 초국가주의가 새로운 것이 아니었음에도 불구하고, 왜 초기의 재미한인 연구에서는 초국가적 관점이 등한시되었는지를 검토하였다. 근현대 한국에서 일어나고 있던 일들이 미국에 거주하고 있던 젊은 재미한인들의 사고와 행동에 미친 영향에 대해 논의하였고, 일부 재미한인 지도자들과 이들이 이끄는 단체들이 LA 폭동 이전에 거쳐 온 길고도 험한 여정들이 어떻게 초국가적인 방식으로 재미한인을 형성해왔는지 서술하고 있다. 저자는 그와 같은 재미한인의 경험은 인터넷, 사회연결망 서비스(SNS), 그리고 저가항공의 등장 이전에도 초국가적 연계와 네트워크가 얼마나 중요하였던가를 보여준다고 환기함으로써 이주 연구에 있어 초국가주의 경향의 지속성과 그 시각의 차이를 보여준다.

박계영의 「초국가주의 패러다임을 제안하며: 한인 이민 2세 연구를 위한 새로운 이론적 틀」에서는 여러 갈래의 연구동향과 핵심논의들을 분석함으로써 재미한인 2세 연구를 위한 초국가주의 패러다임을 다각도로 검토하였다. 먼저, 한인 및 아시아계 이민2세를 다룬 사회과학 논저들을 주로 이론적 배경과 유용성에 주목하여 검토하였다. 이어 초국가주의 패러다임을 소개하고 연구동향을 검토하였으며, 초국가주의 패러다임을 사용한 아시아계 이민 2세 연구 문헌들을 비판적으로 검토하였다. 저자는 종래 초국가적 정치활동과 경제활동에 주로 초점이 두어졌다면, 이제는 초국가적 사회·문화적 일상이 연구되어야 하며 감정적,

정서적 측면에 대한 분석도 필요하다고 주장한다. 나아가 초국가적 사회운동을 매개로, 한인 2세들이 부모의 출신 국가인 한국에 대하여 발전시켜온 이데올로기, 태도, 관계, 경험, 실천, 사회운동들을 이론화할 수 방식은 무엇인가에 대해 초국가주의 패러다임을 적용할 가이드라인을 제안하고 있다.

이정덕의 「동화에서 파편적 편입으로: 재미한인 2세의 미국 사회에의 편입에 대한 이론적 고찰」은 동화 및 통합이라는 미국 이주 소수자에 대한 담론을 권력의 이슈 속에서 재점검한 글이다. 저자는 재미한인을 비롯한 이민자 2세의 삶은 미국 사회 권력의 지형과 떼어놓을 수 없으므로, 그들의 위치는 동화나 통합이 아닌 '편입'이라는 개념을 통해 이해할 것을 촉구한다. 초국가적 장에서 삶을 영위하는 한인의 미국 내에서의 삶을 논할 때 인종차별 및 주류와 소수자 간 권력의 이슈는 여전히 유의미할 뿐 아니라 간과하지 말아야 할 이슈라는 주장이다. 저자는 먼저 이민 2세를 다룬 미국학계의 연구를 검토하면서, 종래 이민 2세의 적응을 설명하고자 한 동화이론 모델, 인종차별 모델, 분절적 동화 모델의 문제점과 한계를 지적한다. 서구학계의 미국 이민 논의에서 제외되었던 초기 정복자를 이민의 범주에 포함시켰고, 이후 등장하는 이민자들, 즉 앵글로색슨의 차별을 받았지만 2차 세계대전 후 백인으로 통합된 1881년~1930년의 백인 이민, 1965년 이후 등장한 탈산업사회 노동 층위의 비백인 이민 등의 성격을 분석하며, 이민과 적응의 문제가 원주민과 이주민의 권력관계와 밀접하게 관련되어 있음을 제기한다. 저자는 인종차별이 지속되고 백인과 비백인 그리고 인종 간의 균열이 심각한 상황에서 동화와 통합을 논하는 것이 적절치 못함을 지적하였고, 그에 대한 대안으로 편입이라는 개념을 제시하였다. 또한 이민자 2세 집단이 미국 사회에 파편적으로 편입되는 과정에서 국가와 권력의 개입에 주목해야

함을 주장하며, 한인 2세들이 벌이는 다양한 정치적 노력을 들어 '파편적 편입' 모델을 점검하였다.

김현희의 「이민후 세대 코리안 아메리칸의 역사 쓰기: 전쟁, 트라우마, 기억하기의 초국적 서사」에서는 이민후 세대의 코리안 아메리칸 역사 서술이 그들의 정체성을 형성해가는 과정에서의 초국가적 성격을 고찰한다. 현재 코리안 아메리칸 역사를 구성해가는 데 있어서 이민 후 세대의 주요 쟁점은 한국전쟁이나 위안부 문제 등 이민세대의 모국인 한국과 연관되어 있다. 저자는 이러한 이민후 세대의 역사 쓰기가 한국의 역사를 선별하여 수용하고 해석하는 미국적 맥락화라고 본다. 즉, 한국과 미국의 경계를 가로지르는 전쟁의 기억과 트라우마는 이민세대에 한정된 것이 아니라 이민후 세대와의 접촉을 통해 중층적인 역사성을 생성할 바탕을 제공한다는 것이다. 특히 한국에서 시작되어 미국으로 확산된 위안부 운동에 주목하며 저자는 이것이 이민세대와 이민후 세대 사이의 역사적 연속성과 코리안 아메리칸 역사의 깊이를 대외적으로 확인할 수 있게 했다고 말한다. 이민후 세대의 위안부 운동은 이들이 미국 시민으로서 여성과 인권 문제에 목소리를 높일 수 있는 입지를 마련했을 뿐 아니라, 다른 소수민족 역사와 차별화된 역사를 가졌음을 말해준다고 주장한다.

정은주의 「공간을 중심으로 한 초국가 시대 이주 연구: 교외 거주 재미한인 연구 모델의 모색」은 초국가적 논의에서 주목받고 있는 공간과 장소에 대한 관심, 특히 이주민의 거주지 특성에 주목한 접근이 재미한인 삶의 다층적 면면과 실천을 이해하는 통로가 될 수 있는가를 검토한다. 저자는 교외(suburb)를 논의의 중심에 두면서, 도심과 교외를 이민자와 주류 미국인의 거주지 대립항으로 놓고 교외에의 거주를 동화의 증거 혹은 동화 목적에 의한 것으로 해석한 동화론적 이주 공간 담론을 비판적으로 검토하고, 교외로의 이주가 반드시 미 주류사회로의 사회문화적 동화를 동반하지는 않는 미국 이민자 분포의 현주소를 제시한다. '미국의 교외화'(suburbanization of America)라는 담론이 등장할 만큼 2차 세계대전 이후 미국인의 삶이 교외로 이동하는 과정에는 이민자들도 일찌감치 합류하고 있었다. 특히 미국 이민법 개정의 결과 증가한 고학력·고숙련의 중국계와 한국계 아시안 이민자들을 중심으로 교외에 새로운 종족 중심의 집중 거주 현상이 등장했음을 주목한다. 저자는 글로벌 자본에 의한 도시 재구조화 과정에서 등장한 에스노버브(ethnoburb) 프레임이 동화된 이주자로 여겨졌던 교외 거주 한인들 내부의 다양성을 파악할 수 있는지, 즉 에스노버브 내 한인들이 각각 동화 혹은 통합의 정도를 달리하며 삶을 전개해가고 있는 양상을 고찰하는 데 있어 어떠한 유용성을 지니는지를 점검하였다.

박정선의 「이주자와 초국가적 문화 흐름: 재미한인과 한류를 중심으로」는 종래 이주민 연구에서 크게 주목받지 못했던 대중문화에 초점을 둔 논의이다. 대중문화 생산과 소비의 초국가성이 미주 한인의 정체성과 사회관계, 그리고 거주국 및 출신국과의 관계 정립 및 변화에 어떻게 영향을 미치는지를 고찰한다. 저자는 다른 아시아계 이주민, 디아스포라 집단과의 비교를 통해 재미한인의 한국 대중문화 소비가 가지는 일반성과 특수성을 점검하며, 재미한인이 한국 대중문화의 소비자, 매개자, 생산자의 역할을 통해 어떻게 초국가적 문화 흐름에서 다양한 역할을 수행하는지를 논의한다. 이를 통해 재미한인들이 거주국, 출신국을 넘어 매우 다변적이고, 중층적이며 계속적으로 변화하는 초국가적 관계망 속에 위치해 있으며, 그것이 가지는 의미와 잠재력이 어떤 것인가를 논의했다.

이재협의 「재미한인의 법조직역 정체성과 종족 정체성에 대한 검토」 역시 기존 연구에서 많이 다루어지지 않았던 한인 이주자 상층부에 대한 논의를 통해, 재미한인 내 다양성의 퍼즐을 맞추고 있다. 연구를 진행한 하와이 한인의 경우 초기 이민 이후 새로 진입한 한인 이주자가 많지 않아 대체로 3-4세 한인이 많으며, 주류사회에 진입하였거나 코리안 아메리칸으로서의 정체성을 가진 이들이 많다. 이러한 하와이 한인의 특수성을 주목하고 그 가운데 법조 직역이라는 사회계층의 상층부에 대해 논의한다. 먼저 법률전문가로서의 정체성 형성을 교육훈련, 업무환경의 맥락에서 살펴보고, 전문직 직업정체성과 소수민족 종족정체성이 어떻게 교섭하고 상충하는지를 검토하였다. 저자는 법률가로서의 정체성 형성에 인종, 종족, 종교 등의 요소가 개입되면 안 된다는 원칙과 달리, 법률가적 사고와 지식을 습득하고 훈련하는 교육과정에서 그리고 실제 법률시장에서 실무를 익히고 행사하는 과정에서 직업정체성 외에 인종적, 종족적 정체성이 매우 유의미하게 관련되고 있음을 지적한다. 법학교육기관 내의 사회화 과정에서 백인 중심의 주류적 시각과 이데올로기는 교수방법, 커리큘럼, 동료와의 상호작용 등의 맥락에서 강화되고 재생산된다. 로펌문화의 지배적 업무형태인 기업자문 법무는 고강도의 노동과 상호경쟁적인 환경, 그리고 끈끈한 멘토쉽과 사건수임을 위한 외부 네트워크를 요구하는데, 이러한 요소를 갖추지 못한 소수자 출신 법률가들은 주류 법조집단과는 다른 공간(예컨대 공익, 정부, 이민 분야)에 종사하는 대안적 전략을 선택하기도 하는 것이다.

끝으로 유철인의 「재미한인의 다양성 읽기: 생애이야기 텍스트 리뷰」는 재미한인들의 생애자료를 수집한 텍스트, 『미국을 향해 동쪽으로: 한국계 미국인의 생애이야기』(Kim & Yu 1996)를 리뷰, 분석하며, 생애이야기 텍스트를 만드는 과정이 재미한인의 다양성을 어떻게 드러낼 수 있는지를 논의한다. 분석 대상으로 선정한 텍스트는 LA 폭동 때 미국 미디어에 비친 한인 이미지의 전형성에 대응하여, 한국계 미국인의 실제 모습이 매우 다양하다는 것을 보여주기 위해 심층면담을 통해 수집된 자료로서, 그 동기에서부터 한국계 미국인의 다양성을 염두에 둔 텍스트이다. 생애사 연구방법은 면담자와 피면담자 간의 확고한 라뽀(rapport) 관계에 기반하여 채록한 피면담자의 생애이야기를 분석하는 것으로서, 대체로 참여관찰이나 일반적인 면담에서 포착되지 않는 소수자 혹은 이주자 중에서도 쉽게 연구조사에 응하지 않는 사람들을 포함한다는 점에서 다양성을 포착하는데 의미있는 연구방법이다. 유철인은 『미국을 향해 동쪽으로』의 저자들과 서평자들이 어떤 입장과 관점에서 저서를 구성하고 평론하였는지를 분석하며 생애사 텍스트를 통해 읽어낼 수 있는 면면에 대해 설명했다.

이 책의 저자들은 이전에 재미한인에 대한 장기 현지조사를 수행하여 박사논문을 작성한 경험이 있거나 한인 이외의 이주민에 대한 연구를 수행한 경험이 있으며, 모두 미국 내 여러 지역에서 현지조사를 수행하거나 장기 거주한 바 있다. 이 연구는 연구자들의 이러한 다양한 생애사적 경험, 지리적 분포, 관심사 및 이론적 시각의 다양성을 기반으로 설계되고 수행되었으며, 어떻게 하면 다양한 재미한인 차세대의 시각과 행동과 경험을 제한된 시간과 인력을 활용하여 가장 잘 포착할 수 있을 것인가를 고민한 결과이다. 앞서 언급한 것처럼, 8편의 글은 공동연구를 통해 초국가주의, 다양성, 행위주체성이라는 아젠다를 공유하고 있지만, 각 키워드의 이론적 갈래에 집중하기보다는 한인의 이주와 관련하여 세 가지 테마가 서로 교차하고 연관되면서 어떻게 재미한인 사회를 잘 설명할 수 있는가에 초점을 두고 전개한 논의이다. 각 장에서 초국가주의나 행위주체성, 혹은 이민자의 종족 내부 다양성이라는 이론적 줄기에 천착하거나 해당 연구전통을 리뷰 분석한 논의를 기대한 독자들에게는 아쉬운 저작이 될 수도 있겠다. 연구진은 이론적 논의가 현실의 탐구와 괴리되지 않을 방식을 고심했고, 그래서 현장연구를 병행하면서 각각의 연구 현장에서 가장 두드러지는 영역과 주제에 대한 이론적 접근과 리뷰, 분석을 정리하는 방식을 택했다. 여기서는 연구진이 수행한 현지에서의 연구내용을 직접적으로 다루고 있지 않지만, 현지조사를 수행한 미국 여러 도시에서 벌어지는 구체적인 삶의 장에서 재미한인들과 만나고 심층면담을 수행한 현장 경험들은 이론과 연구 전통을 검토하고 논의함에 있어 현실의 구체성에서 괴리되지 않도록 관여하는 지렛대가 되었다.

한국과 미국의 대학에서 인류학적 현장연구를 오래 활용해온 인류학자 8인이 모였고, 각각 미국과 한국에 적을 둔 연구자들이 3년의 연구기간, 혹은 그 이상으로 한국과 미국을 오가며 재미한인에 대한 현지조사를 진행하는 한편, 수차례의 국경을 넘는 만남을 통해 서로의 연구결과와 이론적 논의를 두고 토론했다. 공식적인 연구기간이 종료된 2019년 여름까지 한국과 미국 양쪽에서 포럼과 학회를 구성하여 양측의 학계 및 현지인들과 소통할 수 있었던 것은 코비드19 시국을 겪고 있는 지금으로서는 초국가시대를 논하고 있으면서도 아이러니하게도 참 귀한 여정으로 여겨진다. 저자들이 각각 독립적인 현장연구를 진행하면서 연관된 패러다임을 고민한 결과물이라, 통일되고 보다 체계적인 재미한인 연구서를 기대한 독자들에게는 이 책이 실망을 안겨줄 수도 있겠다. 그러나 재미한인을 이해하고 연구하는 갈래길들과 그 길을 가는 여정의 즐거움을 살피고자 하는 독자에게는 이 책이 신선한 자극이 될 수도 있을 것이다. 이 여정이 가능하도록 지원해 주신 한국학진흥사업단과 연구진행을 도왔던 서대승 박사와 장한라 양에게 감사를 전하며, 부족하고 아쉬운 부분이 많을지언정 이 책이 재미한인을 연구하는 이들에게 작은 길잡이가 되길 기대한다.

필자들을 대표하여

정은주 씀.

| 목차 |

왜 초국가주의인가? :

재미한인의 삶에 대한 시각과 접근

한경구

국제이주의 연구에서 초국가주의에 대한 최근의 관심은 점점 더 가속화되고 있는 글로벌화의 진전과 탈영토화에 대한 담론에 의해 촉발되었다고 할 수 있다. 그러나 여기에서는 초국가주의는 새로운 것이 아니며 처음부터 국제이주의 중요한 측면이었다는 점을 강조하고자 한다.

국제이주 및 민족관계에 대한 연구는 초국가주의에 대해 마땅히 기울였어야 할 관심을 이하에서 살펴볼 몇 가지 이유 때문에 그렇게 하지 못했다. 그러나 수송과 통신 기술의 급속한 발전은 국제이주와 더불어 등장하고 있었던 초국가적 연망의 존재를 단순히 드러내 보여주고 더욱 강화시켜 주고 있을 뿐 아니라 인류가 인식하고 실제로 실천하고 있는 생활세계를 변혁시키고 있으며 과거에는 생각하지도 못했던 많은 일들을 가능하게 만들고 있다.

국제이주는 이주를 하는 사람들은 물론 이와 관련된 많은 사람들에게 더 이상 일생에 한번 일어나는 중요한 사건이 아니다. 국제이주는 국경을 넘는 행위 이후에도 매일매일 일상 속에서 참여와 논쟁과 협상과 새로운 정의가 이루어지는 평생 계속되는 헌신이라고 보아야 한다. 그러므로 국제이주의 전체 모습을 이해하기 위해서는 민족의 경계, 커뮤니티, 그리고 국경을 넘어 무슨 일이 일어나고 있는지를 알 필요가 있다.

재미한인의 생애사를 비롯한 삶에 대한 연구들은 급변하고 있는 정치적 경제적 관계는 물론 이민 정책과 법규들의 변화가 제기하는 새로운 도전이라는 맥락 속에서 민족의 경계를 넘어서 또한 고국에 있는 사람들과의 다양한 연계들을 모색하고 유지하고 강화하고 개발하려는 노력들에 집중을 함으로써 국제이주의 연구에서 초국가적 시각의 중요성을 드러내 보여주는 매우 훌륭한 기회를 제공할 것이다.

이와 관련하여 주목해야 할 것은 첫째, 1970년대부터 한국에서 성장한 민족주의적 감정과 한국사에 대한 새로운 해석이 재미한인 청소년과 미국의 한국 유학생들에게 미친 영향, 둘째, 1980년의 광주민주화운동과 1987년의 소위 6월항쟁으로 절정에 달했던 한국 내의 민주화 운동 등이다. 심지어는 박근혜 정권의 퇴진과 관련하여 전개되었던 촛불시위와 카카오톡 단톡방의 이용 등도 2018년 로스엔젤레스 지역에서 발생한 재미한인들의 정치적 활동의 전개 양상과 방향, 리더십을 둘러싼 갈등 등에 뚜렷한 영향을 미치고 있는 것으로 보이다.

마지막으로 강조할 것은 이주연구에서 초국가적 관점은 초국가적으로 삶을 살고 있는 사람들의 수가 급격히 증가하고 있으며 그 결과 이주민들과 호스트 사회의 구성원들 간의 구별이라는 것이 더 이상 과거와 같이 자명하고 중요하지 않게 되었으며 점점 그 경계가 희미해지고 그 의미가 퇴색하고 있다는 것을 보여주고 있다는 점이다.

1. 재미한인, 왜 초국가주의적 이민 연구인가?

이민 연구에서 초국가주의적 관점은 마치 최근의 경향인 것처럼 생각하기 쉽다. 카슬의 『이주의 시대』 등 대표적인 개설서를 비롯하여 많은 문헌들이 여러 다른 이론을 소개한 다음에야 초국가주의적 이론을 최근의 경향으로 소개하고 있기 때문이다. 재외한인 연구에서도 명확하게 초국가주의적 관점을 강조한 것은 많지 않다. 이 책의 기반이 되는 연구가 그러한 최초의 연구 가운데 하나이다. 국제이주 및 이주민들에 대한 연구는 이주를 지속적인 과정이라기보다는 국경을 넘어 이루어지는 극적인 사건이라고 생각하였으며, 이주 이후 국경을 넘어 지속되고 또 새로 형성되는 관계와 교류와 상호작용에 대해서는 주목하지 않았다. 국제 이주의 초국가적 성격에 관심을 갖게 된 것은 1990년대 이후의 일이기 때문에 이민연구에서 초국가적 관점을 찾아보기 어렵다거나 그러한 관점이 뒤늦게야 등장했다는 것은 오히려 당연하다고 할 수 있다.

국제이주의 연구에서 초국가주의에 대한 최근의 관심은 점점 더 가속화되고 있는 글로벌화의 진전과 탈영토화에 대한 담론에 의해 촉발되었다고 할 수 있다. 그러나 여기에서는 초국가주의는 새로운 것이 아니며 처음부터 국제이주의 중요한 측면이었다는 점을 강조하고자 한다.

국제이주란 과거에는 사람들이 하나의 방향으로 이동하는 것이라고 간주되었으며 이주민들이란 종종 자신들의 출신지에서 '뿌리 뽑힌 사람들(the uprooted: Handlin 1973)'이라고 생각되었다. 뿌리가 뽑혔다는 것은 여러 다른 의미를 가질 수 있는 표현이지만 이러한 가정에 대해 의문을 제기한 연구자들은 초기에 매우 드물었다. 사람들은 종종 매우 혹독한 정치적, 경제적 조건 하에서 또는 종교적 핍박을 피하여 고향을 떠나야 했으며 이들 가운데 많은 수는 가까운 장래는커녕 살아생전에 자신의 고국으로 돌아가거나 고국에 남아있는 사람들과 활발하고 역동적인 연계나 연망을 유지할 수 있으리라고 기대할 수 없었다. 정치적인 압제, 종교적인 박해, 극심한 빈곤 또는 자연적인 재해 등은 이주를 떠난 사람들이 고향에 돌아오는 것을 실질적으로 불가능하게 만들었다. 이주를 떠난 사람들은 설령 귀환을 간절히 원한다하더라도 돌아올 수가 없는 경우가 많았다. 상당수 사람들은 연락을 주고받을 친척이나 친구가 없었으며, 설령 있었다 하더라도 접촉을 꾸준히 유지한다는 것은 비용이 많이 드는 일이었다. 일부 사람들은 연락을 주고받을 친척이나 친구가 아예 없기도 했다.

그러나 이는 국제이주가 진정으로 한 방향으로만 이루어졌다는 것을 의미하는 것은 아니다. 매우 취약하고 종종 끊기기도 했지만 연계가 유지되었고 정보도 교환되었으며 송금이 이루어지고, 무엇보다도 중요한 것은, 이러한 연계가 종종 더 많은 사람들의 이동을 위한 중요한 채널이 되기도 했었다는 점이다. 이주체계이론과 이주네트워크 이론은 바로 이러한 연계를 이해하려는 노력이다.

초국가주의의 정의 가운데 하나에 따르면 초국가주의란 '국경과 경계를 넘어 다수의 사회적 유대들의 창조와 유지'를 의미한다(Duany 2011: 3). 그러나 사회적 유대란 단순히 '창조되는' 것이 아니라 '재창조되는' 것이며 국경과 경계를 넘어서 유지되기도 하지만 '확대'되기도 하는 것이다. 이러한 유대들은 기존의 사회적 유대들이 수송 및 소통의 높은 비용을 감당하지 못하고 시들어버리거나 사라져버리기 때문에 마치 '창조되는' 것처럼 보이는 것이다. 그러므로 창조되는 것처럼 보이는 이들 사회적 유대들은 사실은 재활성화되고 재창조되는 과정에 있다. 듀아니(Duany 2011)가 제시한 초국가주의에 대한 또 하나의 정의, 즉 '국가들을 횡단하여 사람, 사상, 실천, 돈, 재화, 그리고 정보의 순환을 통한 밀도가 높은 사회적 장(場)의 형성'(Duany 2011: 20)은, 국가들을 횡단하는 '밀도가 높은' 사회적 장이라는 새로운 현상에 주목하고 있기 때문에 훨씬 더 적절한 것으로 보인다.

수송과 통신 기술의 발전은 매우 인상적이기는 하지만 그 영향력이나 중요성을 과장해서는 곤란하다. 또한 낡은 기술들이 제공해주던 가능성과 역량들을 과소평가해서도 안 된다. 많은 사람들이 이주를 떠나면서 자신들의 과거와 고향과의 관련을 깨끗이 청산할 것을 의식적으로 선택했지만 이러한 결정을 하지 않은 사람들의 수는 더 많다고 할 수 있다. 대규모의 이주가 가능해진 것은 오늘날의 기준으로는 매우 제한적이고 낙후되어있지만 당시로서는 놀라운 수송과 통신 기술의 발전 때문이었으며 그리고 바로 이러한 '낡은' 기술들은 그 이전까지는 생각하지도 못했던 많은 것들을 가능하게 해주었다.

이는 초국가주의가 그 원초적인 형태에서 이미 대규모 이주의 초기부터 등장하고 있었다는 것을 의미한다. 비록 매우 빈약하고 취약했지만 오래된 유대들이 상당한 수준으로 유지되었으며 새로운 연계들이 형성되거나 성공적으로 개발되었다.

초국가주의적 시각을 갖는다는 것은 재외한인 연구에서 핵심적이라 할 수 있을 정도로 중요하지만 비교적 최근에 이르기까지 초국가적 관점에서의 연구는 그리 적극적으로 추진되지 않았다. 초기의 재미한인 연구의 다수는 소위 재미한인 커뮤니티 내의 소상인, 가족관계, 교육, 교회활동, 한인 조직 등에 주목하는 경향이 있었다. 그러한 가운데에도 재미한인을 모범 소수민족(model minority)로 표상하거나 혹은 재미한인 소상인들에게 중개인 소수민족 이론(middlemen minority theory)을 적용하는 등 보다 광범한 맥락 속에서 재미한인의 상황을 이해하려는 중요한 시도들도 있었다. 그러나 이러한 시도들의 대부분은 국경을 넘어서는 초국가적 연계의 존재나 의미를 탐구하려고 시도하지는 않았다.

초국가적 연계에 대한 이러한 무관심은 재미한인 연구의 경우에는 몰라서라기보다는 오히려 이를 간과했기 때문이라고 할 수 있을 것이다. 재외한인사회의 형성은 그 기원을 대개 구한말과 일제강점기에서 찾고 있으며 사회경제적인 이유와 더불어 국권의 상실과 독립에 대한 의지가 이주의 중요한 이유의 하나로 언급되고 있다. 더구나 혈연과 가족관계를 중시하는 한국인의 문화적 특성이 흔히 강조되고 있어 본국에 남겨둔 가족과 친족과의 관계는 매우 중요할 것이 기대된다. 그러나 재외한인에 대한 연구들도 본국과의 관계를 언급은 하지만 자료의 해석과 분석 과정에서 초국가적 시각은 그리 두드러지게 나타나지 않는다. 재미한인처럼 여러 재외한인들 가운데에서도 초국가적 관점이 특히 중요한 경우에도 그러하다는 사실은 설명을 필요로 한다.

1) 한인의 역사적, 정치적, 사회적 경험과 재미한인의 형성 과정

재외한인 사회의 형성 과정은 물론 한국 근현대사의 전개 과정 속에서 한인들이 겪었던 정치적, 사회적 경험이 재외한인 연구에서 초국가적 성격을 간과하게 만드는 경향이 있었다는 주장은 역설적이라 들릴 수 있다. 한국의 경우에는 특히 일제강점기의 경험, 한반도의 분단과 냉전, 그리고 국내의 정치 상황과 민주화 및 통일을 둘러싼 갈등과 권위적 정권의 존재 외에 주요 재외한인들의 형성 과정 또한 중요한 요인으로 작용하였다.

재외한인이 현재 다수 거주하는 국가들의 경우 조선 말기에서 일제강점기 기간 중에 이주가 시작되었다. 구한말 열강의 침탈과 국내 정치의 문란, 일제 강점기를 겪으면서 생활난이 악화되자 새로운 삶을 개척하기 위해 해외로 이주하거나 일자리를 구하러 떠나는 사람들이 늘어났고, 국권이 침탈된 상황에서 해외에서 독립운동을 전개하거나 준비하기 위하여 해외로 나가는 사람도 많았다.

조선시대 말기에서 일제강점기에 걸쳐 해외로 이주한 재외한인들은 자의적이건 타의적이건 한국의 독립을 위한 노력과 국제 정치 투쟁에 참여하게 되었다. 만주 지역에 있던 한인 농촌은 독립군의 근거지를 말살하겠다는 일본군의 공격을 받아 수많은 사람들이 고문당하고 살해되었으며 마을이 초토화되었다. 연해주 지역에 있던 한인들의 대부분은 스탈린의 명령으로 졸지에 삶의 터전을 잃고 강제로 중앙아시아로 이주해야 했으며 그 과정에서 수많은 한인이 사망하였다.

일제강점기 해외에 체류했던 재외한인의 상당수는 독립운동에 기여했다는 자부심을 갖게 되었지만, 다른 한편으로는 차별과 배제는 물론, 학살, 강제이주 등 가혹한 시련도 겪었다. 일본의 식민지배와 중국에 대한 제국주의 침략, 그리고 태평양 전쟁의 개전과 동남아 침략 등은 경계를 넘는 한인의 이주에 다양하고 복잡한 영향을 미쳤으며 수많은 한인들이 기만이나 반강제, 또는 물리적 강제력에 의해 이동하기도 했다.

원폭의 투하와 소련의 참전으로 태평양 전쟁이 갑자기 종료되면서 해외에 체류하고 있던 수많은 한인들은 혼란과 무질서와 폭력에 노출되었다. 고향으로의 귀환은 매우 어렵고 고통스러운 과정이었으며 한반도의 분단과 이념대립, 그리고 6.25는 재외한인들과 한국과의 관계를 매우 복잡하고 긴장이 가득 찬 것으로 만들었다.

전쟁이 발발하자 재일한인 청년 642명이 학도의용군으로 참전하기도 하였다. 1970년대 후반에서 1980년대 초기 한인의 미국 이주가 본격적으로 시작되면서 미국으로 갔던 사람들 가운데는 분단과 6.25 전쟁 기간 중에 남쪽으로 피난을 내려왔던 북한 출신자가 다수 있었다. 이들은 베트남 파병 등으로 남북관계의 긴장이 심화되면서 한반도에서 파멸적인 무력 충돌이 재개될 가능성에 불안을 느꼈던 것으로 보인다. 이러한 상황에서 자기 자신과 가족은 해외에 거주하고 있더라도 한국에서 일어나고 있는 일들과 무관할 수 있는 입장에 있었던 재외한인은 매우 적었을 것으로 보인다.

특히 재미한인의 형성 과정은 미군정과 미국의 6.25 참전, 그리고 한미상호방위조약 이후 미국의 원조와 지원 등 미국과의 독특한 관계에 크게 영향을 받았다. 미국의 경우는 중국, 러시아, 일본과는 달리 지리적으로 떨어져 있기 때문에 외교권 침탈 후 이민이 실질적으로 전면 중단되었고 이후 미국의 국내적 이유로 아시아계의 이민이 금지되었으므로 미국으로의 이민은 1970년대 중반에야 비로소 재개되었다. 미국 이민과 재미한인의 형성 과정에서 분단과 6.25 전쟁(미군 장병들과의 결혼, 전쟁고아의 입양) 그리고 그 후 계속되었던 냉전은 매우 중요한 역할을 하였다. 이러한 사건들은 한국 국내에서 일어나는 사건인 동시에 미국의 세계전략에 입각하여 미국이 주도하고 미국의 영향력 하에서 진행되는 국제적인 사건이었다. 재미한인 연구자들은 한국 국내에서 벌어지는 일들에 대한 미국의 영향을 검토하는 것에는 매우 익숙하였으나 세계전략에 기초하여 행동하는 초강대국 미국에서 발생하는 일들에 한국이 의미 있는 영향력을 미칠 가능성을 진지하게 검토하려 하지는 않았던 것 같다.

한편, 재외한인들은 한국의 민주화와 통일을 둘러싸고 발생한 갈등과 긴장과도 밀접한 관련을 갖고 있으며 때로는 주도적인 역할을 하였다. 북한도 직접적, 간접적으로 영향력을 행사하기도 하였다. 재일한인에 대한 북송사업, 동베를린 간첩단 사건이나 재일교포 유학생 간첩단 사건 등이 그것이며 1974년 8월 박정희 대통령 저격 사건 범인으로 체포

된 사람은 재일한인이었다. 또한 해외 유학생과 재외한인들은 박정희대통령의 유신체제에 반대하거나 전두환 대통령의 권위적 통치에 항의하고 한국의 민주화와 언론의 자유 그리고 인권의 보장을 요구하는 반정부 시위를 주도하기도 했다. 또한 한반도의 긴장을 완화하고 통일을 모색하는 다양한 운동을 전개하기도 했다.

한국 정부는 이러한 움직임에 대응하여 다양한 활동을 했다. 민주평화통일자문회의(소위 평통)는 1980년 평화통일정책자문회의로 발족한 이래 재외한인들을 다수 자문위원으로 위촉해왔으며 2009년에는 재외국민 선거제도가 도입되어 2012년 제19대 국회의원 선거 때부터 재외한인들의 선거 참여가 시작되었다. 초국가주의는 이렇게 항상 재외한인의 존재의 필수불가결한 부분이었지만 바로 이러한 너무도 당연하고 명백한 사실은 오히려 재외한인 연구자들로 하여금 그 함의를 충분히 깊이 모색하지 않게 만들었을지도 모른다.

2) 재미한인의 초창기 연구 경향

재외한인 가운데에도 특히 재미한인에 대한 초창기의 연구들은 이러한 국제이주 및 이주민에 대한 연구 일반의 경향을 따른 것이 사실이며, 일부 재미한인들이 보여주었던 한국의 독립이나 정치 상황에 대한 관심과 개입은 한편으로는 옳은 일로서 찬양의 대상이 되기도 하였으나 다른 한편으로는 그 초국가적 성격에 대한 진지한 검토와 이론화 작업보다는 이주민들의 동화 과정에서 나타나는 전형적 문제의 일부로 간주되었다.

특히 재미한인을 커뮤니티를 중심으로 하는 사고의 틀과 방법론을 가지고 연구했던 초창기의 연구 관행도 초국가주의적 차원을 등한시하게 만들었다. 커뮤니티에 대한 논의는 상징적 커뮤니티 등 일정한 지리적 범위와 공간을 벗어나기도 하고 형용모순처럼 느껴지기도 하는 네트워크 커뮤니티라는 용어도 등장했으나 기본적으로는 커뮤니티라는 표현을 사용하는 사람들로 하여금 일정한 경계를 상정하게 만드는 효과가 있다. 그리하여 커뮤니티 내부에서 일어나고 있는 일들을 커뮤니티 밖에서 일어나고 있는 일들과 구분을 하게 되며 동일한 행위자의 성장, 가치관 형성, 사고, 감정, 판단, 행동 등은 실제로는 커뮤니티 밖에서 진행되고 있는 과정들에 의해 크게 영향을 받고 있지만 연구자들은 종종 커뮤니티를 자율적, 또는 반半 자율적 공간으로 취급하기도 한다.

3) 초국가적 네트워크와 민족적 특성 문제

초국가적 네트워크의 유지는 이주민이 가족이나 친족, 고향을 떠난 공동체의 구성원들을 대하는 문화적 규칙에 따라 상당히 다른 양상을 보일 수가 있다. 만일 집단의 구성원 자격이 출생에 확고한 기반을 가지고 있고 동일한 지역에서의 거주나 구성원으로서의 의무의 지속적 수행과는 밀접한 관련을 가지고 있지 않다면 원거리에 떨어져 있다고 하더라도 구성원은 초국가적 네트워크를 유지할 수 있을 것이며 현실적으로 유명무실한 상태, 즉 휴식에 들어간 초국가적 네트워크를 용이하게 복원하고 재활성화하는 것이 가능할 것이다. 그러나 그 반대의 경우라면 초국가적 네트워크의 유지나 부활은 매우 어려울 것이다.

재미일본인은 이러한 점에서 재미한인과 매우 다르다. 한국과 일본은 인접한 동아시아 국가이며 미국인들은 외관으로는 구별이 어려울 정도이다. 특히 식민지 경험 때문에 생활 습관 등도 유사한 점이 많다. 그러나 재미일본인의 연구에서는 초국가적 네트워크가 재미한인에 비해 훨씬 그 중요도가 낮다. 최소한 세 가지 이유를 생각해 볼 수 있다.

첫째, 많은 비판도 있고 관동 지방의 엘리트 집단에나 전형적으로 나타난다는 지적도 있었지만 나카네 지에(Nakane 1971)가 제시한 장場,(frame)의 이론에 따르면 일본인들은 일단 자신이 소속했던 집단을 떠나게 되면 그 집단에서의 영향력이나 유대를 급속히 상실한다고 알려져 있다. 루스 베네딕트(Benedict 1946) 역시 『국화와 칼』의 도입부에서 격렬하게 저항을 하다가도 어쩌다가 포로로 잡힌 일본인들의 순종적이며 협조적으로 변화하는 이해하기 어려운 행동에 대하여 이들은 죽지 않고 포로가 잡히는 순간 자신이 원래 소속되어있던 집단에서의 삶이 끝났으며 새로운 상황에 적응하기 위해 가장 '모범적 포로'가 되려고 노력했다고 설명하고 있다. 한국인들은 자신이 살던 마을을 떠나 오랫동안 소식이 끊겼다가도 어느 날 고향으로 돌아와서는 그 마을 사람으로 행세를 하며 마을 사람들 역시 고향 사람 취급을 한다. 그러나 일본에서는 자신이 살던 마을을 떠나서 마을의 여러 일에 참여를 하지 않고 기여도 하지 않으면 마을의 구성원으로서의 지위를 상실하게 된다는 것이다. 그러므로 자신의 고향을 떠나서 대도시로 가는 정도가 아니라 외국으로 이주한 일본인들은 일단 본국에서의 기반은 거의 상실했으며 본국과의 유대도 급속히 약화되었다고 볼 수 있다. 국제화 물결에도 불구하고 일본의 회사원들이 해외근무를 회피하려고 하는 것에 대해서도 많은 일본 전문가들이 유사한 설명을 하고 있다. 재미 일본인 커뮤니티를 경계를 가진 커뮤니티로 생각하고 전통적인 사회학과 인류학의 커뮤니티 연구 방법을 사용하더라도 크게 문제가 없는 첫째 이유이다.

둘째, 미국의 서부 연안에 거주하던 재미 일본인들의 경우 진주만공격 사건 이후 미국 시민권을 가졌음에도 불구하고 강제수용소에 수용이 되었다. 조금이라도 본국과의 연대를 가지고 있거나 정치적 결사에 소속된 경우에는 감시의 대상이 되었다. 재미 일본인들은 미국 당국의 조치에도 분노했지만 이러한 상황을 초래한 일본 본국에 대해서도 크게 분노했다. 재미 일본인 사회는 제2차 세계대전으로 본국과 심각하고도 철저한 단절을 경험했다.

셋째, 재미 일본인들의 경우 심각하고도 철저한 단절을 경험한 이후 일본 본국으로부터의 새로운 이민자 유입이 매우 적었다. 정보통신 기술과 여행 및 운송수단이 발전하던 시기에 본국으로부터의 새로운 이민자 유입이 매우 적었다는 것은 이러한 단절을 더욱 공고하게 하였다. 이는 1970년대 후반에 본격적으로 이민이 시작되어 꾸준히 이민자의 흐름이 계속되었고 비록 양적으로는 감소했으나 여전히 새로운 유입이 계속되고 있는 재미한인 사회와 대조가 된다. 그렇기 때문에 정보통신 기술의 비약적 발전으로 미국에서 일본의 대중문화에 접할 기회가 많아졌다 하더라도 재미한인들처럼 모국어와 모국 대중문화가 초국가적 커뮤니티를 형성하는 폭발적 계기가 될 수 없었다.

이러한 재미한인과 재미일본인의 비교는 매우 거칠고 단순한 것이지만 커뮤니티 중심을 벗어나는 사고의 틀과 방법론이 왜 재미한인 연구에 그렇게도 중요한가를 보여주고 있다. 또한 미국 내는 물론 세계 전역에서 여러 이민자들에 대해 수행되고 있고 이주를 연구하는 학자들 가운데도 서서히 지배적인 위치를 차지하기 시작한 초국가주의적 연구가 왜 재미한인 연구에는 특별히 중요한가를 보여주고 있다.

4) 초국가적 네트워크에 대한 관심과 한민족네트워크 공동체 시각

재미한인 연구는 한국학의 중요한 일부이면서 사회과학적으로는 국제이주 또는 이민 연구, 민족[종족]관계(Ethnic Relations) 연구의 일부이기도 하고 미국 내에서는 아시아 연구(Asian Studies) 또는 아시아계 미국인(Asian-American, Amerasian) 연구의 일부이기도 하다. 재외한인은 과거에는 우리나라를 등지고 떠나버린 사람들이라는 인식과 함께 선망과 질투와 동정이 미묘하게 결합되어 있었고[1] 또한 국민국가 중심의 '국사'와 '국학'이라는 인식의 틀에서 해외이주를 예외적이며 특수한 것으로 바라보는 시각 때문에 한국의 학계에서 재외한인연구가 한국학의 중요한 일부로 자리를 잡는 것은 상당한 시간과 진통을 겪어야만 했다.

재외한인이 한민족의 일부라는 사실은 당연시되어왔으나 이들을 한민족 "공동체"의 일원으로서 통일과 경제적 번영에의 기여 가능성, 즉 자원으로서의 유용성을 본격적으로 중시하기 시작한 것은 1980년대 노태우 정부 시기이며 김영삼 정부가 세계화를 추진하면서 한민족네트워크공동체 개념이 각광을 받기 시작했다. 유대인 네트워크의 막강한 힘이나 화교와 화교네트워크의 중국의 경제발전에 대한 기여는 한국의 정책입안자와 학자들에게 깊은 인상을 주었으며 한국의 해외이주 또한 과거의 인구 정책적 목적, 고용, 국제수지 등의 효과를 벗어나 장기적인 국력 신장 및 대외 협력기반의 확충이라는 차원에서 추진되기 시작하였으며 투자이민 등 형태도 다양하게 나타나기 시작했다(정성호 2008). 이러한 과정에서 광복 50주년 기념사업으로 통일부의 『세계 속의 한국인』 시리즈가 편찬되었고 국사편찬위원회가 2005년부터 2013년까지 『재외동포사총서』(전17책)를 발간하면서 재외한인의 역사는 한국사의 일부로 확고하게 자리를 잡았다. 한국학술진흥재단(현 한국연구재단) 등에서 재외한인 연구가 해외 지역연구(Area Studies) 내에서의 주변적

---

1) 특히 재미한인의 경우에는 6·25 이후의 동서냉전과 분단 상황에서의 특수한 한미관계 때문에 재일한인보다 훨씬 더 선망과 질시의 대상이 되었으며 '고등교육을 받고 중상류에 속하는 사람들이 이민을' 가는 일종의 '엘리트 이민'이라는 인상도 강력하다.

지위에서 시작하여 오늘날처럼 한국학의 중요한 일부로 자리를 잡는 과정은 순탄하기만 한 것은 아니었다.

재외동포재단이 1997년에 발족한 이후 세계한상대회를 비롯하여 세계한인회장단회의, 세계한민족정치인포럼, 한민족과학기술인대회 등 다양한 네트워크 구축 활동이 추진되었으며 재외한인에 대한 학술적, 정책적 연구와 함께 다양한 자료의 축적도 추진되고 있다. 학술적으로도 이러한 네트워크에 주목하는 연구들이 등장하고 있으나 초국가적 관점에서 국제이주를 이해하려는 노력은 국내는 물론 해외 학계에서도 아직은 부족한 실정이라고 할 수 있다.

2. 재미한인 연구의 발전

1) 커뮤니티 중심 연구의 중요성과 효과

이는 재미한인을 비롯한 이민자들에 대한 중요한 사회학적, 인류학적, 역사학적 연구들(Kim 1977, Choy 1979, Yu et al. 1982, Patterson et Kim 1993, Min 1996, Hurh 1998 등)이 기본적으로 이민자 커뮤니티를 상정하고 이를 연구하는 방식으로 진행되어왔기 때문이라고 할 수 있다. 이민 연구자들은 물론 재미한인을 비롯한 미국 내의 여러 다른 소수민족 집단들 또한 스스로를 '커뮤니티'라는 표현을 사용하여 지칭했을 뿐만 아니라 실제로 자신들이 '커뮤니티'를 이루고 있기를 바랐다고 할 수 있다. 물론 이러한 인식의 틀이 근거가 없거나 전적으로 잘못된 것은 아니다. 국제이주를 한 많은 소수민족들은 혈연이나 지연, 신앙, 생산과 소비 등 다양한 방식으로 나름대로의 정보의 교환과 협력관계와 상부상조와 착취와 호혜 또는 갈등을 경험하면서 주거와 소비/생산의 중심을 만들었으며 이는 매우 호스트 사회 내에서 매우 가시적이었다.

정도의 차이는 있지만 이러한 이민자의 집중 거주 또는 소비/생산 공간을 지리적으로 파악하면서 커뮤니티라는 인식의 틀을 사용한 것은 어느 정도 타당한 일이다. 물론 이러한 커뮤니티 또는 도시 내의 소위 '타운'들은 시간이 흐르면서 계속 다른 소수민족들로 대치되어 가기도 했지만 그러한 공간을 창출하고 소비하는 사람들은 물론 연구자들에게도 사회과학적 연구와 현지조사를 위한 훌륭한 장소가 되었다.

그런데 이렇게 지리적 공간을 연구의 출발점이나 중심으로 하거나 소수민족들을 커뮤니티라는 표현을 통해 지칭하고 생각하는 행위는 몇 가지 결과를 초래하였다. 즉, 한편으로 소수민족들의 커뮤니티적 특성들을 잘 드러내 보여주고 호스트사회 속에서 이들이 어떻게 동화되고 변화를 겪으며 갈등과 통합을 경험하는가를 이해하는 것을 잘 보여주는 효과가 있었다. 그러나 다른 한편으로는 커뮤니티 구성원들의 행동과 생각에 영향을 미치는 커뮤니티 외부의 인물이나 사건이나 프로세스의 영향력, 또한 이들이 커뮤니티 외부와 맺고 있는 관계나 교환, 거래 등을 상대적으로 등한시하는 결과를 초래하기도 했다.

재미한인 연구의 경우, 연구자들은 커뮤니티라는 기본 인식의 틀을 공유하면서 재미한인의 친밀한 관계나 내적 결속 등을 자연스러운 사실이며 또한 당위적으로 마땅히 그래야만 하는 것인 동시에, 연구해야할 가장 중요한 주제들이라 전제하게 되었다. 그 결과 재미한인들 상호 간의 관계를 이해하고 집단적 수준에서의 적응과 호스트 사회 및 다른 민족집단에 의한 차별 등 고전적인 이민사회의 이슈들을 상당히 잘 파악할 수 있었다. 초기의 재미한인에 관한 연구들의 주제와 내용은 이러한 경향을 입증하고 있다.

그러나 이러한 커뮤니티라는 인식 틀과 공간적 준거를 기반으로 하는 접근방식은 글로벌 미디어의 발달과 이동성의 폭발적 확대로 인해 그 적합성이 큰 도전을 받고 있다. 재미한인들은 더 이상 특정한 장소에 한정되기보다는 과거에 생각했던 커뮤니티의 인적, 지리적 공간의 범위를 넘어 다양한 관계를 맺고 거래와 교환에 종사하며 영향을 주고받는 한편 민족경계를 넘는 연애와 결혼, 조선족과 탈북민 등의 유입 등 인적 구성의 변화를 겪고 있기 때문이다.

2) 초기 재미한인 연구가 커뮤니티 중심으로 이루어진 이유, 그 한계와 문제점

재미한인에 대한 초기 연구는 대개 고전적인 사회학과 인류학의 전통 내에서 발전된 커뮤니티 연구 및 민족지적 현재(ethnographic present)라는 이론적 틀과 방법론의 영향을 받고 이루어졌다. 이러한 접근들은 도시 내부에서 또한 근린지구에서 무슨 일이 일어나고 있는지를 기술하고 해석하는데 매우 효과적이기는 하지만, 그 밖에서 일어나고 있는 일들에 대해서는 몰라도 된다는 일종의 무심(naïveté)을 견지하는 경향이 있었다. 연구자들은 국가의 수준에서 또한 전지구적 수준에서 일어나고 있는 역사적 과정을 알고는 있었으나 국지적인 현장의 수준과 초국지적인 수준 사이의 연계에 대해서는 진지하고 주의 깊은 관심을 갖지 않았으며 국가의 경계들을 횡단하는 영향력에 대해서도 적극적으로 조사하려고 하지 않았다. 아마도 현장의 국지적인 수준에서 진행되고 있는 미시적인 과정들은 국가 수준 또는 국제 수준에서 일어나고 있는 과정들에 대한 적극적인 검토 없이도 기술하고 이해하는 것이 가능하다고 느꼈던 것이 아닌가 한다.

한민족공동체나 한민족네트워크공동체 등의 개념의 도입은 한반도에 거주하고 있는 한인들과 해외 각지에 거주하고 있는 재외한인 집단들 간의 연계를 강조하는 것이다. 그러나 이러한 개념들은 국경을 넘는 연계나 네트워크의 성격과 그 다양한 잠재력을 이해하려고 하기 보다는 한국과 한인들의 경제적 풍요와 통일을 위한 자원의 동원과 도덕적 지지를 획득하는데 보다 중점이 있었던 것으로 보이며 초국가적 관점의 중요성을 강조하거나 그러한 연구를 촉진시키는 역할은 하지 못했던 것으로 보인다.

국제 이주와 민족관계 연구(ethnic relations studies)가 초국가주의에 대해 마땅히 보였어야할 관심을 보이지 않은 이유는 여러 가지가 있지만 특히 다음과 같은 것들을 생각해볼 수 있다. 첫째, 이주 행위에 종종 수반되는 이별과 장거리 여행의 출발이라는 극적인 행동들이 이주가 장기적이며 지속적인 과정의 일부라기보다도 하나의 사건이라는 잘못된 인상을 주는 경향이 있었다.

항구의 부두에서 또는 기차역이나 공항에서 가족과 친척 그리고 친구에게 눈물과 마지막 포옹으로 작별을 고하는 장면은 매우 감정적인 순간이다. 국제이주가 시작되던 초기에는 같은 거리가 훨씬 더 멀어 보였으며 여행 경비는 상대적으로 훨씬 높았기 때문에 고향을 자주 방문한다는 것은 지극히 어려운 일이었고 이주를 떠나는 사람들과 남은 사람들은 가까운 장래에 다시 만날 것을 기약하기 어려웠다. 많은 사람들에게 이러한 작별은 영원한 것이 되었다. 이민을 떠나는 아들이나 딸들은 부모 살아생전에 과연 부모를 다시 만나러 고향에 돌아올 수 있을지, 또는 부모를 초청할 수 있을지 확신할 수 없었다. 가족 구성원들끼리도 이렇게 재결합이나 재회가 어렵다면 친구나 동료들의 경우는 더욱 어려웠을 것이다.

더구나 전신이나 전화의 발명 이전에는 소통은 오로지 편지와 전언(傳

信에 의존해야 했는데 매우 늦었고 비용도 만만치 않았다. 전신과 전화는 시간을 절약해주고 비교적 정확하게 원하는 상대에게 메시지를 전달할 수 있다는 커다란 장점이 있었으나 가난하고 궁벽한 지역에 사는 사람들은 이용하기가 어려웠고 게다가 매우 비쌌다. 전화는 상업적 이용이 가능해진 이후에도 이주민의 가족과 친지들이 이를 자유롭게 의사소통수단으로 사용되기까지는 상당한 시간이 걸렸다.

이러한 수송과 소통의 어려움에도 불구하고 해외로 이주한 사람들 가운데 상당수가 소식과 돈을 고향으로 보내왔다. 송금은 단지 재정적인 것만이 아니었다. 소위 사회적 송금(social remittance)을 통하여 이주민들은 고향 사람들에게 영향을 미칠 수 있었고 이들을 변화시킬 수 있었다. 이주민들은 가족구성원들과 친척들을 초빙하였으며 일부이기는 하지만 성공한 인물로서 고향을 방문하기도 했으며 새로이 해외에 마련한 거주지로 돌아갈 때에는 친구나 가족을 데려가기도 했다.

원래의 의도가 무엇이었든 구한말이나 일제 강점기 초기에 미국으로 갔던 사람들은 가까운 시일 내에 돌아올 것을 기약하기 힘들었다. 이들 가운데 상당수는 계약노동자(indentured labourers)였으며 무엇보다도 먼저 맹렬히 돈을 벌어서 현지에서 이동의 자유를 얻어야만 했다. 1903년부터 인천을 떠나 하와이로 건너갔던 7천명의 한인들이 그러했다. 미혼 남성들은 결혼을 위해 한국으로 돌아오지 않고 '사진 신부'를 맞이하여 결혼식을 올리고 자녀는 낳았다. 이렇게 사진 신부로 하와이에 건너간 한국 여성이 1천명이나 되었다.

초기의 일부 이민자들은 아마도 고향을 떠날 때 다시는 고향 땅을 밟지 않을 것이라 각오했을 수도 있다. 이런저런 이유는 달랐겠지만 이들은 고향으로 돌아오지 않았고 가족이나 친구들과의 연계가 그대로 시들고 사라져버리는 것을 용납할하였다. 못 돌아온 것이 아니라 안 돌아온 사람들도 있었던 것이며 고향과의 연계는 이들의 의식적인 결정에 의해 사라져버린 것이다.

그러나 고향을 방문하지 못하거나 연락을 주고받지 못하면서 연계와 네트워크가 죽어버리도록 방치한 사람들 가운데 상당수는 원해서라기보다는 다른 선택의 여지가 없었기 때문이었다. 새로운 삶의 현장에서 단 한 푼이라도 아껴야했던 이주민들 다수에게 고향까지의 엄청난 거리와 수송 및 통신의 높은 비용은 감당하기 어려웠다.

둘째, 소수민족 집결 근린지구와 소수민족 조직들의 가시적인 성장은 이들 이민자들이 "마치 공동체인 것처럼" 연구하고 이해할 수 있다는 잘못된 믿음을 주었다. 그러나 사실은 이러한 "마치 공동체인 것 같은" 소수민족 근린지구나 조직의 외부에 있는 사람들과의 상호작용이나 네트워크가 훨씬 더 중요한 것이었을 수도 있다.

소수민족 집단거주지(ethnic enclaves)의 등장은 매우 눈에 잘 띄는 두드러진 현상이었으며 1880년에서 1920년 사이에 2천4백만 명에 달하는 이민자들을 받아들였던 뉴욕, 보스턴을 비롯한 19세기 미국의 대도시들에서는 흔히 볼 수 있었다. 이태리인, 그리스인, 폴란드인, 유대인, 독일인, 아일랜드인 등이 특정한 공간에 집결하면서 "공동체"처럼 보이는 것들을 형성하였다. 이러한 "공동체"처럼 보이는 것들은 음식, 의복, 시장, 음식점, 축제, 종교예식 등 쉽게 알아볼 수 있는 문화적 특징들을 가지고 있었다. 새로이 도착하는 사람들은 지원과 위안과 보호를 찾아서 이러한 소수민족 집단거주지에 모여들었다.

이러한 소수민족 집단거주지들의 존재는 많은 선주 미국인들에게 불편한 존재가 되기도 했으나 용광로(melting pot)라는 필연적인 동화의 과정에서 일종의 잠정적 해결책으로 간주되기도 했다. 완전한 문화적 동화를 요구하는 사람들의 눈에는 미국화 과정에 대한 주저함이나 반대는 불충에 해당하는 것이기도 했다. 이러한 사람들 가운데 일부는 용광로 과정의 진행이 더딘 것에 만족하지 못하고 이러한 "열등한" 민족들의 이민을 억제하고 미국의 "인종적" 모습을 유지할 것을 요구하였다. 그러나 문화적 순응(conformity)이 과연 바람직한 것인가에 대한 의문이 제기되기 시작했고 문화다원주의(cultural pluralism)와 다문화주의(multiculturalism)에 대한 지지가 확대되면서 용광로의 비유를 대신하여 샐러드 그릇이나 만화경의 이미지가 지지를 받게 되었다. 이들 소수민족 집단거주지역을 연구했던 사회학자들과 인류학자들과 역사학자들은 이러한 "공동체 같은" 곳에서 발생하는 활발한 상호작용과 협조에 매혹되었다. 미국에서 등장하고 있던 이들 이주민들의 근린지역과 조직을 처음으로 연구한 사람들은 이들 이민자들이 자신들의 고향과 맺고 있는 연계에 주목할 필요가 있다고 느끼지는 않았던 것 같다. 비록 이주민 네트워크는 유럽에서 금융이나 교역에서 종종 중요한 일을 했으나 이러한 연계들은 대개 빈약하고 종종 단절되기도 하였다. 초기의 연구자들은 이주민들을 "마치" 촌락공동체에 사는 농민들이나 미개 부족민처럼 연구할 수 있다고 생각했던 것이 아닐까 한다.

그러나 고향에 남아있던 사람들 가운데 일부는 이주를 떠난 사람들로부터 소식도 듣고 송금도 받고 있었다. 이들 가운데 상당수는 이러한 가느다란 연계를 활용하여 자신들도 이민을 떠날 경우에 누리게 될 삶의 기회에 대해 학습하기도 했으며 또한 많은 경우 이들은 실제로 떠나기도 하였다.

이보다 훨씬 더 중요한 것은 고향에 남아있는 사람들 사이에서 일어나고 있던 일들이 매우 약하고 초기적인 연계나 네트워크를 통해서 새로운 곳으로 이주한 사람들의 삶과 행동에 영향을 미칠 수 있었다는 사실이다. 한국에서 성장하고 있던 민족주의적 감정이나 1980년 광주

민주화운동으로 상징되는 민주화에 대한 열망과 1987년의 6월 항쟁 등은 재미한인 청소년들에게 매우 커다란 영향을 미쳤다.

셋째, 매우 다양한 개인들을 하나의 단일한 범주로 동질화하고 총체화하려는 유혹이나 그러한 유혹에 굴복한 결과로 등장하는 '이해하지 못하면서도 이해를 했다고 생각하는 허위의식' 때문이기도 하다. 소수민족 집단거주지를 연구한 사회과학자들은 이주민들이 고국에 남은 사람들과 유지하고 있는 연약한 유대를 연구하는 것을 주저했을 수도 있다. 자칫하면 현재 진행 중인 흥미롭고 생생한 삶의 현장을 포착하여 기록하고 이해하는 작업을 등한시하고 국제정치나 경제학의 무미건조하고 종종 과도하게 일반화된 국제비교나 이론화 작업에 매몰될 위험이 있었다고 느꼈던 것이 아닌가 한다.

3) 경제학적 · 역사적-구조적 접근들의 문제

국제이주 연구의 중요한 이론가의 하나인 스티븐 카슬은 국제 이주에 대한 연구가 흔히 두 개의 사회과학적 탐구의 범주로 구분되지만 이러한 구분은 크게 도움이 되지 않는다고 설파한 바 있다. 즉, 이주의 결정요인, 과정 그리고 패턴에 대한 연구가 그 하나이며 또 하나는 이주자들이 어떻게 이민을 받아들인 사회에 통합 되는가에 관한 연구인데 이러한 매시(Massey et al., 1998)의 구분은 인위적인 것이며 이주과정의 완전한 이해에 오히려 장애가 된다고 비판한 바 있다. 카슬은 이주 연구가 이들 두 가지 연구 범주 모두를 포괄해야 하며 나아가 두 번째 연구 영역은 이주가 송출 사회와 수용 사회 모두에 변화를 야기하는 방식에 대한 연구로서 보다 넓게 이해되어야 한다고 주장했다(카슬 외 2013).

실제로 이주에 관한 경제학적 연구들은 사회학적, 인류학적 연구들처럼 이주민의 삶을 생생하게 기술하거나 내부자 관점을 포착하지 못한다는 한계가 있다. 그러나 경제학적 연구들은 이주의 과정은 물론 이주가 송출 사회와 수용 사회에 야기하는 변화를 파악하는데 유용하다. 주로 신고전파 이론에 입각하여 인구밀도가 높은 곳에서 인구밀도가 낮은 곳으로, 또는 소득이 낮은 곳에서 소득이 높은 곳으로 사람들이 이동하는 경향을 강조해온 경제학적 연구들은 흔히 배출-흡인(push-pull) 이론으로 불리고 있다.

이러한 접근 방식은 개인 중심이며 비역사적이라는 한계를 가지고 있는데, 경제학자들 외에 인구학자, 지리학자들도 사용하고 있다. 합리적 개인이 이주에 따르는 각종 비용과 위험을 이주의 결과로 기대할 수 있는 편익과 비교하여 결정을 내리는 것으로 상정하고 있다는 이유에서 이민시장(immigration market) 이론이라 불리기도 한다. 이 경우 이주하는 사람들은 일종의 인적 자본(human capital)으로 간주된다. 물론 이주자들은 이주 목적지의 임금 수준이나 고용 기회 등에 대해 완전한 지식과 정보를 가지고 있지는 않으며 이들은 경제적 요인 이외에 다른 요인들도 고려하여 판단하고 있다.

한국에 정착했던 탈북자들 가운데 미국이나 캐나다나 영국 등 제3국으로 이주하는 사람들은 경제적 요인보다는 사회적 차별과 안전에 대한 우려가 다시 이주를 결심하게 된 가장 큰 요인이라고 말하고 있다. 즉, 사회적 차별, 생명과 신체 그리고 재산의 안전에 대한 우려, 교육의 기회, 정치적·시민적 자유, 안전과 예측 가능성, 이민 대상 국가의 소프트 파워(가치와 세계관의 헤게모니, 이미지, 문화적 역량과 문화상품), 가족 그리고 혈연 및 지연의 작용 등이 매우 중요하다는 것을 의미한다.

실제로 연구 기간 중에 인터뷰를 할 기회가 있었던 L.A.에 거주하고 있는 어느 탈북 여성은 한국 정부의 도움으로 안정된 직장도 얻었고 중국에 남겨두고 왔던 딸도 데려왔으며 아파트도 장만했으나, 한국에 거주하면서 상당히 심한 사회적 차별로 고통을 받았다고 술회했다. 특히 북한의 부모로부터 걸려온 전화를 받았다는 이유로 벌금을 물어야 했으며 그러한 과정에서 한국정부가 자신을 감시하고 있다는 생각이 들었다고 했다. 다른 한편으로는 정체불명의 사람들(북한의 공작원인지 북한을 지지하는 사람인지는 판단 불가)로부터 협박도 받았기 때문에 대한민국에서는 안전하지 않다고 느꼈다고 주장하고 있다.

뒤돌아보면 1970년대 후반에서 80년대에 걸쳐 미국으로 이주한 사람들 가운데 월남민의 비중이 상당히 높다는 사실 또한 비경제적 요인의 중요성을 잘 보여주고 있다. 남북한의 경쟁과 대결이라는 구도에서 발생했던 무장공비침투 등 북한의 도발과 남북 간의 긴장은 북한의 전면 남침과 한반도 적화에 대한 두려움 등을 증폭시켰다. 6.25 당시 기습 남침으로 방어선이 낙동강까지 밀려 내려갔던 것이나 중국의 참전 이후 서울을 다시 빼앗기고 일시적이나마 한반도 포기가 논의되었던 것은 여전히 트라우마로 남은 것 같다. 이주 결정 과정에서 안전 문제가 매우 큰 역할을 했다는 것을 잘 보여주는 사례이다.

경제적 요인에 대한 합리적 판단이 매우 중요하기는 했지만 많은 재미한인들이 이주의 동기를 물었을 때 가장 흔히 거론하는 것은 경제적 이유보다는 '자식의 미래'나 '아이들의 교육'이다. 경제적 기회의 경우에도 단순히 경제적인 요인이라기보다는 한국에서는 '빽'과 연줄, 학벌과 가문이 없으면 실력이 있더라도 성공하기 힘들다는 등 공정성에 대한 불만이 표출되는 경우가 많다.

경제학자들이 주도한 배출-흡인 모델에 대해서는 경제학자들 내부에서도 다양한 비판이 있었다. 실제 국제이주를 많이 하고 있는 것은 경제적, 사회적으로 급격한 변동을 겪고 있는 지역에서 사회적 지위가 중간에 해당하는 사람들이며 발전이 가장 낙후된 국가의 가장 가난한 사람들이 가장 부유한 국가로 이동하는 경우는 드물기 때문이다. 더구나 동아시아에서는 일본과 한국, 유럽에서는 네덜란드와 독일 등 세계적으로도 인구밀도가 매우 높은 곳으로 외국인노동자가 밀려들거나 이민이 증가하는 현상이나 영국이나 프랑스처럼 식민지였던 국가에서 식민지 종주국으로 이주가 일어나는 현상을 설명하지 못한다. 재미한인들이 한국 내에서 여전히 상당한 질시의 대상이 되고 있는 이유의 하나는 이주자들 당사자의 사정이나 판단이 어떠하건 이들은 어느 정도는 사는 사람들이고 "미국에 건너갈 수 있는 재주"를 가진 사람들로 비추어지고 있기 때문이다. 보다 나은 경제적 기회는 중요한 이유이겠지만 당사자들이나 한국사회는 경제적 이유의 중요성을 저평가하는 경향을 보이고 있다.

소위 신경제학파 접근은 이주의 결정과정에서 개인의 역할 외에 가족이나 가구, 혹은 다른 공동체나 집단 등의 참여에 주목하면서 1980년대에 등장하였다. 이들은 피오레(Piore 1979)가 주도한 이중노동시장 이론 또는 노동시장 분절이론에 기반을 두면서도 이주의 결정은 단순히 이주자 개인의 임금 상승만이 아니라 집단 전체의 시각에서 수입의 원천을 다원화, 기존의 경제활동에 대한 추가적 투자재원의 확보 등 장기적 위험의 관리라는 차원도 고려할 필요를 지적하였다.

한편, 추상적 개인이나 집단을 상정하고 모델을 만들어 개인 행위자들의 이주를 설명하려는 고전, 또는 신고전 경제학의 접근과는 달리 세계체제 이론 등 역사적-구조적 요인을 중시하는 접근 방법은 보다 거시적인 시각에서 이주현상을 이해하려고 노력해왔다. 이러한 접근은 종속이론 등 마르크스주의 정치경제학에 연원을 가지고 있으며 1970년대와 80년대에 걸쳐 월러스타인 등에 의해 발전한 세계체제 이론은 '주변부'의 저발전 지역들이 '중심부'의 자본주의 국가들이 통제하고 있는 세계경제에 편입되는 방식에 주목하였다. 국제적 이주 가운데 특히 노동의 이동을 자본주의의 중심부 경제와 저발전 주변부 경제 사이에 지배관계가 형성되는 방식의 하나로 파악한 것이다.

그러나 이러한 이론은 지나치게 일반적이며 또한 서구국가들과 자본주의의 힘을 과도평가하고 있다는 문제 외에도 재미한인의 이주 현실을 설명하기에는 부적합하다는 문제가 있다. 재미한인들 가운데 미국에 외국인 노동자들로 입국하여 정착한 사례는 상대적으로 적기 때문이다. 마르크주주의적 접근 가운데 재미한인연구에 현실 적합성이 높아 보이는 것은 보나치치(Edna Bonacici)의 미들맨 마이너리티(middlemen minorities) 이론이다. 재미한인들의 다수가 자영업에 종사하고 있으며 그 비율도 다른 이민집단에 비해 상당히 높은 것으로 나타나기 때문이다.

4) 이주체계 이론과 이주 네트워크 이론의 등장

이주체계 이론은 주로 지리학자들에 의해 발전되었다. 이들은 남태평양, 서아프리카, 또는 라틴아메리카 국가들처럼 지리적으로 가까운 거리에 위치하면서 서로 이주자들을 교환하는 둘 혹은 그 이상의 국가들에 주목하였다. 물론 북서아프리카와 프랑스가 하나의 지역적 이주체계를 이룬다고 생각할 수도 있고 심지어는 카리브해 지역, 서유럽, 북아메리카 등을 연결하는 이주체계를 생각해 보는 것도 가능하다.

이주네트워크 접근은 이주체계에 포함된 장소들 간의 모든 연계들을 검토함으로써 이주라는 흐름 전체를 이해하려고 한다. 검토 대상에는 국가와 국가의 관계는 물론, 대중문화, 가족 및 사회적 네트워크 등 다양한 범주의 연계가 모두 포함된다. 이주네트워크 접근은 이주의 흐름이 과거의 식민지배나 정치적 영향, 무역, 투자 혹은 문화적 유대 등의 영향을 받고 있다는 사실을 잘 드러내 보여준다. 인도인과 파키스탄인, 방글라데시인의 영국으로의 이주나 아프리카인의 프랑스와 네덜란드로의 이주, 필리핀인의 미국으로의 이주는 식민 지배의 영향 때문이며 멕시코인과 도미니카인의 미국으로의 이주는 19세기와 20세기의 미국의 팽창 때문이다. 한국인과 베트남인 그리고 필리핀인의 이주는 미국의 군사적 개입 및 전쟁과 밀접한 관련을 가지고 있다.

이주네트워크 접근은 한편으로는 국가의 이민 관련 법령과 관행 등 제도적 요인들과 세계경제 내의 생산, 분배 및 교환의 진화 등 거대한 역사적 과정으로 구성되는 소위 거시적 구조와, 다른 한편으로는 이주자들이 가지고 있는 네트워크, 관행, 신념 등으로 구성되는 소위 미시적 구조 간의 상호작용의 결과로 이해하려고 한다. 특히 미시적 구조는 연쇄 이주를 가능하게 만드는 다양한 비공식적 사회 네트워크, 즉 사회적 자본이 포함한다.

이주 결정은 개인보다는 가족 수준에서 이루어지는 경우가 많으며 이주를 가능하게 해주는 금전적, 문화적, 사회적 자본은 종종 가족 등의 연계에 의존하고 있기 때문에 가족 등 다양한 공동체는 이주 네트워크에서 중요한 역할을 한다. 소수가 이주를 시작하면 많은 다른 사람들이 앞서 이주한 사람들이 지나간 경로를 답습하여 이주하여 먼저 이주한 친척, 친구, 동향인들의 도움을 받게 된다.

누적적 인과란 이주가 지속적 과정으로 발전한 경우를 가리키는 말이다. 재미한인들의 경우 미군과 결혼한 사람들 및 어떠한 경로에서든 미국에 먼저 정착한 사람들에 의한 가족초청이 매우 중요한 경로를 제공했다. 일단 미국에 도착한 뒤에는 친척과 함께 한인교회 등이 숙소, 고용, 행정 수속, 개인적 어려움 등과 관련하여 중요한 도움을 제공했다.

이주 지역에서 이주민들의 집단적 거주나 소비/생산의 공간적 집중이 나타나고 종교시설, 상점, 식당, 카페, 미용실 등 다양한 사회적 경제적 하부구조와 전문적 서비스가 발전하는 것은 바로 이러한 이주 네트워크의 성격 때문이라고 할 수 있다.

5) 초국가주의(transnationalism) 이론

이주와 관련된 초국가주의적 논의는 국제이주에 대한 연구에서 1990년대에 들어와 본격적으로 등장하기 시작했다. 그러나 앞에서 강조했듯이 국제이주는 항상 초국가주의적인 성격을 가지고 있었다. 다만 이주에 관한 연구의 초점이 커뮤니티나 이주 결정에 이르는 과정, 이주를 발생시키는 역사적-구조적 맥락, 이주가 실제로 발생하는 경로 등에 관심을 집중하는 가운데 이주의 초국가적 차원이 상대적으로 관심의 대상이 되지 못했을 뿐이다.

처음부터 초국가주의적 성격을 가지고 있었던 국제이주가 1990년대에 들어와서야 비로소 그 초국가주의적 성격이 주목을 받게 되었다는 사실은 글로벌화의 급속한 진전과 더불어 국민국가의 성격 변화 또는 쇠퇴와 관련한 '탈영토화된 국민국가'의 등장과 관련된 논의에 힘입은 바 크다. 특히 글로벌화가 심화되고 일회의 이주로 완결되지 않으며 다수 사회와의 유대를 만들어내는 순환이주(transmigration)가 빈번히 관찰되는 현상으로 주목을 받는 가운데(Glick Schiller et al. 1995), 이민 송출국가와 이민 수용국가를 연결하는 다선적 사회관계를 구축하고 유지하는 사회적 과정으로서의 초국가주의가 국제이주와 디아스포라를 설명하는 중요한 틀로 부상한 것이라고 카슬(Castles 2013)은 지적하고 있다.

또한 여기에는 이미 미국 내 다양한 이주민에 대한 연구에서 이들이 경계를 넓히면서 다수의 국가에서 진행되는 과정에 참여하고 있는 현실에 주목한 여러 연구들이 1990년대부터 등장했다는 사실도 배경으로 작용하였다고 한다(Castles 2013). 이주자들은 과거에는 자신의 살던 곳에서 '뿌리가 뽑힌 사람들'이라고 간주되었으며 모국과의 초국가적 연대를 가지더라도 이는 첫 세대에만 어느 정도 유지가 될 뿐, 그 아래 세대로 내려가면서 급격히 희석된다고 보았었다. 그러나 글릭-쉴러(Glick Schiller et al 1992) 등 상당수 연구자들은 이주자들 가운데 상당수가 이주와 정착 이후에도 본국에서 여전히 활동하고 있다는 사실에 주목하기 시작했다(Castles 2013). 이들은 한편으로는 새로이 정착한 곳에 적응하고 소속되기 위해 노력하면서 다른 한편으로는 국경을 넘어 출신국가 또는 제3국의 종교적, 정치적, 문화적, 경제적 과정에 참여하고 있었다.

그런데 국민국가의 국경을 넘는 초국가주의적 커뮤니티의 존재는 역사상 전적으로 새로운 것은 아니다. 이미 디아스포라(diaspora, 이산)라는 용어는 오래 전부터 유대인은 유럽과 그 주변 지역에 거주하면서 상호 연계를 가지고 있었으며 강제력에 의해 이주된 아프리카 노예들이나 다양한 이주 노동자들을 지칭하기 위해 사용되어 왔다. 정보통신 기술과 여행 · 운송 수단의 비약적 발전 덕분에 과거에는 상상조차 할 수 없었던 많은 것들이 가능하게 된 결과 초국가적 커뮤니티는 급속히 그 수가 증가하고 있다. 또한 커뮤니티 내의 상호작용과 관계의 밀도와 질도 급증하고 있으며 이주민들은 초국가주의를 자신들의 행동, 관계, 정체성을 조직하는 수단으로써 활용하고 있다.

그 결과 단지 국경 내에서 또는 코리아타운 등 거주나 생산/소비의 집중 공간 내에서 일어나는 일을 관찰하는 것만으로는 이주민들의 삶의 전체상을 이해하는 것이 점점 어려워지고 있다. 이는 재미한인 연구에서 재미한인을 생각하고 연구하는 인식의 틀과 방법론의 혁신을 요구할 뿐 아니라 다른 가족, 시민권, 국민국가 등의 사회적 제도들에 관한 기본적인 가정들도 재검토할 것을 요구하고 있다는 것을 의미한다.

3. 재미한인의 형성과 초국가주의적 시각

한인들의 미국 이민이 재개되고 재미한인의 급속한 성장이 시작된 것은 제트 여객기가 본격적으로 도입된 이후인 1970년대 후반이므로 이는 이주에 대한 초국가주의적 관점에서 매우 흥미로운 일이다. 그리고 재미한인의 성장은 통신기술의 혁명적 발전의 영향을 본격적으로 느끼기 시작한 1980년대 후반에 일단 정점에 달했었다. 더구나 재미한인의 인구가 급증한 시기는 바야흐로 문화인류학이 '상대적으로 고립되고 경계가 뚜렷하기 때문에 커뮤니티로서 연구가 가능하다'고 "간주"하고 있던 개별 부족이나 촌락이라는 대상을 넘어서 전지구화와 초국가주의를 인류학의 지당한 연구주제로 바야흐로 "발견"하고 있을 때였다. 재미한인의 경험은 인터넷과 소셜미디어와 저가 항공사의 출현 이전에도 국제이주를 이해하는데 초국가적 시각이 필수불가결하다는 것을 보여주고 있다.

그러나 한국에 대한 미국의 엄청난 영향을 연구(또한 비판 또는 개탄)하는 일에 집중하고 있던 연구자들은 한국 내에서 일어나고 있는 일들이 미국에서 살고 있는 사람들의 생각과 행동을 바꿀 수 있고 또한 앞으로 일어날 일에 영향을 줄 수 있다는 것에 주목하지 않았다. 『투쟁의 유산(*Legacies of Struggle*)』(2007)은 한국에서 발생했던 광주 민주화운동을 비롯한 여러 일들이 재미한인 사회 조직의 발전에 미친 영향을 논의하고 있는 매우 흥미있는 연구이지만 한국의 상황이 어떠한 과정을 거쳐 코리아타운에서 사회정의를 추진하고 사회 서비스를 제공하는 전문적인 노력에 이르게 되었는가를 상세히 논의하지는 않고 있다.

많은 재미한인들의 태도나 언행에서 매우 흥미 있는 측면 가운데 하나는 한국에서 인권, 평화, 통일, 민주화 등을 위해 노력했던 사람들 다수가 "마치" 일제 강점기에 조국의 독립을 위해 투쟁했던 사람들과 유사한 느낌을 가지고 있다는 사실이다. 미국에서 거주하고 있다는 사실은 재미한인들을 매우 독특한 위치에 서게 만들었다. 각자의 정치적 태도에 따라 어떤 사람은 자유와 풍요를 누리는 지상천국에 있는 것이며 공산주의에 대해 같이 투쟁한 혈맹의 나라에 있는 것이지만 또 어떤 사람은 한국을 분단시키고 착취하고 군사독재를 지지하고 광주민주화운동 때 한국의 민중을 배신한 제국주의 국가에 살고 있는 것이다. 그러면서도 커다란 두려움 없이 미국정부는 물론 한국의 "독재" 정권을 자유롭게 비판할 수 있는 "안전한" 장소에 있는 것이다. 광주민주화 운동 직후였던 1980년 6월 9일에는 LA 지역에서 전두환 장군을 비난하는 집회에 참가한 한인의 수가 1천명에 달했다는 보도도 있다. 당시 미국에 있는 재미한인의 총수가 60만명이었다는 것을 고려한다면 이는 상당한 숫자이다. 재미한인은 또한 미국 여권을 가지고 있는 경우 북한을 방문할 수 있었다. 미국 내에서는 차별과 배제를 당하고 있는 소수민족의 일원이지만 이러한 면에서는 상대적으로 엄청난 특권을 누리고 있는 것이었다. 이러한 독특한 위치와 특권에 대한 인식은 많은 재미한인들에게 자신들이 한국을 위해 무엇인가를 해야만 한다는 일종의 사명감 같은 것을 주었다.

재미한인 사회조직의 발전은 한국으로부터의 영향, 재미한인의 다양한 반응 그리고 재미한인이 처해있던 독특한 상황을 고려하지 않고는 이해할 수가 없다. 재미한인들과 이들의 상공업활동과 사회조직들 가운데 상당수는 소위 재미한인 커뮤니티 내에서 서로 연관을 맺고 있는 것은 물론 한국에 있는 다른 개인들과 기업들과 조직들과 연계를 가지고 있다. LA 지역에서 초기에 안창호와 다른 독립운동가들에 의해 설립되었던 조직들은 한국 내외의 다른 독립운동 조직들과 접촉을 유지하기 위해 노력했다. 대한국민회의 경우는 임시정부로서 활동하기도 했다.

1960년대와 그 이후에 설립된 다른 조직들은 재미한인의 적응과 생존 그리고 재미한인들 사이의 협력에 관심을 가지고 있었으나 고등교육을 받았고 중상층 출신이 대다수인 이러한 조직들의 지도층은 한국에 있는 사람들과 잘 연계되어 있었다. 일부 재미한인 교회들은 서울에 있는 교회의 지부로서 설립되었으며 재정지원을 받기도 하고 성직자들도 종종 서울에서 파견되었다. 다수의 언론사들이 재미한인에 의해 설립되었지만 그 가운데 큰 것들, 즉 미주한국일보(*The Korea Times*)와 미주중앙일보(*The Korea Daily*) 등은 각각 서울에 있는 본사에 의해 설립되었으며 KBS나 SBS도 마찬가지이다.

한국과의 연계나 한국의 영향은 재미한인의 생애사를 수집하고 검토하는 과정에서 잘 나타난다. 1960년대 말 이후에 미국에 온 사람들은 정치적으로 특별히 활동적이지는 않았다. 이들은 대개 공산주의에 반대했고 미국에 호감을 가지고 있었으며 대개 교회에 나가거나 나가기 시작했지만 정치적 관심을 행동으로 옮기기에는 너무나 생업이 바쁘고 또 그러한 훈련이나 경험도 많지 않았다. 이들은 미국에 올 수 있었던 것을 커다란 행운으로 생각했다. 미국은 천국은 아니었지만 지구상에서 현실적으로 선택할 수 있는 가장 좋은 곳이었다.

재미한인 1.5세나 2세의 부모들이 이주를 결심한 이유 가운데 가장 중요하게 손꼽는 것이 자녀들의 교육이며 이를 통해 자녀들이 아메리칸 드림을 이룰 수 있다는 것이다. 부모들은 장시간 열심히 일을 해야 했으며 한국의 역사나 문화에 대해 자녀들에게 가르칠 여유가 없었음은 물론 상당수는 그러한 의사도 없었다. 부모들이 자녀들에게 한국어를 금지하면서까지 영어를 배울 것을 강조하고 소위 명문학교에 입학하여 훌륭한 직업을 가질 것을 원하기도 한다. 즉 자녀들이 미국 주류사회에서 "성공"하기를 원하는 것이다.

비록 많은 자녀들이 좋은 학교에 들어가고 의사나 변호사가 됨으로써 부모들의 이러한 기대에 부응하고 부모들을 기쁘고 자랑스럽게 만들기도 했지만 상당수의 자녀들은 자신들의 상황을 관찰하고 차별을 경험하면서 미국 사회의 모순에 대해 날카롭게 생각하기 시작했다. 이들이 성장했던 새로운 환경과 이들이 미국의 학교에서 받았던 교육은 이들로 하여금 생각하고 의문을 제기하고 자신들의 정체성을 찾는 힘을 주었다고 할 수 있다. 대학에 진학하면서 이들은 다른 재미한인 학생들을 만나고 또한 한국에서 건너온 유학생들을 만났으며 이들로 하여금 자신들의 상황을 보다 잘 이해할 수 있도록 도움을 주는 사회과학과 역사학 과목들을 수강하게 되었다.

예를 들어서 1974년 13세에 미국으로 건너온 재미한인 단체의 지도자 김현수(가명)의 경험은 이러한 과정을 잘 드러내 보여주고 있다. 김현수는 한국에 대한 기억을 별로 가지고 있지 않으며 그의 가족은 한국과 활발한 관계를 유지하고 있지 않았다. 다른 많은 재미한인 어린이들처럼 그는 부모가 매우 열심히 장시간 일을 하는 것을 보면서 자라났다. 이철수 구명위원회(Chol Soo Lee Defense Committee)에서 활동을 하면서 재미한인의 상황에 대하여 많은 것을 배우게 되었지만, 그야말로 눈을 뜨게 되는 중요한 계기는 1980년 5월이었다. 당시 샌프란시스코에서 대학을 다니고 있었는데 광주에 대하여 들은 것과 본 것들은 너무나 충격적이었다. 같은 한국인끼리 어떻게 서로가 서로에게 그런 일을 할 수 있는 가 도저히 믿을 수가 없었다고 한다.

사회 정의에 대한 의문과 정체성에 대한 탐구는 광주 이후 매우 치열해졌다. 김현수는 더 이상 엘리트 그룹에 들어가거나 기존의 현상을 유지하는 것 따위에는 관심이 없었다. 윤한봉을 만난 것도 바로 이때였으며 한청련(Young Koreans United of USA)에 가입한 것도 이때였다. 그리고 민중이 가장 중요하다고 생각하기 시작했다.

윤한봉은 광주민주화 운동이 폭력적으로 좌절된 이후 거의 1년이 지나서 미국으로 밀항을 하였으며 로스엔젤레스와 뉴욕을 비롯한 여러 지역에서 활동을 하면서 한청련을 1984년 1월에 결성하였다(안재성 2017). 한총련은 "한국의 사회적 정치적 조직의 분위기를 거의 그대로 복사한 것"으로서 한국에서 온 유학생은 물론 한국의 역사와 문화에 대해 호기심을 가지고 있으면서 미국사회에서 차별과 배제에 분노하고 있던 많은 재미한인 청소년들을 매료시켰다.

박준규(2002)는 다수의 재미한인 청소년들이 이러한 조직들의 '집단주의적(공동체적)'이며 '비밀스러운(지하조직)' 분위기에 매료되었다고 한다. 한국의 역사와 현재 한국 상황에 대한 윤한봉의 해석을 받아들이면서 이들 젊은이들은 한국의 민주화와 통일이야말로 재미한인들이 달성해야할 가장 중요한 과제라고 간주하게 되었다. 한국에 대해 보다 더 알기 위한 조직들이 여기저기 생겨났으며 정체성을 찾고 있던 재미한인 청소년들은 이러한 조직에 이끌렸다. 이들 가운데 상당수는 진정한 민족의 영광은 민주화와 통일을 통해서만 가능하다고 확신하게 되었다.

일부는 여기에서 더 나아가 자신들이야말로 한국의 인권운동을 비롯한 여러 사회운동을 주도할 수 있는 좋은 위치에 있고 또한 할 수 있으므로 그렇게 해야 한다고 생각했다. 미국에 정착하여 경제적으로 어느 정도 안정을 누리게 되었고 또한 언론과 집회결사의 자유도 누리고 있기 때문이었다.

1980년대 후반과 1990년대 초반의 재미한인들이 설립한 통일을 위한 단체들은 한국에서 1980년 5월과 1987년 6월에 발생한 민주화 열기가 없었더라면 생각할 수 없는 것들이다. 또한 중요한 것은 1980년대 후반 재미한인의 급속한 수적 증가와 경제적 성장 그리고 미국 내 한국인 유학생의 증가였다.

1980년대는 또한 한국에서 열등감과 좌절감을 극복하는 한편 한국적인 것에 대한 추구와 찬미의 노력이 대중적인 수준으로 확산되기 시작했던 시기였다. 해방 후 친일파가 제대로 청산되지 못했으며 친일파들은 반공을 내세우며 친미파가 되었고 계속 한국사회를 지배했다면서 이들이야말로 분단과 압제를 비롯하여 현대 한국에서 발생한 모든 불행의 책임자라고 비난하였다. 이러한 시각은 전두환 대통령 집권기에 크게 힘을 얻었으며 한국의 학생운동 지도자들은 민중의 진정한 적은 전두환 파쇼군부독재정권이나 매판자본이 아니라 미국이라고 강조했다.

현대사에 대한 이러한 해석과 함께 『환단고기』 등을 역사서로 간주하는 등 영광스러운 고대사를 추구하는 움직임도 힘을 얻었다. 1984년에 출간된 소설 『단丹』은 찬란했던 고대의 영광을 주장하고 분단된 조국의 통일과 발전된 미래를 예언하면서 베스트셀러가 되었고 재야사학의 확산에도 기여한 것으로 보인다. 그러한 과정에서 1960년대와 70년대에 식민사관의 극복에 노력하며 주체적인 민족사학을 모색했던 역사학자들마저 식민사관의 후예라 비난을 받는 일도 발생하였다. 사실 민족의 단결과 민족의식은 고 박정희대통령 정부 시절에도 강조한 것이었다. 민족문화를 보호하고 발전시키기 위한 각종 입법 조치가 마련되었으며 정부는 북한이나 정부를 비판하는 세력들보다 훨씬 더 스스로가 진정으로 민족의 미래를 위해 노력하고 있다고 자부했다. 비판세력 일부는 만주군관학교와 일본육군사관학교를 졸업한 박정희보다 무장독립운동의 경력을 자랑하며 주체사상을 발전시킨 김일성이 민족정통성의 측면에서 앞선다고 평가하기도 했다.

1980년대는 해외 유학이 자유화되면서 미국 유학생이 급증하는 시기이기도 했다. 유학생들과 이민자들의 상당수는 한국 현대사에 대한 새로운 해석과 함께 민족주의적 자존심과 자신감을 가지고 떠난 것으로 보이는데, 이들의 역사에 대한 해석과 민족주의적 감정은 재미한인 1.5세와 2세에게 커다란 영향을 주었다. 1980년 5월 광주 민주항쟁에 관한 영상과 정보로 크게 충격을 받은 재미한인 청소년들은 한국의 민주화와 통일을 위해 노력을 해야 한다는 설득에 쉽게 공감하였다. 윤한봉 등 한국의 민주화와 통일을 위해 노력하는 운동이 짧은 시간 내에 크게 성장할 수 있었던 것도 이러한 상황을 배경으로 하고 있다. 1980년대에 미국으로 건너간 유학생들은 물론 상당수의 재미한인 이민 1세, 1.5세와 2세들은 비록 미국에서 소수민족의 일원으로 살아가면서도 자신들의 삶의 공간을 한국사회의 연장으로 상상하면서 한국의 정치에 참여하고 한국사회의 모순해결에 노력하고자 하였다.

그러나 한국의 민주화와 통일을 위한 재미한인 운동과 조직들은 1989년 이후 급격히 활기를 잃기 시작했다. 베를린 장벽의 충격은 사회주의에서 대안을 찾으려 하고 있었던 소위 진보적인 한인들과 재미한인들에게 심각한 타격을 주었다.

게다가 민주화와 통일을 지향하는 이러한 운동조직들의 행동 방향과 전략, 특히 "정치 편향"과 "비민주적" 운영방식에 대해 실망을 느낀 재미한인들도 상당수 있었다. 정치에 편향된 운동과 조직에 실망한 사람들 가운데는 문화로 방향을 전환하기도 하였다. 일부 젊은 재미한인들은 자신들이 한국에 거주하고 있는 한인들보다 오히려 미국의 흑인들이나 다른 소수민족집단과 공통점이 더 많다는 사실을 자각하기 시작했다. 이러한 생각을 논리적으로 추구하면 흑인들과 다른 소수민족집단과의 연대가 중요하다는 것이 된다. 재미한인들에게는 한국의 민주화와 통일도 중요하지만 미국에서 살아가기 위해 미국사회에 잘 적응하고 또한 일상생활 속에서의 차별이나 배제에 항의하고 권익을 수호하며 이를 위해 다른 소수민족집단들과 연대하는 것이 소중하다는 것을 깨닫게 된 것이다. 1992년 L.A. 폭동(4.29)이 일어나기 두 달 전에 한인타운노동자연대(Koreatown Immigrant Workers Alliance: KIWA)가 한청련과 밀접한 관련을 맺고 있던 젊은 재미한인들에 의해 설립된 것도 바로 그러한 이유 때문이었다고 한다.

재미한인으로 성장하여 문화인류학을 공부한 박준규가 재미한인으로서의 정체성을 탐색하던 자기 자신의 경험에 대해 쓴 글(Park 2002)에 따르면 자신의 재미한인(Korean-American) 친구들은 스스로를 "Korean American [가운데 하이픈이 없음]"이라고 부르기 시작했는데 이는 한국에 의한 담론화와 통제를 반대하고 스스로의 주체성과 목소리를 표현하기 위한 노력의 결과라고 한다. 젊은 재미한인들과 한국 출신 유학생들 간의 "밀월"이라고도 부를 수 있었던 긴밀한 관계는 끝이 났다.

윤한봉은 4.29가 일어나고 반년 지나서 냉전은 끝났으며 혁명은 더 이상 가능하지 않고 통일은 장기적으로 추구할 목표가 되었다는 사실을 인정했다. 이러한 발언은 이제부터는 통일보다 평화와 군축을 위해 노력해야 한다는 것을 의미한다. 미국에 거주하는 한인들은 북한을 방문하고 통일을 위해 일하기보다 일상생활 속에서 재미한인들 스스로의 권리와 이익을 수호하기 위해 노력해야 한다고 윤한봉은 주장했다. 윤한봉은 '운동의 생활화'를 주장했다. 이는 한인타운청소년회관(KYCC)

을 비롯한 여러 다른 한인단체들이 이미 해오고 있던 것이었으며 KIWA가 방금 막 시작한 활동과 그러한 노선을 지지한다는 의미였다.

미국에서의 생활에 대한 적응과 일상생활에서의 차별과 배제를 없애기 위한 투쟁, 권리와 이익을 수호하기 투쟁 등은 매우 중요하고도 시급한 것이지만, 이러한 노력은 1980년대의 조국의 민주화와 통일이라는 "성스러운" 목표를 위한 운동과 투쟁 앞에서는 사소하고 이기적인 것처럼 간주되기 쉬웠다. 그러나 L.A. 폭동은 일상생활과 관련된 운동이 얼마나 중요한가를 깨닫게 해주었다.

4. 맺음말

교통 통신 기술의 급속한 발전은 항상 존재하고 있었던 초국가적 네트워크의 존재를 드러내 보여주고 그 중요성을 증대시켰을 뿐 아니라 인류가 인식하고 살아가고 있는 '삶의 세계' 자체를 변형시키고 있다. 과거에는 상상조차 할 수 없었던 많은 일들이 오늘날의 이민자들, 그 친척과 친구들에게 가능해졌다. 국제이주는 많은 사람들에게 이제 더 이상 일생에 한번 일어나는 중대한 사건이 아니다. 이는 매일 매일의 참여와 투쟁과 협상과 재정의의 대상이 되면서 평생을 지속하는 헌신이기도 하다.

현대의 이주민들이 과거의 이주민들과 크게 다른 점은 이들이 새로운 나라, 새로운 도시에 이주한 뒤에도 계속하여 고향에 남기도 온 친척이나 친구들과 계속 연결되어 있을 것이라는 점을 알고 있다는 점이다. 초국가적인 연계와 네트워크를 유지할 수 있다는 지식과 그러한 능력은 국제이주의 본질과 함께 이주민들의 경험을 송두리째 바꾸어 놓았다.

그러므로 재미한인에 대한 연구는 커뮤니티 연구의 전통에 따라 한인이 집중적으로 거주하는 지역이라는 공간적 한계 속에서 일어나는 일들을 관찰하고 기록하는 것으로는 불충분하다. 상황을 제대로 파악하려면 우리는 민족의 경계를 넘어, 국가의 경계를 넘어 무슨 일이 일어나고 있는지를 이해해야 한다.

이 글에서는 국제이주 연구에서 특히 재미한인 연구에서 초국가적인 시각의 중요성을 강조하고 왜 초기의 재미한인 연구에서 초국가적 관점이 등한시 되었는지를 검토하였다. 또한 초국가적 시각에서 재미한인의 형성, 그리고 일부 재미한인 지도자들과 이들이 이끄는 단체들이 L.A. 폭동 이전에 거쳐 온 길고도 험한 여정을 살펴보았다. 재미한인들의 경험은 인터넷, 사회연결망서비스(SNS), 그리고 저가항공의 등장 이전에도 초국가적 연계와 네트워크가 얼마나 중요하였던가를 보여주고 있다. 한국에서 일어나고 있던 일들이 미국에 거주하고 있던 젊은 재미한인들의 사고와 행동에 이루 말할 수 없이 큰 영향을 줄 수 있었던 것이다. 보다 정확히 표현하자면 이들 젊은 재미한인들은 한국에서 일어나고 있던 일들에 영향을 받겠다는 선택을 했던 것이다.

수많은 흥미있는 사례와 개인들에 대한 이야기를 수집했으나 공동연구 제1권의 실리는 리뷰 글이기 때문에 여기에서는 언급하지 못하였다. 초국가적 시각을 재미한인 연구만이 아니라 아시아 연구와 민족관계연구의 역사와 변형에 적용한다면 우리는 매우 흥미 있는 통찰력을 얻을 수 있을 것이다. 아시아 태평양 지역의 민주화, 평화, 그리고 인권에 대한 여구 역시 초국가적 시각의 도입으로 큰 도움을 받을 수 있을 것이다.

이민과 관련한 트럼프 미국 대통령의 연설과 조치들은 많은 사람들에게 충격과 고통을 주었으며 많은 사람들을 깊은 우려와 고민에 들게 만들었다. 앞으로도 당분간 이러한 상황이 계속될 것이라는 점은 매우 우울하다. 그러나 국제이주에 대한 초국가적 시각에서 본다면 이러한 상황은 매우 역설적으로 사람의 연망과 돈과 재화와 서비스 그리고 사고와 정보의 흐름을 통제한다는 것이 얼마나 어려운 가를 보여줌으로써 정부의 한계도 보여주게 될 것이다.

초국가주의 패러다임을 제안하며 :

한인 이민 2세 연구를 위한 새로운 이론적 틀

박계영

이 글은 2세 및 그 이후 세대 이민자들에 대한 중요한 사회과학 문헌들을 검토하고 이를 통해 2세 및 이후 세대를 초국가주의적 패러다임을 적용하여 분석할 것을 제안한다.[1] 본 논문에서는 이민 2세를 이민 1세와 대비하여 그 특성을 밝히기 위한 개념으로 사용하기 때문에 이민 2세를 좀 더 넓은 개념으로 사용하고자 한다. 즉 미국에서 출생한 2세와 3세는 물론 한국에서 출생했지만 미국에서 성장하여 초중고의 학업과정을 거친 1.5세들까지 포함시키고자 한다. 이들은 어렸을 때부터 미국식 교육을 받아 영어와 미국문화에 익숙하기 때문에 한국어와 한국문화에 더 익숙한 기존 1세들과 구분할 필요가 있기 때문이다.[2] 영어와 미국

1) 번역작업을 맡아준 서울대 인류학과 서대승군, 감수 도움을 주신 이정덕 교수, 그리고 이 리뷰 초고에 대해서 유익한 논평을 해주신'재미한인 차세대의 다양성과 에이전시 및 초국가적 관계와 활동' 공동 연구 프로젝트의 구성원들에게 감사드린다.

문화에 익숙한 재미한인 2세들의 경우에도 모국과의 초국가적 연결이 결국 그들 거주국에서의 삶에 지대한 영향을 미치고 있다(민병갑 2017: 1136). 따라서 이민 2세에 대한 이론을 만드는데 있어서 초국가적 관계를 고려한 논의가 필수적이다. 초국가적 관계까지 고려하여야 2세들의 삶과 아이덴티티를 제대로 이해하고 조명할 수 있다. 이글에서는 한인 이민 2세들에 대한 연구를 검토하면서 특히 초국가적 관계를 집중적으로 검토하고자 한다. 이를 통하여 이민 2세를 초국가주의적 맥락에서 이해하고 이민 2세에 대한 사회이론을 만들어 내는데 있어서 초국가주의 이론을 어떻게 연결시킬 수 있는지를 검토하고자 한다.

초국가주의 이론은 미국에서 기존의 이민 경험에 대한 동화주의적 이해에 대한 대안으로 부상했다(Kibria 2002b: 296).[3] 하지만 아직 한인 2세에 어떻게 적용할 것인지에 대한 이론적 논의는 본격적으로 이루어지지 못하고 있다. 따라서 이 글에서는 한인 2세와 초국가적 관계에 집중하여 이론적으로 검토해보고자 한다. 한인 2세들이 부모의 출신 국가인 한국에 대하여 발전시켜온 이데올로기, 태도, 관계, 경험, 실천, 사회운동들을 어떤 식으로 이론화할 수 있을까?

---

2) 한국에서 출생했지만 취학 전에 미국에 이민 온 경우에도 공식적인 통계에는 1세로 분류되지만 학계에서는 폭넓게 2세에 포함시킨다. 1.5세에 관하여 미주한인사회 내에서의 정의와 의미 및 해석 담론에 관하여 필자의 다른 글을 참조할 것(Park 1999). 또한 최근 "차세대"라는 용어도 비슷하게 사용되고 있는데 이 용어는 전적으로 모국인 한국으로부터 특히 정부부처에서 사용되어 오다가 이곳 재미한인사회에서 도입되어 사용하고 있으며 2세들의 경우 "차세대"를 막연히 민족 유산(legacy)을 의미한다고 생각하고 있다(personal communication with David Yoo, June, 2016).

3) 한인과 관련하여 동화주의 패러다임에 대한 비판은 Jung(2009), N. Kim(2013), Kwon(2015)을 참조할 것.

이 글에서는 이를 위해 3가지 주제를 검토하고자 한다. 첫째, 이민 2세 자녀들에 대한 주요 사회과학 연구들을 소개하고 이들을 비판적으로 검토한다. 둘째, 초국가주의에 대한 패러다임이 1990년대 이후에 어떻게 유력한 분석적 틀로 형성되어 왔는가를 검토한다. 셋째, 이를 매개로 한인 2세들에게서 나타나는 지역사회 운동, 특히 강화되고 있는 초국가적 사회 운동의 새로운 발전상의 검토를 통하여, 한인 2세 연구에 적합한 초국가주의 이론틀을 제시하고자 한다.

짧은 지면에 중요한 주제들을 다루기 때문에 이론가들과 연구들은 선택적으로 언급할 수밖에 없다. 이를 위해서 이 분야의 '고전'들보다는 최근 연구를 주로 다룰 것이며, 다양한 관련된 주제들에 대해서 핵심을 주로 논의하면서 넘어갈 것이다. 이 리뷰는 미국의 한인 이민자의 자녀에 관심을 가지고 있고, 다른 한편으로 관련 이론적 논의들이 주로 미국을 대상으로 이루어졌기 때문에 미국의 자료를 중심으로 논의할 것이다. 이러한 논의를 통하여 본 연구는 2세 연구의 새로운 방향을 모색하고자 한다. 주로 2세와 관련된 세대문화, 사회관계, 사회운동에 대한 자료를 비판적으로 재검토하여 '세대문제'를 재고하는 최근의 노력을 반영하고자 한다.

기존의 사회학적 분석들은 송금 등의 물질적 교환과 투표 참여 등의 실제 활동 분석에 치중하였다. 본 연구는 초국가주의라는 개념적 틀을 폭넓게 적용시키는 최근 학계의 흐름과 맥을 같이 한다. 첫째, 초국가주의 패러다임을 이민 2세에 적용시키기 전에 일단 이민 2세 연구 문헌들을 소개한다. 둘째, 초국가주의 패러다임을 사용한 이민 2세 연구 문헌들을 비판적으로 검토하여 어떠한 초국가주의 패러다임을 사용하는지, 어떻게 변용하고 있는지, 또한 어떻게 발전시키고 있는지를 검토한다. 셋째, 초국가주의 패러다임을 적용하는 데 있어서의 문제점을 파악하고자 한다. 초국가주의 틀이 점차 자주 사용되고 있는데, 초국가주의 틀이 마치 모든 것에 대한 해결책처럼 남용되거나 오용되는 경우가 있어, 그 효용성을 자세히 검토할 필요가 있다. 넷째, 한인 이민자 2세 자녀들이 실제로 어느 정도로 초국가적인지를 연구해야 한다. 초국가적 관계와 연결, 초국가적 행위, 활동 및 사회운동들을 연구해야 하며 더 구체적으로 얘기한다면 그들의 초국가적 실천의 내용, 의미, 결과와 더불어 그 활동들의 성격, 강도, 빈도를 탐색해야 한다. 이제까지 학자들은 초국가적 정치활동과 경제활동에 주로 관심을 보여 왔는데, 이제 초국가적 사회 문화 일상생활분야도 연구되어야하며 감정적 혹은 정서적 측면의 분석도 필요하다. 또한 이제까지 초국가적 연구들이 대부분 개인을 연구 단위로 적용해왔는데, 개인이 아닌 집단에서 조직된 초국가적 사회운동들도 주요 분석대상이 될 수 있다.

1. 2세

2007년 버지니아 공대에서 조승희의 총기 난사 사건이 일어난 이후 필자에게 이 사건에 대한 언론의 논평 요청이 폭주했다. 몇몇 독자들은 나의 논평에 격한 반응을 보였다. 그 한 예로 어떤 남자는 언론이 범인을 '한국 출신'(조승희는 8살에 한국에서 미국으로 왔다)의 조승희로 특정한 방식에 대한 나의 비판을 반박했다. 나는 한국전쟁 당시 미국이 남한을 위해 치룬 희생을 인정하지 않았다는 질책을 받았다. 즉, 비록 조승희와 같은 많은 한국계 미국인들이 미국에서 자랐지만, 이 남자는 그들이 반세기 이전의 한국인들과 같다고 느낀 것이다. 결국 미국에서 어릴 때부터 성장한 미국 영주권자인 1.5세 조승희의 경우 미국 사회의 정식 멤버가 되지 못하고 대한민국 국적자인 외국인으로 강등되었다.

조승희가 미국 사람이 아니라 한국 사람, 따라서 외국인이자 이방인으로 낙인찍혔기 때문에, 버지니아 공대 총기 난사 사건에 대한 공적 담론은 남한, 재미한인 사회, 미국 주류사회 전체로 확산되었다. 누가 조승희인가? 어떤 메커니즘이 그의 사회적 시민권을 구성하는가? 사회적 시민권이 '사회적 공여의 제공 및 품위 있는 삶의 기준을 보장'(Fraser and Gordon 1992: 45)하는 것이라면, 아시아계 미국인이 폭력을 자행할 때 모든 아시아계 미국인들의 사회적 시민권은 어떤 영향을 받는가? 즉, 사회적 시민권은 '올바른' 인종이나 계급을 가진 사람들에게는 당연한 것일지라도, 조승희와 같은 사람들에게는 사회적 시민권은 '동등한 권리와 기회를 가질 수 있도록 지속적 노력을 통해서 더 나은 나를 만들어내길 요구하는, 획득하기 어려운 지위'(L. Park 2005: 6)이다. 왜 조승희는 그렇게 쉽게 그의 사회적 시민권을 박탈당하고, 그 대신 한국전쟁 혹은 심지어 김정일을 연상시키게 되었을까?

이러한 상황 때문에 한인들의 정치사회적 시민권을 논의할 때[4] 반드시 남·북한에 대한 미국의 헤게모니적 역할이 고려되어야 한다. 이러한 문제를 분석하기 위해서 제국주의를 소개할 것이나, 이는 오직 미국의 한반도에 대한 헤게모니라는 틀을 더 발전시키기 위한 정도만 접근할 것이다. '헤게모니'라는 개념의 이점은 그것이 권력의 작동이 명백하게 드러나지 않은 채 권력의 함의를 설명할 수 있다는 것이다. 즉, 헤게모니라는 용어는 무력이 동원된 정복이 아니면서도, 권력에 의한 은근한

4) 여기에서 나는 '사회적 시민권'과 '정치적 시민권'을 구별하고자 한다. 전자는 그것이 민권(시민으로서의 권리)과 "인권"에 대한 접근을 구분할 때, (최소한 그러한 것들이 의무적으로 보장되는 한) 지극히 일반적인 용어인 '시민권'(대개 정치적 시민권을 지칭) 보다 더 유용하게 사용될 수 있다.

지배력을 설명할 수 있다. 헤게모니와 지배가 지속적으로 행사되기 위해서 사회적 동의와 협력을 필요로 한다. 이러한 측면에서 헤게모니는 전통적 제국과 비슷한 점이 있는데, 제국이 군사적 위협을 동원하지 않고도 제국적 권력을 유지해나가는 상황과 비슷하다. 버지니아 공대 사건의 사례에서 살펴보면 조승희를 이방인인 국외자로 설정함으로써 헤게모니가 작동하게 된다. 이방인으로 규정하는 헤게모니가 더 이상 가능하지 않았을 때, 과거의 우생학적으로 정형화된 담론은 이미 포기되었지만, 문화화와 종족화라는 새로운 전략을 사용하게 된다.[5]

1) 아시아계 이민자 2세

1965년 이후 이민자 자녀들에 대한 많은 사회과학 문헌들은 '결과 중심의 결정론적 동화이론에 기반을 둔'(K0won 2015: 623) 상향 이동과 개개인의 미국사회로의 동화라는 일반적 질문에 관심을 보여 왔다. 사회학자인 제니퍼 리(Jennifer Lee)와 민 조우(Min Zhou)의 『The Asian American Achievement Paradox(2015)』는 이러한 접근을 성공적으로 보여주는 사례이다. 리와 조우는 빈곤한 노동자 계층에 속한 중국계와 베트남계 이민자들의 1.5세 및 2세 자녀들이 백인 및 그들보다 더 높은 사회경제적 지위를 가진 중국 및 베트남 가족들에 비해 두드러진 교육적 성취를 얻는 현상에 대해, 아시아계 미국인의 성취 역설(paradox)로 보았다. 리와 조우는 아시아계 미국인들의 성공 원인을 노동 윤리와 가족적 가치를 중시하는 문화적 가치에서 찾는 모범소수민족(model minority) 신화에 의문을 제기한다. 대신 저자들은 선별적인 이민, 소수

5) 버지니아텍 총격 사건에 대해서 필자(2007)의 다른 글을 참조할 것.

민족 커뮤니티의 성격, 다른 사람들의 아시아계 미국인들에 대한 수용성 등의 높은 성취를 가능하게 한 다른 요인들을 분석한다. 그들은 구조적, 문화적, 사회심리적 과정들 사이의 상호작용이 긍정적으로 작용하여 미국에서 아시아계 미국인들이 사회경제적 성취를 이루게 되었다고 설명한다.

리와 조우는 아시아계 미국인들의 교육 및 전문직 영역에서의 성공이 고등교육을 받은 다수의 아시아계 이민자들을 선호하여 선별하는 미국 이민정책에 기인한 것이라고 주장한다. 2세들의 성공은 그러한 높은 선별성의 결과인 것이다. 이러한 적극적 선별과 중·상류층에 속한 중국계 및 베트남계 이민자들에 대한 선호를 통해서, 고등학교에서 전 과목 A를 받고 명문대학에 들어가서 졸업하고 전문직 학위를 얻은 후 의사, 변호사, 과학자, 엔지니어로 일하게 되는 성공 프레임이 만들어지고, 이러한 방식의 성공 전략이 아시아계 미국인들 사이에 상당수 공유된다고 저자들은 설명하고 있다.

더 중요하게 이들은 중국계 및 베트남계 가족들이, 계층의 차이에 관계없이, 자녀들의 성공을 위해서 적극 활용하는 개인교습, 여름학교, 대학준비반, 미국교육제도를 순항하기 위한 정보를 제공하는 종족 네트워크라는 정교한 시스템을 포함하는 유·무형의 자원들에 대해서 논의한다. 리와 조우는 거시적 수준(초고도 혹은 고도로 선택된 집단에 대한 통합모델)과 중간 수준(제도적, 종족적 자원들)의 설명에 더하여, 전형적 믿음과 성공 마인드(growth mindsets)라는 두 가지 중요한 미시적 수준의 설명을 도입한다. 전형적 믿음은 아시아계를 높은 학문적 성취자로 인종화(racialization) 하는 것을 일컫는데, 이러한 인종별 고정관념은 아시아계 미국인 학생들에게 상징적 자본의 역할을 하여 학업성취를 더 높이는 자극제가 된다. 성공 마인드는 아시아계 이민자 가족들과 미국 주류 기관들 사이의 개개인의 성공에 대한 상반된 사고방식을 가리키는데, 전자는 능력에 비해서 노력을 중시하는 반면 후자는 능력을 더 중시한다고 보았다.

비록 리와 조우의 연구가 아시아계 미국인들의 교육적 성취에 관한 논의를 정교화 했지만, 그들의 연구 대상이 초고도 혹은 고도로 선택된 중국계 및 베트남계 이민자들에 국한되어 있어서 이를 일반화하는 데에는 문제가 있다. 게다가 '종족 자본'은 말할 것도 없고 계층을 넘어서는 종족 네트워크, 자원, 전략의 형성과 활성화를 이해하기 위해 더 많은 자료와 논증이 필요한 것으로 보인다.

아시아계 미국인 2세의 교육적 성취에 대한 선구적 작업을 해 온 교육학자 마가렛 깁슨(Margaret Gibson)은 높은 교육적 성취를 이룬 아시아계 미국인들이 주류사회에 완전히 동화되기보다는 순응함을 보여준다고 보고한다. 깁슨은 미국에 있는 시크(Sikh) 고등학생들에 대한 연구에서 '그들(시크계 고등학생들)은 현재까지 오직 부분적으로만 미국화되었으며 진정한 동화는 주로 사회의 주류집단이 소수자에 대하여 결정하는 것'임을 제시한다(Fisher 1990: 595).

몇몇 학자들은 중산층으로의 동화가 항상 성공에 이르는 길은 아니라는 사실을 언급해왔다. 성공이 백인 이외의 인종들에게 인종적 소외, 분노, 우울증을 막아주지 못하기 때문이다. 사회학자 리사 박(Lisa Sunhee Park 2005)은 기존의 접근들이 특히 중산층에 속하는 2세 아시아계 미국인들에 있어서 불평등, 특히 인종차별의 요소와 그 역할을 제대로 이해하는 데 실패하고 있다고 보았다. 기존의 접근들은 비서구 출신의 미국인 2세들이 얼마나 성공하거나 혹은 얼마나 미국화되었는지와 상관없이, 사회적 시민권과 포용에 대한 일상적 장애물들이 존재하여, 비서구 출신들이 '미국인임'(Americanness)을 쉽게 주장하지 못하게 만드는 기제가 작동하고 있다는 사실을 간과하고 있다.

리사 박의 사회적 시민권과 그 인종화된 함의에 대한 주목은 이 글이 취하는 입장과 유사하다. 역사적으로 미국에서의 시민권은 토지를 소유한 백인남성들을 위한 것이었다(Glenn 2002). 리사 박은, 한국인과 중국인 사업가들의 자녀들과 같은 아시아계 미국인들이 명품이나 유명 브랜드의 상품들을 소비함으로써, 그들의 '타자성'(otherness)을 없애고, 자신들이 미국 소비주의의 '정상' 주류임을 드러내고자 한다고 주장한다. 백인 이외의 인종들이 최근 사회적으로 배제되는 경우가 많이 나타나고 있어(예를 들어, 2000년 대선 투표 부정, 허리케인 카트리나 피해자에 대한 정부의 대응, 테러리스트에 대한 인종차별적 정보수집, 반이민 정책들)(Pyke 2004:475), 사회적 시민권이 인종화되어 있다는 점은 쉽게 찾아볼 수 있다.[6)]

아이와 옹(Aihwa Ong)의 책, 『Buddha is Hiding: Refugees, Citizenship, the New America(2003)』은 시민권 문제에 관한 가장 최신의 논의들을 담고 있다. 옹은 "학자들은 다양한 시민권과 비(非)시민권을 포함하는 집단적 성원권을 고려하면서, 불가피하게 법적 권리들의 묶음으로서의 시민권 유무를 따지는 협소한 시각을 넘어서게 된다"라고 주장하면서, 배제, 계승, 차이에 연구 초점을 맞춘다.

나는 이와 같은 입장에서 사회적 시민권을 법적·정치적 시민권과 구별하고자 한다. 다음의 인용은 기존에 법이나 정치 이외의 요인들인 인종, 계층, 젠더, 문화에 기반을 둔 배제를 변수로 하는 광범위한 연구들이 있었음을 보여준다:

6) 여기에서 리사 박은 "사회적 시민권"이라는 용어를 썼지만 "문화적 시민권"이 더 적합한 용어로 생각된다.

"역사가들은 북미 원주민들의 배제에서 기원하는 인종 논리가, 어떻게 아프리카계 미국인들을 주변화하고, 시민권의 불평등 위계에 따라 그들의 인종과 계급적 위치를 형성하는데 동원되어 왔는지를 연구해왔다. 유사하게 여권 신장론자들은 가난한 여성들이 법 적용에서 차별을 받고, 근대 복지국가로부터 적절한 보호를 받지 못하였기 때문에, 사회적 시민권에서 배제되어왔음을 주장한다"(Ong 2003:3).

북미 원주민과 아프리카계 미국인처럼 소위 '아시아계'(Asian)라는 주체 또한 불가해한 이민자 외국인(1924년 이민법), 인간 이하의 괴물(푸 만추의 악마적 책략으로 형상화되었던 것처럼), 혹은 불가사의하게 여겨지는 '모범소수민족'으로 기록되어 복합적인 불안감을 조성시켰다.

페르난데즈－켈리(Patricia Fernandez-Kelly 2005)는 2세 자신들이 '성공'에 부여하는 주관적 측면을 학자들이 주목해야만 한다고 지적했다. 그녀의 연구는 쿠바와 중미 국가의 이민자 및 난민 자녀들이 존엄, 존중, 독립, 자기 성취 등을 찾는 과정에서 창조 자영업(예술, 오락, 요리 등)등을 추구하는 모습들을 제시하였다. 따라서 2세 주체들의 경험, 사고, 해석을 이들의 정체성 발달의 측면에서 탐구해야 한다고 생각한다. 이를 통해서 이민자들의 현상학적 지향을 더 심각하게 고려하는 연구를 생각해볼 수 있다. 이러한 점을 고려하면, 한인 2세 연구도 '이들의 시·공간, 체화(embodiment), 사회성, 그리고 자아의 주관적 경험을 두텁게 형성'(Willen 2007)하는 세계 내 존재로서의 일상의 경험과 이것이 체화되는 과정을 분석해야한다.

2) 한국계 이민자들의 자녀

아직까지 재미한인 2세들에 대한 연구가 많이 이루어지지 않았다. 그

동안 많은 재미한인 연구자들이 한인들이 운영하는 소규모 자영업 활동을 분석하거나 또는 소규모 자영업에 관련된 갈등 특히 한흑갈등을 분석하는데 집중하였기 때문이다. 한국계 이민자 자녀들에 대한 기존 문헌들은 종족적 혹은 문화적 정체성 보존 여부에 초점을 맞추고 있어서 다른 중요한 차원들이 아직 제대로 연구되지 못하고 있다. 2세를 연구하는 학자들은 아이덴티티 문제라는 것이, 민족정체성이든 문화정체성이든, 잃어버리거나 아직도 간직하고 있는 것으로 이해해서는 인된다는 사실을 깨닫고 있다. 사회학자 김대영(Dae Young Kim 2004, 2009)의 연구는 뉴욕과 뉴저지에서 일하는 다수의 2세 한국계 미국인들을 대상으로 한 최초의 경험적 연구 중 하나이다.

김대영은 한인 2세의 대략 2/3가 전문직 및 관리직에 종사하고 있다고 보고한다. 1.5세 및 2세 한국계 미국인들은 1세들을 중산층으로 이끌었던 성공전략의 경로와 다른 경로를 보여주고 있다. 2세들의 부모 세대에서 43%에 이르던 자영업 비율은 그들의 자녀 세대에서 11%로 떨어졌다(Kim 2004: 156, 157). 게다가 다문화주의와 다양성을 중요시하다보니 더 쉽게 소수자 및 한인 커뮤니티 시장에 접근할 수 있는 종족 중재자 및 중개인들에 대한 수요가 주류사회에서 높아지기 시작했다. 뉴욕의 경우 많은 한인 2세들은 1990년대 금융 호황기를 거치면서 컨설턴트, 분석가, 투자 은행가 등이 되었다. 2세 한인 여성들에게 패션디자이너 또한 유행하는 직업이었다.

김대영의 연구는 또한 왜 2세들의 한국계 다국적 자회사 및 종족 거주지역의 회사에 대한 취업률이 낮은지도 검토하였다. 문화적 친밀성과 그러한 위치에 들어가는 것의 상대적 용이함에도 불구하고, 2세 한인들은 임금, 혜택, 승진, 근로 조건이 좋지 않고, 또한 한국에서 최고경영자들을 데려오는 정책에 불만을 가지고 있다.

사회학자 민병갑과 심리학자 사무엘 노가 공동으로 편집한 『미국과 캐나다에서의 한인 2세 경험들』(2014)에서는 2세들의 삶을 사회경제적 성취부터 취업현황 및 교육면에서의 성공, 종교생활에서의 적응, 결혼 유형, 정치참여, 정신건강, 인종화, 아이덴티티, 자녀양육에 이르기까지 다방면에 걸쳐서 조명하였다. 이 연구는 센서스 데이터 등 양적분석이 대부분이지만 질적 분석도 일부 이루어지고 있다. 이 책에서 김창환은 사회경제적 성취를 세대별로 분석했는데 1세에서 1.5세나 2세로 넘어갈수록 교육수준도 높아지고 노동시장 참여율도 높아지고 연소득도 높아지지만 주택소유율은 계속 낮고 빈곤율도 계속 높으며 재미한인들 사이에 경제적인 격차도 계속 높은 편이라고 한다. 제리 박(Jerry Park)은 2세 기독교인들과 다른 아시아계 및 타인종 2세들과 민족 언어 및 문화 보존과 종교 보존 등의 측면에서 비교한 결과 별 차이가 없다고 보고하고 있다. 그는 민족문화가 보존되어 있다면 민족이 고립되어 있는 것으로 보았으며 또한 미국사회에 통합되지 못한 것으로 해석하였다. 김대영은 한인 1.5세와 2세들이 민족(ethnicity)구분에 관한 질문을 받거나 확인을 하는 과정에서 인종화를 당하는 경험을 많이 언급하고 있어서 2세들이 미국사회에 전적으로 통합되는 것은 아니라고 보았다.[7] 유민정은 조지아주 한인 1.5세와 2세 팍뷰(Parkview High School) 고교생들을

7) 인종화는 인종 편견이나 차별과 다른 개념이다. 첫째, 인종 형성(racial formation) 의 과정을 일컫는데 여러 그룹들이 인종별로 여러가지 방법을 써서 권력과 지위를 가지고 경쟁하며 다툰다고 본다. 인종화는 시 공간 혹은 지역에 따라 다른 양상으로 나타나기 때문에 '지역 인종화'라는 개념을 쓰기도 한다. 둘째, 새로운 인종 범주가 만들어지기도 하고 없어지기도 하며 정치 사회 및 경제적 맥락에 따라 변화하기도 한다. 셋째, 신체의 피부색, 언어, 의복, 종교등에 따라 새로운 인종적 의미가 부여되기도 한다. 예를 들어서 9/11 사태 이후 회교 종교자체가 인종화하여 회교도 증오 범죄가 증가하였다.

조사한 결과 속칭 튀인키(twinkies; 동화되어 백인처럼 행동하려고 하는 아시아계 미국인들; 겉은 노랗고 속은 흰 바나나라고도 불린다)와 퐈브(FOBs, Fresh off the boat; 동화되지 못한 신참 이민자들) 사이에 언어 사용, 미국화, 사회 네트워킹, 학업수행, 및 행동양식에 있어서 커다란 차이가 있다고 보고하였다.

사회과학자들은 젊은 한국계 미국인들을 여타 젊은 아시아계 미국인들과 비교하여 연구하기도 하였다. 사회학자 나즐리 키브리아(Nazli Kibria)는 『Becoming Asian American: Second-Generation Chinese and Korean American Identities(2002a)』이라는 저서에서 중산층의 대학교육을 받은 로스앤젤레스와 보스턴 지역에 사는 한국계 및 중국계 이민자들의 자녀들이 어떻게 타인종들과 교류하며 종족적, 인종적 정체성을 발전시키는지를 연구했다.

키브리아는 아시아계 미국인들의 경험은 아시아계들의 인종화 때문에 근본적으로 유럽계 미국인들의 경험과 다르다고 주장한다. 즉, 유럽계 미국인들과 달리 아시아계는 '인종적 소수자이며 동시에 종족적 미국인'이다. 그렇지만 이 자녀들은 (백인이 아닌) '아시아계 미국인들'로 주류에 동화되는 것처럼 보인다. 키브리아에 따르면 그들은 '인종화된 종족성'의 모습을 발전시키는 중이다. 다시 말하면 그들은 어떤 종족적 정체성을 취할지에 대해서는 약간의 선택지를 가지고 있으나, 인종적으로 아시아계로 식별되면서 그들의 선택지는 제한되고 방향이 결정된다. 그녀는 또한 전통과 문화적 정수가 2세들에게 전달하기 위해서 정제되는 것을' 정제된 종족성'(distilled ethnicity)이라고 지칭하고 있다.

사회학자 파완 딘그라(Pawan Dhingra 2007)는 텍사스의 댈러스에 있는 한국계와 인도계 전문직 2세를 연구했다. 이 연구에서 전문직 아시아계 미국인들은 소위 미국문화의 핵심요소로 여겨지는 할리우드 영화와

스포츠 경기들에 대한 대화에 활발하게 참여함으로써 '주류적 지위 내의 주변부를 협상'한다. 이러한 연구는 공적 영역에서의 활동들이 인적 자본, 사회적 시민권, 소비 권력이라는 백인됨(whiteness)과 연결되어 있다는 널리 퍼져있는 사고에 도전하고 있음을 보여준다. 이러한 활동은 이들의 사회적 시민권을 주장하기 위한 인종적 전략의 역할을 한다 (2007: 189).

딘그라의 연구 결과는 종족성 유지가 반드시 동화를 지연시키는 것은 아니라고 주장하는 '선택적 동화'(selective assimilation) 이론을 지지한다. 그는 그의 제보자들의 정체성이 '주류 안의 주변'을 대표한다고 보았는데, 그들은 자신들의 높은 종족 정체성을 백인 남성 특권에 기반을 둔 미국 문화와 공존시키려고 노력한다. 이들의 전문직 지위는 이들에게 높은 종족정체성과 백인문화를 공존 가능하게 해준다. 첫째로, 부모의 모국을 방문하고 다양한 종족적 활동에 참여하면서 그들의 계급 자원은 종족 문화의 유지를 원활하게 한다. 둘째로, 전문직들의 특권적 계층 지위는 그들이 외국인으로 인종화되는 점을 무시할 수 있게 해준다.

사회학자 켈리 정(Kelly Chong 2013)은 타인종 특히 백인들과 결혼을 한 시카고 지역에 사는 한국계 및 중국계 2세 미국인들을 연구했다. 그녀는 그들의 복합적, 문제적, 주관적인 종족-인종적 정체성에 대한 협상 양상을 보여주었다. 켈리 정은 백인 위주의 권력, 백인 특권을 위한 욕망, 백인 동네에서의 성장 등을 포함하는 배우자 선택에 대한 다양한 변수들을 확인했다. 이 2세 한국계 및 중국계 미국인들은 자신들이 '배타적'이라고 비판하는 아시아계 집단에 거리를 두고 백인들과 데이트를 지속하며, 대학 졸업 후 전문직분야에서 활동하면서 뒤늦게 '매력적인' 동료 아시아계들을 인지한다. 그들은 혼혈 자녀들을 양육하면서 한편으로 그들의 종족성에 대한 열망을 다시 불러일으킬 수 있는데, 이는 그들이 그들의 자녀들로부터 도전받고, 또한 그들의 자녀들에게 고정관념, 편견, 혹은 반 아시아계 차별에 대응하는 법을 가르쳐주기를 원하기 때문이다.

학자들이 2세들의 정체성 만들기의 수행적 양상을 분석하기 시작한 이래 상당한 진전이 이루어졌다. 사회학자 앤지 정(Angie Chung)의 책 『Legacies of Struggle: Conflict and Cooperation in Korean American Politics(2007)』는 LA에 기반을 둔 두 한국계 미국인 서비스 및 권익옹호 조직들에 대한 사례 연구를 통하여 한국계 미국인 사회운동을 연구했다. 이 커뮤니티 중심의 두 조직은 다른 종족 · 인종 집단에 대해서(예를 들어, 그들은 남미계 한인타운 거주자들에게 손을 내밀었다)뿐만 아니라 종족 커뮤니티 내에서의 가교도 만들었다. 필자의 1.5세 한국계 미국인에 대한 초기 작업(1999) 또한 그들의 말이나 그들이 누구 혹은 무엇이었는지와 상반되는 그들의 역사적 사명과 역할을 연구하면서 이와 유사한 시도를 했다. 1.5세 한국계 미국인들은 한국계 미국인 커뮤니티와 주류사회, 미국과 한국 사이에서, 그리고 그들의 가족 내부에서 가교 역할을 하는 사람으로 인식되었다.

2세 중국계 및 한국계 패션 디자이너들의 급성장에 대한 문화연구자 투(Thuy Linh Nguyen Tu 2011)의 책은 세대 간의 영향, 호혜성, 상호의존성을 잘 분석하고 있다. 이 책은 어떻게 의류산업에서 1세 아시아계 이민자들의 '저임금' 노동력이 2세 아시아계 미국인 디자이너들의 '고급' 수준의 하이패션에 기여했는지를 논의한다. 또한 여기에는 언론보도와 국제사회에서 널리 알려진 권위있는 상賞 등으로 젊은 아시아계 미국인 패션디자이너들을 선택하는, 그들 부모의 고국과 이들 사이에 초국가적 교환과 호혜성이 있음을 보여준다. 이 논의를 어떻게 이민자 자녀들이 등급화된 상품들을 소비함으로써 미국의 사회적 위계에서 자신들의 위치를 찾는지에 관한 앞에서 논의한 리사 박의 비판적 접근과 연결시키면, 종족 내외의 관계가 초국가적 관계와 복합적으로 작동하는 방식을 더욱 풍부하게 접근할 수 있게 해준다.

2. 초국가주의

한동안 이민이라는 주제는 단선적, 이분법적, 제로섬(zero-sum)의 이론적 패러다임으로 다뤄져왔다. 이 단선적 궤적은 이민자들이 미국에 정착하는 과정으로서의 동화 과정에 초점을 맞춰왔다. 이민 연구는 이민, 동화, 국민됨(nationhood) 등에 가치를 두는 '미국 중심적' 시각에서 이루어졌다(Espiritu 2003: 4). 그러나 1980년대 이래로 경제의 전 지구화는 국가 중심의 낡은 접근의 한계점을 드러냈고, 초국가주의라는 새로운 관점을 제시하는 학자들에게 영향을 미쳐왔다.

초국가주의라는 용어는 주로 다국적 기업을 묘사하기 위해서 사용되어 왔다.[8] 이 용어는 또한 이와 유사하게 이 이론적 입장의 핵심인 공간을 통한 신체적 이동이 여러 국가들 사이에서 일어나는 이민자들을 묘사하는 데 사용되었다. 인류학자 마이클 키어니(Michael Kearney 1991), 로저 루스(Roger Rouse 1991), 글릭 쉴러, 바스크와 블랑 샌튼(Glick Schiller, Basch, and Blanc-Szanton 1992)의 연구들은 이러한 접근의 사례

---

8) 초국가주의 용어 자체는 여러 가지 면에서 사용될 수 있으나 본 논문에서는 국제 이민을 일컫는다. 정치, 경제, 사회운동, 문화 등 다방면에서 전지구적으로 나타나는 현상을 "초국가주의"라고 칭하기도 한다. 초국가주의는 이념적으로 현 정치실재(political entity)인 국가정부(nation-state)를 뛰어넘어 세계정부 등의 존재를 원한다. 또한 초국가적 경험은 이민 이주뿐만 아니라 미디어를 통해서도 가능하다.

들을 제공하여 이후 이민 연구에 있어서 대대적인 패러다임 변화를 가져왔다.

그들은 '삶의 연망, 활동, 그리고 유형이 그들의 수용국과 고국을 아우르는'(Glick Schiller, Basch, and Blanc-Szanton 1992: 1) 새로운 형태의 이민자들을 찾아내었다. 이 초국가적 이민자들은 "국경을 넘어서서 복합적 연망을 구성하며, 이는 이들의 정체성을 창조, 형성, 그리고 잠재적으로 변형시키는 데 중요한 역할을 한다"(1992: 4).

초국가주의 개념을 이주 연구에 도입하면서(예를 들어, Basch 외 1994; Glick Schiller 외 1992), 인류학자들은 개인과 가족들이 국경을 횡단, 무시, 교차하는 활동에 참여하는 양상을 지적해왔다. 정보통신기술(ICT)이 특히 최근 수십년간 극도로 저렴해진 덕분에 일상적으로 쉽게 이용할 수 있게 되면서, 이는 국경을 가로지르는 사회적 네트워크를 유지하는 데 필요한 강력한 하부구조를 구축했다. 사회학자 에스피리투(Yen Le Espiritu)는 필리핀 사람들의 이민과 미국에서의 경험을 제국주의와 식민주의라는 미국의 맥락 안에 놓는, 비판적인 초국가적 관점이라는 또 다른 형태로 발전시키고 있다.

주목해야 할 것은 자본, 사람, 상품들의 경계를 넘나드는 움직임 속에 불평등, 폭력 및 강요의 요소가 내재되어 있다는 점이다. 초국가적 이주를 다루는 연구자들은 각 집단들이 초국가적 과정에 대해 상이하게 접근하며, 초국가적 실천에 관여하는 다양한 이해관계를 가지고 있음을 드러내는데 큰 기여를 했다. 전지구적이고 초국가적 시대에서 세계의 몇몇 부분은 더 전지구화되어 있고 어떤 이들은 다른 사람들보다 더 초국가적일 수 있다. 이와 동시에 세계체제의 불평등은 어떤 이들이 그들의 의지에 반하여 초국가적 활동들에 참여하도록 강요하는 결과를 초래할 수 있다.

초국가주의는 또한 개인, 집단, 그리고 세계의 장소(site)들 사이에 대한 연결을 상상하게 하는 촉매가 될 수 있다. 상상력을 동원하여 살펴보면 특별히 국경을 넘을 기회가 있음에도 불구하고 '정지해 있는' 상태를 고수하기도 한다. 어떤 이민자들은 그들의 이동을 '이민'보다는 '이사'(relocation)로 개념화할 수 있다. 따라서 고난의 극복 혹은 골드러시 이미지 등의 과거의 이민에 대한 설명틀은 현재의 이민을 제대로 설명하지 못한다. 대신 민족지적 연구를 통해 어떻게 다른 지역에 살고 있는 사람들이 세계 곳곳의 타자들과 소통을 하고 관계를 맺는 지의 다양한 방식을 발견하고 이에 대한 풍부한 설명을 발전시킬 수 있다. 어떻게 사람들이 그들의 이동성에 대한 잠재력을 인식했는지, 어떤 조건 하에 그들이 인식된 권리를 행사할 수 있는지, 그리고 일상생활에서 무슨 명목으로 그들은 권리를 박탈당하였는지를 분석해야 한다.

비록 초국가주의는 보통 출신국과 거주국이라는 두 국가의 틀에서 연구가 이루어졌지만, '이민환경'(migration configurations, Pieke 1999)이 허락하면, 즉 초국가적 경제, 가족, 정치에 있어서 각기 유리한 조건을 제공하는 상이한 각각의 특수한 장소로 다양한 정착국들을 유기적으로 연결시켜 자신에게 유리하게 사용할 수 있다. 한 정착국은 거주허가를 쉽게 내줄 수 있고, 다른 국가는 좋은 사업 기회들을 제시할 수 있으며, 세 번째 국가는 좋은 직업을 제공할 수 있고, 네 번째는 아이들에 대한 교육 및 좋은 생활환경을 제공할 수 있다. 다른 배치에서 한 가족의 구성원들은 다양한 국가들에 퍼져서 사업을 하기에 적합한 환경을 좇아서, 그리고 더 나아가 이민전략을 사용하여 초국가적 연망을 만들고 초국가적으로 협력한다. 중국계 디아스포라의 연구에 기초하여 옹과 노니니(Ong and Nonini 1997: 16)는 "초국가적인 것이, 푸코주의자들의 훈육을 피하고, 축적을 극대화하는 진리 체제(regimes of truth)와 사회적 지위를 상승시키기 위한 것 사이에서 작동하고 있음"을 지적한다. 이를 감안하면 미주 한인들의 이주 경로에 대한 연구는 이와 유사하게 세계적 이민전략과 연망을 고려하여야 하며, 따라서 출신국과 정착국 이상의 것을 포함해야 한다.

초국가주의에 대해서 작성된 많은 글들은 특히 종족적, 인종적, 국가적 정체성 형성과정에 대한 연구와도 직접적으로 연결되어 있다(Glick Schiller et al. 1992; Kearney 1991; Rouse 1991; Smith 1998). 모든 초국가 이민자들은, 친밀하게 지냈던 사람들로부터 멀리 떨어져, 정체성 문제를 불러일으키는 새롭고 낯선 조건들에 처하게 된다. 나는 "정체성이 사람들이 어떻게 그들을 보고 다른 사람들이 어떻게 그들을 보는지 사이의 변증법이며, 이 모두는 역사적 사건의 개입에 종속된다"(White 1997: 754)는 명제를 따른다. 예를 들어, 로스앤젤레스 토박이들(Angelenos)과[9] 한국계 이민자들 사이의 상반된 커뮤니티 형성은, 사업 및 노동 습관, 가족의 꿈, 젠더 역할, 혹은 언어, 음식, 복장 규정과 같은 것들의 차이와 연결되어 있다. 이러한 종족성과 본질화된 종족주의는 종종 타종족 집단의 배제, 문화적 차이의 강화, 국경 유지의 정치를 공고히 하는 실제적 결과로 이어진다.

초국가주의를 연구하는 학자들은 주로 제 1세계 대도시에 사는, 제3세계 출신의 이민자들에 초점을 맞춰왔다. 많은 성공적 초국가주의 사례 연구들이 미국에 인접한 라틴아메리카 국가 출신의 이민자들에 관한 연구로부터 나왔다. 예를 들어, 사회학자 페기 레빗(Peggy Leavitt)은 보스턴에서 도미니카 공화국으로 돌아가는 도미니카사람들을 연구하

9) "로스앤젤레스 토박이"(Angelenos)라는 말은 특히 소위 오래된 로스앤젤레스 주류사회 사람들을 지칭한다.

면서 사회적 송금(social remittances 2001)이라는 개념을 만들었다. 로버트 스미스(Robert Smith 2006)는 뉴욕에 온 멕시코 이민자들 사이의 정치, 젠더, 세대를 포괄하는 다양한 차원의 초국가주의를 자세하게 기술했다.

초국가주의 패러다임을 한인 이민 1세들을 연구하는 데 체계적으로 적용시킨 대표적인 연구로 김대영(2014)의 저서와 민병갑(2017)의 논문을 들 수 있다. 이들 사회학자들은 한인 1세들이 초국가적 활동에 관한한 정치 경제 활동보다는 문화활동면에서 활발하게 참여하고 있다고 본다. 인터넷과 스마트폰이 발달되고 보편적으로 보급되면서 이민들의 초국가적 참여는 과거와 비교할 때 질적인 면에서 많이 달라졌다. 그야말로 이민들이 빠르고, 손쉽게, 빈번하게 모국과 연결된 사회 문화 활동에 참여할수 있게 되었다. 김대영의 저서, 『Transnational Communities in the Smartphone Age: The Korean Community in the Nation's Capital (2017)』에 따르면 이러한 디지털 시대 특히 정보통신혁명의 시대에 스마트폰 사용 등을 매개로 한 초국가적 문화활동을 분석한 결과 모국의 문화를 연속적으로 또 동시에 받아들여 '이중 초점성'(bifocality)을 띄며 모국의 가족과 친구들하고 가깝게 지내는 가운데 모국과의 관계가 지속되고 아이덴티티도 유지된다는 점을 밝히고 있다. 재미한인들의 집 생각(sense of home), 아이덴티티, 및 소속감에 미치는 영향과 더불어 이러한 초국가적 참여의 형태, 영역, 동기 들을 분석하였다.

민병갑(2017)의 논문은 뉴욕 뉴저지 지역 한인들이 조직한 각종 문화행사들을 한인1세와 자녀들이 활발히 참여할 때, 이를 일종의 초국가적 문화실천으로 보고 체계적으로 분석하였다. 그는 초국가적 문화실천양상을 두 가지로 분류하였는데 즉 한국에서 초빙된 전문가들이 공연, 전시, 혹은 강연을 하는 문화행사들과 한국에서 조직된 문화프로그램에 재미한인과 후손들이 참여하는 경우이다. 그는 또한 재미한인 사회에서 이러한 문화행사를 조직할 때 반 이상의 경우에 한국정부 기관이나 문화단체에서 상당한 지원을 해주었다고 보고하였다. 한인 이민들의 초국가적 문화행사 참여를 5가지로 분류하였다. 한국 음악, 무용, 연극, 영화 등 공연 예술, 서예, 도예, 사진 등 한국 순수예술, 한국 음식 관련 행사와 음식 축제, 한국 문학과 언어, 기타 등이다. 한국에서 조직된 초국가적 문화행사에 재미한인과 그 후손들이 참가한 경우도 5가지로 분류하였는데 차세대 헤리티지 교육, 문학상 수상과 문예 미팅, 음악 무용 그림 서예, K-pop audition과 수상, 한국어 교사 훈련, 기타이다.

1) 초국가주의 패러다임의 비판

초국가주의에 대한 연구들은 2세 연구를 더욱 풍부하게 해 줄 여러 분야를 제시해주고 있다. 전통적 동화 이론가들은 초국가주의라는 대안적 패러다임의 도전을 잘 받아들여, 1.5세와 2세들이 일상생활에서 생생하게 체험하는 경험들을 더 존중해서 분석해야 한다. 비백인 이민자들에 대한 연구는 동화이론을 넘어서야만 하는데, 이는 초국가주의 연구가 기존의 인종적 고정관념과 다른 상황을 보여주며 모든 이민자들이 백인 중산층처럼 되는 것을 선호하는 것은 아니라는 점을 보여주고 있기 때문이다(Espiritu 2003; L. Park 2005).[10]

이민과 관련된 초국가주의는 주류 이민이론에 대한 대안적 접근으로 주목받아왔다. 그러나 학자들이 살펴본 초국가적 활동들은 송금, 모국

---

10) 동화 패러다임은 이민자들의 동화 경로를 예측하기 위해서 경제적·교육적 결과와 같은 척도를 사용한다. 이는 기존의 고정관념을 강화하고 아시아계 미국인 및 라틴계 커뮤니티 내부의 계급적·종족적 차이를 간과한다(Kwon 2015: 637).

투표참여, 뷰티 퀸 선발, 동향 축제에 보낼 공연그룹 선발 등에 제한되어 왔다. 또한 유념해야 할 것은 초국가적 실천이 미국 사회에의 성공적 통합과 양립 불가능한 것이 아니라는 점이다. 이러한 맥락에서 사회학자 파올로 보카니(Paolo Boccagni)는 초국가적인 것을 실체적 존재보다는 사회적 관계들의 잠재적 속성으로 보면서, 초국가적 렌즈를 적절하게 좁혀진 관점에서 사용하는 것이 이민 생애 궤적 및 이것이 모국 사회에 야기하는 반응들(그리고 광범위한 사회적 변화들)을 이해하는 데 도움을 줄 수 있다고 주장한다(2012: 119). 그는 이와 관련하여 이론적 진보가 3가지 측면에서 이루어져야 한다고 주장했다. (1) 전지구화 연구와의 연계(예를 들어 원거리에서 이루어지는 활동, 시공간 압축, 이동성), (2) 초국가적 연계들의 준거점을 더욱 정교화 할 필요가 있다, (3) 모국과의 관계 및 모국과의 연결과 관련되는 이민 · 이주자의 정체성 확인과 소속감에 관한 깊은 성찰(2012: 117).

초국가주의 개념에 대한 우리의 관심은 경험적인 동시에 인식론적이다. 초국가주의 개념은 발견적 장치(heuristic device)로서 '다국적인 사회적 장에서 이민자들의 생생한 경험의 범위와 깊이' 에 초점을 맞춘다(Goldberg 1992, Espiritu and Tran 2002: 368에서 인용). 그러나 초국가적 이민 연구의 범위 및 관찰된 초국가적 과정의 결과에 대하여는 상당한 이견이 존재한다.

예를 들어, 동향단체 같은 초국가적 조직에 대한 보고들이 서로 다른 결론을 내리고 있다. 포르테스와 그의 동료들은 콜롬비아, 도미니카 공화국, 멕시코의 초국가적 조직들에 대한 연구에서 수용국 사회에 통합되면서 동시에 모국과 관계를 유지하는 노력에 대하여 다소 낙관적 관점을 제시하고 있다(Portes, Escobar, Radford 2007). 대조적으로 로스앤젤레스의 살바도르인들의 동향조직(HTAs)에 대한 연구에서 월딩거

(Waldinger)의 연구팀은 조직 구성원 및 이민자와 고국에 남아있는자들 사이의 갈등이 고질적이어서 초국가성이 약하다는 결론을 내렸다 (Waldinger, Popkin, Magana 2008).

알레한드로 포르테스 등(Alejandro Portes et al. 1999)은 '이론적 범주로서의 초국가주의 그 본래의 의미를 엄격히 지켜가며 적용시킬 것'을 주장했다. 그러나 이제 "이 용어를 거의 혹은 아무 가치도 없을 정도로 만능열쇠로 사용하는 현상이 흔해졌다"(Boccagni 2012: 127). 사회학자 월딩거가 초국가적 접근을 아마도 가장 큰 목소리로 비판해 왔다고 볼 수 있다. 그는 데이빗 피츠제럴드(David Fitzgerald)와 쓴 논쟁적 논문 '문제의 초국가주의(Transnationalism in Question, 1994)'에서 초국가주의의 가장 두드러진 옹호자들에 의해서 만들어진 주요한 주장들을 문제로 삼았다. 그는 그 주장들이 수용국과 송출국에 초점을 맞춤으로써 방법론적 민족주의에 효과적인 반박이 되었음을 인정하나, 그것은 수용국과 송출국 사이의 변증법적 상호작용에 대한 것은 아니었다고 본다.

월딩거는 '국경을 넘는 연결'이 분석을 위해서 더 적합한 도구라고 본다. 그는 학자들이 단지 국경을 넘는 연결을 촉진시키는 요인에만 초점을 맞춘 나머지 그 반대급부인 오랜 시간에 걸쳐서 그 연결들이 약화되는 측면에는 신경을 쓰지 않아 연결이 약화되는 데 영향을 미치는 요인들을 찾지도 못하였다고 비판한다. 고국 방문, 송금하기, 보내는 사람과 이동하는 사람 사이의 의사소통에 관한 초국가주의 학자들이 작성한 기존 문헌들을 검토한 후, 월딩거는 비록 다수가 이 중 하나 혹은 두 가지 활동에 참여할지라도, 상대적으로 이 세 가지 활동에 전부 참여하는 이민자들은 거의 없다고 결론을 내렸다.

월딩거는 장소, 국가, 경계의 현저성에 대한 강조를 통해서 초국가주의 이론가들과 별도로 대안적 모델을 만들어냈다. 대량 이민이 나타나기 전 시대에 송출국과 문화적 엘리트들은 이민자들을 경멸하면서 그들을 국가의 배신자로 여겼다. 그러나 이러한 접근은 시간이 지남에 따라서 그 국가들이 연결을 완전히 끊기보다는 떠난 자들과의 관계를 유지하고자 하는 식으로 바뀌게 되었다(Fitzgerald 2009). 예를 들어, 진구섭과 데이빗 스미스(Ku Sup Chin and David Smith 2015)는 한국 정부의 사례 및 미국에서 한국계 디아스포라 커뮤니티들의 사례를 조사했다. 그들은 이민자들에 의해서 촉발되는 다양한 과정들을 국가가 유지 및 조정하는 방식들뿐만 아니라, 이민과 디아스포라 커뮤니티의 송출국으로의 통합과 같이 국가 주도의 주요한 초국가적 흐름들의 다양한 방식을 강조했다. 이들은 초국가주의를 국가의 '외부' 혹은 '너머'로 두는 경향을 극복하는 동시에 초국가적 과정에서 국가의 형성적, 예비적 역할을 포괄하기 위한 초국가주의의 개념화를 요청하면서, 지구상의 다양한 국민국가들이 주도, 촉진, 유지하는 국가 초국가주의(state transnationalism)라는 개념을 제안했다(2015: 79). 오늘날의 국제 정치는 더 이상 단순히 국가 정부가 지구적 결과의 최종적 조건을 만들어내는 베스트팔렌 식의 국가 간 체제가 아니다(Chin and Smith 2015: 81). 복수 국적과 재외국민 투표와 같은 국가의 초국가적 정책에 대한 최근 연구는 국경을 넘는 흐름, 교환, 이동을 촉진 및 규제하는 국가의 지속적인 유의미성을 반영한다.

월딩거는 또한 우리에게 미국에서의 이민정책이 다른 모든 자유민주주의 국가들에서와 마찬가지로 배타적- 그들은 내부자와 외부자들을 분리시키고자 한다 -이라는 것을 상기시킨다. 실제로 상대적으로 열린 국경에 대한 사업적 이익추구의 경향은 높은 임금을 찾아 국경을 넘는 이민자들과 결합되어, 종종 수용국 사람들의 반발에 직면하게 된다. 게다가 이민의 전지구적 체제는 초국가적 유동성, 연결, 움직임의 가능성을 규제 및 통제한다. 현재 이러한 사례들은 '테러리스트 입국으로부터 미국을 보호하는 행정명령'(일반적으로 '무슬림 금지법'으로 알려진)으로 명명된 트럼프 대통령의 행정명령 13769와 미국-멕시코 국경을 따라서 멕시코에서 미국으로의 허가받지 않은 이민 방지를 위한 장벽을 세울 것을 제안하는 행정명령 13767을 포함한다.

다른 연구자들은 월딩거의 비판에 대한 부분적 대응으로, 이민자들의 초국가적 참여 및 수용국 사회로의 상이한 통합 패턴의 지역적 맥락을 탐구하고자 한다. 글릭쉴러와 새글라(Glick Schiller and Ayse Çağlar 2010)는 이민자들의 초국가적 참여와 수용국 사회에 대한 통합의 상이한 패턴에 대한 지역적 맥락을 탐구하면서, 수용국의 실제 위치가 이민 통합 및 곧 나타나게 되는 초국가적 연계의 종류에 강한 연관이 있다고 보고 지역적 맥락에 대한 비교척도 연구를 제안했다.

그럼에도 불구하고 월딩거(2015)는 그의 최근 저서에서 우리가 이주를 단지 동화로서가 아니라 그가 '국경을 넘는 연결'이라고 부르는 것, 혹은 사람들이 어떻게 그들의 고국, 그들이 정착한 나라, 그리고 다른 제3의 장소에서 동시에 계속해서 참여하는 현상에 대한 이해와 분석이 필요하다는 것을 인정했다. 월딩거는 기본적으로 초국가적 정치와 동향 조직의 활동(특히 모국의 경제발전에 대한 공헌)들에 관심을 가지고 있다. 비판가들이 지적했듯이 월딩거의 틀은 세계적으로 부유한 국가로 향하는 현대 이민의 다양성과 복잡성에 대한 적합한 설명이라기에는 너무 엄격하다. 더욱 중요한 것은 그의 초국가주의 개념과 범주가 좁게 설정되어 있어서 지나치게 선택적이고 1990년대에 최초로 만들어진 이후로 거듭 수정 보안되어 온 연구들을 무시하고 있다. 그러한 보완연구들은 안보의 시대에 국가의 역할을 더 중대한 것으로 다루는 것을 포함한다.

2) 아시아계 2세 초국가주의

대부분의 학자들은 초국가주의 패러다임을 이민1세들을 연구하는 데 적용시켜왔으나 2000년 초반부터 이민자들의 후손인 2세 3세들의 연구에 적용시키기 시작하였다. 사실상 이민들이 새로운 거주국에서 성공적인 삶을 살 수 있는지의 여부는 여러 가지 핸디캡이 많은 1세들보다 주류사회에 적응해 어느 정도 주류집단과 경쟁할 수 있는 2세 3세들에 의해서 판가름 난다고 보기 때문이다. 그러나 곧 인종이나 민족의 차이에 관계없이 2세들은 이민 1세 부모 세대에 비해서 부모 혹은 조부모의 나라에 대하여 연결이 덜 되어있다는 사실이 밝혀졌다. 기존의 대다수 사회학적 문헌들은 연구된 대부분의 2세 집단들에서 초국가주의가 그렇게 중요하지 않게 나타난다고 보고한다(Kasnitz, Mollenkopf, Waters and Holdaway 2008). 또한 이민 1세인 그들 부모세대와 비교해 보아도 다분히 초국가적 연결이 약한 편이라고 보았다. 기존의 초국가적 관계 연구가 대부분 남미 이민들과 그들의 자녀들을 연구 대상으로 삼았다. 아시아계 이민 자녀세대에 대한 연구는 남미 이민 자녀 세대와 비교해 볼 때 여러 가지 이유로 이들의 초국가적 연결이 약한 편이라고 보았다. 아시아는 남미처럼 가깝지 않아 쉽게 방문할 수 없으며 아시아계 이민 후손들이 남미 이민 후손들보다 더 동화주의적이라는 점도 고려할 수 있다. 사실 모국을 방문하면 아시아계 2세들은 전보다 더 자신들이 미국적임을 느끼게 된다. 그렇지만 현재 2세들은 또한 이전 2세 세대들과는 다르다. 오늘날 종족성(ethnicity)이 어느 정도 각광받는 시기에, 2세들은 이전의 2세들과 비교하여 부모의 언어에 덜 창피하게 느끼며 미국과 부모 출신국의 두 세계를 오갈 수 있는 능력에 자부심을 느낀다(Foner 2002: 246).

일본계 미국인들은 아시아계 미국인들 중 가장 이민 역사가 오래 되어 대부분 3.4세이며 다른 인종들과의 족외혼 비율도 높아 혼혈층이 많다. 이들 일계 미국인들에 대한 연구들이 재미한인 사회의 미래에 시사하는 바가 크다. 일본계 미국인들은 다른 아시아계 미국인들처럼 사회경제적 성공, 완벽한 문화적 동화(acculturation), 준백인에 가까운 지위 등 신화에 가까운 모범 소수민족 지위를 가지고 있음에도 불구하고 계속해서 인종적으로 민족적으로 구별되어 왔으며 따라서 전통적인 일본의 언어와 관습에 밝을 것으로 기대되어왔다. 인류학자 쭈다(Takeyuki Tsuda)의 저서, 『Japanese American Ethnicity: In Search of Heritage and homeland across Generations(2016)』은 미국에서 소수민족이 동화된다고 해서 그들의 민족 문화유산을 잃게 되지 않는다는 점을 보여줌으로써 이제까지의 단선적 민족 동화론을 반박한다. 다시 말하자면 동화와 민족유산이 서로 배제되지 않고 양립될 수 있음을 보여준다. 쭈다의 연구는 일본계 민족유산(heritage)이 없어졌다가 다시 활성화 되고 있음을 보여준다. 동화, 인종화, 다문화주의, 초국적 연결 등의 변화하는 미국사회의 맥락들이 민족유산과 정통성에 큰 영향을 미쳐 유지되고, 재개되고, 형성되는 점을 보여주었다. 이제까지 연구자들은 이민들이 세대를 거듭할수록 그전 세대보다 민족 정체성(ethnicity) 을 잃게 되어 민족성 보유가 덜해진다고 보았다. 쭈다의 일본계 미국인 2.3.4.세와 신新 2세, 세대별 비교에 의하면, 4세 일본계 미국인들이 3세들보다 민족유산을 더 많이 유지하고 있는데 부모세대한테서 물려받은 게 아니고 민족유산과 초국적 연결을 스스로 만들어서 재가동시켰다고 해석한다. 예를 들어서 일본에 가서 일하고 살면서 북춤(taiko)을 정식으로 배워 공연하면서 민족유산을 재발견하게 되었다. 미국에 약 천 개의 북춤 그룹들이 있는데 북춤은 일본의 전통적인 문화이지만 미국의 문화 영향도 자연스레 드러내어 그룹에 따라 고유의 북을 제작하고, (일본에서와 달리) 여성 공연자들도 참여하고, 위계질서에 덜 집착하며, 드러밍(drumming) 스타일과 댄스 동작도 바꾸는 등 혁신과 즉석 공연도 마다하지 않는다. 쭈다는 이들이 일본학 프로그램이나 민족유산 교육을 위한 일본 방문 여행을 통해 일본 문화와 사회에 대하여 많이 배운 학습 효과에 기인한다고 보았다. 또한 모국 일본과 그 문화의 긍정적 이미지가 이들 4세 일본계 미국인들의 민족성 부흥에 일조하였다고 보았다. 다른 한편, 이렇게 독특한 문화를 내세우는 것이 문화적 이방인으로 보이게 하기도 하였다. 또한 이들 일본계 미국인들이 학자들이 주장하듯이 반아시아계 인종차별에 대한 반발로 범 아시아계 미국인 아이덴티티를 형성하기보다는 일본계 민족으로서의 정체성을 발전시키고 있다고 보고하였다.

사회학자 야마시로(Yamashiro)의 저서, 『Redifining Japaneseness: Japanese Americans in the Ancestral Homeland(2017)』도 앞으로 차세대 재미한인들을 연구하는 데 있어서 훌륭한 지침서이다. 저자 자신이 4세 일본계 미국인인데 일본에서 장기적으로 일하며 혹은 학업을 지속하며 이주하여 살고 있는 일본계 미국인들을 '일계 디아스포라의 귀환'이라 보지 않고 '선조 국가로의 이주'라는 새로운 분석틀을 도입하였다. 이들 중에는 디아스포라의 성원다운 태도를 유지하는 경우도 있지만 그렇지 않은 경우도 있기 때문이다. 따라서 일본에 이주하여 장기거주하고 있는 일계 미국인들의 아이덴티티도 디아스포라의 일원으로 분석하면 안되고 초국가적 삶으로 분석해야한다고 주장한다. 일본계 미국인들의 일본과의 관계는 '디아스포라'와 '모국'으로 볼수 없고 '전 지구적 가계家系 집단'(global ancestral group)의 나뭇가지 혹은 지부支部로 볼 수 있다고 주장한다(Yamashiro 2017: 4). 전 지구적 가계집단의 성원들은 역사적으로, 문화적으로 연결되어 있었지만 분산되어있는 동안 각기 지역적 맥락에 따라 그리고 일반적인 문화의 유동성에 따라 그들의 역사와 아이덴티티가 나름대로 다양하게 변하였다고 본다. 따라서 '가계'(ancestry)와 '모국 지향'(homeland orientation)은 구별되어야하며 모국 방문을 당연히 디아스포라의 귀환으로 해석한다든지 모국을 내재적으로 '중심'에 놓는 문화적 본질화에 대해서도 경계한다.

기존의 '디아스포라' 틀을 이용하여 이민자와 후손들의 삶을 연구할 때는 종종 이민자의 모국을 중심으로 분석하지만 '초국가주의' 틀을 이용하면 이민자와 이민자의 거주국 사이의 현재 '작동하고 있는' 연결사항에 주목하게 된다(Yamashiro 2017: 14). 또한 이들의 아이덴티티가 미국뿐만 아니라 현재 거주하고 있는 일본의 사회 분류체계에 의하여 형성된다. 다시 말하자면 일본계 미국인들이 초국적 이주자로서 일본에서 살면서 일본인들과 교류하면서 탈영토화되었지만(이주 전) 미국식 문화틀은 물론 미국 관련 아이덴티티와 결합 등을 간직하고 있다. 다른 사회 범주에 속한다는 것은 사회 경계선이 다르게 그어지는 것을 의미하며 다른 의미가 부여된다. 예를 들어서 미국에서는 인종 관계가 대부분 피부색 등 외양에 의하여 결정되지만 일본에서는 인종 구분 시 출신 국가별 차이도 참작되어 한국인이나 중국인들도 다른 인종에 속한 것처럼 얘기한다. 또한 여러 고국 방문 이주 케이스들에 대한 비교연구들에서 밝혀진 대로, 미국등 선진국들(Global North) 에서 이주한 경우 개발도상국(Global South)에서 이주한 경우보다 취업조건, 주택사정, 기타 사회적 특권과 기회로 볼 때 상당히 유리하게 자리잡는다(Seol and Skrentny 2009). 전 지구적 지위로 볼때 미국에서 이주한 경우 경제적 자본과 모국 경제 발전에의 공헌도 등이 프리미엄으로 높게 쳐진다.

우리는 '그 안에서 새로운 형태의 경제, 가족, 전통, 정체성이 형성되는 초국가주의적 공간들에서 일어나는 역동성'(Small 1998, Espiritu and

Tran 2002: 369에서 재인용)에 주목할 필요가 있다. 에스피리투와 트란(Espiritu and Tran 2002)은 초국가주의를 실제 초국가적 활동들(고국 방문, 친척 관계, 송금)과 고국으로의 상상 속의 귀환(선택적 기억, 문화적 재발견, 정서적 갈망을 통한) 모두를 포함하는 것으로 개념화했다. 그들은 "상징적 초국가주의의 실천은 2세 베트남계 미국인들의 삶에서 가장 명백하고 쓰라린 것이었다"고 주장한다(2002: 369). 베트남계 미국인 젊은이들의 대다수인 약 2/3 가량은 그들이 인종 차별을 겪었음을 고백하였는데, '미국인들'은 그들이 영어를 하지 못할 것이라고 짐작하고 그들의 베트남식 이름을 조롱하고 그들끼리 베트남어를 사용하는 것을 놀린다(Espiritu and Tran 2002: 378-379). 응답자들의 절반 이상은 그들의 정체성을 '베트남계'로, 그 나머지는 '베트남계 미국인'으로 인지하였다(2002: 383). 2세들 사이의 종족적 실천은 비록 줄어들고 있을지는 몰라도 사라지지는 않았다. 최소한 그 표본의 절반은 그들이 여전히 베트남어를 '잘 혹은 매우 잘' 말할 수 있으며, 베트남어 음악 및 베트남 비디오를 감상하며, 한 달에 최소한 한 번은 베트남어 신문을 읽는다고 보고했다(2002: 386). 초국가적 관계와 실천의 측면에서 1.5세의 26% 및 2세의 18%가 베트남에 최소한 한 번은 귀환했었거나 여행했었고, 1.5세의 2/3는 베트남에 있는 그들의 친척들과 지속적으로 연락하고 있으나, 2세는 오직 1/5만 그렇게 한다(2002: 387).

에스피리투와 트란은 비록 베트남계 난민의 자녀들이 그들 자신을 결국 미국에 영주(永住)하는 것으로 인정했을지라도, 다른 2가지 사실을 주목하여야 한다고 주장했다. 이는 '베트남이 젊은 베트남계 미국인들에게 가지는 지속적 상징성, 그리고 이와 관련해서 대부분의 젊은 베트남계 미국인들의 미래에 베트남을 도와야만 한다는 소망'(원문 강조 2002: 389)이다. 응답자들의 대다수는 그들의 베트남 방문 혹은 그들이 베트남에 관하여 들어왔던 이야기들을 통하여 베트남을 습하고, 더럽고, 가난에 시달리는 제 3세계 국가로 그려왔다. 그러나 이 절망적인 설명은 젊은 베트남계 미국인들에게 베트남에 있는 그들의 가족과 친구들의 안녕 및 나라의 재건과 발전에 기여하고자 하는 동기를 부여하였다(2002: 393). 에스피리투와 트란의 연구는 베트남계 미국인들이 그들의 가족 뿐만 아니라 베트남과의 초국가적 관계를 공고히 하는 것을 보여주었다. 실제로 그들은 베트남 동향회, 봉사 단체, 지역 교회 및 미디어와 함께 그렇게 할 가능성이 높다.

사회학자 타이(Hung Cam Thai)의 책 『Insufficient Funds: The Culture of Money in Low-Wage Transnational Families(2014)』는 초국가주의의 물질성을 보여준다. 이 책은 초국가적 베트남 가족이 돈을 받고, 보내고, 소비하는 방식을 잘 설명하고 있다. 타이의 연구는 미국의 저임금 영역에서 일하는, 그들의 대가족 구성원들은 호치민시에 있는, 1세 및 1.5세 베트남계 미국인에 초점을 맞추고 있다. 그는 이러한 전체적 연결구조를 베트남-미국 이민 회랑(corridor)으로 지칭하고 있다.

이 책은 초국가적 가족 관계가 미국에서 베트남으로 가는 돈의 흐름에 의하여 형성되는 방식을 설득력 있게 분석하고 있다. 많은 자본들이 부동산 및 생산투자로 흘러들어가긴 하지만, 상당한 액수는 가계 소비 목적으로 보내진다. 저임금 노동자 계층 베트남계 미국인들은 베트남의 대가족 구성원들에게 송금하고, 돌봄과 소속감의 실천을 재현하는 고국의 풍경과 다시 연결된다. 송금은 미국에서 소외와 불안정한 저임금 노동에 직면한 그들의 사회적 지위와 자부심을 높이는 개인적 전략이다. 타이는 또한 돈의 지출, 과도한 요구, 약속이 지켜지지 않게 됨에 따라 가족 갈등이 생겨나는 위험을 지적한다. 그러한 위험은 이주자들의 상호 연계와 재정적 안정성을 위협하게 되는데, 몇몇 사례에서 심각한 부채를 떠안거나 파산을 하게 된다.

타이의 연구는 유용하긴 하지만 가족과 친족 개념을 제대로 분석하지 않아 한계가 있다. 그의 분석은 또한 2세 자녀들보다는 1세 및 1.5세 한국계 이민자들에 더 잘 적용될 수 있는데, 이는 특히 미국과 한국 사이의 급여 차이가 미국과 베트남의 차이만큼 크지 않기 때문에 그렇다. 게다가 1980년대 후반 이후 한국인들의 이동성이 매우 커졌고 그들의 이동 경로 또한 매우 다양화되었다는 점을 염두에 두어야만 한다.11)

에스피리투는 『Home Bound(2003)』에서 초국가주의를 상상적이고 상징적인 관계와 이동의 문제로 정의하고 있다. 그녀는 필리핀계 미국인들이 이민자이자 소수자로 인종화되는 사회적 현실이 반드시 미국 식민주의와 아시아 제국주의의 맥락 하에서 논의되어야 한다고 주장한다. 필리핀 국비 유학생(pensionados), 농업 노동자, 해군 군인, 전문 노동자들의 이주 흐름은 필리핀에 대한 미국 정책의 영향이자 결과이다. 따라서 필리핀 디아스포라는 두 가지의 상호연결된, 그러나 다른 횡단에 의해서 만들어지는데, 미국의 필리핀을 정복하기 위한 정치적 프로젝트로서의 탐사와 제국의 중심에 예속되어 있는 필리핀 사람들의 '귀향'으로서의 미국 이민 여정이 그것이다.12) 게다가 에스피리투는 '필리핀인들이 미국의 경제 발전, 미국 남성성의 재구성, 국민 만들기라는 더 광범위한 프로젝트에 절대적으로 중요하기 때문'(2003: 56)에 미국 사회에서 그들에 대한 차별화된 포섭(differential inclusion)이 정치적, 경제적, 문화적 목적에 딱 들어맞는 것이라고 주장한다.

---

11) 한국에 재정착한 재외한국인들의 수를 제외하고, 현재 수십만의 한국인들이 국제결혼, 해외 교육, 해외로 진출하는 초국가적 한국 기업에 종사하고 있다. 즉, 이민자들 못지않게 한국사람들도 이동적이다.

12) 제국 식민주의가 기원한 일종의 원조지 미국을 방문하는 셈이 된다.

미국 식민주의와 차별화된 미국 사회에의 포섭이 '내부 외국인'으로서의 필리핀인이라는 불분명한 중간적 지위를 만들어내었다. 에스피리투는 필리핀계 미국인들이 고향에 대한 동경을 통해서 이민 후의 '고향이 없는 신세'(homelessness)에 대응하는 모습을 잘 보여주었다. 그녀는 필리핀계 미국인들이 초국가적 가족 형성, 필리핀 국가 정치 참여, 그리고 그들의 고국과의 실제적이며 상상적인 연결을 유지하기 위한 동향조직 건설 등을 통해서 지속적으로 초국가적 실천에 관여하고 있음을 주장하였다. 이 고국 만들기의 과정들은 필리핀계 미국인들의 수용국에서의 구조적 열세에 대한 저항의 증거가 되었다.

고국 만들기의 과정에는 젠더와 성적 규범을 이상화해서 구성하는 것이 포함된다. 이 이상화된 구성은 필리핀계 2세들 사이의 정체성 형성을 특별히 어렵게 만들었는데, 필리핀계 2세들이 그러한 규범들에 부분적으로 잘 맞지 않았기 때문이다. 따라서 이 이상화된 구성은 2세의 '필리핀인임'의 진정성 여부에 관하여 의심받게 한다. 그러한 비난은 2세들의 자아 정체성에 대한 불안감을 가중시키고 그들의 진정한 필리핀 문화 및 고국에 대한 열망을 심화시켰다. 고국에 대한 동경과 그들의 미국에서의 위치 사이의 경계(境界)에 걸쳐있으면서, 그들은 정체성 형성의 유동적이며 혼종적인 성격을 시험한다.[13] 다만, 에스피리투가 이를 통해서 초국가주의의 정의를 확장한 반면, 그녀의 연구는 여전히 샌디에고 필리핀계 미국인 커뮤니티의 국경지대형성(border formation)에 영향을 미치는 요인들, 예를 들어 위치성(positionality), 커뮤니티와 사회 내

13) 글로리아 안살두아(Gloria Anzaldúa 1987)는 "국경지대"(Borderlands)라는 용어로 그들이 준수하도록 기대되는 정반대되거나 갈등을 일으키는 두 세계의 문화적 기대의 일부가 되도록 학습되어 온 샌드위치처럼 중간에 낀 변방인들의 생존 전략 및 도전양식을 이론화하였다.

에서의 성원권 차이, 탄력성을 밝히는데 실패하였다.

3) 한인 2세와 초국가주의

학자들은 한국계 이민자 자녀들의 초국가적 실천에도 특별히 관심을 두어야 한다. 학자들은 이들의 송출국에 대한 네트워크 및 연결이 잘 만들어져 있지 않기 때문에, 초국가적 실천이 이들의 일상생활에서 중요한 역할을 하지 못한다고 보았다(Kibria 2002a). 키브리아가 지적했듯이 고국 여행은 중국계와 한국계 성원권의 잠재성과 중요성을 확인해준다. 이 여행은 그들의 이민자 부모들이 그들에게 전해왔던 중국인 혹은 한국인이란 무엇인가에 대한 원초주의적(공동조상으로부터 내려온 후손이라는 생각) 개념에 기초해 있다(2002: 296). 그러나 2세들에게 주어진 것으로서의 중국인 혹은 한국인으로서의 이민자라는 개념은 개인의 정체성 혹은 집단 성원권이 선택의 문제라는 관념과 공존한다. 더 중요하게는 어떤 의미에서 "2세들은 원초주의적, 그리고 개인주의적 정체성 개념 사이의 모순에 처하여, 또한 미국에서 인종이 중요하게 작동한다는 생각 때문에 고민한다"(Kibria 2002b: 301). 그녀는 또한 강한 의미의 종족 정체성의 전승은 명백한 종족성 표지나 행동의 전승에 대한 강조를 반드시 수반하는 것은 아닐 수도 있음을 보고한다(2002b: 302). 어떤 아이들은 심지어 그들의 중국계 및 한국계 성원권이 유기적이고 진정한 것으로 당연히 여긴 나머지, 그들의 중국계 혹은 한국계 유산遺産의 전승傳承 자체를 그렇게 시급한 문제로 여기지 않는다.

즉, 중국계 혹은 한국계 성원권은 전략적으로 가치있는 것으로 이해된다. 누군가에게 그것은 전지구화된 세계 경제에서 보상을 거두는 방식으로서 그들의 직업 선택에 영향을 미치는데, 이는 특히 1980년대 및

1990년대의 대부분 기간 동안 중국 및 한국경제가 전 지구적 장場에서 역동적이고 매우 강력한 행위자로 성장했기 때문이다. 모국 여행은 그들에게 '미국인'임을 느끼게 하고, 동시에 그들이 중국 및 한국 사회에서 수용 및 소속되지 않는다는 점을 인식하여, 소외감을 느끼곤 하였다.

그러나 키브리아가 연구한 고국 여행은 제한적이며 체류 기간도 매우 짧다는 점을 주목해야만 한다. 그들은 일반적으로 여행, 여가, 가족 및 친구들과의 재회, 그리고 조상들의 사회 즉 모국의 문화적 양상들을 학습, 발견 및 재발견하는 데 초점을 맞췄다. 앞으로의 연구는 취업 등의 목적으로 이뤄지는 분명한 고국 방문뿐만 아니라 불특정 기간 동안 이루어지는 장기체류자들도 다뤄야 한다. 이를 통해서 국경을 넘는 이민의 실제 과정과 그 결과뿐만 아니라, 이민자 및 그 외의 사람들이 만드는 이민과 연계에 대한 관점을 가리키는 '초국가주의' 개념 사용의 한계를 파악해낼수 있다.

최근 발간된 헬렌 리(Helen K. Lee)의 『Between Foreign and Family: Return Migration and Identity Construction among Korean Americans and Korean Chinese(2018)』라는 저서는 한인 2세에 관한 한 초국가주위를 체계적으로 적용시켜 분석한 최초의 저서이다. 단기 모국 방문경험자들이 아닌 최소 몇 년을 체류한 장기 거주자들을 주로 면접조사 하였다. 물론 이전에도 모국인 한국과 연결시키거나 초국가주의에 시사점을 주는 연구들은 찾아볼 수 있다. 키브리아(2002)나 나디아 킴(Nadia Kim 2009)의 논문에서는 주로 재미한인 2세들이 모국을 방문할 때 미국과 달리 소수민족으로 별도로 백안시되지 않고 민족 정체성을 확인하게 되었지만 일종의 문화적 외국인이나 이방인으로 취급받아 소외감을 느끼게 되었다고 보고하였다. 여기에서는 2세들의 희생자 측면의 스토리가 부각되었다.[14] 헬렌 리(2018)는 장기 거주자들의 거주 경험을 비판적으로 분석한 결과, 이들이 나름대로 한국사회의 교포 2세에 대한 기대치를 분석하여 사회질서상 유리한 고지를 점령하며 나름대로 전략을 써서 자신들의 기질이며 기능을 발휘하여 결국 융숭하게 대접받고 의기양양하게 잘 지낸다고 보고하였다. 특히 분석적 변수로 국적과 민족, 젠더 및 세계시민권(global citizenship) 등의 요소들을 전략적으로 잘 연출하고 이를 잘 연결시켜 미국 사회에서와는 다르게 전문직 취업 시에도 우대받고 직장이나 사회에서도 우호적인 대우를 받으며 개인적으로도 인기를 끌게 된다고 분석하였다. 특히 재미교포 자녀들은 남성과 여성으로서의 각기 다른 젠더에 따른 전략들을 동원하여 나름대로 자신들의 우월한 사회적 지위들을 확보한다. 특히 남성들의 경우 매력적인 데이트 상대로 인기가 치솟는 등 젠더 갭이 현격하게 드러난다. 구체적으로 얘기하자면 일단 재외동포로서 친밀감을 주는 것은 물론 세계의 헤게모니를 장악하고 있고 한국 현대사에 막강한 영향력을 과시하고 있는 미국 국적자이며 또한 미국에서 대부분 최상의 교육을 받았고 또 전문직에 종사하였기 때문에 어디를 가나 환대를 받는다고 보고하였다. 따라서 이들 재미교포들은 미국 국적을 앞세워 이익을 챙기고 같은 혈통과 외모를 내세워 잘 대접받기를 기대하며 동시에 자기자신들을 한국의 대다수 사람들과 비교해서 우월한 세계시민이라는 것을 뽐내는 경향이 있다. 이들은 한국인들이 획일적인 한 가지 문화만을 고집하고 폐쇄적이며 과도소비에 정신이 없는 의식없는 황금만능주의 소비자로서 서구를 모방하기에 바쁘다고 비판한다. 반대로 자신들은 이동성이 있고 개

14) 나디아 김은 한국을 방문한 재미한인 2세들이 같은 혈통의 한인임에도 불구하고 지나치게 미국화된 외국인으로 받아들여지기 때문에 "진짜" 한국인으로 받아들여지지 않아 한국에 대해서 부정적인 생각을 하게 되고 그전에 가지고 있었던 정서적 유대감도 잃게 된다고 보았다.

방적인 사고방식에 다양한 시각에서 문제를 해결할 수 있다고 본다. 동시에 미국 등 거주국의 주류사회 백인들의 경우 이동성이 없고 여러 가지 이유로 코즈모폴리턴이 되지 못한다고 본다. 특히 재미동포 남성들의 경우 미국에서는 신체적으로 허약해보이고 어색하며 책벌레에다가 게이로 여겨지거나 남성으로서 성적매력이 별로 없다고 인식되며 영화에서도 로맨틱한 역할을 맡지 못하는 데, 한국에서는 한국 보통 남성들보다 고액의 연봉을 받으며 '왕자'로 행세하고 대접받다 보니 경제적 사회적 지위 및 성적 매력 등으로 여성들한테 인기가 높아 데이트에 관한 한 분주한 나날을 보내며 다른 한편으로는 한국의 여성들을 자신들의 남성으로서의 인기를 받쳐주고 성적 욕망을 충족시켜주는 도구로 생각한다고 비판하였다.[15)]

3. 초국가적 운동

초국가적 사회운동의 네트워크는 학자들에게 기존의 사회운동에 대한 접근을 재고하도록 도전하면서 새로운 저항의 모습을 보여주고 있다. 그 중 한 접근은 '아래로부터의 전 지구화'(Falk 1993: 39)라는 개념을 사용한다. 이 말은 전 지구적 시민사회를[16)] 매개로 '환경에 대한 관심, 인권, 가부장제에 대한 저항, 빈곤, 억압, 수치, 집단 폭력을 종식시키고자 하는 다양한 문화의 통합에 근거한 인류공동체 비전에 의해서 활

15) 헬렌 이는 "왕"으로 취급받는다고 보았다.

16) 웰러(1999)가 지적하듯이 시민사회라는 용어는 다소 문제가 있다. 이 용어는 유럽 중심적이며, 국가와 가족 사이의 중간적 기관들에 대한 비공식적 커뮤니티 연계에 대해서 충분한 주의를 기울이지 못한다.

성화되는 초국가적인 사회적 힘'(Falk 1993: 39)이 연결되어 작동되는 방식을 개념화한다.

이러한 맥락에서 커뮤니티 운동은 1.5세와 2세 한국계 미국인의 초국가적 사회참여에서 하나의 가장 가시적인 사례이다. 남가주에서 1.5세와 2세 한국계 미국인 커뮤니티 조직은 종종 한국계 이민자들의 자녀들에 의해서 주도되고 운영된다. 앤지 정(Angie Chung)의 책 『Legacies of Struggle(2007)』은 두 1.5 세 및 2세 커뮤니티 조직(한인타운 청소년회관(KYCC)과 한인타운 노동연대(KIWA))의 문화와 지지의 원천들을 연구하였지만, 이 조직의 다른 측면들은 연구하지 않았다. 풀뿌리 조직화가 비영리 조직 및 신자유주의적 통치에 의해서 재구성될 때, 1.5세와 2세 한국계 미국인 커뮤니티 조직 및 활동을 사회운동과 활동에 대한 광범위한 문헌과 연결하여 분석할 필요가 있다.

지난 십 년 넘게 학자-활동가, 특히 유색인종 여성운동가들은 사회운동의 포섭내지 어용기관화 여부를 의심하며 비영리 조직의 모순된 역할에 우려를 표했다. 사회학자 샤밀라 루드라파(Sharmila Rudrappa)의 2세가 주도하는 비영리 조직(노동자 계층의 남아시아계 미국인 여성들을 위한 시카고의 가정폭력 쉼터)에 대한 연구는 종족적 조직이 흔히 기대되는 소수자들의 저항과 역량강화를 위한 '자유로운 공간'이 아님을 지적한다. 대신 이 조직들은 '국가와 노동자 계층 이민자들 사이의 중개자'이다(2004: 191). 남아시아계 미국인 커뮤니티의 조직임에도 불구하고 쉼터의 근무자들은 모국문화를 여성들의 불운의 원인으로 비판하는 생존 전략을 지지하며, 더 '미국인'이 되기 위해서 '그들의 모국문화으로부터 (그들이) 빠져나오도록 훈련'시키고자 한다(2004: 25). 다문화주의의 시대에 루드라파는 종족조직이 심지어 커뮤니티 구성원들을 '탈종족화' 혹은 '탈문화화' 정도로, 의도치 않게 동화주의 패러다임을 촉진한다고 지적하고 있다.

아시안아메리칸학 연구자인 권수아(Soo Ah Kwon)는 그의 책 『Uncivil Youth: Race, Activism, and Affirmative Governmentality(2013)』에서 어떻게 '유색인종 청년'(이 경우 오클랜드의 아시아계 및 태평양 제도 2세 청년)이라는 범주가 자기계발의 비정치화된 프로그램에 흡수되었는지를 질문한다. 그녀는 또한 어떻게 젊은 활동가들이 국가의 민주주의적 시민권 담론과 이민자 및 난민 젊은이들의 범죄화에 도전하는지를 살펴본다. 권수아는 비록 젊은이들의 조직화가 사회변화의 '전위'(vanguard)로 나타나긴 하지만, 이는 사회운동을 국가의 역할에 포함시키는 비영리적 틀과 긴밀히 엮여있음을 주장한다. 이러한 모순에도 불구하고 그녀는 그녀와 함께 일했던 청년들이 만들어내었던 사회변화에 대한 진정어린 기여를 기록했다. 권수아는 젊은이들이 단순히 '역량강화'(empowerment) 모델의 주체가 되는 것 혹은 그들의 주체성을 '위태로운' 것으로 보는 것에 도전하는 방식을 통찰력 있게 분석하면서, 대신에 체계적 비판을 발전시켰다. 이를 통해서 그들은 신자유주의 프로젝트에 대항하는 정치적 투쟁을 하면서 자율성의 정도를 높여갔다.

초국가적 사회운동을 재미한인 사회에 적용시킬 때 두 가지 측면에서 생각해 볼 수 있다. 이제까진 일부 재미한인 사회 1세 지도자들이 모국의 정치에 관심을 보인 것을 발판으로 직접 정치 활동에 참여하게 된 경우들이 주목을 받아왔다. 그렇지만 한국과의 관계는 이보다 훨씬 복잡하다. 이젠 재미한인 사회 보수 및 진보계 한국 관련 이슈 운동가들을 다 포함해서, 그리고 재미한인 후손들이 모국인 한국에 가서 참여하는 사회운동과 미국에서 한국 관련 이슈로 사회운동을 하는 경우들을 다 포함시켜서 연구해야한다. 에드워드 장(Chang E. 1988)의 연구는 비록 초국가주의 패러다임을 사용하지 않았지만 한인 1.5세들이 한국 민주화운동 특히 광주 민주화운동의 영향을 받아 진보적인 학생운동 및 사회운동을 조직한 것에 주목하였다. 1.5세와 2세 한인들의 사례에서 한인 커뮤니티 조직과 활동가들의 대다수는 변화 지향적이었으나 사회 변화를 위한 사회정의 조직은 소수였다. 초국가적 운동에 보수와 진보가 모두 참여하기 때문에 보수와 진보의 정치 이데올로기와 실천도 모두 드러나고 있다.17)

4. 재미한인 2세 연구에 대한 제안

이 글은 재미한인 2세들을 연구하는 데 있어서 기존의 동화주의 패러다임 대신에 초국가주의 패러다임을 이용할 것을 주장한다. 초국가주의 패러다임이 재미한인 2세들의 경험 일부를 분석하는 데 있어서 유용한 패러다임이다. 이를 위하여 초국가주의 패러다임을 다음과 같이 적용시킬 것을 제안한다.

첫째, 본문에서 논의한 대로 초국가주의 패러다임을 폭넓게 이해하여야 2세들의 활동을 보다 풍부하게 이해할 수 있다. 재미한인의 경우 초국가적 경제활동과 정치 참여 관계도 아직 체계적으로 연구되지 않았다. 초국가적 사회 문화활동도 분석되어야 한다. 여러 학자들이 주장한 대로 정서적 상징적 초국가적 행위와 활동들도 분석되어야 한다. 이러한 작업이 한국계 이민자 자녀들의 정체성 형성 과정을 이해하기 위해서 아주 중요하다. 버지니아 공대 조승희의 사례가 보여주듯이 미국 내에서 살고 활동하는 한인 2세들도 이미 초국가적 맥락 속에 위치지워져

---

17) 앤지 정과 동료들이(2013) 남가주 한인사회 특히 코리아타운 내 보수와 진보의 정치 이데올로기와 실천에 관하여 언급하고 있다.

있다. 초국가주의의 정의와 용법을 확장하여 사용한 레빗과 워터스(Peggy Levitt and Mary Waters 2002)에 의하면 2세들이 언어, 이주 시기, 생애에 미친 영향, 출신국(으로부터의 거리), 송출국에 남겨진 가족이 있는지 여부, 그들의 부모에 의해서 보내진 송금, 부모들의 송출국에 대한 태도, 이민자 풀(pool)이 보충되는지 여부에 이르는 변수들에 영향을 받는다. 따라서 이러한 초국가적 연계들을 한인 2세들의 일상생활과 연결시켜 분석할 필요가 있다.

둘째, 초국가주의가 광범위하게 쓰이다보니 남용되거나 오용되는 경우들이 있어서 그 효용성이 떨어지고 있다. 예를 들어서 일부 학자들이 일단 이민자들이 참여하는 모든 활동을 초국가적으로 보거나 포함시키는 경우가 있는데 다수의 학자들은 여기에 동의하지 않는다.[18] 또한 초국가주의를 민족정체성이나 이중문화 혹은 다문화와 혼동하기도 하나, 민족유산의 유지(ethnic heritage maintenance)와 구분되어야 한다. 예를 들어서 미국에서 재미한인 후손들이 한국어를 배우는 경우 민족적 관행이지 이를 초국가적 문화활동이라고 볼 수 없다. 다만 이들이 한국에 가서 여름방학 동안 언어프로그램에 등록해서 배운다면 초국가적 문화활동이라고 볼 수 있다.

셋째, 국가, 경계, 장소의 역할이 전통적인 동화 패러다임에서보다 초국가주의 패러다임에서 더 중요하게 다루어져 왔다. 정치적 장場 이외의 일상생활을 포함한 사회, 문화, 종교, 의료 및 일상생활의 장들을 더 고려할 필요가 있다. 아시아계에 있어서 송출국에 사는 가족에 대한 의무감과 책임감, 그리고 초국가적 종교 생활의 영향력이 특히 강하게 나

---

18) 민병갑(2017: 142)의 경우 실제 국경을 넘지 않은 경우 초국가적 활동이라고 보지 않는다.

타난다. 또한 예를 들어서 초국가적 음식 관계 이벤트가 조직되는 경우 일개인이 아닌 한국 정부에서 재정적 그리고 여러 도움을 받는 경우를 생각해보자. 한국 정부부처와 재미한인 사회단체 지도자나 사업가들 사이의 협력 등을 분석하여야 한다(민병갑 2017). 따라서 국가와 단체의 활동과 영향에 대해서도 주목을 해야 한다. 초국가적 관계와 활동을 분석하는 데 있어서 송출국 정부의 역할도 중요하지만 수용국/거주국 정부의 역할도 중요하다. 더불어 송출국과 수용국의 지정학도 커다란 영향을 미친다. 글릭 쉴러(Glick Schiller)가 비판했듯이 초국가주의에 대한 연구자들은 "전 지구적 지형 속에서 마치 모든 국민국가가 평등하고 주권적인 행위자인 것처럼 여기고, 경제적, 군사적, 문화적 수단을 통해 몇몇 국가의 권력이 다른 영역들로 확장되는 것을 은폐하는 경향이 있다"(2005: 44). 몇몇 학자들은 국가들 사이의 소위 '능력 차이'(capability gap)에 주목하였다. 국가들은 국경을 넘는 움직임들이나 외부 압력들을 다루는 데 있어서 그 힘과 능력이 다르다(Chin and Smith 2015: 83). 변화하는 지정학 관계(예를 들어서 한미관계)가 한국계 미국인들의 사회운동에 어떤 영향을 미쳐왔는지도 분석해야 한다. 9/11 공격과 같은 지정학적 이슈들은 수용국의 이민정책에 끼친 직접적 영향은 말할 것도 없고, 초국가적 지향, 관계, 운동들에도 직접적으로 강력한 영향을 미쳐왔다.

넷째, 초국가적인 사회적 장의 넓이, 깊이 및 지속성에 대한 경험적 연구가 필요하다. 어떤 개인과 집단에게 있어서 특정한 정치경제적 조건 하의 권력 불평등과 이해관계 갈등은 고국에 대한 애착을 궁극적으로 사라지게 할 수 있다. 한편, 어떤 사람들은 처음부터 고국에 관심이 없다. 그러나 누군가에게는 상호의존, 새로운 제도적 정비, 새로운 세대의 행위자들의 유입은 지속적으로 경계를 넘어 초국가적 참여로 이어진다. "이는 세대, 계급 및 출신국에 따라서 다양할 것이다. 그들은 경제적, 정치적, 종교적 및 사회문화적 방식으로 참여할 것이다. 그들은 지정학적 이슈에 따라서 우리가 예측할 수 없는 방식으로 변화할 것이다"(Levitt 2015: 2288). 재미한인들이 초국가적 관계와 활동에 있어서 분명히 개인차가 있고 같은 개인의 경우에도 인생의 주기에 따라 그 내용과 빈도, 강도 및 의미가 달라질 수 있다. 일례로 재미한인 2세들의 모국방문 및 거주 경험은 주로 학업을 마치는 과정이나 사회생활을 시작한지 얼마 되지 않은 시기에 이루어진다. 재미한인 2세들 중 어떤 부류의 한인들이 어떤 상황에서 초국가적 활동에 더 참여하게 되는지도 중요한 문제이다. 초국가적 활동이 미국사회에서 소수민족들의 소외감을 극복시켜주는 역할을 하는가도 중요하다. 여러 학자들은 초국가적 활동이 다른 활동 양상과 마찬가지로 아무나 할 수 있는 게 아니고 초국가적 활동을 할 수 있는 경제적 자원 등이 있는 중상류층에 한한다고 보고 있어 이 점도 점검할 필요가 있다(Portes 2001).

다섯째, 초국가적 활동은 개인뿐만 아니라 커뮤니티 차원에서 혹은 운동가와 활동가들에 의해 조직되는 경우도 많기 때문에, 분석의 단위를 개인 및 조직으로 잡아야 한다. 또한 초국가적 관계도 변화하고 있기 때문에, 이러한 변화의 메커니즘이나 이유도 분석하여야 한다.

여섯째, 현재 2세들의 경험을 역사적 맥락에 위치시켜야 한다. 오늘날의 한국계 미국인들의 초국가적 실천이 19세기 후반 혹은 20세기 초의 유대계, 이탈리아계, 혹은 다른 유럽계 이민자들과 어떤 유사한 점이 있는가? 초기 유럽 이민자들 중에서 초국가주의는 1세대 이후 오래 지속되지 못했다(Foner 2002: 243). 유럽계 2세들 중 몇몇은 유대인의 시오니즘이나 아일랜드 독립투쟁 등에 지속적으로 가담했지만, 대부분은 그들의 부모 혹은 조부모의 나라와 정기적 접촉을 갖지 못했다(ibid.). 여기에서 주목해야할 것은 이전 세대의 정체성이 현재 유행하는 '전 지구화되는 다문화 모자이크'보다는 미국의 국민적 용광로(melting pot)를 선호하던 문화정책적 맥락에서 만들어졌다는 점이다.

마지막으로, 초국가주의를 적용시키는 데 있어서 일종의 이분법이나 제로 섬 게임을 지양해야한다. 다시 말하자면 재미한인 후손들이 모국과의 관계를 지속하고 모국에 관계된 이슈의 사회운동을 조직한다고 해서 이들이 미국사회에 적극적으로 참여하지 않는 변방인으로 생각해선 안된다. 즉 미국인이 아니면 한국인이고 한국인이면 미국인이 아니라는 단순한 이분법에서 벗어나야 한다. 동시에 두 가지 정체성을 가질 수 있고, 동시에 두 가지 행동을 할 수 있다. 따라서 앞으로의 연구는 2세들을 한국계이거나 미국계 둘중의 하나로 그려내는 협소하고 이분법적 인식론적 틀을 벗어나야 한다. 기억, 노스탤지어, 일상생활의 여기 – 지금(here-and-now)의 사회적 경험들 및 미래를 향한 희망과 꿈들이 한국계 미국인들의 정체성 및 좋은 삶을 위한 과제들과 어떻게 상호작용하는지를 보여줘야 한다. 이러한 분석은 재미한인 사회에서 2세의 비율이 이미 과반을 넘은 상황에서 시의적절하며 중요하다. 미국 정부에서 한반도 이슈를 다루는 다수의 고위 정부 관료들, 정책 입안자 및 여론 주도자들은 한국계 미국인 1.5세 또는2세들이다.[19] 이러한 경향은 전지구화된 세계 덕분에 향후 더 강화될 것이다. 더 나아가 이민은 혼종적 혹은 코즈모폴리턴적인 정체성을 발전시켜나갈 가능성이 높다(Boccagni 2012: 127).

우리는 '고국에 가는 것'과 한국과의 연결을 유지한다는 것이 이민자

---

19) 예를 들어, 한인 2세 빅터 차(Victor D. Cha)는 일본, 남북한, 호주, 뉴질랜드를 다루는 백악관 국가안보회의 아시아 담당자를 역임했다. 그는 북한 관계에 대한 조지 부시 대통령의 고위 보좌관이었다. 1.5세 한국계 미국인 성 김(Sung Y. Kim)은 미국의 6자 회담 특사로 임명되었고, 주한 미국대사를 역임하였다.

자녀들에게 의미하는 것 - 지위를 얻을 기회와 소속감, 가족 의무를 완수하는 의미 등 - 에 더 주의할 필요가 있다. 우리는 초국가적 연결과 활동 등이 부분적으로 이민자들에게 그들이 정착국에서 겪었던 소외와 차별에 저항하고 대처하기 위한 수단이었음을 명심할 필요가 있다. 이 조건 하에 고국은 참조할만한 대안적 지점, 정통성과 품위를 다시 얻을 수 있는 장소를 제공한다. 그러나 어떤 의미에서 동화되어 이용 가능한 자원들도 많아지게 되면, 초국가적 실천에 대한 더 많은 참여가 가능하다는 점도 주목해야 한다. 그러나 에스피리투(2003: 3)가 우리에게 상기시키는 것처럼, 우리는 초국가적 회랑을 지나치게 강조하거나 이민 정착의 영구성을 축소해서 말해서는 안 된다.

동화에서 파편적 편입으로 :
재미한인 2세의 미국 사회에의 편입에 대한 이론적 고찰

이정덕

1. 들어가는 말

미국에서는 이민자와 관련하여 보통 이민자의 2세로부터 미국 사회에의 진정한 통합이 시작된다고 간주된다. 부모는 아직 자신의 모국의 문화를 많이 가지고 있는 이민자이지만, 2세들은 미국에서 태어나 태어났을 때부터 미국의 환경 속에서 생활하게 된다. 현재의 2세는 TV, 스마트폰, 인터넷, 동영상, 게임, 잡지, 책 등을 통하여, 영어로 지속되는 대중문화 속에서 성장하며, 또한 영어로 소통하고 미국식으로 생각하게 하는 친구와 놀며, 영아원, 유치원, 학교를 거치면서 미국식 교육을 받게 된다. 이러한 과정을 거쳐 이들의 정신은 미국식 영어로 구조화되며, 미국식 상상으로 채워지게 된다. 이러한 과정을 거치면서 미국 사회와 미국문화에 동화되거나 통합되는 것으로 간주되고 있다. 이들은 부모의 모국에 대한 역사나 문화나 상상보다 미국의 역사나 문화나 상상에 더 익숙한 상황이 된다.

하지만 이들 2세들을 과연 미국 사회에 동화되거나 통합되었다고 볼 수 있을까? 어느 정도나 통합되었다고 볼 수 있을까? 또는 동화되거나 통합이 2세들의 상황을 설명하기에 적합하지 못한 용어는 아닐까? 이글에서는 2세를 중심으로 이들이 과연 미국 사회에 통합되었다고 볼 수 있는지, 통합되었다고 보기 어렵다면 어떻게 보아야 하는지를 미국의 역사적 맥락을 매개로 이론적으로 검토하고, 이를 미국에서 초등학교 교육을 받은 재미한인 1.5세와 2세의 자료에 적용하여 어떠한 방식으로 보는 것이 타당한지를 제안하고자 한다. 보통 미국에서 초등학교 교육을 받으면 미국식 영어와 사고에 익숙해지는 것으로 보고 있다. 따라서 미국에서 초등교육을 받은 1.5세는 2세와 비슷한 성향을 많이 보이고 있다. 특히 한인의 이민 역사가 짧은 편이어 아직 2세가 사회 지도층에 많이 진출하고 있지 않다. 이글에서는 40대 이후의 미국 사회에의 진출까지 다루기 위해 미국에서 초등학교 교육을 받은 한인 1.5세까지 통칭하여 한인 2세의 범주에 포함하여 설명하고자 한다. 또한 이글은 구체적인 자료들을 집중적으로 분석하기 전에 이러한 분석에 필요한 이론적 틀을 검토하고 도출하는 것을 목적으로 하기 때문에, 이론적이고 개념적인 논의에 집중할 것이다.

이러한 이론적 검토를 위하여 먼저 미국 역사에서 이민의 흐름이 어떻게 나타났는지, 그리고 이러한 이민자의 흐름이 2세의 미국 사회로의 통합논의에 지니는 함의가 무엇인지를 다루고자 한다. 그 다음 기존의 이민자 2세의 미국 사회로의 통합에 대한 이론들을 정리하여 재미한인 2세들의 편입과정을 이해하는 데 필요한 이론틀을 점검하고자 한다. 이러한 이론틀을 매개로 재미한인 2세를 매개로 검토하면서 동화나 통합보다는 인종적으로 파편화된 편입이라는 개념틀을 검토하고자 한다.

특히 기존의 주류 이론들인 동화론을 비판적으로 검토하기 위하여 미국의 이민역사가 보여주는 동화론과 반대되는 측면을 적극적으로 제시할 것이다. 또한 미국에서 인종차별과 인종갈등이 지니는 함의를 적극 드러내서 동화론을 비판하고 가능한 대안을 모색하고자 한다. 동화론은 근본적으로 백인이 미국을 정복하고 원주민을 제거해온 역사나 미국에서 지속되는 인종차별을 제대로 고려하지 않는 이론이기 때문이다. 다시 말하면 동화론은 미국 사회의 이민자의 정착과정이나 편입과정에서 불평등한 힘이 어떻게 작동하여 왔는지, 어떻게 작동하고 있는지를 제대로 고려하지 못한 이론이기 때문이다. 필자는 불평등한 힘의 관계와 인종차별이 지금도 미국 사회에서 아주 중요한 영향을 미치고 있다고 생각하기 때문에 불평등한 힘의 관계와 인종차별을 고려하여 이민 2세의 문제를 다루고자 한다.

이러한 관점을 반영하여 이 글에서는 먼저 1). 미국의 역사 속에서 힘의 관계가 이민과 2세에 어떠한 영향을 미쳤는지를 살펴보면서 이민자-기존 거주민의 힘의 관계가 중요하다는 점을 보여주고, 2). 이민 2세의 동화문제를 다루는 이론들을 정리하고, 3). 이러한 기존의 동화이론들에 어떠한 문제가 있는지 그리고 그 대안으로서 편입의 관점으로 다루는 것의 이점은 무엇인지를 설명하고, 4). 한인 2세의 상황은 어떤지를 제시하면서, 5). 이를 바탕으로 한인 2세들의 자료를 통해 기존의 이론들이 과연 타당한지 다른 대안이 있는지를 논의하는 방식으로 진행할 것이다.

2. 미국의 이민 흐름과 2세

미국에서는 보통 19세기 중반 이후 유럽에서의 대규모 이민과 1965년 이후의 비유럽에서의 대규모 이민의 두 흐름이 있는 것으로 설명되고 있다. 하지만 이렇게 제한하여 보면 이민자-기존 거주자의 관계를 기존 거주자가 주도하는 사회에 이민자들이 비주류로서 들어와서 점차 주류에 동화되는 것으로 한정시켜 보게 만들 가능성이 크다. 이미 17, 18세기 유럽에서 이민을 온 사람들이 미국에서 주류를 형성하고 있는 상황에서, 19세기 이후의 미국으로의 이민자들은 개척보다는 적응의 관점에서 논의된다. 이들은 미국 사회에 적응하며 일자리를 구하여 살아가면서 2세로 내려갈수록 점차 미국 사회에 동화되는 흐름을 보여주었다. 따라서 이들만 살펴보면 이민자가 주류사회에 동화되어야 또는 통합되는 것이 당연한 흐름이며 이제 어떻게 얼마나 동화되는가만 문제로 다루어진다.

이민문제나 2세의 문제를 보다 근본적인 수준에서 이해하기 위해서는 초기 이민부터 다뤄야 한다. 17, 18세기에 이민을 온, 개척자라는 말로 불리는 초기 이민자들은 원주민들과의 힘의 불평등의 관계가 어떻게 작동하며 이민자들이 또는 그 2세나 후손들이 이러한 불평등한 힘의 관계를 어떻게 활용하는지를 더욱 잘 보여준다. 또한 원주민-이민자의 관계가 힘의 불평등한 관계를 고려하지 않으면 제대로 이해할 수 없다는 점도 보여준다.

1) 초기 이민: 정복 이민

미국의 초기 이민자들을 고려하면 이민자-기존 거주자의 관계가 초기에는 아주 다르게 작동하고 있음을 보여준다. 17, 18세기의 유럽 이민자들도 국경을 넘어온 이민자들이지만, 이들은 이민자보다 개척자로 묘사된다.[1] 개척자라는 표현은 거의 사람이 없는 황무지로 와서 자신들이 처음으로 개척을 하였다는 의미를 주장하는 것이다. 미국의 역사는 개척자들을 침략자나 이민자로 다루지 않고 황무지를 개척한 개척자라고 다룬다. 하지만 이들 개척자라고 불리는 이민자들이 오기 전에 이미 미국에 많은 원주민들이 거주하고 있었다.[2)]

17, 18세기의 유럽 이민자들의 성격은 19세기나 20세기의 이민자들과 전혀 다르다. 17, 18세기 당시 이민자의 수는 1년에 수천 명에 불과하지만 당시 해당 지역에 거주하는 기존 거주민(인디언이라 불리게 된 원주민) 수가 적었다는 점을 고려하면 상대적으로 아주 대규모의 이민이라고 할 수 있다.[3)] 초기 개척자들은 기존 거주민보다 강력한 무력과 조직력으로 기존 거주민을 폭력적으로 학살하고 쫓아내며 자신들의 사회를 만들었다. 또는 기존 거주민들은 초기 개척자들로부터 퍼진 전염병으로 이미 인구가 크게 감소하였다. 1600년대부터 1800년대 중반까지 지속되는 이민자와 기존 거주민의 갈등과 이민자에 의한 기존 거주민의 학살과 제거는 이민자가 기존 사회에 적응하는 것이 당연한 것이 아니라는 사실을 보여준다. 즉, 이민자가 강력하면 기존 거주민을 제거하거나 지배하고 기존 거주민이 강력하면 이민자는 적응하고 편입하는 현상이

1) 이들도 당연히 이민자로 봐야 하고 또한 이민자로 표현하는 경우도 있다. 하지만 미국에서는 이들을 이민자보다는 개척자로 표현하여 이민자와 다른 의미를 부여하는 경우가 많기 때문에 여기에서도 개척자라는 용어도 사용하고자 한다.

2) 여러 추계치가 있지만 정확한 원주민의 숫자는 알기 어렵다. 많게 추산하는 경우 미국 전역에 2천만 명 정도의 원주민이 있었다고 말해지기도 한다.

3) 토마스 제퍼슨은 버지니아에 대한 글에서 버지니아에서 1607년 30개 인디언 부족이 살았으며 인디언 전사가 2400명 정도 되었는데 1669년에는 3분의 1로 줄어들었다고 썼다. 원인으로 술, 천연두, 전쟁, 영토의 축소를 들고 있다. 버지니아에서 이민자인 백인과 흑인의 인구는 1620년 2,180명에서 1700년 6만 명으로 증가했다(Tanke, 2015: 18-19).

나타났다. 이러한 역사는 이민자-기존 거주민의 관계에서 적응 또는 동화가 자연스러운 관계가 아니라 불평등한 권력관계에 의해 나타나는 관계임을 보여준다. 즉, 기존 거주민이 약한 경우 이민자들이 지배하고 이민자를 중심으로 사회를 구축하게 되지만. 이와 반대로 기존 거주민이 강력한 경우 이민자들은 기존 거주민의 사회에 동화 또는 편입되거나(예를 들어 19세기 백인 이민자), 또는 낙인찍히는 집단으로 편입될 수 있음(예를 들어 초기 흑인노예)을 보여준다. 따라서 이민자-기존 거주민의 관계가 정복, 지배, 통합, 동화, 적응, 저항 등의 어떠한 방식으로 나타날지는 이들의 권력관계가 어떻게 형성되고 어떻게 작동하는지와 연계시켜서 살펴봐야 한다.

개척자라고 불리는 초기 이민자들도 이민자로 간주하면, 미국의 커다란 이민 흐름은 앞에서 언급한 19세기 중반에서 20세기 초, 그리고 20세기 중반 이후 현재에 이르는 두 가지의 커다란 이민 흐름에 더하여 1607년 초기 영국 이주자들이 버지니아 제임스타운에 도착한 또는 1620년 보스톤의 플리머스에 도착한 때로부터 1790년 독립정부의 구성까지의 개척자 이주민을 첫 번째 커다란 이민 흐름으로 제시할 수 있다.[4] 이 첫 번째 이민 흐름은 두 번째 세 번째의 이민 흐름과 그 성격이 근본적으로 다르고 따라서 두 번째 세 번째의 이민 흐름에 대한 이론들을 보다

---

4) 현재의 미국영토에 가장 먼저 백인 거주지를 구축한 집단은 스페인계로 1565년 플로리다 북동부 세인트 오퀴스틴(Saint Augustine)에 정착촌을 건설하였다. 하지만 대체로 이들은 미국사에서 의미있는 집단으로 다루어지지 않는다. 영국계를 중심으로 미국이 형성되었기 때문이다. 미국은 1819년 나폴레옹에 패한 스페인으로부터 불법정착, 군사압력, 외교를 통해 플로리다를 할양받았고 대신 텍사스는 스페인의 영유권을 인정해주었다(정의길, 2018). 미국은 1847년 멕시코시티까지 점령하며 스페인으로부터 텍사스에서 캘리포니아에 이르는 지역을 빼앗았다.

근본적으로 재검토할 수 있는 기회를 제공한다.[5]

개척자라고도 불리는 첫 번째 이민자들은 주로 영국에서 온 이민자들로 이들은 17세기 전반기에는 해안가의 소수지역에 요새나 항구를 만들고 점차 농장을 확장하며 무역을 확대했다. 1790년까지 뉴잉글랜드에 90만명 정도의 영국계 이민자와 후손이 거주하게 되었는데 그 과정에서 이들은 인근 지역의 원주민들이 대부분 제거하고[6] 마을단위로 농사를 지으며 종교와 자치를 행하는 식민지촌을 건설하였다. 네덜란드계, 독일계, 북유럽계도 식민지를 개척했지만 영국이 1660년대(예를 들어 네덜란드계가 개척한 뉴욕시의 경우 1664년) 이들 지역도 흡수하였다. 남부 지역에서도 주로 영국에서 이민을 와서 초기 식민관료 등이 대농장주가 되고 일반 이민자들(주로 영국계)은 보통 농장에서 몇 년 일하고 독립하여[7] 자신의 농장을 소규모로 시작하였다. 값싼 농장노동

5) 미국의 이민사를 크게 5개 시기로 구분하기도 한다. 앞의 시기에서 빠져 있는 1830s-1880s 사이를 2번째 이민 시기로 구분하기도 한다. 1830년까지는 1년에 6천 명 정도가 이민을 왔지만 1832년부터는 갑자기 증가하여 년 5만 명 정도가 이민을 왔고 1854년에는 42만 8천명이나 이민을 왔다. 이민은 남북전쟁 시기에 줄었다가 1880년부터 다시 급증하기 시작했다. 이민 2세와 관련된 이론적 논의에서 이 시기가 특별히 의미를 지니지 못해, 이곳에서도 이 시기에 대해 논의하지 않았다. 또한 1930-1965 기간도 이민의 규모가 제한적이어 이곳의 논의에서 포함시키지 않았다.
https://sites.google.com/site/paulcunneen/home/us-history-1/immigrationunitoutline/4-waves-of-immigration(2018년 9월 3일 검색)

6) 이민자들이 도착하기 전부터 이곳을 방문했던 백인들로부터 전염병이 퍼져 원주민들이 1500년대 후반부터 많이 죽었다. 하지만 이민자가 도착한 이후에 백인 민병대들은 지속적으로 원주민을 제거하는 전쟁을 하고 원주민에게 의도적으로 전염병을 퍼트려 원주민을 학살하거나 몰아냈다.

7) 빈민이나 죄수가 돈 없이 미국으로 대서양을 횡단하여 넘어올 때 배의 운임과 초기 정착비를 지원받는 대신 지원해준 농장에서 보통 4년 내지 7년간 일을 해

력으로 점차 흑인을 노예로 수입하였으나 노예 수입은 1808년부터 금지되었다. 백인의 토지강탈에 원주민들이 반발하면서 남부에서는 원주민과의 전쟁이 1800년대 중반까지 이어졌다. 초기 이민자들이 정착하기 전부터 원주민에 대규모 전염병이 돌아 이들 인구는 1600년대 크게 줄었다. 초기 이민자들은 대체로 영국 등의 청교도나 빈곤층으로 1600년대의 종교탄압이나 내란이나 기근을 피하여 값싸게 농지를 확보할 수 있는 미국으로 이민을 오는 경우가 많았다. 남부지역으로 영국정부가 6만명 정도의 범죄자를 보내기도 했다. 이 당시에는 이민절차나 서류가 필요 없었기 때문에 이들은 배타고 미국으로 건너와서 살면 되었다. 초기 이민자의 후예들은 1776년 독립을 선언하고 미국을 만들었다. 당시 이민자와 그 후손 중에 영국계가 가장 많았고, 영국이 네덜란드, 북유럽, 스페인 등의 식민지나 개척지를 장악하면서 영국계를 주류로 하는 식민지 사회가 형성되었고, 독립 이후에도 영국계가 주류인 미국 사회를 형성하였다.[8)]

야 자유인이 되었다. 남부에서는 이러한 년한(年限) 계약노동자가 많았다. 1600년대 버지니아의 백인이민자의 75%가 이러한 계약노동자이거나 죄수로 평가된다(Cravern, 1971).

8) 1790년까지 약 95만 명이 이민을 왔는데 영국인이 42만 5천 명이고 흑인이 36만 명, 독일계가 10만 3천 명 정도였다. 이들의 후손까지 포함하면 1790년 390만명의 인구가 있었는데(원주민 제외) 영국계(아일랜드 포함)가 256만명, 흑인이 75만7천명, 독일계가 27만 명, 네덜란드계가 10만 명을 차지하였다. 1790년 인구센서스는 미국의 최초 인구센서스로 미국 인구를 392만 9214명으로 발표했지만 아마 조사되지 못한 사람들도 많았을 것이다. 1790년 당시 뉴욕 33,000명, 필라델피아 28,000명, 보스톤 18,000명 등의 도시가 있었다. https://en.wikipedia.org/wiki/1790_United_States_Census(2018년 9월 3일 검색). 당시에는 원주민은 아예 센서스에 포함시키지 않았다. 원주민들을 거주민으로 간주하지 않은 것은 쫓아내거나 제거해야할 대상으로 생각한 결과이다. 기간을 확장하여 초기 개척자로부터 1830년까지 포함하면 120만명 정도

이들 영국 이민자들이 미국을 점령하고 영국으로부터 독립하면서 이들의 후손이 원주민을 제거하고 미국이라는 국가를 만들고 미국을 장악하게 된다. 영국에 대항하여 독립군을 이끈 1대 대통령 조지 워싱턴의 경우, 증조할아버지가 1657년 영국에서 버지니아로 이민을 왔다.[9] 2대 대통령 존 애덤스의 경우, 4대조 할아버지가 1638년경 영국에서 매세추세츠로 이민을 온 청교도의 일원이다(McCullough 2001: 29-30). 3대 대통령 토마스 제퍼슨의 경우, 증조할아버지가 영국 출신으로 1669년 서인도제도에 살았고 1677년 버지니아에 살고 있어서 그 사이에 버지니아로 이민온 것으로 보인다.[10] 4대 대통령 제임스 메디슨은 4대조 할아버지가 1608년대 영국에서 버지니아로 이민을 왔다.[11] 5대 대통령 제임스 먼로의 4대조 할아버지는 영국에서 1637년경 매릴랜드로 이민온 것으로 보인다.[12] 6대 대통령 존 퀸시 아담스는 2대 대통령의 아들이다. 이들은 모두 원주민들을 제거한 지역에서 농장을 가지고 있었다. 7대 대통

가 미국으로 이민을 왔다. 1819년 처음으로 이민자들에게 서류를 제출하라는 법이 통과되었다. 1755년 한 펜실베니아 주의원은 독일계 이민자를 “독일 지역의 인간쓰레기들”이 온 것이라고 표현하였다. 벤자민 프랭클린도 “보통 그 민족에서 가장 멍청한 사람들”이 이민을 왔다고 말했다. 당시 독일계, 천주교도, 유태인, 흑인들은 영국계에 의해 심한 인종차별에 시달렸다. https://sites.google.com/site/paulcunneen/home/us-history-1/immigrationunitoutline/4-waves-of-immigration(2018년 9월 3일 검색)

9) https://en.wikipedia.org/wiki/Ancestry_of_George_Washington(2018년 9월 3일 검색)

10) https://www.geni.com/people/Thomas-Jefferson-I/6000000003615503118(2018년 9월 3일 검색)

11) L. G. Tyler, 1915, Encyclopedia of Virginia Biography, Lewis historical publishing Company, pp. 92-93, (온라인자료) http://vagenweb.org/tylers_bios/vol1-09.htm(2018년 9월 3일 검색)

12) https://www.wikitree.com/wiki/Monroe-377(2018년 9월 3일 검색)

령 앤드류 잭슨의 부모는 아일랜드로부터 1766－7년 사이에 미국으로 이민을 왔다. 1767년 태어나 이민 2세인 앤드류 잭슨은 군인으로서 영국과의 독립전쟁에 참여하였고 플로리다에서 스페인을 몰아내고 미국으로 편입시키는 데 기여하였다. 대통령이었을 때는 인디언 제거법(Indian Removal Act, 1830년)을 만들어 노골적으로 남부 지역 원주민들을 적극적으로 제거하고 미국 서부지역으로 쫓아냈다.[13] 동북부 지역의 원주민들은 이미 대부분 제거되었었다. 8대 대통령 마틴 반 뷰렌은 뉴욕시의 네덜란드계로서 집에서 네덜란드어를 사용하고 영어는 학교에서 배웠다. 잭슨의 인디언 제거정책을 계속 실행하여, 잭슨과 마찬가지로 군대를 동원하여 원주민들을 제거하였다.[14] 결과적으로 초기 이민자들은 기존 거주민에 동화를 한 것이 아니고 정복하고 제거하였다.

2) 1881년~1930년: 2차 대규모 이민

두 번째 대규모 이민의 흐름은 1881년에서 1930년 사이에 나타난 2,760만명의 이민이다. 주로 유럽의 동부, 중부, 남부 지역에서 왔다. 증기선이 개선되며 대서양을 횡단하는 데 3달 걸리던 것이 2주로 줄었다. 이들은 주로 뉴욕에서 이민 수속을 했다. 이 기간 동안 대체로 비백인들은 이민이 허락되지 않거나 또는 시민권이 허락되지 않았다. 식민지 개척 초기, 영국계가 미국을 건설하고 원주민을 제거하고 흑인노예를 수입하는 체제를 완성한 다음, 미국의 산업화가 이루어지면서 부족한 노동자를 채우기 위해 온 이민자들이다. 이들은 대체로 미국 동부지역의

13) https://www.archives.com/genealogy/president-jackson.html(2018년 9월 3일 검색)
14) https://en.wikipedia.org/wiki/Martin_Van_Buren(2018년 9월 3일 검색)

공업지대나 관련 도시로 이민을 왔다. 첫 번째 흐름의 이민자들은 기존 원주민들을 제거하고 자신들 중심의 미국 사회를 만들었으나, 이들 두 번째 흐름의 이민자들은 주로 노동자나 자영업자로 대도시의 하층계급 거주지로 편입되었다. 도시에서 리틀 이탤리, 리틀 폴란드 등의 민족별로 집단거주지들이 확산되었다. 이들은 취업, 거주지, 단체가입, 대학입학 등에서 차별을 받았다. 이민이 늘어나면서 이들은 열등한 민족이며 본토 백인들(Native American, 주로 영국계나 백인 개신교도)의 일자리를 빼앗아가며 자기들끼리 모여 살며 자신의 문화를 유지한다고 비판받았다. 이들의 2세들은 미국식 교육을 받고 미국화되면서 점차 계층 상승을 이룩하게 되었다. 특히 2차 세계대전에서 같이 참여하여 전쟁을 한 이후에 백인들 사이의 민족적 구분과 차별이 크게 줄어들었다. "이들은 카톨릭교도(아일랜드계, 이탈리아계 등), 유태인 등으로 차별을 받았으나, 이들 후손들은 점차 계층이 상승하면서 기존 백인 주류와의 차이가 점차 약화되었고 결국 백인 주류의 일부로 편입되었다"(Gerstle and Mollenkopf, 2001: 5). 현재 미국 인구의 과반수 이상이 이 당시 이민자들의 후손이다. 인종적 편견과 경제악화로 1921년 이민쿼터법이 시행되어 점차 이민규제가 강화되면서 이민이 크게 줄었고 특히 아시아계의 이민은 전면 금지되었다.

3) 1965~현재: 3차 대규모 이민

세 번째 대규모 이민의 흐름은 1920년대 시작한 이민 제한이 1965년 새롭게 제정된 이민과 국적법으로 풀리면서 나타났다. 민권운동의 영향으로 인종차별에 비판적인 인식을 반영하여 다양한 유색인종의 이민을 허용한 법률이었다. 곧, 남미와 아시아를 중심으로 이민자가 빠르게 증가하는 현상이 나타났다. 4천 3백만 명이 넘는 사람들이 이민을 왔으며 이들 중 80% 정도가 중남미와 아시아 출신이다. 오늘날 미국에서 이민자인 외국태생 인구가 4,100만 명으로 인구의 13.1%를 차지하며 이들의 2세가 3,710만 명으로 인구의 12%를 차지하여 이 둘을 합하면 인구의 25%를 차지하고 있다(Waters and Pineau, eds., 2015: Sum-1). 2010년 이후부터는 아시아계 이민자가 중남미 이민자보다 많다. 미국의 인종은 20세기 후반까지 주로 백인/흑인의 문제로 다루었으나, 1965년 이후 중남미와 아시아 이민자가 급속하게 증가하면서 21세기에 들어서서는 미국의 인종을 백인/히스패닉/흑인/아시아의 다인종체제로 인식하게 만들었다. 이미 히스패닉계는 흑인보다 인구수가 많은 최대 소수인종이며, 이들은 미국 사회가 탈산업화 되는 과정에서 이민을 오면서 대다수가 대도시에 거주하며 전문직, 서비스업, 저임금 공장, 건설현장 등으로 편입되었다(Lopez, Bialik and Radford, 2018).

대부분의 연구들이 이들 이민자들도 시간이 지날수록 미국 사회에 통합되는 것으로 평가하고 있다. 즉, 시간이 지날수록 미국에서 태어난 미국인과 더욱 비슷하게 된다고 평가하고 있다. 미국학술원의 보고서에 따르면 시간이 지날수록 교육, 직업분포, 소득, 거주지통합정도, 언어, 빈곤수준 이상의 비율이 미국인과 비슷하게 개선되며, 건강, 범죄, 양부모 양육비율이 미국인과 비슷하게 악화된다, 최근 2세의 교육수준은 3세 이상의 교육수준과 비슷하거나 오히려 더 높다(Waters and Pineau, eds., 2015).

하지만 이러한 상황은 처음 미국 사회로 이민을 왔을 때 미국 사회의 어떤 집단(인종, 민족, 법적 지위, 사회계층, 거주지)으로 편입되느냐에 따라 크게 다르게 나타난다. 아시아계 남성 2세가 직업이나 소득에서 빠르게 백인과 비슷해지지만, 히스패닉 남성 2세는 덜 그렇고, 흑인 남성 2세는 기존 흑인으로 통합되며 교육수준이 높아도 취업하기 힘들다. 여성 2세는 인종과 관련 없이 기존 미국여성의 취업률에 근접해가고 있다. 직종에 있어서도 여성 2세들이 남성 2세들보다 더 빠르게 개선되고 있다. 빈곤율도 1세 이민자는 18%, 2세는 13.6%, 3세는 11.5%로 개선되고 있지만, 흑인 이민자 2세에 있어서는 오히려 빈곤율이 1세보다 크게 높아진다(ibid.). 미국 사회에서 시민권을 획득하여 투표를 하고 학부모회나 지역공동체에 참여하고 자원봉사를 하면 미국 사회에 잘 통합된 것으로 간주된다. 그러나 교육수준이 낮고 소득이 적은 집단은 시민사회 참여나 정치참여에 많은 어려움이 나타난다. 2세들이 1세보다 더 정치적 후보를 만나고 또는 후보가 되고 공청회에 참석하고 후원금을 내고 정치적 의견을 표현하고 청원을 하고 시위에 참여한다. 이민 1세들의 정치인 당선비율은 이민 1세의 인구수의 비율과 비교해 매우 낮다.[15)]

결과적으로 초기 개척자들을 위주로 한 첫 번째 이민자와 후손들은 기존의 원주민을 제거하고 백인들의 사회를 만들어 자신들(주로 영국계 출신들)이 주류가 되는 식민지 사회를 건설하였고 이어서 영국으로부터 독립하여 미국 사회를 건설하였다. 이 당시 노예로 온 흑인들의 후손들은 지금까지 미국 사회에서 가장 열악한 환경에서 살고 있다. 두 번째 대규모 이민자들은 당시 유럽의 후발지역에서 왔으며 미국이 산업화되면서 제조업에 필요한 대규모 노동자를 공급하였다. 이들의 후손들은 처음에 영국계로부터 차별을 받았으나 2차 세계대전을 거치면서 점차 백인계의 주류로 편입되면서 미국 사회의 주류가 되었다. 두 번째

15) 2009년 자료에 따르면 뉴욕시의 해외출신자 비율이 37%지만 시의원 비율은 8%이며, LA의 해외출신자 비율이 40%이지만 시의원 비율은 7%이며, 샌프란시스코에서는 해외출신자 비율이 36%이지만 시의원 비율은 9%에 불과하다(De Graauw et al., 2013: 1882).

대규모 이민자들의 후손은 이미 이민을 온지 100년이 넘어 대체로 백인으로 완전히 동화되어 백인의 일원으로 간주된다. 레이건 대통령이나 트럼프 대통령이 대표적인 예이다. 세 번째 대규모 이민자들과 그 후손들은 미국이 탈산업사회로 넘어가는 과정에서 이주해온 사람들로, 주로 세계의 후발지역에서 온 비유럽계(비백인)들이며, 이민 1세들은 주로 도시의 서비스업이나 자영업에 종사하지만 자녀들은 점차 기존 미국인과 비슷한 직장을 가지게 된다. 세 번째 대규모 이민자들은 대부분 비백인이다. 이전의 백인이민자와 달리 이들은 비백인이기 때문에 완전히 동화되는 것이 불가능하다고 보는 학자들과 시간의 문제일 뿐 시간이 지나면 이전의 백인 이민자들이 그랬던 것처럼 완전히 동화될 것으로 보는 학자들로 나뉘고 있다.

이민자들은 모국의 언어, 문화, 관습을 그대로 지니고 있어 동화에 어려움이 있지만, 미국에서 태어난 2세들은 대체로 영어를 사용하고 친구와 대중매체가 미국식 영어와 사고와 가치를 전달하며 학교를 다니면서 미국식 상상을 하게 되어 이민자의 진정한 미국 사회로의 동화가 시작되는 것을 간주된다. 미국 언어에 익숙하다는 것은 이미 미국식 뉘앙스와 상상에 익숙해졌고, 사고의 많은 부분이 미국화되었다는 뜻이다.

한국에서 미국으로 이민을 온 이민자들은 대부분 1965년 이후에 왔다. 현재까지 이들 이민 1세가 많은 한인 단체의 지도자로서 활동하고 있으나 점차 1.5세와 2세가 이러한 지도자의 역할을 차지하고 있다. 특히 한인을 미국 주류사회와 연계하는 정치인들은 대체로 한인 1.5세나 2세들이다. 2018년에 미국 하원의원에 당선된 앤디 김은 한인 2세이며 뉴욕의 시의원, LA의 시의원 또는 주 하원의원이나 상원의원으로 진출한 사람들도 주로 1.5세나 2세들이다. 1세들은 한국어를 유창하게 하나

영어에는 불편함을 갖고 있어 한국적 문화와 상상력에 더 익숙하다. 이에 비하여 2세들은 대체로 한국어보다 영어가 훨씬 편하며 미국에서 유치원에서부터 대학까지 졸업하여 미국식 문화와 상상력에 훨씬 더 익숙하다. 자신이 자라온 배경과 언어로 인하여 2세는 영어와 미국을 중심으로 의식과 무의식이 형성되어 있고 영어와 미국을 중심으로 사람들과 관계를 맺고 취업을 하며 활동을 한다. 이들은 미국 사회에 편입되어 있고 상당히 동화되어 있다고 볼 수 있다. 1세는 한국인이라는 정체성이 강하지만 2세부터는 진정한 (한국계) 미국인이라고 볼 수 있다. 이들 2세에게는 한국의 언어와 상상력이 불편한 편이며, 한국에 가더라도 한국문화가 상당히 낯설게 느껴진다.

미국에서 인종차별은 이전보다 개선되고 있지만 지속되고 있다. 초기에는 원주민들을 미국의 인구로도 계산되지 않았고 대체로 제거 대상으로 간주하였다. 흑인은 미국의 인구로 계산되었지만 소유의 대상인 노예였거나 또는 자유인이어도 심한 인종차별을 당했다. 노예해방 이후에도 흑인들은 미국에서 지금까지 가장 심하게 인종차별을 당하고 있다. 백인들 사이에도 건국 초기부터 영국계의 비영국계 백인들에 대한 인종차별이 심하였다. 하지만 2차세계대전이후 백인들 사이의 차별은 크게 약화되거나 사라졌다. 하지만 흑인을 비롯한 유색인종에 대한 인종차별은 지금까지도 지속되고 있다.

이러한 차별의식은 사람들을 인종범주로 구분하여 인종으로 차별하는 과정과도 밀접하게 연결되어 있다. 이러한 인종범주는 일상언어와 일상생활에 깊숙하게 침투되어 이미 무의식화되어 있다. 사람들 사이의 일상적 상호작용, 또는 TV, 인터넷, 영화 등을 매개로 한 소통작용, 그리고 일상대화에서도 인종을 가장 근본적인 사람에 대한 범주로 인식하게 만들고 경험하게 만든다. 이러한 작용을 매개로 인종적 구분이 상대를 만날 때 즉각적으로 작동하며, 인종적 차별이 다양한 방식으로 일상적으로 표현되고 경험하게 만든다. 일상경험과 인식뿐만 아니라 정체성과 조직에도 이러한 인종적 구분이 철저히 침투되어 있다. 차별당한다고 생각하는 사람들은 차별로부터 자신들의 네트워크와 자원을 동원하여 자신들이나 동료들을 보호하기 위해 또는 차별에 대항하기 위해 자신의 인종/민족 정체성을 반영한 조직을 만들고 이에 참여한다. 미국에서는 생활의 전 영역에 인종의 단층선들이 형성되어 작동하고 있다고 말할 수 있다.

3. 이민 2세 동화이론의 흐름

미국에서 대부분의 학자들이 이민자 2세들은 동화되는 것으로 본다. 물론 동화뿐만 아니라 통합, 적응, 포용 등의 개념들도 사용되고 있다. 동화와 통합이 가장 많이 사용되는 개념이다. 그렇지만 동화와 통합은 매우 애매모호한 개념이며, 다른 현실을 지칭하는 것으로 사용될 수 있다(Martiniello and Rath, 2014:11 참조).

1) 동화모델

동화모델은 앞에서 언급한 두 번째 대규모 이민의 후손을 대상으로 한 연구에 기반하고 있다. 따라서 대상이 주로 1880년대 이후에 이민을 온 비영국계 이민자들의 후손이다. 이들은 다수가 카톨릭계, 이탈리아계, 아일랜드계, 유대계로서 신교도인 영국계나 독일계 후손으로부터 많은 인종차별을 당하였다. 동화이론은 이민자의 후손이 그 이전의 이민자 후손이 겪었던 과정을 그대로 겪는다고 주장한다. 따라서 이민자의 자녀는 시간이 흐르면서 그 이전 이민자의 후손과 비슷한 경로를 겪을 것으로 주장한다. 후손으로 내려올수록 현재의 미국인과 규범, 가치, 행동에서 비슷하게 될 것이라고 생각한다. 즉, 현 이민자의 자녀들은 점차 이민자 모국의 문화를 상실하고 미국 문화를 습득하게 되면서 기존의 미국인과 같은 미국인이 될 것이다. 세대를 내려갈수록 현 이민자의 후손들은 현재의 이민자나 이들의 자녀보다 더 주류사회에 동화될 것으로 간주된다.

이민 2세는 미국에서 태어나 태어날 때부터 미국 언어와 문화를 접하게 되며 점차 미국의 유치원과 학교를 다니며 미국식 교육과 훈련을 받고 미국 친구들과 함께 놀게 된다. 미국 본토박이 아이들과 비슷한 교육과 훈련을 받게 되어 사고방식도 비슷해지고 사회생활이나 직업으로의 진출과정도 비슷해진다. 부모로부터 부모 모국의 언어와 문화에 대한 교육을 받는 경우에도 이를 많이 상실하거나 체화하지 못하는 상황이 된다. 세대를 내려갈수록 모국의 언어와 문화를 더 상실하게 되고 점차 상징적인 몇 개를 제외하고는 모국의 문화를 알지 못하는 상황에 이르게 된다. 따라서 동화론에 따르면 세대를 내려갈수록 모국의 문화를 상실하고 미국의 문화를 체화하게 되며, 3세나 4세에 이르면 완전히 미국인이 된다. 이렇게 완전한 미국인이 되면 다른 백인과 유사한 사람으로 간주되고 차별도 없어질 것으로 생각한다.

고든은 이러한 동화가 7단계를 거쳐서 이루어진다고 주장했다(Gordon, 1964). 1) 문화적 동화: 이민자들은 주류사회의 언어, 옷, 일상관습을 배우며 점차 가치와 규범을 체화한다. 2) 구조적 동화: 이민자들이 대규모로 주류사회의 단체, 클럽, 제도권에 진입을 하게 된다. 3) 결혼 동화: 다른 민족과의 결혼이 확산된다. 4) 정체성 동화: 이민자와 자녀들이 주류문화에 애착을 느낀다. 5) 태도동화: 편견이 점차 사라진다. 6) 행동동화: 차별행동이 점차 사라진다. 7) 시민동화: 가치갈등이나 권력갈등이 사라진다. 이러한 과정이 진행되기 때문에, 고든(ibid.)은 동화나 다른 민족과의 결혼을 통하여 민족적 차별성이 점차 사라지기 때문에 대부분의 민족집단도 사라질 것으로 보았다.

시간이 지나고 세대가 내려갈수록 동화될 것이라는 이러한 주장은 1960년대부터 비판을 받기 시작하였다(Zhou, 2007: 978). 유럽 백인 이민자와 그 후손들만을 대상으로 하여 이들이 점차 백인주류 중산층에 동화되는 것으로 가정하고 있어 유색인종에서도 정말 그렇게 나타날지를 알 수 없다. 동화모델은 또한 계급의 문제를 제대로 다루지 못했다. 교육의 경우, 동화모델의 예측과 달리, 시간이 지나거나 세대를 내려가는 것은 별다른 영향이 없었으며, 이보다 이민자의 교육수준이 계속 심각한 영향을 미쳤다(Hirschman and Falcon. 1985). 즉, 이민 온지 얼마나 오래 되었는가가 아니라 개별 이민자의 사회경제적 배경이 후손들에게도 계속 영향을 미쳤다. 갠즈(Gans, 1992)는 중산층 이민자의 자녀와 다르게 빈곤층 이민자의 자녀는, 특히 피부가 더 검을수록, 학업성취가 낮고 이민자인 부모처럼 열심히 일하려는 생각도 없어, 실직 상태에 빠져 영원히 빈곤에 빠질 가능성이 높다고 주장하였다. 이들은 높은 실업률, 범죄율, 술중독, 마약중독에 빠져, 이들의 장래는 암울할 것으로 생각했다. 또한 이민자들 사이에서도 계급적 격차가 매우 커져 계급에 따라 그 영향이 매우 달랐다. 하지만 갠즈는 이러한 문제가 동화모델 자체를 거부하는 것이라고 보지 않았다. 동화가 진행되고 있지만 다양한 방향으로 나타나고 또한 일시적으로 터덕거릴 수도 있는 것으로 보았다. 특히 피부가 더 검고, 가난하고, 기술이 없을수록, 동화가 더 지체되는 것으로 생각하였다(Zhou, 2007: 980).

2) 인종차별모델

글레이저와 모이니핸(Glazer and Moynihan, 1970)은 모든 사람들을 용광로로 녹여 동화시킨다는 가설과는 달리 유럽인들에게서도 각 민족들이 계속 민족적 상징을 사용하여 민족으로 남아 있다고 지적하였다. 한 집단으로 융합되기보다는 다양한 집단으로 공존한다는 것이다. 이들에 따르면, 이민자들의 후손은 차별당하면서 동화되기보다, 1800년대 후반 이민자인 이탈리아계나 유태계처럼, 자기 민족의 상징과 정체성을 유지하며 공존하는 경향을 보여줬다. 미국은 이러한 다양한 개별적 민족과 인종의 복합체로서 법과 시장으로 연결되어 있다. 인종차별이 법적으로 금지되어 있음에도 불구하고 인종과 민족은 미국의 일상생활에서 상대를 파악하고 대우하는 데 핵심적인 역할을 해오고 있다. 많은 학자들은 미국이 인종과 민족에 의해 구분되고 차별되는 사회라고 생각한다. 일상적으로 인종에 따라 차별받는 사회이다(Barth and Noel, 1972). 이러한 인종차별로 인종 사이에 건널 수 없는 장애가 있어, 미국은 백인과 흑인의 두 개의 국가로 분열되어 있다고도 묘사되었다(Hacker, 2003).

백인을 중심으로 상상하는 동화이론과 달리, 중심을 상정하지 않고 다양한 민족 혹은 문화로 동등하게 구성된 다문화를 상상하는 이론들도 제시되었다. 다문화주의는 중심이 없기 때문에 특별히 동화되어야 할 필요가 없고 따라서 다양한 문화 또는 인종이나 민족이 공존하는 경우를 상상한다. 그리고 인종이나 민족이나 문화의 차이를 인정하고 받아들인다. 미국은 서로 다른 인종, 민족, 문화가 공종하는 유동적인 복합체로 간주된다. 이민자들이 주류 문화에 적응해야 또는 동화되어야 하는 것이 아니라 자신에 알맞게 여러 요소를 재조합하는 것으로 생각할 수 있게 만든다. 오히려 이렇게 공존하고 재조합하는 것이 미국적인 것으로 이해된다(Zhou, 2007: 981-982). 하지만 이러한 관점은 인종 질서에 우열이 존재하고 지속적인 차별이 작동하고 있다는 점을 제대로 고려하지 못하고 있다.

이러한 문제점을 극복하기 위하여 실제 소수인종에게 차별이 이루어지는지 그리고 차별의 영향이 무엇인지를 먼저 검토할 필요가 있다. 많은 학자들은 미국에 만연한 인종차별에 주목하고 있다. 이들은 사회에 일상적으로 작동하는 구조적 차별이 동화를 방해한다고 본다. 미국인권네트워크(U.S. Human Rights Network, 2010: 8)에 따르면, "미국에서 차별은 생활의 모든 측면에 스며들어 있으며, 모든 유색인종이 차별당하고 있다." 특히 흑인차별이 가장 심하게 나타나고 있다. 흑인 이민자들은 인종차별로 백인 중산층 거주지에서 살기 어렵고, 흑인들이 주로 사는 지역에 거주하는 경우가 많이 나타난다. 인종차별은 흑인과 백인의 거주지를 분리시키는 결과를 낳으며, 흑인 이민자가 중산층이더라도 교육열이 낮은 흑인 빈민지역에 거주하면서 자녀들의 교육열망도 낮아지는 상황이 나타날 수도 있다. 이러한 경우 대체로 2세에서 낮은 학업성적 또는 학교교육에 대한 흥미상실로 나타나 대학교육을 매개로 다시 중산층에 진입하거나 또는 계급상승을 이룩하는 것이 어려워지게 된다.

따라서 이러한 관점에 따르면 백인 이민자들은 인종차별로 좀 더 나은 거주지로 진입이 가능하고 좀 더 나은 학교를 다닐 수 있으며 좀 더 나은 직장을 얻을 수 있지만, 흑인 이민자들은 그 반대 현상이 나타나는 경우가 많아 손해를 본다. 이렇게 인종차별에 따라 이익과 손해가 다르기 때문에 적응과정에서 각 인종에 따라 또는 차별정도에 따라 이익을 보거나 손해를 보는 정도도 다르게 나타난다. 특히 유색인종들에게 인종차별로 나타나 지체나 손해를 끼치며 따라서 이들에게는 적응과정에서도 지체나 방해가 나타난다고 생각한다. 이 모델은 적응과정에서 인종차별이 심각한 영향을 미친다는 점을 인식하고 밝혀냈기 때문에, 단순 동화모델보다는 좀 더 현실적이다. 하지만, 이들 모델도 동화를 성취해야할 이상적인 목표로 간주하고 있어, 아직 동화모델의 영향을 벗어나지 못한 측면이 있다.

이 모델의 또 하나의 문제는 이 모델이 흑인차별을 중심으로 모델을 구성하였기 때문에 최근 이민으로 히스패닉과 아시아계의 인구가 급증하면서 다양한 형태의 인종차별이 나타나고 있으며 인종차별의 문제도 더욱 복잡해졌지만 이 모델은 이러한 문제를 제대로 대처하지 못하고 있다. 인종차별이 흑백의 문제가 아니라 흑인/아시아계/히스패닉/백인의 문제로 되었다면, 이러한 인종구성의 변화가 지니는 의미는 무엇일까? 인종 간 결혼이 증가하여 다인종 개인들이 증가하는 현상이 미치는 영향은 무엇일까? 다른 인종과 결혼하는 비율이 1967년에는 3%에 불과하였지만 2015년에는 17%에 이르고 있다. 2015년 흑인 신혼자에서는 이 비율이 18%이고, 백인신혼자에서는 11%, 아시아계 신혼자에서는 29%, 히스패닉 신혼자에서는 27%에 이른다. 가까운 친족이 흑인과 결혼한다면 반대하겠다는 비율이 1990년에는 63%였지만 2016년에는 14%로 줄었다(Livingstone and Brown, 2017). 인종이라는 범주의 변화와 증가하는 인종 간 결혼은 인종의 의미와 내용에 심각한 영향을 미치고 있다.

3) 분절적 동화모델

분절적 동화모델은 동화모델과 인종차별모델을 결합하여 재구성한 것이다(Portes and Zhou, 1993; Zhou, 2007). 동화모델에서 세대를 내려가면서 동화가 심화되어 미국사회에 통합된다는 점을 차용하였고, 인종차별 모델에서는 인종차별을 매개로 흑인이나 히스패닉 이주민의 상당수가 빈곤층으로 추락한다는 점을 차용하였다. 또한 민족별로 이민공동체가 형성되어 민족의 가치를 보존하고 유대를 강화하여 빠른 경제적 성취를 이룩하는 민족이나 인종이 있다는 점을 고려하였다(Portes and Zhou, 1993: 82).

저우(Zhou, 2007: 984)는 분절적 동화모델과 연관된 주제들에 대한 문헌들을 재검토하면서 여러 변수 때문에 집단에 따라 다르게 영향을 미친다고 간주하였다. 예를 들어 이민자의 적응에 가장 커다란 영향을 미치는 개인적 차원의 요소들로 교육, 열망, 영어능력, 출생장소, 이민 나이, 미국 거주기간과 같은 요소들을 제시하였고, 구조적 요소로 인종적 지위, 사회경제적 가족배경, 거주지를 중요한 변수로 제시하였다.

이에 따르면 교육수준이 높고 숙련도가 높은 이민자의 자녀는 중상층으로 이동할 수 있지만, 도시빈민촌에 거주하는 이민자의 교육수준이 낮고 가난한 자녀들은 빈민으로 추락하게 된다. 교육수준이 높고 숙련도가 높은 이민자의 자녀는 부모로부터 재정적으로 계속 도움을 받을 수 있고, 학구열이 높아 좋은 학교에 갈 수 있으며, 중산층 동네에서 살며, 여러 지지 집단이나 조직의 도움을 받을 수 있다. 따라서 훨씬 나은 삶을 살 가능성이 높다. 하지만 교육도 못 받은 미숙련 이민자를 부모로 둔 자녀들은, 위와 반대로, 빈민촌이나 가난한 거주지에 살면서 해당 지역의 파괴적인 사회환경, 즉 나쁜 학교, 폭력, 마약에 심각한 영향을 받게 되어 학업성취도 떨어지며, 결과적으로 중상층으로 진입할 가능성도 크게 제약된다. 도시의 빈민촌에 거주하는 이민 자녀들은 학업과 취업에 있어서 빈곤의 함정에 빠지게 된다. 이들은 빈민촌에서 빈곤의 하위문화에 영향을 받아 하층으로의 동화하며 사회적 지위가 추락한다. 이민자 부모의 계급적 지위가 이민 가족이 어디에 사는가를 결정하기 때문에 이는 다시 어떤 수준의 학교를 다니게 될 것인지, 어떤 수준의 친구와 사귀게 될 것인지, 어떤 학교로 진학하게 될 것인지를 결정하여, 미래에 어떠한 계층으로 동화될 것인지에 영향을 미친다(Zhou, 2007: 986~8).

이민 2세들에게는, 미국에서 교육을 받고 자란다는 것이, 중상층으로 순조롭게 편입되는 수순이 될 수도 있고, 또는 기존 질서를 거부하고 학업을 포기하고 학교를 벗어나 일탈에 빠지는 수순이 될 수도 있다. 이민자 2세들이 이렇게 여러 방식으로 분절되어 미국사회에 흡수되는 것일 수 있다. 흡수되는 과정이 벌어지는 곳이 중산층 교외거주지일 수도 있고 또는 가난한 도시 빈민촌일 수도 있다. 미국인이 된다는 것이 한편에서는 신분상승이나 경제개선을 의미할 수 있지만, 다른 편에서는 빈곤층으로 추락하는 것일 수도 있다. 이민자가 중산층 거주지로 바로 진입하거나 또는 단기간의 타거주지를 거쳐 중산층 거주지로 진입하면 미국의 중산층의 분절에 동화되고 중산층의 분절에 편입될 가능성이 높아진다. 하지만 밑바닥에 있는 집단의 거주지로 진입하여 성장하는 경우 보통 사회의 하층 분절로 동화되고 편입된다. 주류 사회는 보통 이러한 하층으로의 편입을 부적응으로 간주한다. 이렇게 어느 분절로 동화되느냐가 중요한 영향을 미친다는 점을 고려하면 중요한 문제는 어떤 것이 일부 이민자들을 빈곤집단이나 하층집단으로 빠지게 하는가이다. 또는 다른 이민자들은 어떻게 이를 피하여 중산층으로 동화되게 만드는가이다. 여기에 영향을 미치는 요소들은 이민 집단의 내부에도 있고 외부에도 있다. 이민자의 내부적 요소로는 도착할 때 이민자가 지닌 재산, 교육, 가족구조, 공동체 조직들, 문화적 사회관계 패턴 등을 들 수 있고, 외부적 요소로는 해당 이민자 집단이 처한 인종차별, 경제적 기회, 거주지 분화 등을 들 수 있다. 이러한 요소들이 이민 2세들의 탄생, 양육, 교육, 진학, 친구관계에 영향을 미치며 진로에 영향을 미친다. 외부적 내부적 요소들은 서로 상호작용한다. 민족공동체나 가족에서 나타나는 특정한 가치, 태도, 사회관계, 조직적 지원은 나쁜 상황을 극복할 수 있게 도와줄 수 있다. 또는 더 나은 지위로 상승하는 데 도움을 주지 못할 수도 있다(Zhou, 2007: 999).

분절적 동화이론은 어떠한 구조적 문화적 요소들이 이민 2세들의 계층의 상향 또는 하향 이동에 어떻게 영향을 미치는가를 파악하고자 한다. 백인과 다른 피부 때문에 겪는 인종차별과 부모의 계급적 지위가 가장 중요한 요소로 간주된다. 특히, 도시 빈민촌에서의 삶은 계층상승에 가장 심각한 장애물의 하나로 간주된다. 빈곤과 인종차별은 이민 2세들의 상향적 동화를 매우 어렵게 만든다. 빈곤과 인종차별은 2세들의 정체성, 열망, 학교성적에 영향을 미쳐, 이들의 인생이 어떠한 방향으로 갈 것인지에 심각한 영향을 미친다. 중상층으로 가든 빈곤층으로 가든, 새로운 이민자들의 2세는 이들의 부모와 비교하면 아주 미국화된 것으로 분절적 동화모델은 생각한다. 그러나 이러한 과정은 다른 방향으로의 동화뿐만 동시에 이민공동체의 일부 문화나 가치나 정체성을 유지하는 현상, 그리고 상호 혼성과 더불어 나타난다. 그렇지만 경제적으로는 충분히 미국경제에 통합된다(Portes & Rumbaut, 2001).

물론 이러한 분절적 동화이론에도 여러 가지 비판이 존재한다. 특히 Waters, Tran, Kasinitz and Mollenkopf(2010)은 다음과 같은 문제점을 지적하고 있다. 첫째, 이민 2세에서의 하층으로의 부정적 동화가 과장되어 있다. 집단에 따라 다양하게 나타나지만, 이들의 연구에 따르면, 부정적 동화는 실제로 10% 정도에 불과하고, 20%는 긍정적 동화를 보여주며, 70%는 선택적 동화를 보여준다. 부정적 동화가 10% 정도라면 예외적 현상으로 간주할 수 있는 정도이다. 둘째, 이러한 동화의 유형은 2세에서 나타나는 사회경제적 결과와 별다른 관련이 없는 것으로 보인다. 셋째, 분절적 동화론은 민족적 맥락이나 민족적 공동체가 중요한 역할을 한다고 주장하지만 이러한 요소들은 대부분 중요하게 나타나지 않고 있다. 오히려 집단 사이의 또는 집단 내에서의 초기의 차이가 결과에 더 중요한 영향을 미쳤다. 넷째, 이들이 연구한 뉴욕시의 이민 2세들에서 고등학교 자퇴생이나 의사들은 소수였으며, 다수가 대학을 졸업하고 화이트칼라 직장이나 서비스 직장에서 일하고 있었다. 이민 2세들은 부모보다는 비슷한 나이의 다른 뉴욕시민과 더 닮아 있었다. 민족에 뿌리를 내리거나 민족적 사회자본은 중요한 자원을 지닌 사람과 연계되었을 때에야 도움이 되었다. 대부분 가난한 집단에 있어서는 민족적 뿌리나 사회자본은 잘 사용되지 않는다. 다시 말하면 이들은 공동체보다 개별 이민자의 자본이나 교육정도가 더 중요하며, 결국 이민 2세들은 부모 이민자의 자본과 교육정도에 영향을 받으며 대체로 중간층으로 편입되는 경우가 다수라며, 인종적 분절론은 지나친 과장이라고 보고 있다. 하지만 이들의 자료를 따른다고 하여도 선택적 동화가 70%에 이르기 때문에 이를 동화라고 보기에는 문제가 있으며, 또한 긍정적 동화가 20%이고 부정적 동화가 10%라면 부정적 동화도 상당한 비율로 볼 수 있다.

4. 기존의 이민 2세 동화이론의 문제점과 대안

이민자의 적응을 설명할 때 유럽에서는 동화라는 말을 사용하는 경우가 줄어들고 통합이라는 단어를 사용하는 경우가 더 많아졌지만, 미국에서는 아직 동화라는 말을 더 많이 사용하고 있다. 동화는 기존사회의 문화를 배우고 닮아가는 것을 의미하여(물론 자신들의 문화를 첨가하는 것도 가능하겠지만, 이주민이 기존 거주민의 문화를 닮아가는 측면을 더 강조한다), 대체로 이민자가 기존 거주민 문화에 동화되는 것을 의미한다. 통합이라는 말은 이민자가 기존 사회의 일부가 되어 기존 사회에 기여하는 사회기능적 측면을 더 강조한다. 따라서 둘 사이에 개념적 차이가 있다. 동화는 문화적 일치화를 의미한다면, 통합에서는 주류문화를 그대로 따르지 않으면서도 평화롭게 공존하며 해당 사회의 일부가 되는 것이 가능하다.

미국에서 모르몬교도나 에이미쉬 집단은 미국 주류 문화와 다르기 때문에 동화되었다고 보기는 어렵지만 미국 사회의 일부로서 평화롭게 작동하고 있기 때문에 통합되어 있다고 볼 수 있다.[16] 동화와 통합의 이러한 어감의 차이에도 불구하고 미국에서는 주로 동화라는 개념을 사용하여 이민자들을 설명하는 경우가 많다. 동화라는 개념이 통합개념보다 이민자들이 미국화되는 것을 잘 보여준다고 생각하기 때문이다. 이들 학자들이 이민자나 2세들이 미국문화를 흡수하는 것이 미국사회의 일원이 되는 데 중요하다고 생각하기 때문에 동화개념을 많이 사용한다. 즉, 미국의 주류 문화를 흡수하고 주류 문화에 적응하는 관점에서 이민2세의 문제를 보고 있는 것이다.

1) 동화의 개념적 문제

동화의 개념은 주류 문화가 존재하며 이민자는 이에 당연히 적응하

16) https://openborders.info/blog/a-critique-of-the-assimilation-concept/(2018년 9월 4일 검색)

여야 한다고 가정한다. 이민자들이 이러한 주류 문화 또는 기존 거주민 문화를 배우고 동화하는 것이 자연스러운 과정이라고 생각하게 만든다. 동화를 이런 식으로 상상함으로써 동화나 편입이 근본적으로 이민자와 기존 거주민 사이의 불평등한 권력관계에서 나타난다는 사실을 놓친다. 이민자가 기존 거주민보다 훨씬 강력한 힘을 가지고 있을 때, 미국의 초기 개척자에게서 나타난 바와 같이, 이민자는 기존 거주민에 동화할 필요가 없다. 오히려 이민자가 기존 거주민을 정복하고 기존 거주민이 이민자의 문화를 배우도록 강제하고 그러한 사회적 분위기를 조성하는 경우는 세계적으로도 많이 나타났다. 또는 기존 거주민을 제거할 수도 있다. 식민 또는 개척이라는 말은 이러한 불평등한 관계를 보여준다. 다시 말하면 이민자의 동화는 기존 거주민이 압도적인 권력을 장악하고 있을 때 주로 나타난다. 이민자와 기존 거주민의 권력관계가 어떻게 나타나고 작동하느냐에 따라 동화나 강요나 정복이나 제거나 공존의 다양한 형태가 나타날 수 있다. 동화라는 개념은 기존 거주민의 문화를 신비화시켜 이민자들이 여기에 적응하거나 또는 기존 문화를 배우고 차용하는 것을 당연하게 생각하게 만든다. 이민자와 기존 거주민 사이의 권력관계가 어떻게 작동하여 이주민이나 기존 거주민의 문화가 어떠한 조합으로 어떻게 재구성되는지를 상상하기보다, 이민자들이 기존 거주민의 어떠한 문화요소들을 얼마나 채택하였는지 또는 어떻게 적응하였는지의 관점에서 상상하도록 만든다. 이러한 방식으로 상상하게 되면 이들의 상호작용의 배후에서 작동하는 권력관계를 보지 못하게 되고, 권력관계를 매개로 나타나는 복합적인 문화적 재구성을 자연스러운 이민자의 동화라고 보게 만든다.

이러한 관점에서 보면 권력관계는 놓치고 동화의 정도를 측정하는 측정치들이 중요하게 부각되며 이 측정치들을 중심으로 동화의 정도를 논의하는 방식으로 이민 2세의 문화에 접근하게 만든다. 그러한 동화의 정도를 판단하는 중요한 측정치로 다음과 같은 것들이 제시되고 있다. 1). 사회경제적 지위 – 교육, 직업, 소득. 2). 거주지 집중 – 지리적 분포 또는 거주지 패턴. 3). 언어동화 – 영어능력. 4). 민족외혼 – 타민족 또는 타인종과의 결혼. 동화란 이러한 요소를 점진적으로 획득하는 과정으로 본다. 이러한 요소를 얼마나 획득하였는가를 조사하여 얼마나 동화되었는지를 판단한다(Waters and Jinenez, 2005). 이러한 방식으로 보면 미국에서 과거에 "유럽 이민자 집단이 동화하는 것과 같은 과정으로 현재의 이민자들도 동화되고 있다"(ibid., p. 106). 이러한 방식으로 동화를 측정하게 되면, 현실에서 이민자와 기존 거주민의 불평등한 권력관계를 매개로 문화가 협상되고 재구성되는 과정은 사라지고, 이민자가 점진적으로 기존 거주민을 닮아가는 과정만 보게 된다.

앞에서 말한 바와 같이 초기 이민에서는 이는 전혀 사실이 아니었다. 압도적인 권력을 지닌 이민자들이 기존 거주민을 정복하거 제거하면서 기존 거주민의 문화에 적응한 것이 아니라 기존 거주민의 문화를 없애고 자신의 문화를 정착시켰다. 이민자가 자신의 문화를 포기하고 기존 거주민을 닮아가는 방식으로 동화된다면 이는 기존 거주민이 이민자와 비교하여 압도적인 권력을 가지고 있기 때문이다. 대체로 이민자들이 취약하고 개별적으로 분산되어 기존 거주민(국가를 포함하여)에 포섭되는 방식으로 적응이 이루어지기 때문이다. 동화, 통합, 적응은 중립적인 개념이 아니라 이미 강력한 기존 거주민(또한 이들의 국가권력)을 전제하고 있는 것이다. 따라서 약자인 이민자들이 강자인 기존 거주민에 적응하고, 맞추고, 동화되고, 통합되어야 한다는 뜻을 내포하고 있다, 그런데 동화이론은 약자와 강자의 관계는 무시하고 당연히 이민자가 기존 거주민에 적응하고, 맞추고, 동화되고, 통합된다고 생각하면서, 권력관계를 매개로 문화가 재구성되는 문제를 놓치고 있다.

캠브리지 사전에 따르면 동화는 "기존 집단, 국가, 사회 등의 일부가 되는 과정 또는 사람이 그러한 일부가 되도록 만드는 과정으로, 기존 집단의 관습과 문화를 습득하고 사용하여 기존 집단과 유사해지는 과정"이다.[17] 위키피디아는 문화적 동화를 다음과 같이 정의하고 있다. "소수집단이나 문화가 주류 집단의 것을 닮아가는 과정"으로 "동화는 빠르거나 느리게 이루어질 수 있으며, 완전동화는 주류 집단의 문화와 구분하기 어려운 상태가 되는 것이다."[18] 이러한 정의에 따르면 동화는 주류 집단의 관습과 문화를 습득하고 사용하여 주류 집단의 문화와 구분하기 어려운 상태가 되는 것이다. 즉, 미국에서 동화이론은 주류 백인의 관습과 문화를 습득하고 사용하여 백인과 구분하기 어려운 상태가 되어야 한다는 생각을 전제로 하고 있다.

이러한 동화이론은 주류 백인의 무의식적 이중잣대를 반영하는 것이다. 주류 백인은 미국으로 이민을 오면서 자신들의 문화를 유지하고 확산시켰지만, 다른 이민자들은 미국으로 오면 자신의 문화를 포기하고 주류 백인의 것을 받아들이라는 의미이다. 또한 백인이 아니라서 인종차별을 하면서 백인의 문화를 습득하여 백인과 같아지라는 의미이다. 분절적 동화론도 계급격차나 인종차별을 인정하지만, 주류 백인의 문화를 습득하는 것을 바람직하고 당연한 것으로 간주한다. 동화론이나 분절적 동화론은 결국 주류 백인문화를 습득하는 것을 이민에 성공한 것으로 간주하고 그렇지 못한 것은 실패한 것으로 간주한다.

이전보다 많이 약화되었지만, 이민자들이 주류 백인의 문화에 동화하

---

17) https://dictionary.cambridge.org/dictionary/english/assimilation(2018년 9월 4일 검색)

18) https://en.wikipedia.org/wiki/Cultural_assimilation(2018년 9월 4일 검색)

라는 압력은 계속되고 있다. 각자 자신의 문화를 자유롭게 드러내고 사용하는 것을 촉진하는 다문화주의는 이러한 동화압력을 약화시킨다. 다문화주의는, 개인을 자신의 인종/민족으로 환원하여, 다양한 민족의 문화로 상상하는 경향을 보인다. 다문화주의에서는 영어, 역사, 규범, 문화 등에 의해서 공동정체성을 형성하지만, 갈수록 다양하고 파편화된 미시-정체성을 보다 쉽게 드러낼 수 있게 된다.[19] 이러한 환경에서 동화론은 영어, 역사, 규범, 문화 등에서 미국인의 공동정체성을 강조하고 여기에 동화하기를 바라고 있지만, 인종이나 계급이나 성적 정체성에 의해 다양하게 파편화된 정체성은 제대로 다루지 않는 경향을 보이고 있다.

2) 통합의 개념적 문제

인종 차별모델이나 분절적 동화모델은 불평등한 통합에 특히 관심을 가지고 있다. 이들은 인종의 불평등을, 그것이 계급적일 수도 있지만, 전면에 부각시켰다. 불평등하지만 통합되었다는 것을 어떻게 이해하여야 할까? 불평등하게 차별받고 분절되어 있는데 통합되었다고 할 수 있을까?

파크와 버제스(Park and Burgess, 1921)는 초기에 통합을 정의한 학자이다. 이들에 따르면 통합은 사람들이 상호침투하고 융합되는 과정으로 서로의 경험과 역사를 공유하며 사회에 편입되어 공동의 문화적 삶을 형성하는 것이다. 파슨스(Parsons, 1991)는 구성원들이 공동가치를 가지도록 통치되며, 사람들이 여기에 자발적으로 참여하며 자신에게 기대되는 역할에 책임을 다 하고 사회적 규범을 따를 때 사회통합이 이루어진

19) https://www.hoover.org/research/melting-pots-and-salad-bowls(2018년 9월 4일 검색)

다고 보았다."[20] 유엔사회발전연구원(UN Research Institute for Social Development, UNRISD)은 사회통합을 모든 사람에게 동등한 권리와 기회가 주어지는 것을 의미할 수도 있고, 원치는 않더라도 사회를 따르라는 부정적 통합을 의미할 수도 있다. 여기에서는 통합은 사회에서 나타나는 인간관계의 패턴의 성격을 설명하는 하나의 방식일 뿐이다(UNRISD, 1994).

캠브리지 사전에서는 통합이 다음과 같다. (1) 어떤 사회나 집단에 참여하고 혼합되는 것으로, 이들의 생활양식, 관습, 습관에 맞도록 나를 바꾸는 것이다. (2) 두 개 또는 그 이상의 것을 효율적으로 결합시키는 것이다.[21] 사회통합이란 사회집단들의 분리를 해소하여 직장이나, 주거지나, 사회생활에서 서로 뒤섞이는 것을 의미한다. 이민자에 적용하면 해당 사회의 언어를 능숙하게 말하게 되고 해당 사회의 보편적인 법, 가치, 질서를 수용하는 것을 의미한다. 법, 가치, 질서를 지킨다면 자신의 문화, 색다른 문화를 지닐 수 있다. 통합은 문화적 동화보다 평화로운 사회적 결합을 의미하기 때문이다. 이를 통해 모두 사회의 같은 구성원이 되어 기존 사회의 기회, 권리, 서비스에 충분히 접근하게 된다.[22]

이민정책연구소(Migration Policy Institute)는 좀 더 쉬운 표현으로 이민자 통합을 정의하였다. "이민자 통합은 새로운 이민자와 자녀들에게 경제적 개선과 사회적 포용의 과정이다... 성공적인 통합은 경제적으로 더욱 강하고 사회적으로나 문화적으로 더욱 포용적인 공동체를 구축한다."[23] 브라운과 빈(Brown and Bean, 2006)에 따르면, 통합은 이민자와

20) https://en.wikipedia.org/wiki/Social_integration(2018년 9월 4일 검색)

21) https://dictionary.cambridge.org/ko/%EC%82%AC%EC%A0%84/%EC%98%81%EC%96%B4/integrate(2018년 9월 4일 검색)

22) https://www.definitions.net/definition/social+integration(2018년 9월 4일 검색)

기존 거주민이 서로를 닮아가는 과정이다. 이는 사회적 통합보다 문화적 동화에 가까운 개념이다.

이러한 개념들을 살펴보면 이민자와 관련하여 통합은 주로 이민자가 기존사회에의 평화로운 사회적 결합을, 또는 긍정적인 사회적 기여를 하게 될 때 주로 사용하여 문화보다는 사회적 측면을 더 강조하는 개념으로 사용하고 있다. 하지만, 미국의 많은 학자들에게 통합은 동화와 마찬가지로 이민자의 기존 거주민에의 동화를 의미하기도 하여 동화와 같은 개념으로 사용하기도 한다. 이들에게는 이민자 자녀가 주류의 자녀와 서로 비슷해지는 것을 의미한다. 그러나 통합은 동화보다 훨씬 사회적인 개념이다. 통합을 평화로운 사회적 결합의 개념으로 사용하면 통합은 이민자의 영어능력, 교육, 소득, 직업, 결혼, 거주지가 주류 백인과 비슷한가 아닌가로 측정할 수 있는 것이 아니다. 비슷하다는 것은 동화에 해당하는 것이지 통합을 보여주는 것은 아니다.

통합은 부분들이 서로 잘 연결되어 또는 서로 기능적으로 긍정적으로 기여하여 전체의 통합성을 높이는 것을 의미한다. 따라서 통합의 정도는 부분들이 비슷한가보다는 부분들이 서로 잘 공존하고 전체에 잘 기여하는지, 전체가 더 잘 작동하고 활성화되는데 얼마나 기여하는가의 정도로 평가하여야한다. 따라서 잘 통합된 사회는 부분들이 더 비슷한 것으로 나타나는 것이 아니라 부분들이 전체에 더 긍정적으로 기여하는 것으로 나타나는 것이다. 미국에서 각 인종들에서 교육, 소득, 거주지의 정도가 비슷하더라도, 서로 차별하거나 무관심하거나 분리되어 있다면 또는 서로 갈등을 일으킨다면 통합된 사회라고 할 수 없다. 이러한 시각에서 보면 이민 2세들에서 각 요소들이 기존 거주민과 얼마나 비슷한가

---

23) https://www.migrationpolicy.org/topics/immigrant-integration(2018년 9월 4일 검색)

를 측정하여 더 비슷하면 더 통합되었다고 주장하는 것은 동화와 통합을 혼동하는 것이다.

3) 국가와 권력의 역할에 대한 무관심

기존의 동화이론은 자신의 모델에서 인종차별이나 불평등한 권력의 작용에 별다른 관심을 두지 않는다. 이에 비하여 인종 차별모델이나 분절된 동화이론은 인종이나 사회계층이 심각한 영향을 미친다는 점을 강조하고 있다. 미국에서 인종이나 사회계층이 일상생활과 사회관계에서 지속적으로 중요한 영향을 미치고 있다는 점을 고려하면, 이들은 기존의 동화이론보다 적절한 설명을 제공하고 있다. 하지만 이들 모델들도 동화이론과 마찬가지로 국가권력이나 불평등한 권력이 2세들에게 어떻게 개입하여 영향을 미치는지에 대해 거의 관심을 두지 않는다. 즉, 국가나 지배층이 이민자나 이민 2세를 어떻게 생각하고 배척하거나 편입하는지, 그리고 이민자나 이민 2세들은 이에 어떻게 생각하고 대응하는지를 제대로 다루고 있지 못하다. 인종과 계층이 이미 존재하는 것으로 보고 이를 매개로 불평등하게 동화된다는 점을 주로 강조한다. 따라서 권력의 불평등이나 차별이 어떻게 구성되어 이민 2세에게 어떠한 맥락에서 어떻게 작동되어 어떻게 영향을 미치는지를 보여주는 데까지 나가지는 않는다.

이민자나 이민 2세의 모든 부분들이 국가기구의 그리고 이를 지배하는 지배층의 영향을 받고 있다. 이민자나 이민 2세의 힘이 약하기 때문에 이들이 미국으로 들어올 수 있도록 하거나 거부하는 것은 국가이다. 17세기 18세기에는 미국 원거주민(즉 인디언)의 힘이 약하였기 때문에 이민자(백인)들이 마음대로 들어왔고 기존 거주민을 제거하였다. 이제 미국이라는 국가의 힘이 강력하기 때문에 이민자들을 받아들이는 것, 미국으로 입국하는 것, 또는 추방하는 것, 미국에서 영주권이나 시민권을 받는 것, 학교를 다니는 것, 학교에서 어떤 내용을 배우는 것, 세금을 내는 것, 안전하게 거래를 하는 것, 인종차별을 당하고 방어하는 것, 복지를 받는 것 등이 모두 국가권력에 의해 실천된다.[24] 이민자가 이민을 신청하는 순간부터 미국에 입국하여 자녀를 낳고 교육시키고 사회에 편입시키는 과정까지 국가의 법, 정책, 권력이 항시 영향을 미치고 있다. 그러나 동화모델이나 분절적 동화모델은 국가의 역할에 대하여 제대로 논의하지 않고 있다.

국가는, 그것이 중앙정부이든 지방정부이든 또는 경찰이든 세무서이든 법원이든 복지행정이든, 미국의 국민에게 가장 강력한 영향을 미치는 기구이며, 이는 이민자와 이민 2세들에게도 마찬가지이다. 국가는 국경의 진출입을 통제하며 입국, 영주권, 시민권 등을 통제하여 이민과정에서 법적 신분에서 국가는 절대적인 권력을 가지고 영향을 미친다. 투표권, 선거과정을 규율하여 이민자나 2세의 시민으로서의 정치참여에 영향을 미친다. 이민자로서 살아가는 과정에서 나타나는 이민자-기존 거주민 관계, 인종관계, 인종갈등을 규율하여 이민자-기존 거주민 관계나 인종관계가 어떻게 구조화되고 일상생활에서 나타나는지에 심각한 영향을 미친다. 국가는 사회적 갈등을 규율하고 통제하고 해결하는 기제를 가지고 있다. 각종 국가기구를 통하여 법과 질서에 심각한 영향을 미치며 이민자와 이민 2세도 대체로 이러한 틀 안에서 생활을

---

24) 국가가 얼마나 광범위한 역할을 하는지, 어떻게 주체를 구성하고 호명하고 규율하는지, 어떻게 이데올로기를 주입하고 사회질서를 구축하는지, 국가의 영향이 일상생활에 얼마나 깊숙하게 침투되어 있는지는 알뛰세르, 특히 이데올로기와 이데올로기적 국가장치에 대한 논의를 참조할 것(알뛰세르, 2007).

하게 된다. 국가는 사회적 규범을 규율하여 인종발언, 정치발언, 가치표현, 행동 등에서 일정한 한계를 부여하고 위반하는 경우 체포하거나 감옥에 보낸다. 또한 사회적 활동을 지원하는 역할을 하여 다양한 시민활동과 복지활동 등을 자극하고 지원하고 규율한다. 이민자나 2세의 경우 기존 시민권자들보다 훨씬 취약한 지위에 있기 때문에 국가의 영향을 더욱 심각하게 받는다. 따라서 국가가 이민자 그리고 2세의 사회관계와 생활에 어떻게 영향을 미치고 있는가는 이민자와 2세의 미국에의 편입을 이해하는 데 아주 중요한 측면이다.

4) 대안으로서 편입의 관점

이곳에서 통합을 이민 2세가 타집단에 상호적인 기여를 하고 사회전체의 상호관계와 기능을 활성화시켜 긍정적으로 미국사회의 구성원이 되는 것으로 정의를 한다면, 이민 2세가 어느 정도나 미국 사회에 통합되어 있다고 볼 수 있을까? 이민자나 2세들도 미국 사회의 일원이 되어 어느 정도 통합되어 있다고 볼 수 있지만, 다양한 집단들이 상당히 다른 문화를 가지고, 때로는 갈등과 인종차별을 경험하거나 또는 행사하며, 사회에 기여하는 역할이 제대로 주어지지 못하는 경우도 많아, 잘 통합되어 있다고 보기는 어렵다. 또한 통합이라는 용어를 사용하여 접근하게 되면 통합되지 않는 측면들, 예를 들어 차별을 당한다든지, 기존사회와 갈등이 있다든지 또는 겉돈다든지, 주류사회가 부여한 역할을 어쩔 수 없이 따라가거나 수용하는 문제를 제대로 주목하지 않는 경향이 나타난다.

따라서 이 논문에서는 통합이라는 개념보다 좀 더 중립적인 개념으로 편입(Incorporation)이라는 개념을 사용하고자 한다. 캠브리지 사전에 따르면 편입은 무엇을 다른 무엇에 포함시키는 행동이다.[25] 웹스터 사전에 따르면 편입시키는 행위나 사례이다.[26] 전체에 부분으로 넣는 것 또는 포함시키는 것을 의미한다. 편입은 부분이 꼭 서로 기여하고 평화롭게 공존한다는 것을 전제하지 않는다. 또는 서로 잘 연결되어 있다거나, 각자에게 전체에 기여하는 역할이 부여되어 있다거나, 전체에 대한 책무가 있다거나. 또는 공통의 가치를 가지고 있다고 가정하지 않는다. 따라서 갈등이나 차별이나 불만이 존재하는 상황이라면 통합보다 편입이라는 개념을 사용하여 편입과정에서의 갈등과 차별도 적극 드러내는 것이 현실에 더 적합하다. 또한 편입의 개념은 누가 어떻게 편입시키는가를 생각하도록 하여, 국가나 지배층이 어떻게 이민자들을 편입시키는가를 다룰 수 있어 동화나 통합의 개념보다 불평등한 권력관계나 국가의 역할을 더 적극 검토하도록 만든다.

거슬(Gerstle, 2010: 110-112)은 정치편입을 이민자와 그 후손이 스스로를 정치적 권리를 지닌 그리고 정치에 참여할 수 있는 미국인으로 생각하게 되는 과정이라고 보았다. 미국은 그 동안 1965년 이후 이민자와 그들의 후손 수천만명을 정치적으로 편입시켰지만 어떤 집단들은 미국에 들어오지 못하게 하였고 또는 미국 안에 거주하더라도 시민권을 주지 않았다. 정치적 편입은 법적, 문화적, 제도적인 세가지 차원에서 작동한다. 법적 차원에서 편입되면 시민권을 받아 투표를 할 수 있고, 배심원에 참여하고, 군대에 복무하고, 출마를 할 수 있게 된다. 미국 역사상 백인들은 쉽게 시민권을 받았지만 나머지는 여러 가지 방식으로 배제되거나 차별받았다. 문화적 차원에서 편입은 이민자나 후손이 스스

25) https://dictionary.cambridge.org/dictionary/english/incorporation(2018년 9월 4일 검색)
26) https://www.merriam-webster.com/dictionary/incorporation(2018년 9월 4일 검색)

로를 미국인이며 미국에 속한다고 생각하게 만드는 것이다. 영어를 배우고 미국문화와 관습에 익숙해지고 학교를 통하여 미국식 지식과 가치를 갖게 되는 것이다. 이 과정은 매우 복잡하고 다층적이며, 의식적, 무의식적으로 진행된다. 제도적 차원에서 편입은 정당에 가입하고 정당활동을 하거나 교회를 다니거나 행정조직, 시민조직, 직업조직, 비즈니스조직, 노조나 지역조직, 민족조직과 같은 각종 기관이나 조직이나 단체에 참여하거나 이를 활용하는 것이다. 이들을 통하여 친목, 권리, 로비 등을 도모할 수 있다.

미국에서 인종은 사회정체성의 핵심이다. 일상생활에서 인종범주로 사람들을 구분하거나 상상하며, 사회적으로도 인종에 따른 여러 가지 차원의 분리와 차별이 존재한다. 1968년 미국의 많은 도시에서 폭동이 일어나자 왜 이러한 일이 일어나는지를 연구한 커너 위원회는 흑인들이 체계적으로 차별을 당하고 있으며, 노동시장에서 차별이 심하여 경제적 기회에 제대로 접근할 수 없고, 교육과 주택이 열악한 상황이며, 따라서 이들에게는 어메리칸 드림은 없다고 보고했다. 이의 근본적인 원인은 흑인에 대한 백인의 차별, 태도, 행동이라고 주장했다. 그래서 보고서에 따르면 "우리사회는 흑인과 백인의 두 개의 사회로 나아가고 있다. 분리되어 있고 불평등하다는 말이 아직도 적용된다"(The National Advisory Commission on Civil Disorders, 2016, 서론). 최근까지도 폭동에 대한 연구들은 비슷한 결론을 내리고 있다. 2016년에 재출간된 이 책의 서론에서 젤리저(Zelizer)는 1968년의 결론이 지금도 무서울 정도로 유의미하다고 적었다. 흑인과 백인의 재산격차는 오히려 늘어났고 학교는 분리되어 있고, 흑인은 감옥에 넘쳐나며, 해결하기 위한 정책들은 많지만 제대로 실천되지 못하고 있다(ibid.). 물론 노골적인 인종차별은 크게 감소되었고, 많은 흑인이 더 나은 주거지와 더 나은 학교를 다니고 있고,

더 나은 소득을 올리는 경우가 많아졌다. 그렇지만 소수인종이 누적된 빈곤, 열악한 주거환경, 열악한 학교, 높은 범죄율, 백인과 분리된 빈민촌인 게토는 지금도 미국대도시의 특징이다. 1880년부터 2000년까지 흑인과 백인의 세대간 계층 이동을 연구한 보고서에 따르면 지난 100여년간 세대간 계층상승은 항시 흑인이 훨씬 낮았으며, 노예해방 이후 흑백 사이의 소득격차에 부모가 가난한 것보다 부모가 흑인인 것이 더 크게 영향을 미쳤다(Collins and Wanamaker, 2017: 3). 100여 년 전에도 그렇지만 지금도 미국은 인종차별이 지속되고 있으며 인종적으로 통합되어 있지 못하다.

이렇게 차별을 받는 이민자들, 특히 가난한 흑인 그리고 히스패닉 이민자들은 중상층으로 진입할 수 있는 통로가 막혀 있다. 빈민층에 살면서 스스로 최하층 직업에 갇혀 있고 자녀도 교육을 제대로 받지 못하며 결국 최하층 직업으로의 악순환이 나타난다. 빈민촌의 하위문화에 동화하면서 민족적 자부심도 문화적 자부심도 약화되면서 계층상승의 열망을 포기하게 된다. 멕시코 이민자의 자녀들 대다수에게도 하향 동화가능성이 크다(Zhou. 2007:992). 백인과 피부색이나 모습이 달라 차별을 받는 이민 2세들은 정체성, 열망, 학업성취가 제대로 형성되지 못하여 직업상승이나 사회적 승인에 어려움을 겪게 된다(Portes and Rambaut, 2001). 여기에서 하향동화라는 말을 사용하였지만 백인 주류에의 문화적 동화가 이루어지지 않는 것이기 때문에 차별을 매개로 하층으로 편입된다고 표현하는 것이 더 정확한 표현이다.

이러한 상황은 이민자 자녀가 미국 사회에 통합되었다고 보기보다는 불평등하게 편입되었다고 보는 것이 더 적절함을 보여준다. 또한 각 이민 2세들이 처한 상황에 따라 다르게 편입되고 있음을 보여준다. 인종적 범주는 일상생활에서뿐만 아니라 국가기구에서도 사람을 분류하고 분리하는 데 아주 강력한 영향을 미치고 있으며, 수백년간 미국인들의 사고구조에 강력하게 뿌리를 내리고 있으며, 현재에도 사회관계에 심각한 영향을 미치고 있다. 따라서 이민 2세들도 인종적으로 파편화되어 있다고 볼 수 있다. 또한 같은 아시아계라고 하더라도 중동과 동이시아계 사이에 커다란 거리가 있다는 점을 고려하면 민족적으로도 파편화되어 있다고 볼 수 있다. 같은 흑인일지라도 나이지리아계와 도미니카계도 민족적으로 파편화되어 있다고 볼 수 있다. 전문직 이민자와 빈민 이민자들 사이에도 커다란 거리가 존재한다. 따라서 계급에 따라서도 파편화되어 있다고 볼 수 있다. 필요에 따라서 정치적으로 연합도 할 수 있지만 분열성이 더 강하다고 볼 수 있다.

5. 한인 2세와 인종적 범주

1) 한인 2세의 일반적 상황

한인 2세들은 시간이 지날수록 그 비율이 높아져 1980년 18%이던 것이, 2013년 39%가 되었다. 1세대의 대졸학력은 55.9%였으나, 1.5세대는 65.3%, 2세대에서는 70.5%에 달하고 있다(동아일보, 2015.01.03.). 한인들의 주요 지도자들이 이제 한인 1세에서 한인 1.5세 또는 2세로 넘어가는 중이다. 1.5세나 2세가 주도하는 단체들은 더 적극적으로 한인들에게 정부의 서비스를 제공하고 있으며, 더 적극적으로 미국 정치나 시민활동에 참여한다. 지방 또는 연방정부 등으로부터 더 많은 자금을 확보하여 사용하고 있으며, 더 많은 활동을 하고 더 큰 영향을 미치고 있다. 이제 한인회를 비롯하여 많은 기관과 단체의 지도자로 1.5세와 2세가 전면에 등장하였고 주요 활동가들은 대부분 1.5세나 2세들이다. 이들은 미국문화를 잘 알고 익숙하기 때문에 훨씬 더 적극적으로 시민권 확보나 정치참여를 위하여 활동하고 있다. 1.5세나 2세가 크게 증가하면서 이들 기관 내에서도 영어를 주로 사용하는 경우가 크게 늘고 있다. 한인들의 경우에도 한국어를 잘 할 줄 하는 사람은 505,000명이지만 잘 할 줄 모르는 사람은 580,000에 이르러 이제 재미한인의 일상언어도 점차 영어로 넘어가고 있다(Migration Policy Institute, 2017).

2) 소수민족으로서의 재미한인

1992년 4월 29일 LA 폭동은 한인 1세뿐만 아니라 2세들에게도 엄청난 충격을 주었다. 미국 사회의 일원임을 절실하게 느끼게 하였다. 또한 미국 사회에서 국가가 제대로 보호해주지 않는 소수민족임을 뼈저리게 느끼게 하였다. 주방위군과 시경찰이 할리우드 쪽이나 베벌리힐 쪽의 백인거주지를 보호하느라 코리아타운을 방치하였다는 생각이 널리 퍼져 있다. 또한 주류언론들이 갈등에서 백인경찰이 흑인을 구타하고 이들 백인경찰을 법원이 무죄방면하여 자극한 흑인의 분노는 별로 언급하지 않고 오히려 한인여상인이 흑인소녀를 죽인 것을 집중적으로 부각시키면서 한인과 흑인의 갈등이 가장 핵심적인 요인인 것처럼 묘사하면서 흑인의 분노가 한인에게 집중하도록 만들었다고 생각한다. 한인상가들이 주목표가 되었고 코리아타운 일대의 한인상가들이 대부분 방화되었다.

TV에서 계속 이어지는 4.29 폭동의 보도에서 한쪽에서는 흑인이나 라티노의 약탈하는 장면이 또 한쪽에서는 한인들이 상가지붕 등에서 총을 들고 방어하는 모습이 집중적으로 부각되었다. 단체활동이나 정치에 진출하려는 많은 한인들은 4.29가 그 계기였다고 말한다. 한인은 미국의 소수민족이기 때문에 힘을 기르지 않으면 계속 당할 것이라고 생각하여 한인사회를 조직화하고 대외적으로 정치적 영향력과 교섭력을 키우는 것이 급선무라고 생각하였다. 백인이 보호하지 않고 또는 희생양으로 만들 수 있고, 흑인과 라티노는 상가를 파괴하고 공격하는 곤혹스러운 위치에 한인이 있다고 느꼈다.

한인이 힘없는 소수민족으로 어느 쪽으로부터도 차별당하거나 공격당할 수 있다는 사실이 미국이라는 현실을 절실하게 느끼게 만들었다. 미국에서 거주하는 소수민족이라는 정체성을 확실하게 느끼게 되었다. 흑인도 아니고, 백인도 아니고, 라티노도 아니라는 사실이 명확하였다. 이들 모두로부터 공격당할 수 있다고 느끼는 상황은 재미한인을 좀 더 아시안 아메리칸으로 스스로를 느끼게 만들고 있다. 아시안 아메리칸이라는 인종범주가 한인들을 포함하고, 일상생활에서 아시안 아메리칸으로 인식되고 그렇게 인식하고 그렇게 활동해야 하는 경우가 계속 늘어나면서 스스로를 아시안 아메리칸으로 인종화하는 성향이 한인들 사이에서 계속 늘어나고 있다. 흑인, 백인, 라티노는 확실히 다른 인종이라고 느끼지만 다른 아시안 아메리칸들은 다르기도 하지만 같기도 하고 결국 이들과 연대할 수밖에 없다는 현실적인 생각이 늘어나고 있다. 1992년 4.29폭동 후인 1994년 한인회가 영어이름을 the Korean National Association에서 the National Association of Korean Americans으로 바꾸었다. 미국인이라는 점을 보다 명확하게 한 것이다. 그만큼 이제 한인들에게도 미국 사회의 일원이라는 생각이 강하게 각인된 것이다.

1992년 폭동 이후 한인의 힘을 어떻게 키울 것인가에 대한 논의와 생각이 많아졌다. 더 많은 사람들이 공공직위로 진출하여야 한다는 생각이 많아졌고 실제 관료, 주민회의, 교육위원회, 시의회, 주의회, 시공무원이나 관리, 시장 등으로 진출하려는 노력이 많아졌다. 더 많은 한인을 등록시키고 투표를 하게 하려는 노력이 많아졌고, 한인 정치후보를 위한 모금활동이 전국적으로 이루어졌고, 타 정치인들과의 커넥션을 더욱 강화하려는 노력이 늘어났고, 지역주민과의 상호작용이 늘어났고, 한인의 권리를 보호하고 정부의 지원을 매개하는 노력도 더욱 증가하였다. 다인종 미국 사회 속에서 더 잘 헤쳐 나가기 위해 미국을 더 잘 아는 사람들인 1.5세와 2세들이 더 전면에 나서서 활동을 강화하게 되었다. 이들은 미국 사회에서 자랐고, 영어가 유창하며, 다른 인종이나 민족들과 더 자연스럽게 관계를 쌓고 활용할 수 있고, 미국방식의 사회적 게임을 할 줄 알기 때문에 단체에서도 더욱 전면에 나서게 되었다. 1.5세와 2세의 영향력은 빠르게 한인사회에서 퍼져나갔다. 영어를 유창하게 하고 한국말을 잘 못하고 미국식 문화와 관계에 익숙하기 때문에 스스로를 미국사람이라고 생각하는 경향이 높지만, 외모로 아시아계로 범주화되고 아시아계로 간주되고 그렇게 활동할 것으로 기대되기 때문에, 스스로를 한인인 동시에 아시아계로 인식하는 경우가 크게 늘어났다. 대학에서도 아시아계 단체에 더 쉽게 참여하며, 더 쉽게 아시아계들의 집단들과 소통을 한다.

1.5세와 2세의 재미한인 지도부로의 진출은 한인사회의 성격도 바꾸고 있다. 이들은 1세와 달리 한국정치에 관심을 적게 가지고 있으며, 미국의 정치나 미국의 상황에 더 큰 관심을 가지고 있다. 스스로를 한국인이 아니라 한국계 미국인 또는 동시에 아시아계 미국인이라고 생각한다. 예를 들어, LA의 민족학교(The Korean Resource Center, KRC)는 봉사 대상집단을 한인에서 아시아 태평양계 미국인, 유색인종으로 바꾸었다. 뉴욕에서 1996년 설립된 유권자 협회(Korean American Voters' Council)은 이름을 바꾸면서 단체 이름에 한국계 미국인이라는 것을(Korean American Civic Empowerment, KACE) 넣었다. 이들은 활동도 투표참여

활동에서 정치출마, 시민참여, 권리확보로까지 확대하며 미국 속에서의 한인들의 삶을 적극 개선하는 데 목표를 두고 있다. 많은 단체들이 이전까지 Korean(한국인)으로 자칭하던 것을 Korean American(한국계 미국인)으로 명칭을 바꿔 미국에서 활동해야 한다는 의식을 명확하게 하고 있고 또한 소수인종이나 지역거주 다인종으로 대상자를 확대하여 한인에 제한되었던 활동을 타인종까지로 확대하여 미국 사회의 맥락에서의 활동을 도모하고 있다.

3) 차별을 극복하기 위한 시민참여 - 뉴욕의 시민참여센터(KACE) 사례

뉴욕시민참여센터(Korean American Civic Empowerment, KACE)는 뉴욕에 토대를 두고 가장 적극적으로 한국계 미국인의 권리보호와 정치참여 활동을 해오고 있다. 중요한 활동으로 투표등록활동, 각종 선거에 대한 정보제공과 참여 독려, 한인들 정치 출마 독려, 한인들의 권리에 대한 전투적인 주장과 확보노력, 한인상인의 권리보호, 2세나 활동가에 대한 지도자 교육 및 훈련이 있다. 이를 통해 한인들의 힘을 강화하고, 시민으로서 미국 사회에서의 활동능력을 강화하고, 한인과 지방/중앙 정부와 정치인과의 관계와 통로를 강화시키고자 한다.

2018년에 행한 가장 중요한 활동은 한인이 정치 후보로 출마하게 만들고 이들을 적극 지원하고 당선시키게 만드는 것이다. 뉴저지의 팰리세이드 파크에서 한인들이 시장후보, 시의원후보, 교육위원후보로 출마하고 당선되는 과정에서 이들을 추동하는 가장 강력한 세력이 KACE였다. 더 많은 후보들이 출마하도록 계속 독려하였고, 적극적으로 주민들이 투표할 수 있도록 자극하고 도와주고 활동을 하였으며, 타후보의 어머니가 인종차별적 발언을 하자 공격적으로 한인을 조직하여 인종차별

반대 시위를 하고 다양한 정치인에게 인종차별반대 편지를 적극 발송하여 이를 아주 중요한 이슈로 만들었다. 뉴욕 퀸즈에서 한인 후보가 시의회에 출마하고 주하원의원에 출마하였는데 KACE는 한인들이 적극 선거에 참여할 수 있도록 공격적인 활동을 해왔다. 팰리세이드 파크에서는 한인이 시장에 당선되었고, 시의원도 과반수를 차지하였으며, 교육위원의 당선자 수도 늘렸다. 퀸즈에서는 한인이 주하원의원에는 당선되었으나 시의원에서는 떨어졌다.

KACE는 또한 아시아계가 뉴욕시의 공직이나 경찰에 인구비율보다 적다며 또한 아시아계를 위한 예산이 인규비율보다 낮다며 아시아계의 채용을 늘리고 아시아계를 위한 예산을 늘리라고 아시아계 단체들과 연합하여 기자회견도 하고 시청에서 시위도 하고 있다. 뉴욕 쿠오모 주지사에게 아시아계의 공직 채용 상황을 조사하라고 압박하고 있다. 또한 뉴욕 주의회의 소수인종 코커스(Black, Puerto Rican, Asian, and Hispanic Caucus)에 뉴욕주의 공직에서 소수인종을 인구비례만큼 채용하는 법을 통과시키라고 로비를 하였다. KACE는 다양한 단체, 교회, 언론사, 방송국을 방문하여 해당 온라인 청원서를 보내라고 계속 홍보하고 있다. 또한 뉴욕시정부에게 계속 아시아계 인구비율만큼 아시아계를 뉴욕시 공무원으로 채용하라고 압박하고 있다.

KACE의 핵심 신념은 미국에서 인종차별이 일상화되어 있는데 적극적으로 시민활동과 정치과정에 참여하여야 인종차별을 극복할 수 있다는 생각이다. 인종차별을 극복하기 위하여 풀뿌리운동을 조직하고 강화시켜야 하며, 불평등이나 차별에 대한 이슈를 계속 밝혀내고 문제제기를 해야 하며, 특히 선거에 적극 참여하여 영향력을 높여야 하며, 정치인으로서 또한 보좌관으로서 정치과정에 적극 참여하여야 한다고 생각한다. 이들은 미국 사회가 조화로운 통합된 사회라고 생각하지 않는다.

오히려 백인들이 지배하고 소수인종을 차별하며, 다양한 집단들이 경쟁하며, 다양한 인종들이 갈등하고, 더 좋은 결과를 위해 협동하기도 하는 사회가 미국이다. 차별당하지 않고 동등하게 대우를 받으려면, 가장 좋은 방법은 적극 풀뿌리 운동을 조직하고 강화시켜 불평등과 시민권 침해에 적극 싸우고, 더 많은 정치적 네트워크를 만들고 강화시키고, 더 많은 한인들이 정치에 진출하고 공직에 진출하여야 한다고 생각한다.

6. 인종적 편입

1) 인종적 편입

한인의 사례를 보면 2세들이 영어를 모국어처럼 사용하고, 더 많은 교육을 받고, 미국식 사고방식과 문화에 익숙해지며, 소득이 올라가고, 정치력도 올라가고 있어 상당히 동화되고 있다고 볼 수 있다. 반절 정도는 한국어를 사용하고 한국방송을 보며, 대체로 한국음식을 먹고 있으며, 어른공경이라는 한국적 의식도 상당히 남아 있다. 일부분은 민족적 정체성과 더불어 문화적으로도 동화되지 않는 부분이 있다. 또한 2세들을 미국사회에 사회적으로 통합되었다고 보기도 어렵다. 한인들이 다른 부분들과 더 잘 공존하고 서로 기여하여 전체의 기능을 활성화시킨다고 보기는 어렵다. 많은 한인 2세들이 백인과 다른 비주류집단이라고 생각하며, 인종차별을 당한다고 생각하고, 타인종에 대한 경계심을 가지고 있으며, 차별을 해소하기 위한 적극적인 노력을 해오고 있다. 이러한 상황은 한인이 미국사회의 부분으로서 긍정적인 기여를 하는 통합으로 보는 것에 한계가 있음을 보여준다. 한인들이 인종차별을 한인에 대한 가장 강력한 장애물이라고 인식하고 이를 극복하기 위해 여러 단체들이 노력하고 있다. 불평등과 차별은 이민자들과 이들 2세를 미국 사회에 편입시키지만, 인종적 분열이 계속 강하게 작동하고 있다는 것을 의미한다.

미국 사회에서는 누구나 선거에서 후보로 출마할 수 있다. 당이 공천하는 것이 아니라 예비경선에서 더 많은 표를 얻으면 된다. 즉, 더 많은 표를 동원하여 찍게 만들면 선거에서 이길 수 있다. 이러한 이유로 이민자들이나 2세들도 쉽게 출마를 할 수 있다. 가장 많은 표를 얻기 위해 민족적 인종적 동원이 일상적으로 이루어진다. 따라서 자신과 같은 민족/인종 구성원이 많이 사는 경우 선거에서 유리하다. 미국인들이 인종적 투표성향을 많이 보여주고 있기 때문이다. 특히 소수인종들은 자신들의 권리를 확보하는 데 도움을 받기 위해 같은 민족이나 인종에 투표하는 경우가 많다. 이러한 민족적, 인종적 동원은 선거에서 빈번하게 때로는 아주 강력하게 나타난다. 특히 자신의 민족이나 인종이 특정 지역에 집중되어 있으면 해당 선거구에서 다수표를 얻는데 커다란 도움이 될 수 있다. 따라서 이민자들도 집중거주지를 가지며 해당 지역에서 정치인을 배출하기가 쉽다(Mollenkopf and Hoschschild 2010:19). 그럼에도 불구하고 실제 이민자나 2세가 당선된 비율은 인규비율보다 아주 낮다. 뉴욕시의 경우 이민자가 인구의 37%를 차지하지만 51명인 시의원에서 이민자 시의원은 보통 1-2명에 불과하다. 이러한 과정은 한 편에서는 이민자들이 더 적극적으로 선거에 참여하게 하여 미국에의 통합을 높이는 것이기도 하지만, 다른 편에서는 후보나 투표자들이 인종적 범주를 매개로 분리하여 자신의 인종을 지지하는 경우가 많이 나타나 오히려 선거를 매개로 통합보다 분리를 강화하는 측면도 있다.

2) 인종차별로 파편화된 사회

앞에서 계속 반복하였지만 미국 사회에서 인종차별은 광범위하게 나타나고 있다. 한인 2세들이 시민단체에 참여하면서 대체로 불평등과 차별을 없애는 것을 목표로 삼는다. 한인들이 흑인들처럼 차별을 받지 않지만 다른 방식으로 차별을 받는다. 한인을 포함하여 아시아계는 이민 역사가 아무리 길어도 외국인 또는 이민 온지 얼마 되지 않은 이방인으로 간주된다. 또한 정치적 힘이 가장 약한 인종이다. 그리고 아시아계나 한인 이민 2세들은 백인과 흑인 사이에 위치된다. 아시아계는 대체로 흑인이나 라티노보다 더 성공적인 것으로 간주된다. 미국 사회에서 흑인이민자들은 흑인으로 범주화되면서 흑인으로서 여러 가지 인종차별을 받는다. 이러한 이유로 흑인 2세나 라티노 2세들은 1세에 비하여 소득, 교육, 주거지 등에서 별로 개선되지 못한다. 백인이민자들이나 아시아계의 2세들은 소득, 교육, 주거지 등에서 부모보다 개선되는 경향을 보여주고 흑인이나 라티노 2세는 정체되거나 또는 개악되는 경향이 나타나는 것은 이들에게 각각 다른 정도의 인종차별이 행해진다는 것을 보여준다. 인종차별의 정도가 이민 2세의 부모 대비 개선의 정도에 관련되어 있음을 보여준다. 즉, 이민자들이라 할지라도 어느 정도 인종에 따라 다른 정도의 인종차별이 주어지고 이것이 부모 대비 자녀의 상황을 악화시키거나 개선시키는 데 영향을 미친다.

이민자가 인종에 따라 차별적인 영향을 받는 것은 인종차별의 정도나 형태가 인종에 따라 다르게 타나난다는 것을 의미한다. 따라서 인종 사이에 다른 정도의 균열들이 존재한다. 따라서 사회는 균열선을 따라서 어느 정도 분리, 파편화가 이루어지고 있다. 같은 한인들 사이에도 계층, 거주지, 젠더 등에 따라 여러 분열선이 존재한다.

3) 국가에 의한 편입

이민자들이 차별을 받고 있거나 또는 균열되어 있다고 해도 이들은 국적, 정치, 직장, 복지, 세금, 법을 통하여 국가와 연결되어 있다. 국가는 제도의 거의 모든 측면에 스며들어 있으며 우리의 일상생활에도 깊숙이 스며들어 있다. 모든 한국계 미국인은 미국 국가와 연결되어 있고, 국가의 다양한 기능과 관계가 우리 생활에 심각한 영향을 미친다. 국가 자체(공무원)가 인종차별을 할 수도 있고 인종차별로부터 보호를 제공해줄 수도 있다. 국가는 사회관계를 조율하고 통제하여 질서를 유지하며, 학교를 운영하고 이민 2세들을 교육시켜 미국사람으로 만들며, 경제와 세금과 지원을 조율하여 한명 한명이 국가와의 관계 속에 경제생활을 할 수 있도록 한다. 국가는 국적, 시민권, 교육, 정치, 세금, 복지 등을 통하여 모든 사람들을 미국의 일원으로 편입시킨다. 물론 이는 사회적으로 이들 모두에게 동등한 대우를 한다는 것을 의미하지 않는다.

국가에는 모든 사람들이 연계되어 있지만 정치나 시민사회 영역에서는 관계가 있을 수도 있고 없을 수도 있다. 국가와의 영역에서는 국가가 더 주도적인 역할을 수행하지만, 정치나 시민사회 영역에서는 개인들이 집단의 성원으로서 능동적으로 다양한 참여를 할 수 있다. 이민자들도 정치과정이나 시민활동에의 참여를 통하여 국가를 또는 중앙정부나 지방정부에 영향을 미치고, 이들의 정책과 예산을 정하는 정치인들에 영향을 미치고, 이를 통해 국가와 관련된 문제들을 더 유리한 방향으로 이끌어 갈 수 있다. 국가의 구성원으로서 국가와의 관계를 유리하게 하는데 가장 좋은 방식은 인종성원을 의회나 지방과 중앙 정부로 진출시켜 이들이 적극적으로 인종성원들을 대변할 수 있도록 하는 것이다. 이러한 관계들이 쌓이면 해당 이민자나 집단은 미국 사회에 더 강하게 편입되고 있는 것이며, 그렇지 못한 집단과 비교해서 국가를 더 유리하게 사용할 수 있고, 시민사회에서도 더 큰 영향력을 행사할 수 있다.

7. 나가는 말

미국에서 학자들은 이민 2세로부터 미국 사회에의 진정한 동화 또는 통합이 이루어진다고 본다. 영어를 미국인처럼 말하고 미국식으로 생각하고 미국식 직장에서 미국적 관계 속에서 살게 된다는 것을 의미한다. 하지만 동화를 문화적으로 같아지는 것으로 사용한다면, Waters, Tran, Kasinitz and Mollenkopf(2010)가 제시한 것처럼 70%는 선택적 동화를 보여준다. 선택적으로 동화했다는 말은 동화론으로 설명되지 않는 부분이 있다는 말이다. 통합을 사회적으로 통합된다는 개념으로 생각하면 한인처럼, 정도는 다르지만, 계속 차별을 받고 이방인으로 인식되는 상황에서 통합되었다고 말하기 어렵다. 비백인 이민자들이나 그 2세가 미국사회에서 차별받는 집단으로 편입되고 불평등한 인종관계 속에서 살아가기 때문에 통합된다는 말보다 차별받는 집단으로 편입되었다는 말이 더 정확한 표현이다. 특히 인종적으로 구분되어 편입되고 있기 때문에 인종적으로 균열된, 파편화된 편입이라고 표현하는 것이 더 정확하다.

이민자가 미국에 도착했을 때부터 국가는 이민, 복지, 세금, 정치, 행정, 법 등을 매개로 이민자를 편입시킨다. 이민자들은 미국이라는 국가체제로 편입된다. 이민 2세들은 미국에서 태어나기 때문에, 태어났을 때부터 미국의 문화와 미국의 교육 속에서 자란다. 상당 부분 미국식 영어와 미국식 문화를 내재화하지만 동시에 민족에 따른 또는 인종에 따른, 물론 부모의 교육환경에 따라 다르겠지만, 비백인 이민 2세들은 백인주류와 구분되는 정체성과 문화도 동시에 가지게 된다. 이러한 과정을 미국학자들은 이민 2세들이 미국 사회와 미국 문화에 동화되거나 통합되는 것으로 설명하고 있다. 다른 부분은 사소하고 전체적으로 미국 문화에 동화한다고 보기 때문이다.

그렇지만 동화나 통합의 관점에서 사소하다고 간주하는 차이가 구조적이고 지속적이며 광범위하게 존재하는 것이라면 사소한 것으로 간주하여 무시하는 것은 문제가 있다. 미국은 식민초기에서부터 인종을 매개로 원주민을 정복하고 제거하여 왔으며 흑인을 노예로 수입하였으며, 이후에도 지속적으로 인종분리와 차별을 시행해왔다. 이민과 적응과정에 이러한 힘의 불평등이 계속 작동하여 왔다. 이러한 불평등과 차별을 겪으면서 이민 2세들도 미국 사회에 편입되고 있다. 한인2세들도 정체성에 있어서 백인이나 흑인들과 구분되며 차별이나 이방인이라는 이미지의 영향을 크게 받는다. 따라서 이민과 이민 2세의 미국 사회로의 편입문제는 이러한 인종차별문제를 심각하게 고려하여야 한다. 이민 2세를 동화의 관점으로 다루는 것은 그동안 미국 사회가 작동해온 인종간 불평등과 힘의 행사 그리고 이의 표현인 국가와 국가의 정책이라는 문제를 제대로 고려하지 못한 채, 이민 2세가 시민사회 속에서 주류사회를 배우며 적응한다는 측면을 지나치게 부각시켜 그러한 측면만 보도록 만든다.

인종간 불평등과 힘의 행사 그리고 이의 표현인 국가의 문제를 고려하기 위하여, 국가와 사회가 여러 차원에서 이민 2세를 어떻게 차별적으로 편입시키는가의 과정을 보아야 한다는 점에서 편입의 개념이 아주 유용하다. 편입이라는 개념은 동화의 개념보다 차별과 분열을 보다 쉽게 인정할 수 있는 개념이기 때문이다. 또한 편입이라는 개념을 통해 미국이라는 국가와 사회와 이민자 사이에 불평등한 힘의 관계가 있다는 점을 드러낼 수 있다. 동화의 개념은 불평등에는 신경을 쓰지 않고 주류를 이민자들이 자발적으로 배워간다는 프레임으로 생각하게 만든다. 편입개념은 미국이라는 국가와 사회가 이민 2세에 대해 어떠한 정책을 어떠한 환경을 어떠한 관계를 통해 편입시키고자 하는가를 살펴볼 수 있게 해준다. 이는 이민 2세가 미국 사회에 스스로 동화한다는 함의를 갖고 있는 동화이론과 근본적으로 다른 점이다. 동화와 비교하여 편입은 지배세력의 편입정책을 훨씬 중요하게 다루게 만든다.

파편적이라는 말을 사용한 것은 미국이 근본적으로 개척시기부터 인종적 제거와 차별을 바탕으로 발전하여왔고 지금도 인종차별이 미국사회의 근본적인 요소여서 이민자들이나 2세들이 편입될 때, 인종적으로 파편화되어 편입된다는 점을 드러내고자 한 것이다. 특히 흑백의 균열에서 이제 아시아계와 히스패닉계 집단이 커지면서 인종적 분열과 연합이 더욱 복잡하게 이루어지고 있다. 파편화가 어떠한 방식으로 이루어지고 파편들이 어떻게 분열되고 연합되는지를 점검할 수 있게 해준다.

파편적 편입이라는 개념은 한인 2세를 인종관계의 맥락에서 국가나 시민사회나 인종이나 이민 2세가 상호작용하면서 국가의 강력한 힘을 매개로 미국사회로 편입되는 더욱 현실적으로 접근할 수 있도록 해준다. 이러한 점을 고려하면 파편적 편입이라는 개념이 한인 2세들의 미국사회로의 편입과정을 동화론이나 통합론보다 더 현실적인 설명을 제공할 수 있다.

이민 후 세대[1] 코리안 아메리칸의 역사 쓰기 :
전쟁, 트라우마, 기억하기의 초국적 서사

김현희

1. 코리안 아메리칸 정체성과 역사성

이 글은 이민 후 세대 코리안 아메리칸의 정체성 정립과 역사적 맥락을 만드는 담론적, 사회적 실천의 연관성을 검토한다. 이민 후 세대의 관점에서 쓰이는 코리안 아메리칸 역사는 미국 사회에서 통용되는 코리안 아메리칸 상을 구축하는 발판이 된다. 현재 거론되는 코리안 아메리칸의 역사적 맥락 만들기의 시발점과 주요 쟁점들은 한국전쟁이나 위안부 문제와 같은 한반도에서 발생한 사건들을 중심으로 한다. 코리안 아

1) 1.5세들도 엄밀히 이야기하면 이민 세대에 해당하나, 코리안 아메리칸 커뮤니티에서 이들에게 거는 기대나 이들이 담당해온 역할은 이민 후 세대에 대한 상상과 긴밀히 연결되어 있다. 무엇보다도 이들은 독자적으로 이주를 결정한 집단이 아니라는 점에서 이민 세대와 구별되고, 미국 사회에 대한 입장에서 2세와 공통되는 부분이 발견된다. 여기서는 편의상 1.5세와 2세를 통틀어 이민 후 세대로 통칭한다.

메리칸은 한국의 몇몇 역사적 사안을 접하면서 이를 코리안 아메리칸이라는 미국 내 소수민족의 역사로 포섭하는 과정을 거친다. 이렇게 볼 때 이민 후 세대의 코리안 아메리칸 역사 쓰기는 한국과 미국을 연결하는 서사 구조를 가지고 있다. 동시에 이민 후 세대의 역사 쓰기는 한국의 역사를 선별하여 수용하고 해석하는 미국적 맥락화이기도 하다. 결과적으로 이민 후 세대의 역사 쓰기를 통해 본 코리안 아메리칸의 정체성 형성은 이민 세대의 모국인 한국과 연관되어 있을 뿐만 아니라 한국과 미국의 관계를 정의하는 초국적 역사성을 띠고 있다.

코리안 아메리칸의 이주 역사는 120년이 되어 가고 있지만[2] 아직까지 코리안 아메리칸은 공유된 정체성을 정립하기 위해 노력하고 있는 중이다. 이민 세대는 물론 이민 후 세대를 포함해서 코리안 아메리칸은 소수민족으로서 미국 내에서 확립된 위치와 집단적 정체성을 가지고 있다기보다 현재 적극적으로 구성해나가는 과정 중에 있다고 보는 관점이 우세하다. 이민 세대와 이민 후 세대 모두가 공통된 상으로서의 코리안 아메리칸 정체성에 대해 고민하지만 한국에 대한 직접적인 기억과 경험을 가지고 있는 이민 세대에 비해, 그렇지 못한 이민 후 세대가 코리안 아메리칸 정체성을 다르게 상상하고 구축하는 양상을 보이는 것은 당연하다. 또한 이민 후 세대는 종종 이민 세대가 코리안 아메리칸 문화와 정체성을 어떻게 구성할지에 대해 뚜렷한 전망을 제시하지 못한다고 비판함으로써 미국 사회에 대한 다른 이해와 태도를 가지고 있음을 드러낸다. 이런 점에서 이민 후 세대가 구상하는 코리안 아메리칸 정체성

2) 보통 코리안 아메리칸 이주사는 1903년 하와이로의 노동 이주로부터 시작한다. 미국 이민국 기록에서 찾아볼 수 있는 최초 한인은 1901년 하와이 섬에 들어온 자이며, 역시 1894년부터 1901년 사이에 131명의 한인이 샌프란시스코 항구를 통해 입국한 기록이 있다(세계한민족문화대전 http://www.okpedia.kr/).

은 이민 세대와 구별되는 작업을 수반한다. 하지만 세대 간의 차이에도 불구하고 코리안 아메리칸 정체성은 코리안 아메리칸이 공통으로 처해 있는 사회적 과정과 역사적 상황 속에서 구성된다. 이 글은 코리안 아메리칸 정체성이 역사적 맥락에서 형성된다는 관점에서 또는 코리안 아메리칸 주체들이 만들어내는 역사에 근거하고 있다는 관점에서 코리안 아메리칸을 논하는 저술들을 살펴본다.

1.5세 또는 2세 코리안 아메리칸의 다양한 저술과 사회적 실천은 코리안 아메리칸이라는 범주와 그에 근간을 두고 있는 집단적 정체성을 구성하는 데 지대한 영향을 미쳤다. 1.5세 또는 2세 코리안 아메리칸의 다양한 글쓰기와 실천은 이 글에서 논하는 바와 같이 코리안 아메리칸의 관점에서 서술하는 코리안 아메리칸의 이야기를 역사로 구성해나가는 핵심적 역할을 한다. 코리안 아메리칸이란 어떤 의미가 있는 존재인지 그 정체성을 정립하는 데에는 역사 만들기라는 맥락이 중요하게 작용한다. 미국 인종질서에서 인종적·종족적 정형화에 대응하는 소수민족은 자신들의 존재의 역사성을 중심축으로 하여 정체성을 재정립하곤 한다. 아시안 아메리칸 학자들과 문화비평가들은 아시아에서 시작되는 이주 배경과 과정을 아시안 아메리칸의 이야기로 편집하여 서술하고 아시안 아메리칸 작가들의 문학작품의 해석에서 간과해서는 안 되는 중요한 요소로 부각시켰다. 그럼으로써 이들은 초국적 성격의 문화적, 정치적 맥락을 아시안 아메리칸 역사로 재구성하였다. 그 결과 "좀 더 역사적으로 정확하고, 복잡하고, 뉘앙스 있는" 아시안 아메리칸 상을 제시하였다(Lee and Shibusawa 2005: xii; Bascara 2006; Isaac 2006). 이는 국가의 공식적 역사에 아직 편입되지 않은 소수민족들의 역사가 어떻게 만들어지고 수용되는지 보여주는 좋은 예이다.

코리안 아메리칸의 경우에도 1.5세 또는 2세들이 한국계 미국인으로서 정체성을 정립하는 데 코리안 아메리칸의 역사 문제가 중요하게 작용한다. 이민 후 세대 코리안 아메리칸의 다양한 글쓰기와 실천은 공식적인 미국사와는 결이 다른 코리안 아메리칸 소수민족의 역사를 다각적이고 다양한 방법으로 생성할 가능성을 보여준다(Liem 2009; An 2012). 이들은 미국 내 인종 갈등을 다루는 인종 서사에만 주목하는 것이 아니라 (부모들의 모국인) 한국과 미국의 역사적 관계를 다시 해석하고, 재구성하여 전유한다. 이 때 이들은 코리안 아메리칸의 역사를 미국 밖으로 확장하여 일제 강점, 한국전쟁과 같은 사건을 자신들의 역사로 수용한다. 코리안 아메리칸 1.5세 또는 2세들이 한국계 미국인으로서 정체성을 정립하는 작업은 한국과 미국 국가 사이의 역사적 관계를 재정의하는 초국적 접근법(transnational approach)을 통해 발견할 수 있다. 코리안 아메리칸이 어떻게 역사를 접근하는지 또는 코리안 아메리칸 역사를 어떻게 구성하는지를 관찰하는 것은 코리안 아메리칸의 정체성이 미국이라는 국가의 경계를 넘어서 초국적인 맥락에서 형성됨을 조명한다.

초국적 접근법의 특징은 '한국(아시아)'과 '미국'이 연결되는 접점이 부각되면서 '한국'과 '미국'에 대한 정치적 상상도 달라진다는 점이다(Koshy 1996: 316).[3] 이민 후 세대가 부모의 출생지인 '한국'과 '아시아'에 대해 어떤 의미를 부여하는 것은 이민 세대를 보는 관점의 변화를 수반한다. 초국적 접근법은 동아시아와 미국의 지정학적 위치로부터 코리안 아메리칸이 형성되는 역사적 흐름을 이야기할 수 있는 틀을 제공하며, 소수민족 정체성이 내재적 요인에 의해 결정되는 것이 아니라는 점을 역설한다. 따라서 이에 입각한 종족성 형성에 대한 연구는 종족

---

3) 미국사 연구자들이 초국적 전환을 상정한 1990년대 중반 이전에도 점차 가속화되는 초국적 이동은 주목을 받았다.

민족주의적 접근과 차별화하는 논의를 지향한다(Koshy 1996; Lee and Shibusawa 2005). 초국적 접근법은 이주자들을 배출하거나 수용하는 양국의 정치적 상황이 어떻게 이들을 같은 범주(민족)로 호명하고 구성하는가를 밝히는데 기여할 수 있다(Brubaker and Kim 2011). 기본적으로 이 글에서 주목하는 초국적 접근의 함의는 코리안 아메리칸 집단에게 한국계 또는 한국 출신이라는 것이 당연한 요소로 간주된다기보다 이들이 스스로에게 부여하는 의미가 한국과 미국의 다중적인 로컬들 사이에서 구축되는 양상의 중요성을 강조하는 것이다.

이민 후 세대들의 역사 만들기는 코리안 아메리칸 1.5세 또는 2세들과 이민 세대의 관계가 사회적, 역사적 배경 속에서 어떻게 재정립되는지의 과정이 나타나는 지점이기도 하다. 이민 후 세대들이 이민 세대들과의 관계를 재정립하는 과정 속에서 이들은 한국과 관련된 역사적 이슈들을 미국과 세계적 맥락으로 확대하고 코리안 아메리칸의 정체성 형성의 중요한 문제로 수용하게 된다. 한국을 중심으로 한 역사적 사건을 코리안 아메리칸의 역사로 (재)맥락화하는 작업에는 세대를 뛰어넘는 한인으로서의 공유된 기억이 중추적인 역할을 한다. 특히 제2차 세계대전 당시 일본군 위안부 강제동원 및 일본 식민지 경험, 한국전쟁과 같은 역사적 사건은 대부분 한인에게 크나큰 트라우마를 남겼고 그것이 이민 후 세대들에게 전달되는 과정에서 '가족(혈연집단)'의 과거 경험으로, 더 나아가 코리안 아메리칸의 집단적 관심사로 수용되고 있음을 보여준다. 그 결과 특정 사건에서 비롯한 트라우마를 매개로 한 새로운 역사성의 수립은 소극적인 소수민족에서 벗어나 역사 주체로서의 코리안 아메리칸 상을 세울 수 있게 한다. 한국전쟁의 트라우마가 동아시아 지역에서 미국의 역할에 대한 비판적 고찰의 통로를 터놓았다면, 일명 '위안부 문제'를 둘러싼 정치사회적 담론과 이를 소재로 하는 문학작품 및 비평은 한국과 미국에서의 각각 중요한 현대사적 사건인 일제 식민주의와 제2차 세계대전이 교차하는 속에서 코리안 아메리칸의 입장과 입지를 구축하는 장을 제공한다. 한국전쟁과 위안부 문제는 한국과 미국의 역사적 맥락을 이어주면서 폭넓은 사회적, 역사적 배경 속에서 코리안 아메리칸의 초국적인 의미를 구성하는 방식을 제공한다.

2. 집단 기억과 역사적 사건의 트라우마

소수계 이민 문학에서 이민 세대의 경험과 그에서 파생되는 이민 가정의 트라우마는 이민 후 세대들의 부모 세대와의 관계를 특징짓는 요소들이다. 실제로 많은 소수계 이민가정에서 발생하는 긴장과 갈등은 이주 이전에 발생한 사건과 트라우마를 배경으로 한다(Cho 2008; Fadiman 1997; Ong 2003; Yuh 2005; Liem 2009). 대체적으로 전쟁과 식민지배의 경험, 경제적 궁핍 등은 이주의 직접적 원인이며 이런 상황에서 비롯한 극한의 경험으로 인해 이주 가정들은 소위 건강한 가족 관계를 유지하거나 행복한 가정을 꾸미기 위한 최적의 조건을 가지고 있다고 말하기는 힘들다. 전쟁을 겪은 이주 가정에는 항상 전쟁의 공포가 짙게 드리워져 있으며 그 영향인 생존 우선주의 심리와 트라우마는 자라나온 환경이 다른 부모와 자식 관계에도 부정적인 영향 – 대체로 의사소통의 부재 – 을 미친다고 볼 수 있다(Cho 2008). 많은 이민 후 세대들은 암묵적으로든 명시적으로든 전쟁을 겪은 세대의 공포와 트라우마가 무엇인지 모른 채로 이어받는다. 미국사회 내의 경험만으로는 설명되지 않은 부모의 삶은 이민 세대와 이민 후 세대 사이에 소통의 부재와 틈을 발생시키고 이 세대 간 간극은 의식적인 노력을 통해 메꿀 수밖에 없다.

글로벌화된 규모에서 트라우마의 세대 간 전이가 발생하고 그 기억이 역사로 남게 된 대표적 사례는 홀로코스트에서 찾을 수 있다(Assmann 2014: 547). 홀로코스트에 대한 연구는 제2차 세계대전 당시 강제수용되었던 유태인 부모의 경험과 트라우마가 자녀들에게 그대로 전이되었음을 뒷받침한다(Haas 1996; Levy and Sznaider 2002). 제2차 세계대전을 겪은 세대로부터 전후 세대로 이어지는 홀로코스트 기억이 유지되는 데에는 종족집단 정체성이 작용하고 있으며, 이민자 부모와 미국에서 태어나거나 자란 자녀들 사이에 나타나는 세대 전이적 트라우마는 이들을 매개하는 하나의 주요한 요소라 할 수 있다. 결국 글로벌화된 기억으로서의 홀로코스트는 이주 전 단계와 이주 후 단계를 분리하는 접근이 아닌 이주 과정의 연속성과 계속성이 전제되는 초국적 참조틀을 벗어나서는 이해하기 힘들다.

아스만(Assmann 2014: 551)에 따르면, 서로 다른 역사적 사건의 트라우마에 대한 접근은 각각의 희생자 집단들이 누가 더 많은 피해를 입었는가를 다투는 경쟁적인 기억보다는 다선적 기억(multidirectional memory)으로 접근하여야 한다. 아스만은 다선적 기억으로서 홀로코스트가 다른 역사적 트라우마에 대한 관심을 환기하고 분석할 수 있는 기본틀을 제공하며 그에 대해 말할 수 있는 언어까지 제공한다고 보았다. 홀로코스트는 다른 역사적 기억들을 압도하기보다 그 기억들이 홀로코스트를 연상시킴으로써 함께 더 알려지도록 하는 효과를 가지게 되었다.

그런데 홀로코스트에 대한 기억은 자연스럽게 생성된 것은 아니다. 제2차 세계대전 직후 미국으로 이주한 유태인들은 눈에 띄지 않게 미국 사회에 동화되기를 원했고, 냉전 시대에 새로운 미국의 우방으로 떠오른 서독은 공산세력에 대항할 동맹국이었기 때문에 미국 사회에서 홀로코스트를 기억하고 그 책임자들을 찾아내서 책임을 묻는 일은 중요하게 생각되지 않았다(Levy and Sznaider 2002: 95). 그러나 1960년대 제2차 세계대전 전범 재판의 내용이 세계적으로 주목을 받으면서 홀로코스트 기억은 대중화되고 제도적으로 수용되었다. 1960~1980년대 사이 미국에서는 종족 정체성 정치가 주도하는 동안 홀로코스트는 전쟁 세대의 자전적 기억에서 전후 세대에게 상징적인 의미가 있는 역사적 사건으로 재의미화되는 변화가 일어났다(Levy and Sznaider 2002: 96). 그 후 2000년에 열린 스톡홀름 국제포럼은 유럽의 공통된 가치를 중요시하는 사회적, 정치적 분위기 속에서 홀로코스트를 희생자 중심의 코스모폴리탄 기억으로 격상시킴으로써(Levy and Sznaider 2002: 100), 여러 전쟁 및 제노사이드를 기억하는 데 희생자 중심의 기억으로 전환되게 하는 전기를 가져왔다. 홀로코스트 기억의 보편화 및 대중화는 미국 내 유태인들을 같은 역사적 경험을 가진 하나의 범주로 인식할 수 있는 바탕을 제공했으며 그 결과 유태인들의 입지를 탄탄하게 하는 효과를 낳았다.

유태인을 위시로 한 다른 소수민족의 사례처럼 코리안 아메리칸 역시 집단적 정체성이 발로되는 계기에는 외상적 사건이 있었다. 로즈 킴(Kim 2012)은 1992년 LA 사태의 트라우마가 역설적으로 코리안 아메리칸이라는 집단적 정체성을 형성하는 계기가 되었다고 지적한다. 1992년 LA 사태 이후 코리안 아메리칸은 공유된 기억을 중심으로 한 집단적 정체성을 사회적 관계와 담론에서 현저하게 드러낸다(Chang 2004; Kim 2012). LA 사태가 코리안 아메리칸의 이주 역사에 하나의 획을 그었다고 할 정도로 LA 사태 이전과 이후의 코리안 아메리칸의 자기 인식이 달라졌기 때문이다(김현희 2016). 특히 중요한 변화는 이민 후 세대들이 이민 세대를 바라보는 태도가 달라졌다는 것이다. 한인 자녀들은 부모 세대의 경제적 생존 우선주의와 세속적 욕망에 대하여 늘 비판적이었고 부모 세대들이 올바른 인종 관련 규범을 비롯한 미국 시민으로서의 자세와 도덕을 갖추지 못하고 있다고 보았다(Park 2005; 김현희 2014 참조). 그러나 LA 사태와 그 기억은 커뮤니티 내의 세대 간 차이에도 불구하고 인종·종족적 동질성을 가지고 있다는 인식과 이민 세대와 이민 후 세대 간의 가족적(familial) 유대의 재발견을 가져왔다. 제2차 세계대전 당시 일본계 이민자 및 시민권자들의 강제수용(1942~1946)이 일본계 소수민족 역사의 중요한 부분으로 의미화된 것처럼, LA 사태는 코리안 아메리칸이란 어떤 존재인지 그 역사성을 구성하는 세대 간 이해와 교류의 근거를 제시한다. 그러나 LA 사태는 코리안 아메리칸의 집단 기억 형성의 계기를 마련하기는 했으나 이 사건에 대한 코리안 아메리칸의 관점은 주류화되지 못하였다(Abelmann and Lie 1995). 따라서 LA 사태의 기억은 4.29(사이구)로 나타나는 코리안 아메리칸의 대항적 내러티브와 대응적 역사로 남아있다(이찬행 2013).

1992년 이후 이민 세대와 이민 후 세대의 관계 회복은 이민 후 세대들의 이민 세대와 한국에 대한 이해 증진과 병행한다. 코리안 아메리칸의 근원지인 한국에서 어떤 일이 일어났는가에 대한 관심이 점차 심화되었으며 코리안 아메리칸의 시각에서 한국의 역사적 사건을 해석하는 초국적 접근법이 시도된다(Yuh 2005; Cho 2008). 이런 맥락에서 식민지배와 전쟁 등의 역사적 사건에 대한 기억과 트라우마는 단절되었던 세대 간 소통의 회복을 위해 설명되고 이해되어야 할 사안으로 부상한다(Chu 2008). 일본 제국주의 하에서의 식민지 경험이나 여러 번의 전쟁 경험(제2차 세계대전, 한국전쟁, 베트남 전쟁 등), 궁핍했던 또는 정치적으로 억압되었던 한국 생활은 이민 후 세대들에게도 구술사 또는 문학적 서사로 아니면 침묵으로 전달되어 경험되었다. '한' 또는 '사후 기억'으로 표현될 수 있는 트라우마의 세대 간 전이는 한인 2세들이 부모들의 고통을 끊임없이 느끼고 목격하고 경험한다는 사실을 환기할 뿐 아니라 이민 후 세대들이 이 트라우마를 재의미화하는 노력과 과정을 조명한다(Chu 2008: 98; Kim 2004).

한국과 미국의 경계를 가로지르는 전쟁의 기억과 트라우마는 이민 세대에 한정된 것이 아니라 이민 후 세대와의 접촉을 통해 중층적인 역사성을 생성할 바탕을 제공한다. LA 사태의 트라우마를 통해 이민 세대와 이민 후 세대가 코리안 아메리칸으로서 집단 기억을 공유하게 되는 계기가 만들어졌다면 이민 세대의 생애 경험의 중요 부분인 한국전쟁과 한국에서 시작되어 미국으로 확산된 위안부 운동은 이민 세대와 이민 후 세대 사이의 역사적 연속성과 코리안 아메리칸 역사의 깊이를 대외적으로 확인할 수 있는 기회가 된다. 한국전쟁의 트라우마를 직시하는 것은 이민 후 세대들이 전쟁을 겪은 이민 세대를 이해하는데 근간이 된다(Liem 2007, 2009). 근래 주목받는 이민 후 세대들의 위안부 운동은 이들이 미국 시민으로서 여성과 인권 문제에 목소리를 높일 수 있는 입지를 마련했다(한봉석 2011; Hung 2008; Hasunuma and McCarthy 2018). 이처럼 코리안 아메리칸에게 한국전쟁과 위안부 운동은 다른 소수민족과 차별화된 고유의 역사를 가지고 있음을 함축한다.

워싱턴 D.C. 지역에서 위안부 운동의 역사를 연구한 이보람과 김재희(Yi and Kim 2019: 17)는 위안부 운동이 확대될 수 있는 배경으로서 대학에서 아시안 아메리칸학을 접한 이민 후 세대들이 부모 세대의 역사를 맥락화할 수 있게 되었다는 점을 지적한다. 위안부 이슈와 같은 역사적 문제가 이민 후 세대들이 이민 세대와의 관계를 재설정하는 동기로서 작용할 수 있다는 점은 주목할 만하다(Son 2016). 이런 세대 간 관계 재설정은 소수민족 시민의 전제로서 코리안 아메리칸 정체성이 요구되는 미국적 상황에서 코리안 아메리칸이 정형화되고 일면적인 이민자

이미지를 탈피한 고유의 역사성을 가진 주체임을 보다 명시적으로 드러내고 주장할 수 있는 토대를 구성하고 있다.

3. 한국전쟁의 기억

한국전쟁은 현존하는 수많은 한국인들과 코리안 아메리칸의 정신적, 물질적 삶의 가장 내밀한 부분에 영향을 미쳤다고 볼 수 있다(Kim 2004). 한국전쟁은 한인 디아스포라에서, 또 코리안 아메리칸의 입장에서 보면, 현대 한국과 미국의 관계에서 중요한 사건이다. 한국전쟁은 한인들의 여러 갈래의 미국으로의 이주를 촉발시켰으며, 코리안 아메리칸의 몸과 정신에 깊은 상흔을 남겼다(Yuh 2005; Kim 2015: 260). 또한 많은 한인들에게 공산당으로부터 자유민주주의를 수호하는 전쟁으로 여겨짐으로써 아직까지 코리안 아메리칸 이민 사회 내의 이념적, 정치적 갈등에 영향을 미치고 있다. 한국전쟁으로 골이 깊어진 이념적 갈등은 코리안 아메리칸 커뮤니티 내에서도 한국전쟁과 관련한 개인적인 이야기를 침묵하게 만들었다. 코리안 아메리칸 학자들의 한국전쟁에 대한 초국적 접근법은 이념적 갈등에 의해 강요된 침묵을 깨뜨리고 한국전쟁이 코리안 아메리칸 역사로서 재구성되는 과정을 생생하게 전달한다(Yuh 2005; Cho 2008).

현대 미국은 베트남, 한국, 이라크 전쟁 등 세계 각지에서 미군이 참전한 (또는 도발한) 전쟁들 없이는 이해하기 힘들다. 미국이 세계의 다양한 지역에서 수행한 전쟁들은 현대 미국이 초국적인 전쟁의 기억 위에 구축되고 있음을 보여준다(Hebel 2009). 그러나 미국이 자국 내에서 어떤 방식으로 한국전쟁을 기억하는지는 (또는 잊으려고 하는지는) 코리안 아메리칸이 기억하는 바와 큰 차이가 있다(Hass 2009). 또한 이민 세대와 이민 후 세대가 한국전쟁을 기억하는 방식에도 본질적 차이가 있다(Chu 2008: 98, 103). 이민 세대가 전쟁을 직접 겪었다면, 이민 후 세대는 부모의 이야기 또는 침묵을 통해 한국전쟁을 경험한다(Liem 2009). 이러한 차이들은 코리안 아메리칸이 비판적으로 코리안 아메리칸 역사를 구성하는데 있어서 중요한 배경으로 부상한다. '잊혀진 전쟁'에는 전쟁을 수행하는 주체들에 의한 코리안 아메리칸 기억의 구조적 억압과 소외가 수반되었기 때문이다(Liem 2007; Kim 2015). 그런 까닭에 램지 림(Liem 2009)은 이민 후 세대들이 한국전쟁에 대한 세대 간 대화의 장을 마련하는 것은 이민 세대와 이민 후 세대들이 상호작용하는 기억(interactive memory)을 만들어낼 수 있는 의미가 있다고 주장한다. 한국전쟁을 중심으로 세대 간 상호작용하는 기억은 전쟁의 상흔에 대한 공통의 책임 의식을 절감하게 하고 기억하는 이들의 행위자성(agency)을 고양한다(Liem 2009: 11).

한국전쟁이 코리안 아메리칸 커뮤니티에 지속적으로 미친 영향은 초국적 접근을 시도하는 학자들의 저술을 통해 수면 위로 드러났다. 여지연(Yuh 2005)은 한국전쟁이 그 직후뿐만 아니라 오랫동안 한인 이민의 추세와 경로를 결정지었다고 주장한다. 한국전쟁이 오랫동안 한인의 이주에 결정적 영향을 미쳤다는 관점에서 보면, 많은 한인 이민자들은 단순히 경제적 이익과 기회를 찾아 이동한 이들이 아니라 (전쟁의 기나긴 지속적 효과와 전쟁을 수행하는 주체들의 의지로 구조화된) 한국전쟁으로 인해 발생한 '난민' 들이다. 여지연이 채록한 코리안 아메리칸의 내러티브는 한국전쟁이 이민 세대들의 이주에 결정적 요소였으며 한국전쟁의 트라우마가 이들의 삶에서 계속되고 있음을 보여준다. 한국전쟁의 공포와 두려움은 이민 세대에게 국한된 것이 아니라 부모의 삶을 통해 이민 후 세대 코리안 아메리칸의 삶에도 지속적인 영향을 미칠 수 있다(Kim 2008: 280). 이민 후 세대에게도 발견되는 전쟁의 여파는 한국전쟁이 한인 디아스포라의 성격과 구성에 중대한 영향을 끼쳤으며 한국전쟁으로 촉발된 한인 디아스포라에 여전히 코리안 아메리칸이 구속되어 있다는 사실을 확인해준다. 또한 세대 간 전이된 한국전쟁의 트라우마는 코리안 아메리칸의 차별화된 역사를 구성함으로써 코리안 아메리칸이 다른 전쟁, 또는 다른 이유로 이주한 민족 또는 종족집단들과 구별되게 한다.[4)]

한편 미국 내에서 "잊혀진 전쟁(forgotten war)"으로 알려진 한국전쟁에 대한 기억을 되살리는 것은 오랫동안 한인 커뮤니티의 그늘에 존재했던 미군 남성과 한국 여성으로 이루어진 코리안 아메리칸 가족의 존재를 드러내고 그 유래를 설명한다. 미군 남성과 한국 여성의 결합은 한국과 미국이 연관된 특정한 초국적 맥락에서 발생했으며 이 때 한국 여성의 초국적 이주는 한국과 미국의 불균등하고 젠더화된 만남을 반영한다. 특히 그레이스 조(Cho 2008)는 한국전쟁의 여파로 발생한 한국 여성과 미군 남성의 만남을 통해 한국 여성의 몸 자체가 어떻게 초국적 트라우마의 매개체가 될 수밖에 없는지 또한 어떻게 이민 후 세대 코리안 아메리칸이 한국 여성 또는 이민 세대의 트라우마를 체화하게 되는지를 보여준다.

젠더 분석에서 여성들의 몸에 체화된 한국전쟁의 트라우마는 일제강점기 때 동원된 위안부의 트라우마로 기원을 거슬러 간다. 조는 코리

4) 베트남 전쟁은 베트남인들의 이주를 촉발했을 뿐만 아니라 미군에 고용되었던 몽(Hmong) 소수민족의 이주와도 연관되어 있다. 2021년 미국의 아프가니스탄 철수는 새로운 아프가니스탄 난민의 흐름을 만들어내고 있다.

안 디아스포라에서 출몰하는 트라우마가 젠더화된 몸을 매개로 이어지고 있음을 조명함으로써 별개의 역사적 조각들을 엮어낸다. 딸의 관점에서 보는 미군 아내인 어머니의 침묵은 한국전쟁 때의 공포와 극한의 경험뿐만 아니라 한국과 미국의 불균등한 관계를 담지하고 있다. 나아가 조(Cho 2008: 129)는 이른바 '양공주'들의 미국으로의 이주는 한국전쟁과 그 이전 식민지 시대에서부터 발생한 중첩된 트라우마를 이동시킨 것이라고 본다. 트라우마의 초국적 전이에 대한 주장은 완전히 새로운 것이라기보다 아시안 아메리칸 페미니즘의 주장을 배경으로 한다(Yoneyama 2003; Pae 2011). 아시안 아메리칸 페미니즘은 미국 제국주의와 일본 제국주의가 아시아 여성을 성적 대상으로 종속시키는 공통점을 가지고 있음을 비판한다. 조의 주장은 여성의 몸을 매개로 하는 전쟁의 트라우마를 통해 일본 제국주의와 미국 제국주의(또는 군사패권주의(militarism))의 연속적 맥락을 확인한다는 점에서 주목할 만하다. 일본군 위안부와 미군 위안부의 연결점에 대한 인식은 전쟁을 배경으로 한 군사적 맥락에서 발생한 한국 여성들에 대한 성적 대상화와 국가 차원의 조직적인 폭력을 읽어내는 젠더 분석을 바탕으로 한다. 조디 김(Kim 2015: 822-823)은 한국의 근현대 역사에서 일본 제국주의와 미국 제국주의가 연속적인 군사패권주의의 맥락을 구성하고 있다는 주장에 동의하며 한국전쟁 전후의 맥락 속에서도 일본군 위안부 제도와 비견할 만한 여성에 대한 제도화된 폭력이 지속적으로 유지되었음을 상기시킨다. 미국에서 바라보는 코리안 디아스포라의 역사는 일제강점기와 제2차 세계대전 중의 위안부 징집과 한국전쟁의 트라우마를 연결시킴으로써 재구성되는 역사이다.

이민 후 세대가 부모와 조부모의 경험과 그 서사를 발굴해내는 작업에는 이민 세대의 경험에 자신들의 미국 사회 성원권을 확보하기 위한 자신들의 분투를 이입시키는 과정이 나타난다(Lee 1994). 일레인 김(Kim 2004)은 코리안 아메리칸 작가들의 문학작품을 비평하면서 이들 작가들의 작품에서 역사의 개인적 전유가 나타나고 있다고 해석하는데, 이와 반대로 그레이스 조가 한국 여성의 몸에 연관된 트라우마를 추적한 것이나 램지 림이 세대 간 공유되는 한국전쟁에 대한 기억을 드러내는 작업은 반대로 사적 경험을 공적 역사로 끌어올리는 노력이다. 코리안 아메리칸의 한국전쟁 또는 위안부에 대한 이야기는 자비로운(benevolent) 미국이라는 지배 서사에 대한 대응 역사를 제공한다는 측면에서 다른 아시안 아메리칸 학자들의 작업과 궤를 같이 한다(Yoneyama 2003). 일레인 김(Kim 2004)은 한국전쟁과 베트남 전쟁처럼 실패한 전쟁을 상기시키는 아시안 아메리칸 자체가 미국을 해방자와 정의구현자로 고양시키는 지배 서사를 교란시키는 존재라고 본다. 문학비평으로부터 역사에 이르는 다양한 코리안 아메리칸들의 글쓰기는 한국 또는 아시아와 미국을 오가는 이동하는 기억들을 포착하는 작업으로 제시되며, 코리안 아메리칸의 형성이란 국가 및 대륙의 경계를 넘나드는 초국적인 움직임과 사건을 배경으로 발생하는 것임을 보여준다.

4. 위안부 서사

제2차 세계대전 중 일본군 위안부로 강제 동원되었던 여성들의 해외 방문과 증언으로부터 촉발된 미국 내 위안부 운동은 위안부 문제가 고질적인 아시아계 여성에 대한 폭력의 일종이며, 인종과 젠더, 제국주의의 중첩적 억압을 대표하는 사례임을 인식하게 만들었다. 위안부 여성들의 증언은 아시안 아메리칸 학자, 활동가, 작가, 예술가들의 관심을 불러일으켰고, 위안부를 소재로 한 소설과 예술작품, 학회 발표들이 양산되었다(Chuh 2003, Kang 2003). 그 중 위안부 여성의 존재가 코리안 아메리칸에게 미친 영향은 위안부 여성을 주요 등장인물로 삼은 코리안 아메리칸 작가들의 문학작품에 집중된 논의를 통해 추론해 볼 수 있다.

위안부 문제를 다루고 있는 문학작품은 위안부들의 역사적 경험과 트라우마를 인지한 작가의 자각에서 시작하여 위안부의 경험과 트라우마에 대한 작가의 관계 만들기라는 일련의 사회적 과정 속에서 탄생한다(이유혁 2012). 위안부들의 역사적 경험과 트라우마는 1990년 초부터 시작된 생존 여성들의 미국 초청 강연을 통해 대중들에게 알려지게 되었다. 이들의 증언은 처음으로 제2차 세계대전 시기의 일본군 위안부 문제를 미국 사회에 알리는 데 결정적 역할을 하였다. 생존 위안부 여성들의 증언이 매스컴 등 다양한 통로를 통해 계속 확산되어감에 따라 국제사회에서 커다란 반향을 불러일으켰다. 위안부들의 이야기는 한국계 작가들에게 '창조적 자극'을 주었고 1990년대 중반에서 2000년대 중반 사이에 한국인 위안부들의 삶을 문학적으로 재현한 작품 다수가 등장한 것은 우연이 아니다. 위안부를 소재로 한 소설은 테레즈 박(Therese Park)의 『천황의 선물(A Gift of the Emperor)』(1997), 노라 옥자 켈러(Nora Okja Keller)의 『종군위안부(Comfort Woman)』(1997), 이창래(Chang-rae Lee)의 『척하는 삶(A Gesture Life)』(1999)이 널리 알려져 있다. 그 외 김정미(Chungmi Kim)는 『하나코(Hanako)』(1997)란 희곡을 썼고 하나코는 나중에 『종군위안부(Comfort Women)』(2004)으로 개정되어 상연되었다.

코리안 아메리칸 작가들이 생존 위안부 여성의 증언과 이야기를 소설화하였다는 사실은 코리안 아메리칸 정체성에 대해 어떤 의미를 주는가? 노라 옥자 켈러는 생존 위안부 여성 중 한 명인 황금자 여사의 증언을 듣고 자극을 받아 『종군위안부』라는 소설을 썼으며(Lee 2003; Kang 2003; Schultermandl 2007), 이창래도 일본군 위안부에 대한 기사를 읽고 나서 위안부를 소재로 한 소설을 쓰기 시작했다고 한다(정혜욱 2011). 일본군 위안부라는 실제 역사적 사건을 배경으로 하기 때문에 한층 더 유명해진 켈러의 『종군위안부』와 이창래의 『척하는 삶』은 많은 비평가들의 관심을 받았다. 소설 내부에서는 위안부를 재현한 또는 목격한 등장인물과 그 코리안 아메리칸 자녀들의 관계가 한국과 미국, 식민주의와 탈식민주의, 다른 형태의 타자들의 만남으로 그려졌으며, 소설 속 관계들은 제2차 세계대전 때 한국 여성이 겪은 끔찍한 일과 트라우마가 다음 세대와 무관한 문제가 아니라는 은유법으로 작용했다. 위안부 여성의 문학적 재현은 공간적으로는 아시아와 미국을 가로지르는 '이동하는 기억'을 배경으로 하며(이유혁 2012), 시간적으로는 시대와 세대를 뛰어넘는 위안부 문제의 역사적 전개를 배경으로 한다. 제2차 세계대전 시기와 현재적 시간의 격차는 전쟁을 겪은 세대와 코리안 아메리칸 자녀 세대의 불연속성으로 상정되는 가운데 위안부 여성이 관련된 역사적 트라우마의 세대 간 전이가 논의될 수 있는 조건을 제시한다(Jeyathurai 2010). 『종군위안부』와 『척하는 삶』과 같이 널리 알려진 문학작품은 작가가 의도했든 하지 않았든 시공간적으로 위안부 문제가 더 폭넓게 유통될 수 있는 사회적 맥락을 제공하였다.

위안부 여성에 대한 다양한 창작은 위안부 사건이 역사적으로 맥락화되는 단초를 제공하였다고 볼 수 있다. 크리스토퍼 리(Lee 2011: 96)는 아시안 아메리칸의 주변화되고 억압된 역사는 (문학적) 내러티브를 통해 발현될 수 있다고 보았다. 그런 의미에서 아시안 아메리칸 문학은 항상 아시안 아메리칸 문제에 대한 정치적 함의를 담고 있다. 그에 따르면 아시안 아메리칸 문학은 '사회사적인 진실(sociohistorical truths)'을 분별해내고 그 진실을 주변화된 주체들에게 전달할 수 있는 기제가 된다(Lee 2011: 98). 대니얼 김(Kim 2003: 232) 또한 아시안 아메리칸과 같은 소수자 집단의 문학은 현실 세계에서의 소수자 집단의 비가시성(invisibility)을 상쇄할 만한 소수인종·민족의 재현이 가능한 장이라고 생각했다. 이와 같이 아시안 아메리칸의 문학적 재현은 아시안 아메리칸 집단들에게 "소외와 수난의 역사가 있었음을 일깨우는 의식적인 노력"이 될 수 있다(오승아 2009: 13). 위안부 사건이 아직 "역사의 일부가 되지 못한 채 역사로 써지길 기다리는 하나의 외상적 사건으로 간주될 수 있"다면(정혜욱 2007: 134), 이는 코리안 아메리칸이 미국에서 접촉한 위안부들의 존재와 역사에 의미를 부여하는 데 적용될 수 있는 이야기이다.

위안부 여성의 존재는 코리안 아메리칸 작가들로 하여금 위안부에 대한 문학작품들을 창작하게 할 만큼 강렬한 인상을 남겼고 그 문학작품이 대중에게 읽힘에 따라 더 알려지게 되었다. 위안부 관련 문학작품은 물론 위안부 여성들을 재현하는 다양한 예술 작품 및 전시에 대한 아시안 아메리칸 문화비평들은 학계와 문학계, 예술계, 일반 대중문화 등 여러 영역을 넘나들며 위안부 문제가 논의되는 장을 형성하고 확대하였다. 하지만 아시안 아메리칸 비평가들은 위안부 여성들을 재현하는 코리안 아메리칸 작가들과 재현의 대상인 위안부 여성 간에 거리가 있음을 지적한다. 비평가들은 문학적 재현으로서의 위안부와 코리안 아메리칸 작가들의 특정 정체성에 대한 주장이 어떻게 교차되는지 관심을 가지고 분석한다(Kang 2003; Lee 2003; Kong 2011). 코리안 아메리칸들이 위안부 문제를 창작 활동에 수용하게 된 것은 미국에서 살아가는 자신과 위안부라는 역사적 사건 사이에 저자인 자신을 위치시키고 관계를 만드는 것이다. 이들 작품에서 나타난 위안부 여성의 재현은 코리안 아메리칸들에 의해 매개된(mediated) 결과물이다(Kang 2003). 코리안 아메리칸 작가들은 그들 자신의 '지적, 미학적, 또는 정치적 프로젝트'의 일환으로 위안부 여성을 소설화하는데 이 때 작가들이 속해 있는 미국이라는 지정학적 위치는 소설 속의 위안부 서사를 구성해내는 데 핵심적인 역할을 한다(Kang 2003).

미국의 지정학적 위치는 위안부 문학 작품을 대할 때 트라우마를 겪은 역사적 주체와 트라우마에 대해 쓰는 주체의 간극에 민감해야 할 필요성을 대두시킨다(Kang 2003; Kong 2011). 아시안 아메리칸 여성들이 위안부 문제에 대해 깊은 관심을 보이는 이유는 자신들이 미국 사회에서 겪은 인종화, 성적 대상화 등의 주변화 경험 때문이기도 하다. 미국 사회에서 소외되고 주변화되는 경험은 위안부 여성에 대한 공감대 형성이나 감정이입을 용이하게 한다(Kang 2003). 하지만 현이 강 같은 학자는 아시안 아메리칸들이 위안부 이슈에 대해 보이는 높은 관심은 위안부 이슈의 '미국화' 내지는 위안부 문제에 대한 미국적 지식을 우선시할 위험성이 있다고 판단했다. 아시안 아메리칸이 위안부 여성의 목소리를 대변하는 것은 한국에 대한 미국의 우위, 위안부 관련 지식 생산과 확산에 있어서의 영어권의 우세를 드러낼 수 있다. 이와 같은 맥락에서 아시안 아메리칸 학자들은 몇몇 작가들이 표출한 위안부 여성의 경험에 대한 감정이입과 정체성의 동일시에 비판적이었다(Chuh 2003; Kang 2003; Kong 2011). 이런 비판은 코리안(아시안) 아메리칸들이 위안부 문제를 다루는데 있어서 '미국인'이라는 특수한 위치에 있음을 일깨운다. 한편으로는 같은 혈통이라는 점에서 기인하는 단순한 종족적 동일시는 아시아와 미국 간의 지정학적 힘의 관계를 간과하는 것일 수 있다(Chuh 2003; Kang 2003; Kong 2011). 그러므로 코리안 아메리칸 작가들이 위안부 여성을 재현함으로써 이들의 존재와 목소리를 대변한다는 서사 구조는 충분히 경계해야 할 대상이다.

위안부 문제는 처음부터 그 초국적 -아시아와 미국(또는 유럽 및 세계)을 포함하는- 성격이 주목되었다(Chuh 2003; Kong 2011). 특히 한국과 미국의 위치를 고려하는 관점은 위안부 문제를 비판적으로 접근해야 함을 강조한다. 아시안 아메리칸 학자들이 위안부 문제에 주목하고 논의를 주도하게 한 동력은 기본적으로 폭력 피해 여성의 존재 자체가 항상 "페미니스트 담론을 조직하고 통일하는 수사"였기 때문이다(Chuh 2003: 6). 나아가 위안부에 대한 다양한 관심과 논의들이 형성한 담론의 장에서 위안부의 문학적 재현을 위한 다양한 시도는 위안부 문제를 확대할 수 있는 기폭제가 될 수 있었다. 위안부 문제에 대한 아시안 아메리칸의 관심은 특정 소수민족에 의한 역사 독점의 위험성 또는 위안부 이슈의 '미국화'라는 비판에도 불구하고(Kang 2003; Yoneyama 2003) 코리안 아메리칸들이 이 사항에 대해 관심을 가지는 것을 더욱 용이하게 만들었을 뿐만 아니라 정당화하였다.

아시안 아메리칸 내에서의 창작 활동 및 학문적 논의는 더욱 위안부 문제에 대한 사회적 인식을 확대했으며 이와 더불어 시민단체들의 활발한 위안부 운동 전개는 제2차 세계대전 시기의 위안부라는 존재에 투영되는 다양한 관심사와 이해관계들이 갈등하고 교차되는 사회적 장이 형성되었음을 드러낸다. 위안부 문제는 지역적, 국가적 수준에서 벗어나 2000년대 국제사회에서 전쟁 중 여성에 대한 폭력 및 성범죄 문제로 재규정됨에 따라 여성의 권리와 보편적 인권 담론의 양상을 띠게 된다. 미국 내 위안부 문제에 대한 활발한 관심사가 조성됨에 따라 코리안 아메리칸에게도 위안부 문제에 대한 접근성이 높아졌음을 알 수 있다. 이와 더불어 위안부 문제는 이민 후 세대들의 이민 세대의 트라우마를 이해하는 작업과 병행됨으로써 이민 후 세대들의 코리안 아메리칸 정체성과 역사쓰기에 대해 중요한 함의를 가지게 된다.

아시안 아메리칸 학자들의 위안부 문제에 대한 관심은 소수민족의 사회적 실천으로서의 창작 활동과 문화비평에서 코리안 아메리칸의 위안부 운동에 대한 해석과 의미 부여로 선회하였다. 코리안 아메리칸의 위안부 운동은 2007년 미국 연방의회의 위안부 결의안 채택[5]과 뒤를 이은 일련의 위안부 기림비 건립 등 코리안 아메리칸 커뮤니티 운동의 가시적인 성과가 드러나는 단계에 있다. 코리안 아메리칸의 위안부 운동에 대한 주목은 위안부 사건이 전쟁의 맥락 속에서 '이동하는 기억'의 초국적 성격이 미국 사회에서 설득력 있는 보편적 인권 담론의 보호막을 입게 된 현상을 조명한다. 이와 동시에 위안부 문제에서 미국의 역할을 어떻게 이해하고 상정하는가에 대한 변화가 감지된다. 아시안 아메리칸 페미니즘이 미국 제국주의의 여성들을 억압하는 역할을 지적하고 비판했다면 인권 담론에서 나타난 미국은 가려져 있던 인권 침해 사건을 규명하고 시정할 책무를 가진 주체로서 '해방자' 또는 '구원자' 역할을 강조하는 지배적 내러티브에도 잘 부합한다.

5. 위안부 기억하기의 과제: 트라우마에서 사회적 실천으로

오늘날 홀로코스트의 기억은 주류화되어 있고 유태인 집단의 문화적 정체성에서 큰 부분을 차지하고 있다. 홀로코스트라는 공통의 역사적

---

5) 캘리포니아 주의 일본계 마이클 혼다(Michael Honda) 의원이 발의하여 2007년 7월 미 하원에서 만장일치로 채택되었다. 일본정부의 사죄와 위안부와 관련한 교육을 요청하는 내용을 담고 있는 결의안이다(한국민족문화대백과사전 http://encykorea.aks.ac.kr/)

경험을 가지고 있는 유태인 집단의 후손들은 선대들의 홀로코스트 기억의 공공화 및 주류화에 앞장섰다(Assmann 2010). 유태인 후손들은 "자신들이 뿌리내린 지역에 홀로코스트와 관련한 다양한 기억의 장소들을 조성해왔"던 것이다"(윤지환 2018: 398). 유태인 후손들이 만든 다양한 기억의 장소들은 이전 세대가 겪었던 유태인 대학살의 참상을 잊지 않았음을 상기시킬 뿐만 아니라 홀로코스트를 "자신들의 사회적 입지와 정체성의 정당함을 설파하는 도구로 유용하게 활용"해왔음을 짐작하게 해준다(Blickstein 2009; 윤지환 2018: 398 재인용). 많은 이주자 집단이 기념비 설립 또는 자기 집단의 이름을 딴 거리 이름을 명명하는 캠페인을 벌이면서 집단의 존재를 부각시키려 했던 것도 자신들의 사회적 입지와 정체성의 인정을 둘러싼 치열한 노력의 발로이다(Hasunuma and McCarthy 2018). 전쟁에서 비롯된 여성과 인권 침해의 참상과 그 트라우마는 이를 바탕으로 유사한 경험을 가지고 있는 '타민족과의 정서적 연대'를 보다 용이하게 함으로써 다양한 소수자 집단들과 지역사회에서 공존할 수 있는 길을 마련한다(윤지환 2018).

위안부 서사의 초국적 성격은 위안부였던 한국 여성들의 해외 증언의 형태로서만 의미가 있는 것은 아니다. 하스누마와 맥카시(Hasunuma and McCarthy 2018: 4)가 이야기하는 것처럼 대부분의 한인들은 부모 또는 조부모들로부터 식민지 시대의 기억이나 이야기들을 들으면서 자랐다. 이민 세대 즉 부모와 조부모들의 경험을 듣는다는 것은 한국에서의 과거 행적을 통해 그들 자신의 근원을 알아가는 것이며 한국이 일제 식민주의를 겪었다는 역사적 사실까지 수용해야 하는 것이다. 이는 이민 후 세대들이 부모와 조부모의 경험을 이해하기 위해서는 직접적인 가족 이주사를 넘어서 전반적인 한국의 근현대사를 포용해야 함을 의미한다. 즉 지난 몇십 년 간 진행된 이민 후 세대의 한국을 이해하는 작업은 미국의 공적 역사에서 미국과 한국과의 관계를 설명하는 주된 사건인 한국전쟁은 물론이고 위안부 여성의 존재를 인정하는 것을 포함하게 되었다(Hasunuma and McCarthy 2018: 4). 이런 맥락에서 위안부 여성은 "일본 식민지 시대의 잔학성과 역사적 정의를 추구할 필요성(the brutality of the colonial period and the need for historical justice)"을 상징하게 되었다(Hasunuma and McCarthy 2018: 4).

많은 한국인들에게 일본군 위안부는 불명예스럽고 비극적인 역사로서 일제 강점기의 경험을 상징한다(McClean 2018: 6). 1990년대 이래 위안부 알리기 운동이 세계적으로 확산되자 위안부 사건은 다시 국가적 비극으로 부상했다. 위안부 문제가 미국 내에서 제2차 세계대전 때 발생한 '일본군 성노예' 사건으로 자리매김되고 알려지게 되는 데에는 코리안 아메리칸 커뮤니티가 앞장서서 목소리를 높인 공로가 크다(류승렬 2010; Hung 2008: 180). 위안부 여성을 소재로 한 문학적 창작보다 뒤늦게 탄력을 받은 위안부 문제에 대한 커뮤니티 운동은 이민 후 세대들의 시민 참여 운동의 형태로 나타난다. 일찍이 전쟁 범죄와 여성 인권 침해 문제로서의 위안부 문제를 알리는 데에는 학계와 코리안 아메리칸 대학생들이 일익을 담당하였으나(Son 2009 참조) 코리안 아메리칸 커뮤니티의 대대적인 움직임은 또 다른 차원의 문제였다. 위안부 결의안 통과를 위한 로컬 한인 커뮤니티들의 결집은 이민 세대의 조직적 노력이 바탕이 되었으나 이에 이민 후 세대의 참여가 이루어짐에 따라 가능했다(류승렬 2010). 지역에 따라서는 이민 후 세대가 위안부 운동의 지도부로 활약하는 새로운 양상을 보이기도 하였다(한봉석 2011). 그러나 이민 후 세대들의 활동은 한국 활동가들과 차별화될 뿐만 아니라 이민 세대와 동일한 이유에서 참여하거나 같은 지향점을 가진 것은 아니다. 위안부 문제를 통해 한국의 역사를 이해하고 일제 강점기 시대의 기억을 공유하는 것은 이들이 한인 디아스포라의 일부라는 것을 재확인해 준다. 그렇지만 한국의 역사적 사건인 위안부 문제에 대한 이해는 단지 한국적인 것의 강조에 그치는 것은 아니다. 코리안 아메리칸의 근원으로서의 한국에 대한 이해는 이들의 미국 내 사회적 입지를 강화하고 코리안 아메리칸 정체성을 정립하는 과정으로 이어진다(한봉석 2011; 윤지환 2018; Hasunuma and McCarthy 2018; McClean 2018).

코리안 아메리칸들의 위안부 운동을 연구하는 학자들은 이 운동이 한국 시민사회의 위안부 운동과는 다른 측면이 있음을 강조하며 코리안 아메리칸의 정체성 문제와 직접적인 연관이 있다고 주장한다. 윤지환(2018: 399)은 미국에 위안부의 기억이 뿌리내리게 된 것에 대하여 "한국 사회의, 혹은 한국과 일본 간 발생했던 위안부 담론의 투쟁과는 다른 성격의 흐름으로 이해되어야" 필요성이 있음을 지적하며 "미국에 토착하는 정체성 담론과 사회 운동의 배경을" 살펴봐야 한다고 제안한다. 워싱턴 커뮤니티의 위안부 운동 및 독도 수호 운동, 동해 표기 운동을 관찰한 한봉석(2011)도 1.5세들이 일련의 한국 관련 문제에 참여한 이유가 "소수민족의 문화적 정체성"에 대한 사회적 필요성 때문이라고 해석한다. 코리안 아메리칸을 비롯한 소수민족들은 미국 사회가 소수민족들에게 주류사회와 차별화된 문화적 정체성을 기대함을 인식하고 있으며 동시에 그 기대에 부응하고자 하는 욕구 내지 필요성도 가지고 있다(한봉석 2011: 81). 위안부, 독도, 동해표기 문제들은 소수민족이라면 갖춰야 할 '문화적 정체성'을 주장하고 발현할 수 있는 기회로 삼을 수 있는 것이다. 이민 후 세대들이 위안부 문제를 비롯한 한국의 역사 운동에 참여하는 것은 "미국이라는 국가를 인정하고 그 속에서 '한국계 미국인'으로서 사회에서 차이를 인정받고 존재감을 인정받고자 하는 욕구"가 반영되어 있다(한봉석 2011: 81). 이것은 이민 후 세대들에게 있어서 "그들이 한국을 기억하는 것이 중요하다는 것이 아니라" 그들의 "근원을 기억하고 확보함으로써 타인과의 '차이'를 확인하고 나를 뚜렷하게 재위치시키는 것이 '미국 시민'으로서 필수적"이라는 것을 의미한다(한봉석 2011: 82). 이런 측면은 한국 역사가 단지 코리안 아메리칸 정체성을 만들기 위한 '수단'이라고 단정하기보다 그것이 미국 내 코리안 아메리칸의 정체성 문제와 사회 운동의 중요한 배경이라고 보아야 할 것임을 시사한다(Kong 2011: 18-19). 또한 미국적 맥락에서 코리안 아메리칸들이 한국 역사를 그들의 입장에서 해석하여 능동적으로 전유하려는 양상에 대한 심도 있는 분석이 필요함을 보여주는 것이다.

이민 후 세대들에게 있어 위안부 문제는 '한인 민족주의적' 색채에서 벗어난 현상으로 발현된다. 한봉석(2011: 90)은 "코리안 아메리칸의 정체성은 미국이라는 공간을 바탕으로 한반도에 근원한 지식과 인종·문화적 정체성 그리고 사회작용으로 구성"된다고 보았다. 한반도에 근원을 두는 역사적 사건들은 미국에서 코리안 아메리칸이 전유하여 역사적 정의를 실현하고자 하는 코리안 아메리칸 상을 정립하는 사건으로 전환된다. 즉 위안부 문제는 한국의 역사에서 코리안 아메리칸 역사로 전유된다. 위안부 문제를 코리안 아메리칸 역사로 만드는 데는 단지 한국을 이해하는 것을 넘어서 여성의 권리와 인권에 대한 글로벌 담론 속에서 한국에 특정된 역사를 인류 보편적 역사로 다시 쓰는 작업이 결정적 역할을 하였다.

미국에서 위안부 문제는 아시아 인권운동의 대표적인 상징물로 간주된다(한봉석 2011). 제2차 세계대전 당시 미국 정부의 일본계 미국인 강제수용과 더불어 위안부 문제는 아시안 아메리칸 인권 문제 및 운동의 상징이 되었다(Hung 2008; Yamamoto and Lee 2012). 제2차 세계대전 때 발생한 일본계 미국인의 강제수용은 1980년대 법적 투쟁을 통해 군사적 필요라는 미명 하에 일본계 이민자들과 시민권자들의 기본적 자유와 권리를 심각하게 침해한 사건이었음을 인정받았다(Yamamoto and Lee 2012: 127-128). 당시 일본계 미국인에 가해진 부정의를 시정하기 위해 대통령의 사과와 개인 배상금 지급, 강제수용에 대한 역사교육 등이 시행되었다. 아시안 아메리칸의 관점에서 일본계 강제수용을 바로잡은 운동은 위안부 운동에 선행하는 유사한 사례이다. 일본계 강제수용과 위안부 제도는 시기적으로 같은 제2차 세계대전이라는 전쟁의 소용돌이 속에서 힘없는 자의 기본적 권리를 침해한 사건으로 발생했다는 공통점이 있다. 그러나 미국 밖의 아시아에서 발생한 일본군 위안부 사건이 아시안 아메리칸 인권 문제로 매김된 데에는 과거 저질러졌던 부정의를 바로잡고, 또 억압받았던 이들을 위해 목소리를 내는 것이 '아시안 아메리칸 정의'를 실현하는 일로 공론화되었기 때문이다(Hung 2008; Kong 2011).

위안부 문제가 인권 문제임을 효과적으로 주장할 수 있었던 배경에는 역시 홀로코스트에 대한 기억의 대중화가 자리 잡고 있다. 코리안 아메리칸 위안부 운동가들이 전례로 삼고 있는 홀로코스트는 소수민족의 역사를 어떻게 미국적 맥락에 접목시킬 수 있는지 모범을 보여준다. 홀로코스트는 미국에서 발생한 사건이 아님에도 오늘날 미국의 역사와 문화에서 중요한 사건으로 간주될 만큼(Krijnen 2016: 23) 미국인들의 역사적 기억 속에서 홀로코스트는 큰 의미를 지니고 있다. 홀로코스트의 '미국화(Americanization)'가 성공할 수 있었던 것은 다원주의(pluralism), 관용, 민주주의, 그리고 무엇보다도 인권 보호라고 하는 미국적 가치를 중심으로 홀로코스트의 역사가 다시 재구성되었기 때문이다(Krijnen 2016: 24). 미국에서 홀로코스트 기억은 단지 코스모폴리탄적 보편성이 인정받았다기보다 인간 중심적이고, 발전과 향상을 모태로 하는 미국의 역사의식에 통합되었다고 볼 수 있다(Krijnen 2016: 41). 소수민족 배경을 가진 이민자들의 과거 사건에 대해 미국에서 대중적인 호응을 얻었다는 것은 아시안 아메리칸에게 고무적인 일이며 이를 아시안 아메리칸의 사례에 원용할 수 있는 길을 열었다. 홀로코스트 역사의 해석과 재현이 특별한 미국적인 의미를 갖게 되었다는 점은 위안부 문제의 역사화에도 시사점이 있다.

코리안 아메리칸 위안부 운동가들은 위안부 사건을 홀로코스트와 같은 역사적 지위에 상정함으로써 소수민족 역사를 미국 역사에 접목시킬 가능성을 보았다. 홀로코스트를 원용한 것은 위안부 운동가들만이 아니다. 앞서 언급한 제2차 세계대전 중 일본계 이민자 및 시민들의 강제수용은 미국의 '적'과 내통할 위험성이 있다는 의심이 주된 동기였는데 이는 아시아계에 한정된 인종차별적 편견이었다.[6] 나아가 일본계 이주민과 시민권자들의 자유과 권리를 침해한 점은 홀로코스트처럼 인권을 유린하는 사례로 간주될 수 있게 하였다. 과거 인권 침해를 성찰하고 시정하는 행위는 미국 사회에서 지배적인 해방과 구원의 내러티브에 잘 들어맞는다. 제2차 세계대전 당시 일본계 강제수용에 대한 배상 요구는 지배적인 담론에서 부각되는 해방과 구원, 인류의 보편적 가치를 회복하기 위한 의의를 가진 것으로 비춰졌다.

오늘날 미국 내에서 위안부 문제는 적어도 관련 운동가들에게는 과거 홀로코스트가 그랬던 것처럼 모든 전쟁과 인권 침해 피해자를 대표한다(McClean 2018). 1992년 이래 유엔 인권위원회(United Nations Commission on Human Rights)에서 관련 청문회가 개최되었으며 동 위원회의 1996

---

6) 제2차 세계대전 당시 독일계 미국인에 대한 강제수용은 없었을 뿐만 아니라 그 필요성도 제기되지 않았다.

년과 1997년 보고서는 위안부에 대하여 '성노예'라는 표현을 채택하였고, 2000년 일본군 성노예 전범 여성국제법정(Women's International War Crimes Tribunal on Japan's Military Sexual Slavery)은 일본의 법적 책임을 인정하는 등 위안부 사건은 인권 침해 사례로서 국제적으로 인정받았다(이나영 2017: 82; Yamamoto and Lee 2012: 132; Lee 2015: 4). 일본군 위안부 제도는 한일간의 단순한 다툼이나 외교문제가 아닌, 전쟁 범죄인 동시에 또한 억압받고 아직까지 고통 속에 있는 피해자들에게 정의를 회복시켜줘야 할 '정의, 평화, 도덕성'의 문제라는 인식이 확산된 것이다(McClean 2018: 10). 이러한 세계적 맥락은 코리안 아메리칸 커뮤니티가 위안부 문제를 세계의 대규모 인권침해 사례 중 하나로서 재의미화할 수 있는 배경이 되었다(류승렬 2010; 한봉석 2011).

위안부 운동을 선도한 코리안 아메리칸 단체들은 홀로코스트의 예를 따라 희생자 중심의 기억하기를 강조하며 위안부 문제를 홀로코스트와 같은 위치에 재위치시키고자 하였다. 희생자 중심의 기억하기는 생존 위안부 여성의 방문과 증언으로 위안부 운동이 확대되고 가시화된 과정을 환기시킨다. 창작물에서 위안부 여성과 이민 후 세대의 만남이 세대 간 고통의 나눔과 기억이었다면, 여러 차례의 위안부 '할머니'들의 미국 방문과 증언은 할머니들을 인권운동가로, 젊은 학생 청중들은 과거의 참상을 알리고 교정해야 할 사명을 지닌 자들로 의미화된다. 그런 까닭에서 홀로코스트를 위시해서 제1차 세계대전 시기 터키 제국의 아르메니아인 학살과 같은 인권 침해 사례로 인식된 위안부 사건은 이민 후 세대들에게 종전과는 다른 의미의 역사로 다가온다. 특히 위안부 문제에 대해 잘 모르는 미국인들에게 알려야 할 '역사교육'의 중요 부분으로서 보편적 역사로 인식된다.[7] 위안부 문제의 역사적 맥락의 확대는 코리안 아메리칸들에게 교육과 계몽의 주체라는 새로운 역할을 부여한다.

과거 인권 침해 사건을 바로잡자는 담론은 코리안 아메리칸을 보편적 정의의 주창자로 내세울 수 있게 하며, 미국 내에서 정치적 영향력을 증진시킬 수 있도록 한다(McClean 2018: 13). 이러한 인권을 강조하는 담론을 지지하고 유용하는 것은 미국 국가가 "인권과 정의의 지표"로 스스로를 내세우는 바에 부응하는 미국적 주체로서의 모습이기도 하다(Lee 2015). 사실 미국 영토에서 발생한 일본인 강제격리사건과 아시아에서 발생한 위안부 사건의 맥락을 이어주고, 또 일본군 위안부 사건을 인류 보편적 역사적 교훈으로 자리잡은 홀로코스트와 같은 참사로 의미화하는 것은 새롭게 미국에서 만들어지는 역사적 실천이다. 그러나 코리안 아메리칸 역사의 미국적 재구성은 위안부에 대한 초국적 기억하기를 근간으로 한다는 점 또한 간과해서는 안 될 것이다.

6. 나가며: 역사적 주체 만들기

이 글은 주어진 것이 아니라 형성되는 것으로서의 코리안 아메리칸이라는 집단적 범주를 이해하고자 하였다. 코리안 아메리칸의 역사적 형성을 이해하기 위해 한국과 미국 역사의 어떤 지점을 돌아보고 또한 어떤 방식으로 접근하여야 하는가? 이를 위해 '정치적' 영역을 넘어서는 보다 폭넓은 일상적인 경험을 형성하는 문학과 역사라는 측면에서 코리안 아메리칸들의 인식과 경험을 가늠해보고자 하였다.

아시안 아메리칸을 구성하는 개개 소수민족의 기억과 역사를 초국적인 배경에서 재구성하는 방식은 코리안 아메리칸의 경우에도 유의미하

7) "미국서 군위안부 알리는 한인 고교생," https://www.mk.co.kr/news/home/view/2016/06/442827/ 검색일 2019. 03. 31.

다. 아시아 아메리칸 역사쓰기의 초국적 접근은 아시안 아메리칸 집단의 '뿌리 깊은' 역사와 출신국과 미국 사이에서 계속되는 협상을 조명한다(Lee and Shibusawa 2005: ix-x). 초국적 접근은 이민 후 세대 코리안 아메리칸의 한국 역사에 대한 관심이 점점 확장되는 과정을 관찰할 수 있는 틀을 제공할 뿐 아니라 이들에게 '한국(아시아)'과 미국이 어떻게 이해되고 상상되는지 그 의미의 다층성을 기록할 수 있게 한다.

코리안 아메리칸의 집단적 기억의 형성은 소수계 집단의 이민 세대와 이민 후 세대간의 세대전이적 기억의 형성, LA 사태를 통해 나타난 코리안 아메리칸으로서의 집단적 자각, 아직까지 코리안 아메리칸 가족과 커뮤니티에 드리워진 한국전쟁에 대한 이해, 그 위에 형성된 일본 제국주의하의 식민 역사의 원용을 연결하는 것이라고 볼 수 있겠다. 코리안 아메리칸 역사는 아직까지 미국의 공식적 역사 속에 제대로 위치되지 못하였고 가족 이주사 또는 소수집단이 제공하는 문화적 다양성의 사례로서 비공식적 역사 흐름 속에 위치되어 있다(An 2012). 그러나 한국전쟁 또는 일제 강점기의 기억들은 이민 후 세대들에 의해 문학과 기타 창작 활동을 통해 끊이지 않고 재발굴되고 재해석되고 있다. 한국전쟁과 한인 디아스포라, 위안부 문제에 대한 다양한 글쓰기와 실천은 '현재'에서 만들어지는 역사를 부각시키고 공적 역사의 한 부분으로 확대를 가져올 가능성을 높인다. 위안부뿐만 아니라 한국전쟁에 얽힌 이야기들은 소수민족인 코리안 아메리칸의 역사적 경험을 구체화하고 깊이 있는 것으로 인식할 수 있는 계기들을 제공했다. 결정적으로 위안부를 둘러싼 증언과 학계와 사회운동계의 반응, 소설 등 문학작품에서의 원용은 '아시안 아메리칸다운' 관심 사항으로 주목을 받았고 나아가 다양한 사회운동집단들이 연대할 수 있는 폭넓은 사회적 맥락을 구성하였다. 위안부 관련 서사들은 일반 대중들에게도 공감을 얻어 수용됨으로써 위안부 사건에 대한 기억을 안정화시키고 역사화하는 데 기여하였다. 이런 과정에서 미국적인 맥락에서 재평가된 위안부 이슈는 코리안 아메리칸들이 폐쇄적인 한인 민족주의를 우회하고 한국계 미국인으로서의 인종·종족적 특성을 유지하면서도 보편성을 획득할 수 있는 계기로 작용한다(Kim 2003).

코리안 아메리칸의 역사적 맥락의 확대는 한국전쟁과 제2차 세계대전이라는 전쟁의 맥락과 그 연속성을 배경으로 점차 전쟁 범죄와 인권 문제, 여성의 권리 침해에 대해 목소리를 내는 담론의 형성 과정이다. 위안부 관련 담론의 양상은 LA 사태에 대한 코리안 아메리칸의 내러티브가 주류화되지 못한 것과 비교했을 때 큰 차이를 보인다. 이는 LA 사태 당시와 비교했을 때 미국 사회에서 코리안 아메리칸의 사회적 입지가 향상되었음을 말해주기도 하지만, 기존의 인종 및 종족 관계를 비판하고 미국 내 인종질서에 도전하기보다 보편적 가치를 지향하며 일반 미국인들을 포섭하려는 전략이 유효했음을 보여준다. 또한 사회 문제보다 역사적 문제를 주목함으로써 인종 문제나 인종·소수민족 갈등의 당사자가 아니라 전쟁 범죄에 대항하여 인권과 평화를 이야기하는 도덕적인 위치에 있는 코리안 아메리칸 상을 제시한다. 이런 코리안 아메리칸 상을 체화하고 수행하는 이민 후 세대들이 어떤 내적, 사회관계적 협상을 하고 갈등을 겪는지에 대하여 앞으로 더 연구되어야 할 것이다.

공간을 중심으로 한 초국가 시대 이주 연구 :
교외 거주 재미한인 연구 모델의 모색

정은주

1. 이주와 장소

이주는 근본적으로 장소와 연관된다. 어딘가를 떠나 다른 어딘가로 옮겨 가서 정착하거나, 이주 후 출발한 곳과 정착한 곳을 오가기도 하는 다양한 여정이 이주에 포함되어 있다. 이러한 이주의 공간 스펙트럼 속에서 이주자, 이민자들은 하나 이상의 장소와 사회적, 정치적, 경제적, 문화적 경험과 관계를 조직해가게 된다. 다시 말해, 이주자의 활동과 관계 형성의 범위, 삶의 맥락은 출발지와 새로운 정착지 및 중간 기착지 등 둘 이상의 장소와 연관되며 영향을 받는다. 그런데, 오랫동안 그리고 현재에도 종종 이주에 대한 사고회로에서 이민자를 바라보는 방식은 대중의 시선에서뿐만 아니라 학문적 담론에서도 하나의 민족 혹은 하나의 국가에 귀속시키는 틀에서 크게 벗어나지 못하는 경향이 있다. 복합적 정체성과 상황에 처하게 되는 재미한인을 비롯한 재외한인을 한국에서 한동안 피의 연대로 묶는 '동포'라는 명칭으로 지칭한 것은 그러한 인식을 보여주는 하나의 예이다. 정착국인 미국에서도 끊임없이 그 기원지를 우선적으로 거론하는 민족 및 종족(ethnic) 우선의 범주화는, 이민자들이 하나 이상의 장소와 연관되어 있으며 떠나온 장소 이상으로 그들 삶의 터전인 장소에 깊이 개입하고 있다는 점을 인식하는데 방해가 되기도 한다. 이 글은 현대의 이주민으로서 불가피하게 초국가적, 초지역적 장 속에 삶이 구성되는 재미한인을 연구하기 위한 패러다임을 모색하기 위해 공간과 장소에 대한 관심을 환기하고자 한다. 이주 공간 가운데에서도 특히 이주자의 삶의 중심에 있는 거주지의 특성에 대한 고찰이 어떻게 재미한인 삶의 다층적 면면과 한인들의 실천을 이해하는 통로가 될 수 있는가를 검토할 것이다.

재미한인의 거주지 특성에 대한 연구를 검토하고 이주 연구에서 공간 담론의 유용성을 점검하는 데 있어 이 연구는 교외(suburb)를 논의의 중심에 두고 있다. 교외는 종종 아메리칸 드림의 상징이자 미국 주류 중산층의 삶의 방식을 기표하는 장으로 비춰져 왔기에 '신입자'인 이민자와 그들의 거주지로서의 교외의 연결은 설명되어야 하는 대상이었다. 이 글에서는 먼저 교외라는 장소 상징에 개입된 사회경제적 역학을 배제한 전통적 이민자 거주지에 대한 논의, 특히 동화론에 기반을 둔 이민자 거주지 담론을 비판적으로 검토하고, 미국 교외의 발전과 관련된 담론과 함께 등장한 미국 내 이주민 거주지에 대한 연구들을 소개한다. 교외와 관련한 이민자 거주지의 양상은 영국, 캐나다, 호주 등 서구의 대표적 이민 수용국에서도 비슷한 양상으로 드러나는데, 이 글에서 중점적으로 다룰 미국의 사례는 유사한 조건의 다른 지역들에 대한 연구에 비교의 준거를 제공한다. 이후 초국가주의 도시연구 전통에서 본격화된 공간 개념들을 간략히 소개하며, 후기 자본주의 역동성 속에서 이해할 수 있는 공간과 장소의 개념에 기반을 두어 이민자 거주지를 설명하는 담론들을 소개할 것이다. 그 가운데 미국 내 한인 거주지는 어떻게 논의되어 왔으며 어떻게 연구될 수 있을 것인가를 논하고자 한다.

2. 이주 공간에 대한 고전적 모델: 동화론

오랫동안 이민자에 대한 연구가 사회통합의 관점에서 그들의 적응 혹은 차별의 양상을 다루며 어떻게 동화되어 가는가에 초점을 맞추었던 것처럼 이주 공간, 이주자 거주지에 대한 연구 역시 동화론과 연관되어 있었다. 이민자들은 첫 이주 이후 점차 시간이 경과함에 따라 사회경제적 지위가 나아지며 백인 주류 미국인의 규범을 따르게 되고(Anglo-conformity) 미국사회에 통합된다는 1920년대 시카고 사회학파에서 발전시킨 동화론은 이주 공간의 논의에서도 지배적이었다. 새로 도착한 대체로 가난한 이민자들은 정착지 중산층이 더 나은 환경을 찾아 교외로 옮겨가면서 남겨진 도시의 빈민지역에 모여 살며 게토(ghetto)나 엔클레이브(enclave)를 형성한다는 것이 점거와 천이 모델(Invasion and Succession Model, Park, Burgess, and Janowitz 1925)을 통해 설명되었다. 이러한 동화론적 이주 공간에 대한 설명은, 이주자들이 처음 도착했을 때 해당 국가와 지역에 대한 정보가 없기에 일종의 인큐베이터 역할을 하는 이너시티(inner city) 내 인종적 · 민족적 집거지에 거주하게 되나, 정착국 주류사회의 습성과 문화를 익히고 사회경제적 지위를 획득하게 되면서 주거 입지의 선택도 주류사회의 네트워크가 있는 곳으로 이동함에 주목한다.[1] 이너시티에서 주류사회와 격리된 공간에 존재하다가 교외지역으로 옮겨가며 집단에 따라 또는 이주시기에 따라 완전히 분산되거나 상대적으로 집중되는 양상이 나타나는데, 만족집단(ethnic group) 내에서 가난하고 덜 교육받은 이들이 공간적으로 밀집된 다운타운 엔클레이브에 거주하는 반면, 전문직을 가진 부유한 이들은 업타운, 즉 대체로 교외의 다인종 · 다민족 지역에 거주한다는 설명도 제시되었다(Uptown vs. Downtown Model, Sowel 1981).

이상의 접근은 교외로 거주지가 분산되는 것 자체가 정착사회에의 적응과 동화를 촉진한다거나, 영어능력과 사회경제적 지위를 확보하여 주류사회의 문화를 받아들인 이들이 주류사회의 거주지로 합류한다고 보면서 거주 분산 및 교외로의 이주를 동화와 연관시키고 있다. 교외에 거주함으로써 교외가 상징하는 미 중산층 생활방식과 동화될 것이라고 교외 거주와 그 상징을 연상시키기 쉽지만, 실제로는 교외에 거주하면서 언어의 면에서나 사회문화적으로 동화가 이루어지지 않은 혹은 동화하고자 하지 않는 이민자들도 다수 존재한다. 그럼에도 불구하고, 교외에 거주하는 것을 선험적으로 동화의 증거라 보는 시각은 최근의 연구에까지도 여전히 남아있다: 저우 유와 다우웰 마이어스(Yu and Myers 2007)는 로스앤젤레스(이후 LA) 거주 한인, 중국인, 멕시칸의 주거 변화 요인을 분석했는데, 한인의 경우, 주택을 소유할 경제적 능력이 생겼을 때 백인거주지로 이주했다고 보고한다. 대체로 고자산층, 낮은 연령층, 고학력자이거나 이주 기간이 오랜 집단에서 백인 주류층 동네를 거주지로 선택했다는 점에 기초하여, 저자들은 주택의 소유가 주류사회에 정착하는 중요한 지표이고 백인 거주지로의 이동은 공간적 동화를 시도하

1) '도심'은 중립적인 지리적 명칭으로 들릴 수 있지만, 미국의 경우, 도심에 저소득층의 주거지가 형성되며 빈민현상을 수반했기 때문에 이를 드러내기 위한 용어로 '이너시티(Inner city)'라는 원어를 쓰기로 한다.

는 것이라고 분석한다. 그러나 교외로의 이주나 주택의 소유가 경제적 상승을 반영하기는 하지만, 그것이 곧 사회문화적 동질화까지 포함한 미 주류사회와의 동화 움직임이라는 것을 증명하는 분석은 찾아볼 수 없다. 뉴욕 한인타운에 대한 신지연(2014)의 논문에서도 이민자들이 어느 정도 재정적으로 안정되면 교외화하여 주류사회에 동화되는 양상을 띈다고 서술하고 있는데, 동화되는 양상이 무엇인지에 대한 구체적인 분석 없이 동화론을 반복하고 있다. 이 역시 경제적 지위가 상승하여 안정적인 환경에서 주택을 소유할 수 있게 된 것을 다른 부가적 상황에 대한 분석 없이 동화와 직결시켰다는 점에서 오류의 여지가 있다. LA 한인의 주거입지 특성을 조사한 박원석(2015)도 이전의 연구들을 인용하며 주류사회의 네트워크가 있는 곳으로 주거지를 이동하려는 것을 공간적 동화라고 주장한다. 교외의 여유롭고 너른 땅에 단독으로 주택을 소유하게 된다는 것이 미국 땅에서의 경제적인 성공을 보여주는 것이기는 하나, 이를 동화 목적에 의한 것이라 단순화하는 것은 무리가 있다.

이러한 선험적인 동화론적 시각은 무엇보다 미국 사회 전체가 교외화되는 과정에서 재정적으로 감당할 수 있는 수준의 임대 주택들이 교외에 대거 건축됨으로써 저소득층의 교외 거주도 가능해졌던 미국 사회 전반의 사회경제적 변동에 주목하지 못한 데에서 비롯되었다고 보인다. 더욱이 이민자들이 교외로 분산될 뿐 아니라, 교외에서 같은 민족끼리 모이며 새로운 민족 집중 거주 현상을 보이는 것은 고소득층의 교외 거주도 반드시 동화의 흐름만을 반영하지 않음을 보여준다. 특히 1990년대 이후에는 해외로부터 교외에 직접 정착하는 신입 이주자들이 증가하고 있는 현상에 대해 이 이론은 설명을 제공하지 못한다. 이민자 거주지의 변화는 단순히 적응과 동화의 결과로 축소하기 힘든 광범위한 역학을 수반하는 정치적 과정이고, 인종주의적 노동시장, 집단의 가시성 등 다양한 이슈가 개입되어 왔다.

3. 이민자 거주지 분리와 다원주의

1980년대 들어서는 이상과 같이 동일하고 일반적인 동화를 가정하는 데 대한 문제가 제기되었다(i.e. Massey 1984; Portes 1994, 1995). 포르테스와 저우(Portes and Zhou 1993)는 동화를 불평등한 성취가 이루어지는, 계층에 따라 분절된 과정이라 개념화하면서, 그와 같이 인종과 계급의 복합적 현상이 개입된 동화의 과정이 이주자 공간의 분리와 반드시 비례하지는 않는다고 주장했다.[2)] 미국사회 이민자들의 거주지 분리 현상에 대한 분석은, 이러한 논의의 맥락에서 이민자의 인종별 · 민족별 거주지가 경제적, 환경적으로 낙후된 지역에 밀집되면서 더욱 사회 · 경제적인 차별을 유발하고 슬럼화, 게토화되는 결과로 이어지는 불평등과 갈등에 초점이 주어졌다(i.e. Massey and Denton 1993; Fortuijin and Ostendorf 1998). 예컨대, 클라크(Clark 1991)는 이민자의 거주지 분리를 발생시키는 주요 요인을 선호(preference)와 차별(discrimination)이라는

---

2) 포르테스와 저우(ibid.)는 고전적인 동화론에 대한 비판으로 분절된 동화(segmented assimilation) 이론을 제시한다. 이들에 따르면 계층화되고 불평등한 미국사회에서 이민자들이 동화의 과정을 겪기는 하지만, 거기에는 하나 이상의 분절들이 존재한다. 이민자들은 미국의 중산층 뿐 아니라 도시 최하층으로 문화화되기도 하고, 경제적으로는 통합되면서 이민공동체의 문화와 가치를 고수하는 선택적 문화화의 경로를 걷기도 한다. 즉, 미국인이 되는 방식은 주류사회로의 진입이라는 한 가지 경로만 존재하는 것이 아니며, 이런 맥락에서 결국 동화는 인종적, 계급적으로 불평등한 성취를 의미한다는 것이다.

개념으로 정리했는데, 선호는 소수집단이 서로 가까이 거주하고자 하는 자발적 선택이거나, 혹은 그보다 강하게 작동하는 것으로서 다수집단인 백인 중산층이 지역 내 인종이 일정 정도 이상으로 다양화되면 그 지역을 이탈하여 교외로 이주해 나가는 선택을 의미한다. 이와 함께 주택시장에서 대출기관이나 부동산 중개업자 등에 의한 제도적인 차별도 거주지 분리를 초래한 요인으로 지적되었다. 이러한 연구들은 도시 내 인종지리학에 의해 이민자의 정착지 선택에 보이지 않는 제약이 부여되고 있었고, 따라서 이민자들의 거주지 분리 및 민족별 밀집 현상을 단순히 동화 노력 혹은 동화 과정의 부재로 등치할 수 없음을 보여준다.

한편, 1960년대 이후 서구 시민운동의 영향으로 대두한 다원주의는 정착 기간이 길어져도 이주민 각 집단이 지닌 민족적(ethnic) 차이를 유지하거나 강화하려는 움직임이 있다는 점에 무게를 두고 거주지 분리와 집중을 설명한다. 다원론은 이민자들이 공간적으로 분리된 민족 집거지(ethnic enclave)를 형성하여 독립된 학교, 종족 기업, 단체 및 교회 등의 시설을 가지고 이주자 소수집단들의 일상을 구성한다는 점, 이주 세대가 진전되면서 주류사회에 진입하더라도 한인타운, 차이나타운 등이 여전히 이주자와 그 후손들에게 삶의 중요한 중심지로 남는 점에 대한 설명을 제공한다. 여기서는 이민자 거주지 분리 현상에 대한 동화론적 설명과 달리, 이민자들이 민족별로 밀집되는 현상이 정착지에의 적응의 정도와 별개의 현상이고, 이민자 개인의 기술이나 문화적 자본의 크기와 비례한다고도 보지 않는다.

그런데, 종족성의 차이에 초점을 둔 다원론의 근본적인 난점은 민족 내부적으로는 강한 응집력을 가정하고 민족 외부에 대해 가질 수 있는 이질성에만 초점을 맞춤으로써, 동화론과 마찬가지로 이주민 또는 원주민이 각각 하나의 국가 또는 민족 문화와 사회에 단단히 통합되거나 동화된다는 가정에 기반하고 있다는 점이다. 다양한 배경의 이민자들 각각의 행위나 관계, 신념에 대한 탐구가 이루어지기 전부터 특정 민족 집단으로서의 특성이 최우선시 되는 이러한 시각에서는 이주자들이 갖는 비종족적 유대, 다시 말해 그들의 직업적, 계급적, 정치적, 지역적 네트워크 및 유대에 대한 이해가 방해될 수밖에 없고, 이주 민족 집단 내에 존재할 수 있는 이질성을 탐구하기 힘들게 한다. 이러한 시각은 또한 특정 민족집단에 속했었다는 점만이 강조되면서 한 국가 내의 여러 다른 도시로의 이주 경험 및 이주 공간의 특성이 상호 변환 가능한 것으로 취급되어, 개별 이주자들이 특정 로컬과 관련하여 펼치는 실천과 사회적 유대를 형성하는 맥락적 요인들이 한 국가 내에서 모두 대동소이할 것이라 간주되기 쉽다. 이주자를 민족적 틀에 가두는 이러한 시각, 예컨대 이주자의 경제활동을 종족성에 묶어 단순히 에스닉 엔클레이브의 성장에 대한 기여도, 종족집단과의 관계 또는 종족집단이 직면한 차별 등과의 연관 속에서만 분석하는 것은 이주자의 역할과 네트워크가 지닌 복합적이고 보다 큰 공간적 맥락과의 상호작용을 보지 못하게 할 우려가 있다.

이주 공간에 대한 연구는 이와 같이 방법론적 내셔널리즘(Beck 2000; Wimmer and Glick-Schiller 2003)의 틀에 매몰되어 이주자들을 하나의 국가 혹은 민족이라는 틀 속에서 사고하며, 동화라는 하나의 목표로 수렴시키는 공간 인식에서 출발하는 오류를 경계해야 할 것이다. 이주자 공간은 복수의 문화와 네트워크가 교차하는 가운데 정체성의 경합이 일어나며, 이주자와 주류 사회 간에, 혹은 여러 이주자 집단들 간에 새로운 혼성적인 장소성을 형성해나가게 하는 공간으로 존재한다. 이민자와 주류집단의 거주지 분리, 이민자들의 교외로의 분산과 특정 교외 지역에의 집중 등 이주자 공간 변화의 흐름은 또한 단순히 개인적 선택

뿐 아니라 그 선택과 변화의 조건을 형성하고 조율하는 보다 광범위하고 다양한 장소들의 네트워크 속에서 이루어진다는 점에 주목할 필요가 있다.

4. 공간 담론의 전환과 발전

이주 공간과 관련하여 사회과학의 담론들이 주목해 온 이슈들은 이민자들이 어디에 어떤 과정에 의해 어떤 형태로 정착하는가, 미국의 경우 왜 도심에서 교외로, 어떻게 인종 및 종족별 집중거주에서 분산 혹은 새로운 집중의 형태가 일어나는가의 질문으로 수렴된다. 이 때 도심이든 교외든 혹은 농촌이든 장소들은 한동안 대체로 이러한 과정과 사람들, 그리고 사회구조가 담기고 펼쳐지는 물리적인 배경으로만 다루어진 경향이 있었다. 단순히 인간 행위와 문화를 담지하는 틀(container)로서의 장소와 공간은 이미 특정한 속성을 지닌 독립적이고 고정적인 실체로 가정되었다(Cresswell 2004:51). 1980년대 후반 이전까지 이주연구 뿐 아니라 인문사회과학계 전반에 가정된 이러한 공간관은 전 지구적 자본주의의 확산과 그에 따른 도시의 재편 등 20세기 중반 이후 급격히 진행된 구조적, 사회문화적 변동으로 인해 재고되어야 했다. 글로벌화의 파장이 현대의 일상에 지배적인 영향을 미치고, 이에 따라 새로운 형태의 이동성이 가져오는 생활공간의 변화에 주목하며(Sheller and Urry 2006; McCann and Ward 2011), 사회현상의 분석을 위해 다양한 공간 메타포들이 등장했다. 인문사회과학의 공간적 전환이 이루어졌다고 평가될 만큼 공간에 대한 관심이 폭발적으로 제기된 1990년대 이후 이제 장소와 공간은 물리적으로 이미 주어져서 인간 행위와 별도로 존재하는 것이 아니라, 인간 주체가 장소에 대해 갖는 태도, 가치, 감정, 행위와 연관되는 것으로, 따라서 사회적으로 구성되고 변동하는 것으로 바라보는 시각이 등장했다(Cresswell ibid.:51-52). 이러한 공간관의 변화와 이주의 연구는 서로 어떻게 시너지를 줄 수 있으며, 미국 사회 내 이민 사회를 이해하는 데 어떤 의미가 있는지 간략히 살펴보겠다.

이 새로운 공간 담론들 속에서 장소는 상술한 바와 같이 인간의 실천과 별도로 이미 어떤 특정의 성격을 띄고 있는 것이 아니라, 다른 장소 또는 지역들과의 관계 속에서 그 특성이 생성되고 있는 것으로 이해된다. 이 때 이주는 그를 유발하는 구조적 움직임들과 이주자가 동반하는 상이한 문화로 인해 정착지 및 그와 연관되는 다양한 차원의 장소들을 변화시키는 큰 동인이 된다. 한인 거주자가 늘어나면서 교외에 한국식당과 슈퍼마켓의 한글 간판이 늘어나 동네의 풍광을 바꾸고, 한국식 학원, 목욕탕, 노래방 등이 들어서며 일상의 레퍼토리를 늘리는 것은 이주자로 인해 장소의 성격이 변화하는 일상적 사례 중 하나이다.

그런데 공간 담론의 획기적인 변화가 이루어진 후에도 이주연구에서 한동안 장소성의 중요성이 인식되지 못했고, 도시연구에서도 이주자들이 가져오는 변화에 크게 주목하지 못했다. 이주와 공간 담론이 상호간의 영향에 주목하기 시작한 것은 도시연구에서 장소성에 영향을 주는 글로벌 경제의 작동에 주목하기 시작한 1990년대 초반에 이르러서이다. 특히 전 지구적 자본의 움직임과 더불어 이주자들이 기원지와 목적지를 연결하는 초국가적 장(Glick-Schiller, Basch, and Blanc-Szanton 1994)을 구성하고 있음에 주목한 초국가주의 접근을 통해 이주연구가 도시연구와 연계되면서부터 이주를 설명하는데 장소성이 고려되고 주목되기 시작했다.

초국가주의 도시연구에서 다루는 공간 개념들 가운데 특히 로컬리티

(locality)와 스케일(scale)은 두 곳 이상 지리적 장소들의 사회적 변화를 다양한 측면에서 고찰하는데 유용한 개념이다. 로컬리티는 근본적으로 다양한 스케일 즉 국가적, 전 지구적 수준의 영향력과 로컬 수준의 사회적 관계망 간의 상호작용 속에서 생성되며 그렇게 다양한 스케일과 얽혀있는 특정 장소에 삶의 터전을 둔 여러 행위자들에 의해 구성되는 것으로 이해된다. 즉, 다양한 차원의 로컬이 상호작용하는 과정이 중첩되면서 장소의 특성은 계속적으로 재구성되는 것으로 이해된다(Herod 2011:228-230). 장소성이 구성되는 것을 이와 같이 개념화하는 것은 인간집단의 활동과 네트워크의 형성이 국가 경계를 넘어 확장되는 거시적, 구조적 동인에 주목하는 동시에 그 연망과 실천의 결과가 드러나는 로컬에도 주목하게 한다. 이러한 점에서 초국가주의 도시연구의 공간 담론은 이주자의 활동과 주체적인 실천에 주목하게 하고, 그를 포함한 다양한 요인들이 이주 공간을 변화시키고 있음을 이해할 수 있게 한다.

이와 같은 공간 담론을 염두에 둘 때 이주는 이주자들에 의해 다양한 차원과 규모의 장소성이 연결되고 경합하며 중첩되는 계기를 제공하는 현상임을 알 수 있다. 또한 도시 연구의 공간 담론에 주목한다는 것은 각 공간을 가시적이고 구조적으로 연결시키는 글로벌 자본의 파장과 그로 인한 공간적 재편을 이해하고자 하는 분석을 행하는 것이다. 공간 담론을 통해 도시 재편 과정의 행위자들을 깊숙이 들여다봄으로써 도시 재편 과정에서 이주가 어떻게 작동하는지, 다시 말해, 이주자들로 인해 공간이 어떻게 재구성되고 조정되는지, 이주자가 속한 도시의 재구조화는 어떤 양태로 드러나며 그것이 지역의 정치경제 및 사회-문화에 미친 영향은 어떠한가에 대한 탐색이 가능해진다. 이와 같이 공간을 매개로 하는 접근은 실천하는 주체로서의 이주자를 주목하게 한다는 점에서, 나아가 같은 민족집단에 속하는 이주자라 하더라도 각기 다른 로컬과 대응하는 다른 실천들에 주목하게 한다는 면에서 의미 있는 연구 도구가 될 것이다.

5. 미국의 교외화와 새로운 교외

다시 말해, 장소성에 주목하여 이주를 사고하는 것은 이주자를 단순히 고향을 떠난 민족집단의 일원으로 보는 시각에서 탈피하여 정착지의 거주자로 바라보게 하며 그들의 삶이 진행되는 장소인 거주지의 특성에 대한 관심을 환기시킨다. 미국에서 이민자들이 교외로 분산되는 것을 동화의 결과 혹은 동화 목적에 의한 것으로만 해석하는 것의 오류는 무엇보다 그들의 장소인 현대 미국 도시에 대한 분석이 결여된 데에서 파생된 결과이기도 하다.[3] 재미한인을 포함한 미국 이민자의 삶의 터전을 분석하는 과정에는 이민자를 포함한 미국인의 삶의 조건이, 특히 도시로 통칭되는 장소의 조건과 환경이 어떻게 형성되어왔고 변화되고 있는가에 대한 통찰이 필요하다.

2차 세계대전 이후 미국의 환경에서 가장 중요한 변화 중 하나는 케네스 잭슨(Jackson 1987)이 '미국의 교외화(suburbanization of the United States)라 칭한 일련의 현상이다. 미국의 도시들이 도심과의 관계에서 벗어나는 탈중심화 현상은 단순히 가정과 학교가 도심에서 이탈하는 것에 그치는 것이 아니라 직장의 위치도 교외로 흩어지면서 삶의 전반에 걸친 광범위한 변화를 가져왔다. 프리웨이(freeway) 시스템의 구축과

3) 여기서 도시는 대도시(metropolis)나 시정을 갖춘 도시만을 의미하는 것이 아니라, 미국의 행정적 단위로서 다양한 크기의 타운들을 의미한다.

자동차 산업의 발전으로 도심 없이 기능하는 도시들이 가장 먼저 대거 등장한 캘리포니아는 이러한 전후 교외문화의 상징이자 선두주자로 꼽힌다. 예컨대 디즈니랜드가 1955년 애너하임(Annaheim)에 자리 잡으면서 오렌지카운티(Orange County)는 농촌에서 교외로, 중소타운의 집합체로 발전해왔고, 애너하임, 산타아나(Santa Ana), 가든 그로브(Garden Grove) 등 특정의 중심지에 매이지 않는 도시들(centerless cities, Jackson ibid.)이 같은 연망 내에서 기능할 수 있게 되었다(그림 1. 지도 참조). 로버트 피쉬만(Fishman 1987) 역시, 19세기가 도시의 시대라면 전후 미국은 가히 '교외의 시대'를 구가하고 있다고 주장한다. 인구 뿐 아니라 산업 발달이 도심에서 축소하는 사이 도시 바깥의 소도시들-교외-에서는 인구 성장과 더불어 제조업과 도매업이 지속적으로 성장하며 이들 직종의 대부분이 교외에 이루어졌다는 것은 그를 증명한다.[4]

거주지와 함께 산업 및 특화된 서비스가 동시에 탈도심화하고 있는 이러한 전후 미국의 도시 현상에 대해 피쉬만은 고전적 교외의 원리에 반대되는 원리를 가진 새로운 도시의 탄생이라 보았다. 전통적 교외가 도심에 있는 직장으로 출근하는 목가적 거주지역으로서, 도시적 기능을 도심으로부터 충족하는 형태라면, 2차 세계대전 이후 미국 교외의 특성은 도시와 연관된 모든 경제적, 기술적 역동성을 자체적으로 담지하고 있어 도심에 기능적으로 의존하지 않아도 되는 탈중심적 환경을 형성하고 있다. 이것이 가능하게 된 것은 통신기술의 진전과 교통체계의 발전에 의해서라는 점에서 피쉬만은 전후 미국의 교외도시들을 '테크노버브

4) 1950년에서 1970년 사이 도심의 인구가 10만 명 증가한 반면 교외 인구는 85만 명이 증가했으며 이 시기 제조업과 도매업 직종의 4분의 3이 교외에 존재했다 (Fishman ibid.).

[그림 1] 메트로폴리탄 로스앤젤레스 지도

(technoburb)'라 개념화한다. 대부분의 미국인에게 삶의 진정한 센터는 도시도 촌도 전통적인 교외도 아니고, 고속도로를 따라 생활을 구성하는 지역 속에서 차로 편하게 도달할 수 있는 지역들로 그 경계가 정해지는 '테크노버브'라는 주장은 현재 미국의 도시 구조를 잘 반영하고 있다. 워싱턴 포스트 기자였던 조엘 갸로(Joel Garreau 1991) 또한 '주변도시(edge city)'라는 용어를 통해 전통적인 다운타운 바깥에 위치하는 교외에 비즈니스, 쇼핑, 엔터테인먼트가 집중되는 지형을 설명한다. 어떤 명칭으로 개념화하든 간에 전후 미국 도시의 재편은 갸로의 말처럼 "도시의 핵심인 부 생성의 수단, 즉 직업과 일터를 우리 대부분이 살고 소비하는 곳으로 옮겨" 온 것과 관련이 깊다. 이런 의미에서 '특정한 중심을 두지 않고(centerless city)' '기술적 발달에 의해(technoburb)' '도심 주변부에서(edge city)' 도시의 기능을 수행하는 거주지이자 삶의 터전으로서의 교외는 일과 관련된 다양한 인구들을 흡수할 수밖에 없다. 또한 대체로 도심에 비해 땅값이 저렴하고 안전하여 글로벌 기업과 그에 수

반되는 고임금 및 저임금 인력들에게 공히 삶의 질을 높일 수 있는 매력적인 삶의 터전으로 여겨짐으로써 대다수 미국인의 삶의 근거지가 교외로 옮겨지는 과정이 전개되어 온 것이다.

이러한 교외로의 이동은 미국 내 이민자들에게서도 예외가 아니었다. 이민자들이 도시 중심부에 몰리지 않고 교외에 정착하는 현상은 이미 오래 전부터 관찰되어 왔고(Alba and Logan 1991; Allen and Turner 1996; Forrie 1991; Green 1997; Zelinski and Lee 1998) 1990년 이후에는 미국에 처음 도달한 신입 이민자들도 교외에 직접 정착하는 것이 미국으로의 이민에서 가장 중요한 변화로 대두되었다. 이는 다수 미국인의 삶의 터전이 점차 교외로 이동해왔고, 미국 산업의 전반에 이민자들이 분포되어 있음을 고려할 때 충분히 예측 가능한 현상이다. 이민자의 거주지가 교외로 분산되는 현상에 주목한 학자들은 이를 가능케 한 요인으로, 교통의 발달이나 취업의 기회가 교외로 분배되었다는 점(Newbold 2001)과 더불어, 지리적 근접성이 아닌 다른 방식으로 이민자들 간에 사회적 유대를 유지하는 것이 가능해졌고(Zelinski and Lee 1998; Newbold ibid.), 넓은 땅에 한 가족만 사는 집들이 특징이었던 교외에 부담이 덜하고 구매가능한 다가족 거주 형태의 건축이 이루어졌기 때문(Hardwick 2008) 이라는 등의 분석을 제시한다. 이상의 분석들이 이민자들의 교외 분산에 대한 부가적인 설명을 제공하고는 있지만, 필자는 이상의 설명은 이민자에 한정되는 것이 아니라 이민자가 아닌 주류 미국인들을 포함한 다양한 계층과 집단 구성의 미국사회 전체에 적용된다고 생각한다. 즉 이민자 집단의 교외 분산은 이민자 네트워크가 분산될 수 있었던 점과 함께 무엇보다 미국 사회의 일원으로서 이민자들 또한 미국 내 도시재구성의 영향을 동일하게 받고 있었기 때문이라고 보인다.

이주자들의 교외 거주가 증가하면서, 교외에 부여된 장소의 성격이 어떻게 변화해 가는가, 장소성의 변화에 개입되는 집단의 지형은 어떻게 구분되는가 등 장소의 성격을 구성하는 집단들 간의 관계에 대한 질문도 제기되었다. 예컨대 인류학자 브레텔과 닙스(Brettell and Nibbs 2010)는 초기교외지(first suburb)에서의 인종적, 계급적 충돌에 대해 분석했다[5]. 텍사스의 소도시 파머스 브랜치(Farmer's Branch)와 같은 전형적인 초기교외지에 라티노 이주민과 노동자층 거주자가 증가하자, 집세를 주기 전에 영어능력을 요구할 수 있다는 법령과 같은 반이민적 법률이 지정되었다. 저자들은 이를 교외가 상징하는 백인 중산층 미국인의 정체성이 위협받는다는 불안감이 이민자와 노동자의 증가에 의해 증폭되는 과정에서 생성된 반응으로 보았다. 교외는 넓은 땅에 한 가족이 소유한 집이라는 상징을 통해 중산층의 라이프 스타일을 구매할 능력과 지역공동체에의 책임을 표현하면서(Clark 2004:63) 미국인됨과 아메리칸 드림을 기표화하고 있다고 동의되어왔다. 이에 대해 브레텔과 닙스는 파머스 브랜치의 사례를 통해 교외의 삶에서 중산층의 정체성은 단순히 집의 소유나 수입이 아니라 그러한 경제적 지위와 연계된 가치, 미학, 취향 및 경향에 관한 것, 즉 삶에 대한 문화적 가정과 준거 등이 관련되어 있으며(ibid. 13), 그에 기초하여 이민자 및 노동계층과 차별화하고자 하는 기존 거주자들의 담론이 등장한다고 보았다. 이러한 문화의 인종화 및 계급화에 대한 인식은 이전의 이민자 거주지에 대한 논의에서도 등장했던 주제다. 아시안 아메리칸의 게토를 엔클레이브라 칭하

---

5) 초기교외지란 전후 처음으로 발달하기 시작한, 대도시 도심에 가까운 지역을 개념화한 용어이다(Pluents and Warren 2006). 교외의 전형적인 특징을 가지고 있지만 중심 도시와의 연관성이 다소 크고, 새로운 교외지와 비교할 때 낡은 주택이 많으며, 소수자, 노인, 저임금 인구가 전국 평균보다 빠른 비율로 성장하는 특성을 가진 도심 바깥의 도시들을 지칭한다.

며 계급적 불평등을 인정하지 않으려 했던 데 대해 장윤미가 계급의 문화화(Chang 2012)라 명명한 것도 이와 같은 맥락에서 미국 사회 내 문화-계급-인종성 간의 긴밀한 연관 속에 이민자에게 차별의 도구가 되고 있음을 읽어낸 분석이다. 이와 같이 중산층 정체성에 대한 불안감이 이주자의 교외 거주에 투사되는 현상은 캐나다 밴쿠버의 엘리트 교외 지역에 이주한 중국인과 오랜 거주자들 간의 갈등 속에서 경제적 동화는 거부하지 않지만 문화적 동화는 거부하는 양상에 대한 연구들(Ray, Halseth, and Johnson 1997; Ley 2008)에서도 드러난다.

5. 미국 내 한인거주지에 대한 연구

미국 내 한인의 거주지에 대한 연구는 소수를 제외하고는 한인 인구가 많은 두 도시, LA와 뉴욕에 집중되어 있다. 특히 한인 인구가 많고 한국적 삶의 복사본이 재생된다고 회자되어 온 LA 한인 거주지에 대해 주목할 만한 연구들이 축적되었다. LA는 미국에서 가장 먼저 탈중심화된 산업도시로 알려진 곳이자, "서로 녹아들지 않거나 오로지 차이를 지닌 상태로만 녹아들 수 있는 사람들이 많은 지역"(Rand 1967:102)이라는 묘사에서 드러나듯, 인종적 · 계급적 분리가 다른 어떤 지역보다도 거주 패턴을 통해 잘 드러나는 도시이기도 하다.[6] 낸시 에이블만과 존 리(Abelmann and Lee 1995)는 에스닉 엔클레이브의 형성을 백인 배타성의 결과로 보며, 그것이 종족 연대에서 탄생했다고 논하는 것은 백인의

6) 이는 필자가 3년여(2016~2018)에 걸쳐 LA와 그 근교에서 현지조사를 하며 만났던 이들의 말과도 일치한다. 특히 다른 글로벌 거대도시 – 런던, 시카고, 뉴욕 –에서 온 이들은 "LA는 다양하지만 그 다양성이 블록화되어 있다"고 입을 모았다.

영역에 다른 소수집단의 진입을 막았던 인종주의적 관습들을 덮는 담론일 뿐이라고 말한다. 에스닉 엔클레이브의 형성을 통해 인종적 라인을 따라 거주지 분리 또는 격리가 이루어짐으로써 LA는 멕시칸과 아시안이 많아도 지역 내 백인의 아성(Whiteness)이 손상되지 않았다(ibid.: 89). 1960년대 중반 이민법 개정 및 취업, 교육, 거주에서의 격리를 뒷받침하는 법적 근거들이 무너지면서 한인들은 상당히 일찍부터 도심에서 빠져나오기 시작했고, 1970년대 코리아타운이 폭발적으로 성장한 이후에도 코리아타운을 벗어나 도심 밖으로 이주하는 교외화는 계속되었다[7]. 데이비드 김의 1975년 저술에서 이미 "미국에서 태어났거나 경제적 지위가 나아진 사람들은 도시 바깥쪽과 교외에 살고 있다"(Kim 1975: 50)고 보고되었고, 1979년 LA Times의 보도에서는 2세 한인이나 오래 전에 이민 온 한인들이 비싼 거주 지역으로 이사하고 있었으며 벨에어(Bel Air), 비버리힐즈(Beverly Hills) 등의 부유한 지역에 집을 산 한인가족들이 여럿 있었다(Sherman 1979)고 거론하기도 했다. 유의영(Yu 1982: 30)도 LA 카운티 내 한인 인구가 점차 도심에서 벗어나고 있다고 서술한 바 있다.

에이블만과 리(Ablemann and Lee ibid.)는 1970년대부터 90년대에 이르기까지 미국 전체와 캘리포니아의 경제적 배경, 특히 글로벌 경제의 움직임에 의한 투자와 노동의 지형에 주목하면서 90년대 LA의 거주지 분리를 설명한다. 이들의 LA 한인 거주지에 대한 분석은 초국가주의 도시연구 전통의 이중 도시(dual city, Castells 1989: 224-228; Sassen 1991: 317-319) 논의에 기반하고 있다. 즉 저자들은 90년대 LA 경제가 국제금

---

7) 1964년 Civil Rights Act, 1965년 Voting Rights Act 및 이민법 개정에 이어 1968년 The Open Housing Act가 제정되면서 거주지 차별이 불법화되었다.

융 및 반도체 산업과 같은 고기술 산업, 의류 생산과 같은 저기술 산업, 그리고 엔터테인먼트, 관광 등의 서비스 부문이 섞인 상태로 진전됨으로써, 글로벌 경제와 연관된 전문직 및 그들에게 서비스를 제공하는 육체노동자들이 도시 내에 함께 존재하고 있다고 말한다. 에이블만과 리는 이 시기의 주거 분리가 종족성보다는 경제학에 기반하고 있으며, 민족별 거주지 지형을 분별하는 에스닉 지도를 그리는 데 있어 계급적 요인이 무엇보다 중요해져서, 수많은 외부인 출입제한 거주지(gated neighborhood)들이 생겨나는 한편 기존의 에스닉 엔클레이브는 다민족화되고 빈민화되었다고 분석하였다. 한인들의 거주지가 LA 각지로 분산되면서 사우스 베이(South Bay)의 부유한 지역에 사는 한인의 숫자가 1980년과 1990년 사이에 두 배가 되었고(Millican 1992), LA 코리아타운의 실거주자는 주로 라티노가 된 상황은 이러한 분석을 증명하고 있다. 저자들은 한인 이민자들에게 코리아타운은 그들이 어디로 이동을 하든 고향이라는 상징성을 지니지만 거주지로서는 선호되지 않는다고 서술한다.

LA 코리아타운의 성격에 대해서는 박계영과 제시카 킴(Park and Kim 2008)의 연구에서 좀 더 심도 있게 논의되었다. 이들의 분석 역시 초국가적 자본의 흐름에 주목함으로써 코리아타운이라는 공간이 로컬, 지역, 국가적, 초국적 힘들과의 접점에서 구성되는 방식을 추적한다. 코리아타운은 1970-80년대에 한인 마켓, 쇼핑센터, 신문사, 잡지, 라디오, 텔레비전 방송사 등이 생기며 발전하였고 더불어 한인조직 및 무역조직, 직종별 조직 등이 생기며 한인들이 공동체 의식을 가지고 결속할 수 있는 체제가 갖추어졌다. 코리아타운이 한인 거주지의 중심으로 남아있지는 못하지만, 저자들은 흩어져 사는 남가주 재미한인들을 이어주는 연계지(ethnic nexus)의 역할을 하며 새로이 남가주 한인의 정치적, 사회

문화적 활동의 메카가 되고 있다고 설명한다. 뉴욕 차이나타운이 1980년대 화교 투자로 인해 이중 도시의 경제를 생성하게 된 것(Lin 1998)과 마찬가지로 박계영과 제시카 킴의 연구는 한국자본 유입의 결과로 재편된 LA 코리아타운의 경제적·초국적·문화적 지형에 주목했다. LA 코리아타운에 한국 자본이 쏟아져 들어오면서 한편으로는 클럽, 스파, 고급 쇼핑센터, 룸살롱, 마사지소 등을 통해 부유한 이민자들이 다시 유입되고 있고, 다른 한편으로는 재개발이 초래한 젠트리피케이션(gentrification)으로 인해 이전의 거주자와 소상인들이 퇴출되고 있는 모습이다. 1990년대 중반에 출판된 에이블만과 리의 연구에서 묘사된 코리아타운은 이민자들이 도착해서 떠나고 싶어 하는 장소였지만, 10여년 후 박계영과 제시카 킴의 연구에 비춰진 코리아타운은 윌셔(Wilshire) 상업지구의 발전과 더불어 향락산업 등 불법적 행태를 포함한 한국의 현대성을 선택적으로 전유한 소비공간이 발달함으로써 구매력이 있는 중산층도 유인하는 장소가 되었다. 이러한 코리아타운 장소성의 변화를 구동시키는 힘은 상기 연구에서 드러나듯 LA 혹은 미국 내의 작동에 한정되지 않는다. 에드워드 박(Park 2012)이 지적한 것처럼 남한의 경제가 주춤하고 부동산 가격이 치솟으면서 돈의 흐름이 서울에서 LA로 급증한 점, 혹은 2008년 말 한국이 비자 면제 프로그램에 포함되며 한국에서 관광객 및 단기방문자가 증가한 점 등의 초국적 작동들은 1992년 LA폭동 이후에도 지속적인 성장을 이루어 온 코리아타운을 "종족의 섬"이 아니라 "초국적 버블"로 변모시켰다고 고찰한다.

이 외, 유의영은 지속된 연구를 통해 LA 한인의 인구 분포와 구성(Yu 1982), LA 코리아타운의 성격에 대한 연구(Yu 1985), 한인 공동체의 흐름(Yu 1983)을 보고하며 도심에서 점차 벗어나는 한인 인구에 대해 주목하였고, 1990년에는 코리아타임즈 칼럼을 통해(Yu 1990) 코리아타운에 남아있는 한인은 대체로 가난하거나 나이 든 사람이라고 보고하였다. 그 외 앞서 언급했던 유와 마이어스의 2007년의 비교 연구(Yu and Myers ibid.)는 유의영의 연구들과 더불어 LA 한인들에 대한 귀중한 자료를 축적하고 있지만, 도심을 벗어나는 한인의 움직임을 백인 거주지인 교외로 진입하는 공간적 동화로 결론짓고 있어, 이는 보다 심도 있는 분석을 통해 보완되어야 할 것이라 생각한다.

뉴욕의 경우, 거주지에 초점을 맞춘 연구는 다소 최근에 등장했다. 민병갑 · 주동완(2010)의 연구에서는 플러싱(Flushing) 지역의 한인타운이 수행하고 있는 에스닉 엔클레이브로서의 기능 및 이들 공간에서 일어나고 있는 경관의 변화를 다루었다. 그 외 민병갑의 뉴욕 한인에 대한 지속적인 연구 가운데 한인의 성장과 거주지 정착을 다룬 연구(2012a), 뉴욕-뉴저지(New Jersey)의 코리안 엔클레이브의 인구 성장과 인종구성을 다룬 연구(2012b)가 있으며 주동완(2011)은 뉴욕 플러싱 한인타운 단체 및 한인활동을 디지털화하기 위한 기초연구를 제시한 바 있다. 거주지를 직접적으로 다룬 것은 아니지만, 권상철의 한인 상권 분포에 대한 연구(Kwon 1990)에서도 거주지에 대한 분석이 드러나는데, 권상철은 뉴욕 브롱크스(Bronx) 지역 한인 상권의 분포를 분석하며 1990년 이전부터 도심의 한인타운 밖에서 간헐적으로 형성되는 한인 커뮤니티가 흑인, 히스패닉 등 비주류 소수자 집단의 거주지 내에 형성되었음을 보고하고 있다.

LA와 뉴욕 이외 지역의 한인 거주지에 대한 연구로는 최근 미국 내에서 가장 빠르게 한인사회가 성장하는 지역으로 꼽히는 애틀랜타(Atlanta)와 인근지역에 대한 연구가 있다. 매트로 애틀랜타(Metro Atlanta) 한인사회의 공간적 분포를 개관한 이승철 · 이의한(2011)은 애틀랜타 한인사회가 성장해온 역사를 개관하며, 한인 업체록을 기초로

하여 한인 업체의 입지동향을 분석한다. 한인업체록을 분석 대상으로 함으로써 한인을 대상으로 하지 않는 한인 업체가 누락되었을 단점을 저자들도 인정하고 있지만, 한인 대상 업체들의 분포를 살핌으로써 한인 거주지와의 상관성을 지닌 분포도를 추적했다는 점에서 의미가 있다고 보인다. 저자들은 한인사회의 규모가 커지기 시작한 1970년대 이민 초기에는 도매업이 주가 되다 보니 교통이 편리한 도라빌(Doraville)에 업체가 집중되었다가, 2000년대 접어들어 그 지역에 히스패닉과 아프리칸 아메리칸이 대거 이주하면서 한인들이 이탈하였다. 이후 상대적으로 교육 여건이 우수하고 교통이 편리한 지역으로의 이주가 크게 증가하였으며 한인 업체들도 그와 함께 애틀랜타 북동쪽 외곽으로 급속히 확산되었다고 보고한다(ibid. 255).

6. 새로운 교외거주지 패러다임

재미한인의 공간에 대한 연구는 이상의 연구들에서 드러나듯 코리아타운에 대한 연구가 주를 이루고 있다. 교외로 이주해가는 한인의 움직임에 대해서는 오래 전부터 주목해왔지만(i.e. 이승철 · 이의한 2011; Min 2012b; Yu 1982), 정작 교외에서의 한인들의 삶에 대한 분석이나 지역에 따라 서로 다른 삶의 조건을 형성할 특정 교외의 성격, 그 안에서의 한인들의 활동과 관계에 대한 분석은 찾기 힘들다. 그러나 전술하였듯 이제 다수 재미한인의 삶의 근거지는 다수 미국인의 거주지가 그러하듯 교외에 기반하고 있다. 교외의 중산층 거주지, 특히 종래 백인 커뮤니티라고 여겨졌던 지역에 한인이 이주하는 것을 단순히 백인과의 동화(Anglo-conformity)를 위한 것이라고 해석하기에는 너무나 다양한

층의 한인들이 교외에 거주하고 있는 것이 현재의 모습이다. 한인을 비롯한 다양한 출신의 이민자들과 그 후손들은 도심의 엔클레이브가 아닌 교외로 흩어져 다양한 인종과 종족으로 구성되는 지역에 거주하는 한편, 과거의 도심 엔클레이브와는 다른 양상으로 같은 종족 출신의 이민자들이 교외의 특수 지역에 집거하는 양상을 보이고 있기도 하다. 이는 지역, 국가, 초국가 등 서로 다른 스케일의 장소들이 얽혀있는 글로벌 정치·경제의 움직임과 무관하지 않다. 여러 인종 및 종족이 공존하는 가운데 새로운 종족 집거가 나타나는 이와 같은 교외에서의 삶을 분석하기 위해서는 어떤 시각과 방법들이 유효할 것인가에 대한 숙고가 필요한 시점이다.

종래 백인 중산층의 거주지라 여겨졌던 교외에 다양한 이민자들과 중하 계층의 미국인들도 이주함에 따라 이를 설명하고자 '멜팅팟' 교외(Meltingpot suburb), '교외민족지'(ethnoburb) 등의 용어들이 등장했다. 이민자의 교외거주를 설명하는 용어들이지만 이민자 집단의 성격에 따라 서로 다른 거주지의 양상을 드러내므로 각 용어가 모든 집단을 동일하게 잘 설명한다고 볼 수는 없다, 각 집단의 출신이나 이민의 여정 및 미국과 이민자 출신국과의 관계, 미국 내에서의 집단 이미지 및 경제적, 문화적 위치에 따라 그들의 교외 거주를 설명할 적실성 있는 연구틀이 달라질 수밖에 없다. 이 글에서는 캘리포니아 중국인 이민자들의 거주지를 모델로 한 웨이 리(Wei Li)의 에스노버브(ethnoburb, 교외민족지, Li 1998; 1999; 2005; 2009) 개념에 주목하고자 한다. 리의 교외민족지론은 중국인 이민의 역학을 설명하는 이론으로 등장했지만, 1965년 이민법 개정 이후 증가한 아시안 아메리칸의 성격을 공유하고 있다는 점에서 코리안 아메리칸의 교외에서의 삶을 비추어 볼 수 있는 유용한 프레임이라 여겨진다. 다시 말해, 이민법 개정 이후 증가한 아시안 이민자로서 중국인과 한인 가운데에는 이전 이민세대보다 평균적으로 교육수준이 높고, 구매력과 자산, 정보력을 갖춘 이들이 대거 포함되어있다는 공통점을 지닌다. 이들 양 집단의 이민자들은 미국생활에 적응하기 위한 인큐베이터로서의 코리아타운이나 차이나타운을 거치지 않고 교외에 자가 소유 주택을 구매하고 다양한 인종과 섞여 생활하는 환경을 처음부터 선택하는 한편, 거주지인 특정 교외 지역에 모여 살며 출신 민족의 편의를 도모할 상업시설과 사설조직들을 성장시켜 가고 있다는 특징을 공유한다. 중국인이 많이 모여 사는 캘리포니아 몬터레이 파크(Monterey Park)나 산 마리노(San Marino), 한인이 많은 플러턴(Fullerton) 및 라크레센타(La Crescenta)-라카냐다(La Canada Flintridge) 등지가 에스노버브의 예이다. 다만 중국인 이민자의 경험이 전적으로 동일하게 한인에게 적용될 수 없고, 미국 내의 법적, 인종적 환경의 유사함에도 불구하고 집단 간 문화적 차이로 인해 생성되는 차별화되는 현상들에 대해서는 에스노버브 프레임을 넘어서는 분석이 필요할 것이다. 이 글은 장소성이 이주와 갖는 관계에 주목하며 현 시대 재미한인 사회를 연구할 모델을 모색하는 이론적 메타분석을 목표로 하고 있어, 여러 사례에 대한 본격적인 분석은 다른 글을 통해 제시하고자 하나, 예컨대 중국인 고용인이 중국인 노동자를 우선적으로 고용하는 관행으로 인해 중국인 에스노버브에는 고용인과 노동자가 동일 지역에 같이 거주하는 현상이 등장하는 한편, 그러한 양상이 한인 에스노버브에서는 잘 보이지 않는 것은 양 집단 간 문화적 차이에 기인한 하나의 예라고 할 수 있겠다.

에스노버브는 교외지역에 특정 민족의 이민자들이 모여 살되 다수를 형성하지는 않는 현상을 일컫는 용어로 등장했다. 도심의 에스닉 엔클레이브와 달리 격리된 종족 커뮤니티를 형성하지 않지만, 특정 교외에 중국인 혹은 한인 등 특정 민족 출신인들이 모여 살면서 에스노버브는 점점 더 해당 민족집단에 특수한 산업과 전문서비스들, 식당과 슈퍼, 부동산, 이민자를 위한 재정과 법률 서비스, 랭귀지 스쿨, 여행사 등을 형성하는 등 민족적 기관과 구조가 자리 잡았고, 특정 민족집단 성원의 인구가 증가하면서 이들이 종족성에 기반을 둔 집단적인 정치적 목소리를 내기도 하는 모습도 포착되고 있다. 예를 들어, 필자가 2016년 초부터 3년여에 걸쳐 현장연구를 행한 라카냐다 플린트리지라는 타운은 고학력 백인이 주류를 이루는 지역으로 한인은 인구의 약 20%가 채 되지 못하지만 백인 다음으로 높은 비율을 차지하면서 '한인이 많은 백인 동네'로 알려져 있다. 지역 내 한인 인구는 이민 1세부터 3세까지, 영어 숙련도나 로컬의 관행에 대한 민감도도 다양하며, 지역 내에서 한인들이 동질적인 모습으로 다수를 형성하고 있지는 않다. 그러나 한국식당, 한국 슈퍼마켓, 학원, 부동산 등이 동네의 풍경을 형성할 정도로 다수 들어서 있으며, 이에 따라 지역 내 학교 관계자들이 한인의 존재를 자주 언급하고 있고 정치인들도 한인 대상의 선거 캠페인을 따로 마련할 정도로 커뮤니티 내 한인의 집중도는 가시적으로 드러나고 있다.

리는 이러한 현상이 가능할 수 있었던 거시적 배경으로, 초국가적 도시연구의 맥락에 따라, 글로벌화로 인한 경제의 재구조화를 든다. 즉 미국 산업의 중심이 제조업에서 서비스업과 하이테크 산업으로 이동하면서 고임금 전문직과 저임금 서비스 직종에 대한 수요가 동시에 상승한 극화된 재산업화(polarized reindustrialization)가 구조적 배경이 되고 있음을 지적했다. 한편, 에스노버브를 있게 한 미국 내의 정치적 요인은 1965년 이민법 개정에서 찾을 수 있다. 이 때의 정책 변화로 인해 미국 역사상 처음으로 동등한 이민 쿼터가 모든 국가들에 열렸고 여러 3세계 국가들, 특히 아시아와 라틴 아메리카에서 이민자들이 밀려들어와 미국

이민 인구의 사회경제적 구조를 변화시켰다. 1965년에 이어 1990년의 이민법 개정에서는 미국이 필요로 하는 전문 인력 이민자를 우대하는 정책을 제시함으로써 특히 아시아 전문 인력의 미국으로의 이주가 폭발적으로 증가하게 된다. 이와 같이 글로벌 경제의 재편과 미국 이민정책에 있어서의 중대한 변화, 그리고 아시아 국가들 내의 정치환경의 변화 및 글로벌 투자조건의 변화 등 송출 환경과 조건 간의 상호작용에 의해 고급 기술 인력과 투자자들을 송출한 아시아계 이민자들이 미국에 대거 유입되었고 이들 간에 유사한 거주 현상이 관찰되고 있다. 대체로 자산도 있고 영어가 가능한 이 새로운 인력들은 사업상 네트워크를 위해 대체로 같은 민족이 많이 사는 대도시 주변의 교외를 거주지로 선택했으며, 미국 주류사회에 섞이는 것과 동등하게 본국인들과의 초국적 유대를 유지하는 것이 중요한 새로운 유형의 이민자들이라는 특성을 드러낸다. 같은 민족 출신인들이 모여살고 있지만, 이들의 종족집거는 계급적인 양상에서 그리고 대체로 배타적이고 격리된 민족 집거를 하지 않는다는 점에서 과거 에스닉 엔클레이브의 집거와 구별된다.

리가 연구한 산 가브리엘 밸리 중국인들의 경제활동은 글로벌 경제와의 밀접한 연관 속에서 국제무역 및 관련 서비스에 종사하는 이들이 주도하고 있고, 해당 교외 지역은 단순히 거주지만이 아닌 비즈니스 센터의 역할을 한다. 즉, 중국인 에스노버브 내의 종족 기업들은 소비자와 노동력을 모두 종족 내에서 충족함으로써 에스노버브에 중국인이 대거 모여 사는 모습을 형성하는 것이다. 리는 지역 내 다른 인종이나 종족과 비교할 때 월등히 많은 중국인 인구가 에스노버브 내에서 거주할 뿐 아니라 일을 하고 있고, 에스노버브의 인력은 고임금 · 고숙련의 전문가들과 저임금· 저숙련 노동이주자들이 섞여 있다고 보고한다(Li 2009:124). 이러한 에스노버브의 구조는 지역 내 타 미국인들과의 관계 형성 뿐 아니라, 민족집단 내부의 다양성 혹은 갈등에 대해 탐구할 여지를 준다. 필자가 조사한 한인 에스노버브에서도 동일 에스노버브 내에 계급적 격차가 존재하고 있다는 점이 관찰되었고, 한인의 요구에 맞춘 특수한 서비스에 대한 수요로 인해 고숙련 전문가가 거주하는 지역에 저숙련 이주자들도 근처에 거주하게 되는 모습을 볼 수 있었다. 그러나 중국인 에스노버브에서와 같이 노동력과 소비자를 모두 같은 민족집단 내에서 충족하는 것은 중국인에 특화된 관행으로서, 한인 업체에는 전적으로 적용된다고 보기 힘들다. 그러나 에스노버브에 주목하는 것은, 비슷한 교외 지역에 거주하는 한인들 간에 미국 사회에 대한 이해나 한인됨에 대한 생각, 다른 한인들과의 관계가 동일하지 않음을 볼 수 있게 한다. 에스노버브에서 드러나는 이러한 내적다양성이 이주 시기나 미국 거주 시간의 차이 외에도 계급적인 요소나 여타 다른 요인과의 상호작용에서 발원하는지 주목함으로써, 에스노버브라는 공간은 현 시대 재미한인의 다양성을 이해하는 창구가 되리라 여겨진다.

이 새로운 교외 공동체들은 사업 경영과 문화적 유산의 표출, 커뮤니티 의사 결정에의 참여 등 경로를 통해 아시안 아메리칸의 문화적, 경제적, 정치적 통합에 중요한 영향력을 표출하기도 한다. 과거 종족 경제가 주류 경제에 큰 영향이 주지 못했던 데 반해, 교외의 종족경제는 미국 경제 일반에 중요하고 통합된 한 부분이 되어가고 있다(Li and Skop 2007). 또한 에스노버브의 거주자들은 글로벌 자본의 유입과 더불어 초국적 이민자 문화의 확산에도 기여하는 바, 다양한 문화 조직이나 랭귀지 스쿨 등의 운영을 통해 기원국 문화를 유지할 뿐 아니라, 아시아 문화의 일부를 '미국 문화'와 섞으며 혼성화된 아시안 아메리칸 문화를 창조하기도 한다. 학부모들은 학교 활동에 참여함으로써 정치적 행동을 하기도 하고, 사업조직, 무역노조, 전문직 조직을 통해 정치적 기능을 수행하기도 한다. 그러나 이는 에스노버브 내 민족집단 전체에 일반화할 수 없다. 한인의 경우 오랜 이주자와 최근 정착자 간, 혹은 로컬의 규범에 따르고자 하는 이들과 본국의 관행을 버리지 않으려는 사람들 간 차이와 구분이 존재하고 그에 따라 일상적 교류와 행동의 차이가 드러나기도 한다. 에스노버브는 한인들이 일상적으로 마주하는 타민족 미국인들과의 상호작용을 볼 수 있는 환경이기도 하지만 이와 더불어 서로를 다르다고 구분 짓는 한인들 간의 민족 내적 관계와 활동 또한 드러나는 지점이기도 하다.

리와 챈(Li and Chan 2012)의 주장에 따르면 에스닉 엔클레이브가 사회경제적, 문화적 주변화의 결과로 형성된 공간인데 반해 에스노버브는 자본과 구매력의 결과 형성된 공간이다. 특정 민족집단이 집거하고 있으나, 에스노버브의 이민자들은 글로벌 문화경제의 초국적성을 담지하거나 실천하고 있고 주류사회와의 통합이 일상적으로 요구된다는 점에서 교외의 코리아타운이거나 교외의 차이나타운이라 칭할 수 없는 근본적인 차이를 잘 지적하고 있다. 그러나 지역마다 그 편차의 정도는 다르지만, 동일 에스노버브 내에도 계급적 편차가 존재한다는 점에 주목할 필요가 있고, 이와 관련해서는 에스닉 엔클레이브와 에스노버브를 계급적으로 대치시킨 이들의 주장에는 전적으로 동의하기 힘들다. 또한 영어가 가능한 고숙련 인력을 중심으로 에스노버브가 형성된다 하더라도 계급 및 교육의 정도와 영어능력의 숙련도가 비례하지 않음이 한인 에스노버브에서는 관찰되었다. 리의 분석과 달리 에스노버브에 거주하는 한인들 간에는 계급적 갈등 외에 미 중산층 규범에의 동화 정도에 따른 차별화와 갈등, 집단적 활동을 수행하는데 있어서 중국인 집단과의 차이점 등도 주목할 필요가 있겠다.

에스노버브는 일정 인구의 같은 민족 출신인들이 모여 살며 본국의 문화와 관행을 소통함으로써 미 주류사회에의 통합이 계속되면서도 종족의식이 지속될 수밖에 없는 환경을 조성한다. 한인 에스노버브의 경우에도 일정 정도의 한인 인구가 유지되고 한인 이민자가 계속 유입됨으로써 한국과의 초국적 유대가 유지되고 한인 청소년들에게는 한인 정체성을 상기시키게 된다. 그러나 이러한 본국과의 초국적 연결과 접촉이 2세 이상의 한인들에게 항상 긍정적인 자기정체성의 이미지를 전달한다고 단정지을 수 없는 상황들이 존재하므로 에스노버브의 작동을 곧 종족성의 강화라고 결론내리는 것은 섣부르다.

한편, 일정 정도의 한인 인구가 유지되고 한인을 위한 서비스가 거주지 내에 조성되는 환경은 문화적, 언어적으로 철저히 미국인으로 살아야 할 필요를 감소시키기도 한다. 이는 특히 미국 내 아시안에 대한 타자화를 경험해 온 한인들에게 그에 대한 저항으로 영어 사용과 미국문화 습득에 더 이상 큰 노력을 들이려고 하지 않거나 한인들 간의 교류에만 의미를 두는 등, 자발적으로 동화를 거부하는 형태로도 드러난다. 에스노버브는 이와 같이 인종화의 역학이 상존하는 미국 사회에서 교외거주를 동화와 직결할 수 없는 현실들을 조명하는 도구가 될 수 있으며, 그런 의미에서 다원주의 및 인종-계급 간 연결성에 새로운 시각을 제공하는 연구 모델이라 여겨진다. 무엇보다 에스노버브는 중국인 이민자와 더불어 한인들의 거주지, 그리고 거주 장소에 기반을 둔 로컬인으로서의 한인들을 파악하는데 유용한 모델을 제시하고 있다.

이주자와 초국가적 문화 흐름 :
재미한인과 한류를 중심으로

박정선

전지구화의 확산과 더불어 국경을 넘나드는 사람들의 수나 빈도가 그 어느 때보다 높아진 시대에 이주와 이주자의 삶 역시 기존의 인식틀로는 설명하기 어려운 많은 변화를 겪어오고 있다. 무엇보다 늘어나는 초국가적인 인적, 물적, 문화적 교류로 인해 이주자의 움직임의 방향, 빈도 그리고 정착지에서의 삶의 형태 및 출신국과의 관계 등이 그 어느 때보다도 다양하고 복합적으로 나타나고 있으므로 이에 대한 새로운 이해가 필요하다. 그런데 기존의 이주자 연구가 경제, 사회 혹은 정치적인 변수에 주로 초점을 맞췄다면, 디지털화로 말미암아 세계가 그야말로 하나로 이어지고 있는 21세기에는 지금까지 그다지 주목 받지 못했던 문화적인 측면의 중요성이 점차 대두되고 있다. 나날이 발달하는 기술력이 국경을 넘나드는 정보의 교류를 일상화시킴에 따라, 이주자들이 출신국 (대중)문화를 접할 기회는 그 어느 때 보다 늘어났으며, 이런 문화공유를 통해 흥미로운 초국가적 관계를 형성한다. 특히 대중문화의 공유는 경제, 사회적인 함의와 더불어, 감정/감성을 매개로 한 초국가적 관계 맺기 형성이라는 점에서, 이민자들의 초국가적 삶 및 연계에 대한 이해에 지금까지와는 다른 시각을 제공해 준다.

초국가적 시대에 이주자들의 다양하며 다층적인 삶을 이해함에 있어, 이들과 출신국 사이에 새롭게 생성되거나 계속 유지, 강화되는 연결, 특히 문화적 측면의 연결이 가지는 의미나 역할이 중요해지고 있음에도 불구하고, 이에 대한 깊이 있는 논의는 많이 부족하다. 그리고 소수의 논의조차 출신국으로부터의 일방적인 문화적 영향을 넘어선 초국가적인 문화적 연결의 복잡한 양상, 그 연망 안에서 이주민들이 갖는 다양한 역할이나 그것이 가지는 함의를 조명한 연구는 드문 편이다. 그러나 통신, 정보, 운송 기술 등의 발달과 전지구화로 말미암아 오늘날 이주자들과 출신국 간의 관계는 그 어느 때보다 더욱 다층적으로 변했으며, 문화의 흐름이나 영향력 역시 여러 갈래로 나뉘어 다방향으로 오가고 있다. 마찬가지로 이주자들은 출신국/거주국은 물론 세계 여러 곳곳과 그 곳에 살고 있는 사람들과 가깝게 연계되고 있고, 특히 같은 뿌리를 가진 디아스포라 그룹들간의 초국가적 연결도 더욱 긴밀해지고 있으므로, 이주자들의 문화를 통한 출신국과의 연결은 이런 초국가적 연결망 안에서 이해되어야 할 필요가 있다.

이 글에서는 재미한인과 한국대중문화의 관계를 중심으로 초국가성이 어떻게 이주민의 삶에 녹아 있으며 어떻게 변주되어 나타나는지를 살펴보고자 한다. 특히 한류로 지칭되는 한국대중문화의 초국가적 흐름에 재미한인들이 어떻게 다층적으로 연계되어 있는지를 보임으로써, 그들이 출신국/거주국과의 관계에서 가지는 복합적 위치성, 그로 말미암은 다양한 역학관계 그리고 이것들과 밀접히 접합되어 있는 그들의 초국가성을 논의하고자 한다. 더불어, 이러한 초국가적 연결이 재미한인들의 정체성, 성원권 그리고 상상의 공동체 형성과 어떠한 연결을 가지고 있는지를 기존의 연구에 대한 간단한 리뷰와 함께 검토해 보고자 한다.

1. 전지구화 시대, 디지털화 그리고 초국가적 이주자

1990년대 무렵 크게 늘어난 초국가적 이주자들에 대한 논의를 보면 이들이 가지는 다초점적(multi-focal) 삶의 준거, 움직임을 중시해야 한다는 지적이 나온다(Basch et. al. 1994; Brah 1996; Rouse 1991).[1] 즉, 이주를 단선적이고 고착된 것으로 이해하는 분석을 통해서는 더 이상 매우 유동적이고 다변화된 초국가적 시대에 일어나는 사람이나 문화, 물류의 흐름을 제대로 파악하기 어렵게 된 세상에 대한 인정이다. 초국가화 시대에는 모든 것들이 국경(영토만이 아니라 문화적 국경까지 아우르는)을 쉽게 넘나들기 때문에 개인의 정체성이나 성원권 중 가장 경계가 분명한 것 중의 하나인 법률적 시민권조차도 그 어느 때보다 가변적이고, 다중적일 수 있게 되었다(Ong 1999). 예를 들어, 복수국적을 인정하는 국가가 늘어난다든가 유럽연합같이 국가를 넘어서는 초국가

1) 그러나 오랜 세월 동안 인류는 사람과 물질의 교환이나 이동을 통해 서로 연결되어 왔으므로, 현재 우리가 정의하는 초국가성과는 다를지 몰라도, 커다란 의미의 전지구적, 초국가적 연결은 20세기 중반을 넘어 갑자기 나타난 현상은 아니다. 물론 교통, 통신 기술 등의 발달이나 신자본주의의 확장과 맞물린 전지구화 등으로 인해 현재 우리가 경험하고 있는 초국가적 시대는 매우 다른 결을 지녔기 때문에 별도의 이해와 분석이 필요한 것도 사실이다. 그러나 지금의 초국가화가 도래하기 훨씬 이전부터 세계는 제한적이기는 해도 서로 연결되어 있었고, 따라서 정도의 차이는 있을지언정 과거 이민자나 이주민들의 삶이 출신국으로부터 완전히 유리되었다고는 할 수 없다는 점은 기억할 필요가 있다.

적(supra-national) 시민권을 만들어 기존의 한 개인과 특정한 한 국가의 일대일, 배타적인 연결을 벗어나는 복합적이고 중층적인 성원권으로 그 범위가 넓혀져 가고 있다. 법률적인 구속력을 지니고 있으며 획득, 변경이 쉽지 않은 국적/시민권이 이러할 진데, 보다 쉽게 선택할 수 있고, 감정적, 심리적 변수에 따라 가변성이 큰 성원권(예를 들어, 문화적 시민권 같은)은 더욱더 다층화되어 많은 개인들이 일상에서 마주하는 사회적, 문화적 성원권은 매우 세분화되고 복잡한 양상을 띄게 되었다. 특히 초국가적 이주민의 경우, 거주 이전의 자유, 범위와 가능성이 그 어느 때보다 커진 지금, 출신국을 비롯한 다양한 장소, 나라들과 관계를 맺음으로써, 한편으로는 보다 풍부해진 경험을 할 수 있고, 가용 가능한 자원이나 기회가 늘어난 반면, 다른 한편으로는 서로 상충하는 정체성과 소속감 등으로 갈등을 느끼기도 한다. 또한 고향'이나 '집'이라는 개념이 한 곳에 뿌리를 내리거나 고정화되지 않고 끊임없이 유동적으로 움직이며, 정체성도 마찬가지로 여러 준거 사이를 지속적으로 이동하는 삶이 일상이 되기도 한다(Brah 1996 참조).

21세기 들어 더욱 가속화된 디지털화는 위와 같은 현상들을 더욱 심화시킴과 동시에 미디어가 이주자의 삶과 정체성에 끼치는 영향이 더욱 강해졌음을 상기시킨다. 그리하여 아르준 아파두라이(Arjun Appadurai)가 주장한 바와 같이 미디어 정경은 민족 정경, 기술 정경, 금융 정경, 그리고 이데올로기 정경과 더불어 초국가화 시대를 이해하는 키워드로 자리잡았다(Appadurai 1996). 이 모든 정경들은 유기적으로 얽혀 있지만, 그 중에서도 미디어 정경과 민족 정경의 연결은 디지털화 시대의 초국가적 이주자의 삶을 이해하는데 중추적 역할을 한다. 물리적 거리나 이동가능 여부와 상관없이 이주자들은 이제 그 어느 때보다 손쉽게 출신국이나 동일한 출신국을 가진 디아스포라 그리고 그 외의 수많은 개인 및 집단들과 다양한 미디어 매개체를 통해 의미 있게 연결될 수 있고, 이는 새로운 종류의 상상적 연계나 공동체 형성을 가능케 한다. 그를 통해, 개인의 정체성은 물론 이주자 커뮤니티의 정체성도 다시 (재)구성, 변화되며, 이는 새로운 공공담론 창출에도 영향을 끼치게 된다.

전지구화와 문화의 상관관계에 대한 많은 논의가 있지만, 가장 핵심적인 논쟁 중 하나는 문화적 동질화(cultural homogenization)에 관한 것이다. 전지구화의 거대한 영향력이 문화분야에도 미쳐, 지역사회나 국가들이 가지고 있는 다양한 문화나 고유한 생활방식이 사라지고, 그 자리를 헤게모니를 가진 서구, 특히 미국의 문화가 대체한다는 것이다(Tomlinson 1991; Dorfman and Mattelart 1975 참조).[2] 이는 서구의 식민주의 전통과도 연결되어 경제, 정치, 군사적인 힘으로 무장한 서구 국가들이 이제까지 오랫동안 그래 왔듯, 문화적인 면에서도 패권을 놓지 않을 것이며, 디지털화가 가세된 전지구화는 이를 더욱 심화시킬 것이라는 주장이다.[3] 이와 같은 염려는 비서구권에서만이 아니라 같은 서구권 내에서도 표출되어 왔으며, 많은 유럽국가들 조차 미국이 특히 대중문

---

2) 문화적 미국화의 상징 중 하나인 맥도날드화를 설득력있게 풀어낸 왓슨(Watson 1997)이나 디즈니 만화의 제국주의성을 비판한 돌프만과 마텔라트(Dorfman and Mattelart 1975)의 글을 볼 것.

3) 진달용(Dal Yong Jin)에 의하면 미국은 디지털 시대의 수익창출 기반인 IP에 대한 권리를 점유하고 있으며, 그에 따른 막대한 이익을 누리고 있다고 한다. 비록 한국이 대규모 다중 사용자 온라인 롤플레잉 게임(MMORPGs) 등과 같은 인기 있는 장르와 연계된 소프트웨어나 플랫폼 들을 만들기도 했고, 미국에 문화상품을 수출하고는 있지만, 미국에서 한국으로 들어가는 수익은 거의 없다고 해도 과언이 아닐 정도로 디지털 시대에도 IP 점유차이에 따른 일방적인 수익관계가 이어지고 있다고 한다(Jin 2015: 64-65).

화 분야에서 갖고 있는 헤게모니를 들어 우려의 목소리를 내고 있고, 고유한 문화에 바탕을 둔 국가적, 민족적 혹은 문화적 정체성, 공동체성을 잃는 것을 걱정하고 있다(Morley and Robins 1995 참조). 그러나 한편에서는 과거같이 서구를 중심에 놓고 중심과 주변부로 나누는 문화제국주의 모델이나, 서구 특히 미국 중심의 문화패권주의와 같은 논의들은 문화의 흐름이 다양화, 다원화된 초국가적 시대에는 설득력이 약하다고 주장한다(Hannerz 1992; Iwabuchi 2002). 이들은 날로 커지는 문화의 혼종성, 초국가적 문화 흐름의 다방향성, 그리고 지역을 중심으로 새로운 미디어 시장이 형성되어 그 안에서 지역문화 중심지로 영향력을 행사하는 국가들이 생겨났음 등을 예로 들어, 서구나 미국이 예전 같은 일방적인 문화적 영향력은 가지지 못하며, 문화도 그들만을 중심으로 획일화, 동질화 되지는 않는다는 점을 부각시키고 있다(ibid.; Morley and Robins 1995).[4] 이들의 말대로 초국가적 시대의 문화흐름은 다변적이고 혼종적이어서 전통적 문화식민주의 같은 시각은 설득력을 잃고 있지만, 그렇다고 서구, 특히 미국의 헤게모니가 사라진 것은 아니며, 힘의 불균형은 여전히 존재한다. 그리고 미국 대중문화의 헤게모니는 어떤 의미에서는 혼종화를 통해 유지, 강화된다고도 볼 수 있기 때문에 이 새로운 권력관계에 대한 고찰이 필요할 것이다.[5]

이런 맥락에서 한류의 등장과 커져가는 초국가적 영향력은 기존의

---

4) 남미권에서는 브라질, 아시아권에서는 일본이나 한국이 지역 대중문화의 중심지로 부상한 국가들이라고 하겠다.

5) 끊임없이 새로운 이주자들이 유입되는 미국에서 문화의 혼종은 일상적인 것이며, 이민자들이 출신국에서 가져온 문화전통이 어느 정도의 적응, 변형을 거쳐 미국문화의 대세나 주류가 된 후 미국문화로서 세계로 벋어나가게 되는 경우는 매우 많다.

서구를 중심으로 하는 전지구적 문화 헤게모니에 대항하는 하나의 반대 문화나 하위문화(contra flows/subaltern flows)의 부상으로 볼 수 있으며, 지난 몇 년간 눈에 띄게 증가한 미국 및 서구권에서의 K-pop 및 다른 한국대중문화의 성공은 그 좋은 예라 하겠다(Thussu 2007 참조). 다시 말해 현재 미주에서 부상하는 한국 대중문화는 문화적인 영향을 받는 입장이었던 “주변부”에서 문화 헤게모니를 가진 “중심부”로 문화가 유입되는 현상이라는 면에서 보다 다변적이 되어가는 초국가적 문화의 흐름과 영향력의 방향, 그리고 강화되는 문화 혼종성을 잘 보여준다고 할 수 있다.

이런 변화되는 초국가적 문화 지형도 안에서, 재미한인들의 한국대중문화 소비나 태평양을 건너는 한류의 흐름에 그들이 해 온 역할이나 위치성을 살펴보는 것은 상당히 흥미롭다. 한편으로는 전지구적 문화적 헤게모니를 가진 국가의 일원이지만 그 나라에서는 주변부에 머무는 소수민족의 일원이기도 하며, 출신국인 한국과의 관계에서는 한국문화를 받아들이는 입장에 있는 문화적 주변부에 위치하지만 반면에 미국이라는 문화 패권국에 속해 있는 위치성 덕분에 맥락에 따라 영향력을 행사할 수도 있는 지점에 있다. 또 문화 경계를 자유로이 넘나드는 초국가적 이주자인 그들에게 혼종성은 삶의 일부이며, 그를 통해 새로운 혼종성 형성이나 전파에 중요한 역할을 하기도 한다. 한국대중문화가 부상하고 있는 현재에는 특히 그들이 의미 있는 역할을 할 기회가 많아진다고 볼 수 있다. 따라서 재미한인의 한국대중문화 소비에 대한 분석은 우리에게 디지털화된 초국가적 시대의 문화의 흐름이나 권력관계에 이주자들의 삶이 어떻게 맞닿아 있는지에 대한 시사점을 제시해 줄 수 있을 것이다.

2. 이주자들의 출신국 대중문화 소비

동서를 불문하고, 이주자들이 새로운 곳으로 이주한 후에도 계속적으로 출신국이나 혹은 민족/언어적으로 연결된 국가의 문화를 소비하는 것은 일반적이다. 교통이나 통신수단이 그다지 발달하지 못 했던 과거에도, 거주국의 사회나 정치 이데올로기가 이주민의 동화(assimilation)를 강조하는 상황에서도, 많은 이주자들은 문화의 기억과 실천을 통해 출신국과의 연결을 유지, 발전 그리고 때로는 재창조해 왔다. 기술력이 발달하여 초국가적인 연결이 그 어느 때보다도 수월해졌고, 많은 국가들이 다문화주의를 표방하며 이주자들의 문화적 차이 및 다양성을 용인하는 오늘날에는 그 현상이 더욱 두드러진다. 더구나 디지털 시대에는 폭넓게 늘어난 다양한 미디어 채널을 통해 대중문화가 초국가적인 연결고리로서 가지는 역할이 더욱 크게 대두되고 있지만, 앞서 언급한 바와 같이 기존의 사회과학적인 이주자 연구에서 대중문화 소비를 통한 출신국과의 초국가적 연결과 그것이 시사하는 바에 대한 논의는 그다지 찾아보기 어렵다. 문화에 대한 논의는 대부분 문화적 전통이나 이주자들이 가져온 문화적 짐(cultural baggage)에 중점을 두었고, 이주자들이 내재한 출신국의 문화를 얼마나 오래 놓지 않고 있는지, 그것이 그들의 거주국에서의 적응이나 수용도에 어떤 역할을 하는지 등에 대한 논의가 주를 이루었다고 볼 수 있다. 이주자들의 정체성이나 초국가성을 대중문화와 연결해 분석하는 것은 오히려 미디어 연구나 문화연구 분야에서 어느 정도 찾을 수 있는데, 그런 논의들은 그러나 미디어의 수용자로서의 이주자나 거주국내 하부문화로서의 이주자 문화 등에 관심을 두고 있기 때문에, 사회과학적인 접근법과는 차이를 보인다.[6)]

이주자와 출신국을 초국가적으로 연결하는 대중문화의 흐름을 논의할 때 흐름의 방향에 따라 크게 두 가지로 나눠볼 수 있다. 첫 번째는, 이주자가 출신국의 대중문화를 소비하는 형태이다. 즉, 문화 컨텐츠나 문화적 영향이 출신국에서 이주자 커뮤니티로 흐르며, 그에 따른 위계 관계가 출신국을 중심으로 하여 생성되는 관계이다. 이주의 이유나 과정이 "자발적"이며 이주자 커뮤니티와 출신국 사이에 정치적, 이념적 갈등이나 적대감이 없다면, 이주 후에도 그 둘 사이의 초국가적 연계는 부드럽게 이어지며, 이주자 커뮤니티에 에스닉 미디어가 다양하게 존재하더라도, 그 컨텐츠의 많은 부분이 출신국에서 수입한 것일 것이다. 이는 아마도 가장 많이 보이는 유형이지만 그렇다고 일률적인 형태를 띄고 있지는 않다. 예를 들어, 이주자 디아스포라의 규모가 크거나, 역사가 깊어 여러 개의 출신국이나 언어, 문화적 중심지가 있는 경우에는 좀 더 복잡한 양상을 보여준다. 중국계 디아스포라의 경우를 보면, 비록 중국의 일부이지만, 홍콩이 대중문화의 중심으로 차지하는 역할이 상당히 커서, 중국, 대만과 나란히 문화적 영향력을 행사한다.[7] 또 언어적인 면에서도 광동어와 만다린 중국어를 사용하는 중국계 이주민들이 선호하고 소비하는 문화 컨텐츠가 다르기 때문에 복수의 대중문화 중심지가 공존하고 있다(Sinclair et. al. 2001). 비롯 복수의 중심지가 있지만, 문화적 영향력이 출신국(들)에서 디아스포라로 흐른다는 점에서 후자가 문화적 주변부에 위치한다고 볼 수 있는데, 그러나 그렇다고 디아스포라가 수동적인 수용자의 입장에만 머무르는 것은 아니다. 일례로, 대만과 중국계 디아스포라의 자본이나 관객이 중국 반환 이전 홍콩 영화산업에

6) 주로 노동자 계층이나 이민자 젊은이들을 연구대상으로 하는 하부문화연구는 영국 문화연구 전통의 중요한 일부분이다.

7) 홍콩의 중국반환 이전에 이런 면이 특히 분명히 드러났다.

중요한 요소였기 때문에, 그들이 선호하는 장르나 스타일이 홍콩 영화 제작에 반영되었다(Yau 2001 참조).

디아스포라가 출신국 대중문화 제작이나 형성에 영향을 끼치는 경우는 인도의 예에서도 보인다. 흔히 볼리우드(Bollywood) 영화로 지칭되는 힌디 영화들에는 많은 경우 인도의 국가 이데올로기가 내재되어 있으며, 특히 인도계 디아스포라를 인도의 탈영토화된 국가(deterritorialized nation-state) 건설에 편입시키려는 인도 정부의 의도가 반영되기도 한다(Basch et. al. 1994; Desai 2005 참조). 정부가 영화를 통해 초국가적으로 공유할 수 있는 사회문화적 상상력, 정체성을 디아스포라들에게 불어넣어 그들을 탈영토화된 국가 공동체에 유입시키려는 의도가 있기 때문에, 인도 영화산업은 아예 해외 거주 인도인들을 대상으로 하는 별도의 장르를 만들어 내기도 했다. 비거주 인도인(NRI-Non-Resident Indian) 영화가 그것인데, 이 장르의 영화들은 해외거주 인도인들의 경험, 관심, 삶을 반영하는 내용을 주로 다룬다(Gopal and Moorti 2008참조). 이런 면에서 이주자들이 출신국의 대중문화를 받아들여 소비하는 입장에 있기는 하지만, 그들이 출신국 문화 컨텐츠 형성에 제작이나 내용을 비롯해 여러모로 영향을 끼칠 수 있으므로, 문화의 영향력이나 그에 따른 위계관계가 간단하게 하나의 방향으로 흐르지는 않는다는 것을 볼 수 있다.

두번째는 이주자가 출신국의 대중문화를 소비하지 않거나 더 나아가 오히려 출신국에 문화적 영향을 끼치는 형태이다. 보통 이주자 커뮤니티와 출신국의 관계가 적대적이거나 물과 기름과 같은 사이일 경우, 전자가 대안으로써 출신국의 대중문화를 대신할 자신들만의 대중문화를 생성하기도 하는데, 때로 그 대안문화의 질이 뛰어나면 출신국으로 역수출하기도 한다. 미국과 그 외 서구국가에 주로 정착한 이란계 디아스포라가 좋은 예인데, 이슬람 혁명으로 인해 망명을 한 왕정체제 옹호자였던 이란인들은 LA를 중심으로 자신들과 이란 디아스포라 인구를 위한 망명 미디어를 일찌감치 발전시켜왔다(Naficy 1993; Hemmasi 2020).[8] 이주의 역사가 그러하니만큼 특히 LA에 정착한 이란인들은 처음부터 망명인이라는 뚜렷한 정체성을 바탕으로 자신들의 커뮤니티에 바탕을 둔 폭넓은 미디어와 디아스포라 대중문화를 만들어 왔다. 이것이 성공할 수 있었던 배경에는 이주자들이 가진 자본과 인구, 특히 재능 있는 수 많은 문화산업 종사자들의 존재가 있다. 이미 혁명 이전부터 잘 알려진 이란 예능인들과 제작자들 여럿이 미국에 거주하고 있었고, 이들과 후에 망명한 문화예술인들의 방대한 네트워크와 자원이, 혁명 전 이란 대중문화에 기반한 새로운 이란 디아스포라 대중문화를 만드는데 중추적인 역할을 했다. 이들이 이란인들 사이에서 테헤랜젤레스(Teherangeles)로 불리는 LA에서 만들어낸 이 대중문화는 상업적으로도 인기를 끌어 세계 각지에 있는 이란계 디아스포라 뿐만이 아니라 이란에 사는 이란인들도 국가의 통제를 피해가며 그것을 즐기는 수준이 되었다고 한다.[9] 그런데 현 이란 집권세력과 적대적 관계에 있는 이란 디아스포라가 창조한 문화가 엄격한 통제에도 불구하고 이란 국내에서까지 인기리에 소비되는 데는, 그것이 가지는 상업적 매력 외에 엄격한 신정정치하의 이란에서 서구 스타일의 대중문화가 만들어지지 못 하기 때문이기도

8) 이란 디아스포라 대중문화의 중심으로서의 LA의 위상은 이란인들 사이에 쓰이는 테헤랜젤레스(Teherangeles)라는 별칭에서도 알 수 있다(Hemmasi 2020 참조).

9) 이란에서는 불법이지만 위성을 통해 LA에서 만든 뮤직비디오 등을 시청한다고 한다. 인기 있는 유명한 가수들은 이란에 입국을 할 수가 없고, 이란인들 역시 방문할 수 있는 국가가 제한되어 있으므로 그들 모두의 여행이 가능한 일부 유럽국가에서 콘서트를 열어 팬들을 만난다고 한다(Hemmasi 2020 참조).

하다(Hemmasi 2020). 즉, 그러한 스타일의 대중문화를 원하는 이란 대중의 수요를 충족시키는 국내 공급의 부재가 이런 초국가적 문화 흐름의 방향을 가능하게 한다고 하겠다.

비슷한 경우를 베트남계 디아스포라에서도 찾아볼 수 있다. 이들의 경우는 대규모 이주가 시작된 이후 꽤 오랫동안, 특히 미국을 중심으로 한 미국계 베트남인들이 만드는 뮤직비디오가 전체 베트남계 디아스포라 사이에서 초국가적인 인기를 끌며 큰 영향을 끼쳐왔다.[10] 도이모이로 대표되는 베트남의 개방에 힘입은 출신국 경제력의 상승으로 출신국 대중문화의 영향력이 점차 늘어왔지만, 적어도 2000년대 무렵까지는 베트남계 미국인들을 중심으로 한 베트남계 디아스포라가 초국가적 대중문화의 흐름을 주도하고 있어왔다. 그 배경에는 디아스포라 커뮤니티의 경제적인 힘도 있었고, 반공산주의로 무장한 1세대 베트남 이주자들의 이념적 지향과 과거의 적들이 지배하는 출신국에 대한 그들의 저항이 자리잡고 있었다(Cunningham and Nguyen, 2001; Valverde 2005). 또 이란계 디아스포라와 마찬가지로 베트남계 디아스포라의 뮤직비디오도 베트남으로 유입되어 문화적 영향력을 행사했다고 한다. 그러나 상대적으로 자본력이 우세하고, 수준 높은 다양한 장르의 대중문화를 만들 수 있는 경험 많은 인적자원이 풍부했던 이란계에 비해, 난민으로 세계 각지에 흩어진 베트남계는 일부 성공한 중소기업인들이 주도해, 뮤직비디오라는 특정한 장르에 한정된 디아스포라 대중문화를 발전시켰다는 면에서 그 성격이 다르다고 하겠다.

---

10) 사이공 함락 후 남베트남인들을 중심으로 해외 이주가 이루어졌는데, 그들은 난민의 자격으로 거주국에 받아들여졌다. 미국 뿐 아니라 프랑스에 자리 잡은 베트남계도 초국가적 베트남 뮤직 비디오 제작, 소비에 중요한 역할을 담당했다 (Valverde 2005 참조).

이와 같이 디아스포라 인구가 대중문화를 통해 출신국과 연결되는 형태는 다양하고, 또 정치, 경제, 이념 등의 변화에 따라 그 모습이 바뀌기도 한다. 2세대를 비롯한 차세대 베트남계 미국인들이 베트남발 대중문화를 소비하기 시작하고, 심지어 일부는 기회를 찾아 베트남으로 회귀하기도 하는 것이 그 예이다(Valverde 2005). 따라서 문화적 영향력의 방향이나 강도, 그것이 지니는 함의 등은 매우 가변적이고 복합적으로 전개된다. 재미한인의 경우는 앞서 논의한 두 유형 중 대체로 첫 번째 유형에 속한다고 볼 수 있지만, 그들과 한국 대중문화의 관계를 살펴봤을 때 다른 디아스포라 그룹들과는 차별되는 지점이 있다. 바로 한국대중문화의 소비자로서뿐 만이 아니라 전파자 그리고 생산자로서의 복합적인 역할을 통해 한류로 대변되는 초국가적 문화흐름에 중요한 한 축을 담당하고 있다는 사실이다. 물론, 재미한인들만이 이렇게 다양한 역할을 하는 것은 아니다. 예를 들어, 베트남계 미국인들 역시 복합적인 역할을 통해 초국가적 문화흐름에 중요한 역할을 한다. 그러나 차이점은 한인에 비해 그들은 디아스포라 중심의 대중문화를 일찌감치 발전시켰으며, 그를 통해 프랑스나 호주 등지의 베트남 디아스포라와 유기적으로 연결되어 있다는 것이며, 이 디아스포라 그룹들 사이의 초국가적 문화흐름에 오랫동안 출신국보다 더 중심적인 위치에 있었다는 점 등을 들 수 있다. 그에 비해 재미한인은 자신들만의 독자적인 대중문화를 창조하지 않았으며 따라서 그를 통한 다른 한인 디아스포라와의 직접적인 연결이 없고, 출신국과의 초국가적 문화연결이 출신국 중심으로 되어 있다. 그러나 한 편, 그들은 한류가 대두하기 이전부터 한국대중문화에 중요한 일부분으로 자리매김하고 있어 왔으며, 그에 따라 한류가 초국가적 인기를 얻게 되자 한인에 국한되지 않는, 말 그대로의 초국가적 문화 흐름에 적극적으로 참여하게 되었다. 이를 통해 재미한인은 그야말로 전지구적인 영향력을 행사할 수도 있는 위치에 서 있다고 볼 수 있으며, 이것이야말로 대중문화와 관련해 재미한인을 다른 디아스포라 그룹들과 구별시키는 매우 특별한 다름일 것이다.

3. 재미한인과 한국대중문화-소비자, 매개자/전파자 그리고 생산자

이주자와 출신국 대중문화 사이의 관계를 논의함에 있어, 대부분의 연구는 소비자로서의 이주자의 역할에 초점을 맞추고 있다. 앞서 언급한 일부 연구에서처럼 이주자가 가지는 생산자로서의 역할에 주목하는 경우도 있지만, 이는 주로 이주자들과 출신국과의 연결이 제한적이거나 갈등관계에 놓여 있어서, 상황상 출신국의 대중문화를 수용/소비할 수 없거나 하지 않는 경우이며 그 수는 드물다. 따라서 일반적인 이주 형태를 따른 자발적 이주자 집단의 출신국 대중문화 소비를 논할 때는 대체로 이주자들을 수용자/소비자로, 그리고 문화적 영향력은 출신국으로부터 이주자 커뮤니티로 일방적이고, 단선적으로 흐르는 형태를 전제하고 있다. 그러나, 이주자들은 단순히 수동적으로 출신국의 대중문화를 소비하는데 그치지 않으며, 다양한 역할을 통해 출신국 대중문화를 창조적으로 소비하고, 전파하며, 때로는 (재)생산하기도 한다. 물론 모든 이주자 커뮤니티가 다중의 역할을 수행하는 것은 아니지만, 재미한인의 경우 이런 중층적 역할 부분이 두드러지며 또 앞서 언급한 바와 같이 한국대중문화나 한류에서 그들이 차지하는 부분이 중요하기 때문에 이에 대해 고찰해 보려 한다.

재미한인과 한국 대중문화의 상관관계는 그 뿌리가 매우 깊다. 한인 인구의 대다수를 이루는, 1965년 미국 이민법 개정 이후 이주한 한인들은 이주 초창기부터 한인 미디어를 통해 한국 뉴스나 드라마 및 기타 프로그램들을 접할 수 있었으므로, 한류로 지칭되는 한국 대중문화의 초국가적 흐름이 대두되기 훨씬 이전부터 최소한 대도시에 거주하는 재미한인들에게는 이미 초국가적 문화소비가 일상의 한 부분으로 자리 잡았다고 볼 수 있다.[11] 또 이주자들이 설립한 케이블 TV나 라디오 방송국을 통해 한인 뿐 아니라 타인종/민족들도 원한다면 한국 드라마, 음악, 버라이어티 프로그램을 즐길 수 있는 기회 역시 일찍부터 제공하고 있었다. 예를 들어, LA지역에서는 1975년도에 이미 한인 TV 방송들이 한국에서 수입한 드라마나 뉴스를 방영하기 시작했으며, 케이블 네트워크를 통해 독립된 한국어 TV채널이 생긴 것은 1983년이다(Lee 2015: 173).

이주의 역사가 길어지면서 한국 뉴스나 대중문화를 접할 수 있는 방법도 훨씬 다양해지고, 그 속도도 빨라졌으며, 그것을 향유하는 사람들도 매우 다양해졌다. 한인이 밀집된 LA나 뉴욕, 시카고 같은 대도시에서는 한인 신문사들이 한국의 뉴스와 함께 한인 지역사회 및 미국 국내

---

11) 1965년의 미국 이민법 개정이 수십 년간 계속 늘어 왔던 차별적 이민법 조항들을 없애고, 아시아인들을 비롯한 세계 각국 인들의 미국이민을 촉진시켰는데, 한인 역시 이 개정이민법의 가장 큰 수혜자 중의 하나이다(Hing 1993). 이 이민법 개정 이후 한국인의 미국으로의 이민이 급격히 증가했는데, 이 이주자들이 자리를 잡자마자 혹은 자리를 잡으면서 동시에 한 일이 한국 방송 컨텐츠 수입 및 한인방송 설립이라는 사실은 이주자들에게 출신국 (대중)문화가 가지는 중요성을 여실히 보여준다 하겠다. 그러나 또한 한인인구가 가장 많았던 LA지역의 한인방송 설립에 한국 KBS가 주도적인 역할을 했다는 사실은 당시 한국과 재미한인사회 사이의 문화적 그리고 정치적 영향력이 어떤 방향으로 흐르고 있었는지를 분명히 보여준다(Lee 2015).

뉴스를 보도했는데, 1980-1990년대에는 집으로 배달 받아 보는 것이 일반화 될 정도로 안정적으로 체계가 잡혔다. 또 초기에는 한국에서 발행한 신문을 비행기로 수송한 후, 미주 현지에서 각 한인 커뮤니티의 소식을 가미해 재발행 하느라 시간적인 차이가 생겼지만, 1990년대 이후에는 위성으로 송출 받아 기사를 수령함으로써 이런 시차 역시 극복이 되었고, 요즘에는 인터넷을 비롯한 디지털 기기를 통한 실시간 검색이 그를 대신한다(Park 2004 a참조). TV 드라마나 영화 등도 전에는 "비디오 테이프"에 복사한 한국 프로그램을 비디오 대여점을 통해 빌리는 것이 일반적이었다면 이제는 온라인을 통한 소비가 대세를 이뤄 시간차가 (거의) 없는 소비가 이루어지고 있다(Lee 2015 참조).[12] 한국 대중문화 컨텐츠를 소비하는 주체 역시 많은 변화를 보여서, 1990년대까지만 하더라도 이주 세대인 1세대나 일부 1.5세대가 대부분이었다면, 아시아 지역에서 일어난 한류가 많이 알려지게 된 2000년대에 들어서는 2세대를 비롯한 차세대 한인과 비한인들 역시 그에 합류하게 되었다. 이런 많은 변화와 다양성에도 불구하고 분명한 것은 재미한인과 한국 대중문화가 불가분의 관계에 있다는 사실이며, 초국가적 시대에 그 연결성은 더욱 긴밀해지고 있다.

재미한인과 한국대중문화와의 관계는 다중적이며, 크게 소비자, 전파자/매개자 그리고 생산자로서의 역할로 나누어 살펴 볼 수 있다. 그 중

12) 디지털 시대의 도래 전까지는 KBS와 MBC가 한인 비디오 대여점에 우선적으로 프로그램을 제공했기 때문에 에스닉TV를 통해 드라마나 쇼프로그램을 시청하는 것은 시간이 한참 더 걸렸다. 따라서 비디오 대여점은 한인들의 한국 프로그램 소비에 중추적 역할을 했다. 디지털 기기를 사용하는 요즘에는 시간차가 거의 없지만, 해외에서는 시청할 수 없는 프로그램들도 있기 때문에 완벽한 동시적 시청이 가능하지는 않다.

가장 일반적이며 드러나는 역할은 소비자 혹은 수용자일 것이다. 앞서 언급한 바와 같이, 적어도 1965년 이민법 개정 이후에 이주한 한인들은 디지털 시대가 도래하기 훨씬 이전부터, 한인 인구가 어느 정도 되는 대도시에서라면 특히1세대 이민자들을 중심으로 여러 가지 방식으로 한국의 대중문화를 일상적으로 접해왔다(Park 2004a참조). 1990년대까지만 하더라도 주로 비디오나 카세트테이프 등을 통해 한국의 드라마나 영화, 음악 등을 소비하는 것이 일반적이어서, 코리아타운과 같은 한인 밀집지역에서 비디오 대여점들은 가장 일반적으로 볼 수 있는 비즈니스 중의 하나였고, 만화방이나 노래방, 카페 등을 통해서도 한국의 대중문화를 접할 수 있었다. 또 한인 케이블 방송 시청이나 라디오 청취가 가능한 곳에서는 그런 미디어를 통해서도 음악, 드라마, 버라이어티 쇼, 뉴스 등이 한인들에게 전달되었고, 신문 역시 시사적인 뉴스만이 아닌 문화, 연예계 소식 등을 전해주었다. 이런 한인 매체를 집에서 직접적으로 접하지 않는 이들이라도, 한인 식당이나 한인이 (한인을 대상으로) 운영하는 비즈니스에 가는 것만으로도 간접적으로 정보를 얻을 수 있는 기회도 산재해 있었는데, 왜냐하면 그런 업소에서는 한국 음악을 튼다거나, 한인 TV채널이나 비디오를 방영하는 일이 잦았기 때문이다. 따라서 적어도 한인 인구가 밀집해 있는 미국 대도시에서라면 다양한 매개체를 통해 한국대중문화를 접할 기회가 오래 전부터 있어왔다.

그러나 2000년대 이전에는 한국대중문화를 적극적으로 소비하는 주체는 아마도 1세대나 일부 1.5세대가 대부분이었을 것이다. 많은 이민 1세대 한인들에게 한국 드라마 시청은 당시 가장 일반적이고 인기 있는 여가 생활이었고, 이는 지금도 어느 정도 유효하다고 볼 수 있다(Park 2004a). 출신국의 대중문화를 일상적으로 소비하는 것은 통신, 운송기술의 발달과 더불어 전지구화가 그 어느 때보다 개인들의 삶에 녹아들기 시작한 20세기 후반기 이주자 사회에서 일반적으로 볼 수 있는 현상인데, 출신국의 경제, 사회적인 힘이나 문화적으로 영향력이 있는 장르가 어떤 것이냐 등에 따라 디아스포라 사회가 소비하거나 영향 받는 장르가 다양하게 나타난다. 앞에서 살펴본 바와 같이, 영화 산업이 발달하고, 또 그것이 국가 및 국민 정체성 형성과 밀접하게 연관된 인도 같은 경우는 주로 영화라는 매개를 통해 디아스포라 인구가 출신국과 초국가적 연계를 이어나가고 강화한다(Desai 2005).[13] 반면 재미한인의 경우에는 적어도 한류 붐이 일기 전에는 TV드라마가 그 구심점이었고, 2000년대를 넘어서 차세대 한인들이 한국대중문화의 소비자 대열에 합류를 하자 그 무게 중심이 K-pop으로 상당히 이동을 한 듯이 보인다. 그러나 이는 일반화해서 말할 때의 이야기이고, 세대별, 성별 등으로 나누어 본다면 1세대에게는 아직도 드라마가 차지하는 비율이 높을 것이다. 그리고 아마도 초국가적 문화연결을 매개하는 장르에 따라서도 한국대중문화 소비가 재미한인의 정체성이나 공동체 형성에 미치는 영향이 다르게 나타날 것이다.

한국어를 잘 하지 못하거나 한국문화에 대한 이해가 깊지 않은 2세대를 비롯한 차세대 한인들이 2000년대 들어서 한국대중문화에 관심을 보이게 된 것은 1990년대 말부터 아시아권에서 크게 일어난 한류 붐과 무관하지 않다. 그 전까지는 1세대를 제외하고는 주로 한국어를 잘 하거나 비교적 늦은 나이에 이민을 온 1.5세대들이나 유학생들 정도가 한국대중문화를 즐기는 젊은 세대층이었고, 그 외에 특히 미국에서 나고 자란 한인 젊은이들은 한국대중문화에 관심이 없거나 무시하는 듯한 태도

13) 음악과 춤은 힌디 영화에서 뗄래야 뗄 수 없는 일부분이므로 이 장르들도 당연히 포함된다.

를 취하는 것이 일반적이었는데, 한류의 인기가 화제가 되자 이들도 점차 한국대중문화에 관심을 가지게 되었던 것이다(Park 2004b 참조). 그리고 이는 또 초국가적 연결로 말미암아 한류가 일어난 아시아 국가 출신의 아시아계 미국인들이 한국 대중문화에 관심을 보이게 된 것과도 함께 맞물린다. 다시 말해, 차세대 한인 젊은이들과 학교나 커뮤니티 등에서 연결되어 있는 다른 아시아계들의 관심이 이들 한인들로 하여금 호기심, 자부심을 갖게 하여 한국대중문화를 재고하게 한 측면이 있다. 그런데, 출신국 대중문화에 대한 무관심, 더 나아가 한 수 아래로 보는 경향은 차세대 한인 젊은이뿐만이 아니라 다른 (아시아계) 이주민 그룹의 차세대에서도 공통적으로 발견된다. 일례로 1990년대까지만 해도 차세대 인도계 이주자 젊은이들에게는 힌디 영화를 즐긴다는 사실이 인도계 커뮤니티 내에서 "사회적인 제재"의 위협을 무릅쓰거나 자신의 "계급적 위치"를 위태롭게 만들 만한 일이었다고 한다(Ram 2014:5).[14] 출신국 대중문화에 대한 이러한 일종의 문화할인(cultural discount)이 차세대 이주자 젊은이들 사이에 만연해 있었다는 사실은 미국 주류사회가 갖고 있는 인종이나 국가 간의 위계나 그에 따른 편견이 문화 소비 부문에까지 뿌리 박혀 있고 그것을 아시아계 이주자들 역시 내재화하고 있었다는 것을 보여준다.

그런데 흥미롭게도 1990년대 말에서 2000년대 초 무렵에 미국에 있는 아시아계 이주자 젊은이들에게서 태도의 변화가 나타난다. 한인뿐 아니

---

14) 인도계의 경우는 1980년대 초부터 교육수준이 낮은 상인계층의 미국 이주가 늘어났는데, 그들이 연 식료품 가게를 중심으로 비디오 테이프를 통한 인도 영화, 대중문화소비가 급작스럽게 늘어 났다고 한다(Lee 2015:176). 이런 맥락에서 카스트 제도의 영향이 아직도 남아 있는 인도계는 출신국 대중문화소비가 계급적 위치와 보다 직접적으로 연계되는 듯이 보인다.

라 다른 아시아계 젊은이들도 출신국 대중문화를 새롭게 인식하고 관심을 보이며, 드러내놓고 즐기기까지 하는 현상이 관찰되는 것이다. 예를 들어, 미주 인도계 젊은이들이 힌디 영화를 재평가 하며 관심을 갖고, 그것을 자신들의 정체성 형성의 한 근원으로 삼는 일도 일어났고, 미주 베트남계 젊은이들도 이 무렵부터 그동안 무시하던 베트남 음악을 받아들이게 되었다고 한다(Desai 2005; Valverde 2005). 비슷한 시기에 비슷한 현상이 미국 내 여러 아시아계 디아스포라 커뮤니티에서 관찰된다는 것은 그들과 출신국 대중문화와의 새로운 관계성이 전지구화, 초국가화, 출신국의 경제 발전, 기술력의 발전 그리고 국민국가들의 탈영토화된 국가 형성 시도 등과 밀접하게 연관되어 있다는 것을 시사한다. 또한 전지구화와 디지털화가 확산되면서 문화흐름의 방향이 다변화되고, 문화 혼종성이 확산되면서 출신국 문화가 가지는 성격도 변했을 뿐만 아니라 아시아계 미국인들이 출신국 문화에 대해 가지는 시각이나 수용도가 달라졌기 때문이기도 할 것이다.[15] 따라서 물론 아시아를 휩쓴 한류라는 독특한 변수가 있기는 하지만, 재미한인 젊은이들의 한국 대중문화 수용은 이런 새로운 전지구적 문화, 정치, 경제 지형도의 변화와도 맞물려 있다고 볼 수 있다. 다시 말해 이는 아파두라이가 주장한 바와 같이 미디어 정경과 민족 정경의 변화가 이주자들 문화 소비와 담론에 영향을 끼친 예라고 할 수 있다.

이런 구조적인 변화와 더불어 실제적으로 언어장벽이라든가 문화적인 거리감을 극복하게 해주는 여러 해결책이 마련된 것도 차세대 재미

15) 전지구화 시대 대중문화의 혼종화에는 미국이나 다른 서구 문화의 영향력이 강하게 나타날 가능성이 크므로 아시아 각국의 대중문화와 미국 대중문화 사이의 간극이 좁아진 것도 차세대 아시아계 미국인들의 출신국 대중문화소비에 변수로 작용했을 것이다.

한인의 한국대중문화 소비를 도왔다. 특히 드라마나 노래에 영어자막을 달아 제공해주는 팬 사이트들에서는 언어뿐만이 아니라 문화적 이해까지 돕는 경우가 많아, 비한인 뿐만 아니라 한국과 한국어에 대한 이해가 부족한 젊은 한인들의 한국대중문화에 대한 접근까지도 한층 쉽게 만드는 중요한 요인이 되었다고 할 수 있다.[16] 그런데, 차세대 한인들의 한국대중문화 소비는 한국에서 실제로 살아 본 경험이 없거나 제한적인 이민자들의 초국가적 연결이라는 면에서 시사점이 큰데, 이는 특히 아래에서 살펴 볼 문화를 통한 초국가적 정체성이나 상상의 공동체 형성이라는 면에서 중요한 의미를 가진다고 볼 수 있다(Anderson 1991 참조). 그리고 재미한인의 한류 소비와 관련해 최근 소비패턴의 중요한 변화는 이상준(Sangjoon Lee)이 주장한 바와 같이 디아스포라 TV(diaspora TV)를 통한 한국대중문화 소비가 SNS를 통한 소비로 변화되었다는 점이다(Lee 2015).[17] 이는 속도, 경계, 접근성, 소비자층의 외연확대, 상호작용의 성격 등 여러 면에서 의미 있는 변화를 가져왔으며, 한류의 미래 및 재미한인과 한국과의 연결에도 새로운 시사점을 던져준다.

소비자로서의 역할 외에 재미한인들은 또한 한류를 확산시키는 중요한 매개체/전파자로서의 역할도 담당하고 있다. 이런 역할은 비한인들이 한국대중문화에 대해 가지는 관심이 늘어남에 따라 더욱 대두되었지만, 사실은 이미 오래 전부터 한인들은 알게 모르게 한국문화를 미국사회에 전파시키는 역할을 해 왔다. 앞서 언급한 바와 같이 적어도 대도시에서는 한인타운을 중심으로, 에스닉 미디어, 식당, 카페, 시장 등을 통해 문화적 접촉이 수십 년간 지속되어 오고 있기 때문에 크게 주목 받지

16) 해외 한국드라마 팬사이트에 대해서는 홍석경(2013)을 참조할 것.

17) 여기서 디아스포라 TV는 한인커뮤니티를 대상으로 하는 한인 TV를 말한다.

는 못 했어도 한인들의 한국(대중)문화전파는 뿌리가 깊다.[18] 일반대중이 점차 한국대중문화에 관심을 보이게 된 이후에는 개인의 사회관계망을 통한 "입소문"내기 등으로도 한국대중문화 전파에 일익을 담당했는데, 이는 특히 또래집단의 영향력이 중요한 청소년, 젊은이들 층에게 효과적이다(Park 2004b참조). 디지털 시대의 본격적인 도래 이전에 이런 역할은 특히 중요했으나 디지털 시대 이후에도 SNS, 유튜브 인터넷 팬 커뮤니티나 사이트 등을 통해 지속되고 있다.[19] 또한 발 빠르게 새로운 정보를 수집하여 공유하는 일도 중요한데, 한국과의 초국가적 사회 연망이 타 인종 한류 팬들보다 촘촘한 한인들이 아무래도 상대적 우위에 있고, 대중문화소비에서 유행이 중요한 요소라는 걸 고려하면, 한인들은 유행에 동참하거나 이끌어나가기 쉬운 위치에 있으며, 그를 통해 한류의 확산에 이바지한다고 볼 수 있다.[20]

그런데 전파자로서의 재미한인의 역할을 논함에 있어 미국사회가 가지는 아시아 대중문화에 대한 이해 및 수용도의 변화추이에 대해 살펴볼 필요가 있다. 다른 서구 사회와 마찬가지로 미국의 아시아에 대한

---

18) LA한인타운의 경우, 실제 거주인구로 보면 한인은 소수이며 라티노가 다수를 차지한다. 그러나 대다수의 비즈니스는 한인이 운영하고 있기 때문에, 라티노를 비롯한 다양한 타인종/민족은 일상생활에서 한국음식이나 한국대중문화 등을 접할 기회가 많고 이는 한국문화 전파로 이어지기 쉽다.

19) 한국어로 된 콘텐츠를 영어나 다른 외국어로 번역해 올리는 일이 한류의 유지/확산에 굉장히 중요한데, 이중언어가 가능한 한인들이 많이 참여한다. 한국어를 외국어로 번역하는 것은 대사에 대한 이해가 필수적인 드라마나 영화뿐만이 아니라 K-pop같은 대중음악의 장르에도 중요한 역할을 한다. 가사 번역이 해외팬들을 영입하고, 유지하는데 끼치는 지대한 영향은 Furh(2016: 66-67)를 참조할 것.

20) 많은 팔로워들을 가진 재미한인 유튜버들 중에는 한국음식이나 요리법, 한국식 미용법, 화장품, 패션 등으로 알려진 이들이 적지 않다.

이해는 오리엔탈리즘에 근원을 둔다(Said 1979 참조). 할리우드에서 아시아인들을 표현하고, 대상화 시키는 것에서부터 아시아에 뿌리를 둔 대중문화를 소비하는 방식에 이르기까지 미국사회가 아시아를 보는 방식은 이국적, 이질적 그리고/혹은 열등한 타자라는 시각에서 크게 벗어나지 않고 있다(Xing 1998 참조). 그 기본적인 시각에는 큰 변화가 없지만, 초국가화, 신자유주의적 이윤 추구, 전지구적/지역적으로 변화하는 문화지형도 등으로 말미암아 아시아 대중문화가 그 어느 때보다 미국사회에서 받아 들여지고 확산되고 있는 것도 사실이다. 1970년대나 80년대에는 홍콩 영화나 일본 만화/애니메이션을 즐기는 층이 주로 일부 골수팬들에 국한되었다면, 21세기 미국에서는 일본 애니메이션만 방영하는 채널들이 따로 있을 정도로 그 저변이 확대되었고, 홍콩 영화의 특수효과나 영화적 표현 기법을 그대로 차용하는 할리우드 영화들이 넘쳐난다(Kelts 2006; Yau 2001). 또 아시아에서 유행하거나 인기가 있는 대중문화를 받아들이는 것에도 한결 유연해져서 심지어 고아 트랜스(Goa Trance) 음악처럼 그 근원이 사실은 인도에 있지도 않은 장르까지 아시아의 이미지를 덧씌워 소비하고 있다(Maira 2005). 이는 앞서 말한 요소들 외에도 아시아계 미국인들과 아시아 여러 국가의 경제적인 힘이 무시하기 어려울 만큼 커졌기 때문이기도 하며 그에 따라 아시아/아시아인/아시아계 미국인 들에 대한 복잡한 시각이 공존한다.[21] 예를 들어, 주인공을 비롯한 거의 모든 등장인물이 아시아인들인 크레이지 리치 아시안(Crazy Rich Asians)이라는 영화가 미국에서 큰 성공을 거둔 기저

21) 아시아계 미국인들의 경제력이 커짐에 따라 소비자로서의 그들의 중요성에 주목하는 기업들이 늘어나고 있고, 인구대비 소비자 시장에서 아시아계가 차지하는 역할은 상당히 중요하다.

에는 아시아계만이 아닌 비 아시아계 관객들의 관심이 있었기 때문이지만, 이는 아시아의 경제적 성장과 더불어 새롭게 형성된, 비싼 브랜드 제품으로 온 몸을 감싼 "졸부"이미지의 아시아계에 대한 편견이 호기심으로 이어진 면이 있다는 측면에서 편견의 극복이 아닌 편견의 복합화라고 볼 수도 있을 것이다. 그럼에도 불구하고, 아시아 대중문화에 대한 수용성과 인지도가 특히 젊은 층을 중심으로 커지고 있는 것은 사실이며, 그런 맥락에서 재미한인들의 전파자/매개자로서의 역할은 좀 더 탄력을 받을 수 있다고 보인다.

개인적인 수준에서 뿐만이 아니라 조직적이고 체계적으로, 상업적인 목적을 추구하며 동시에 한류를 확산시키는 한인들도 생겨났다. 유료 한국드라마 사이트인 드라마 피버(DramaFever.com) 사이트를 운영했던 1.5세 한인들이 그 좋은 예이다(Lee 2015참조).[22] 불법으로 내려 받아 한국 드라마를 시청하는 것이 일반적이었던 시절, 그들은 유료화 서비스의 가능성을 보았고, 2009년에 처음으로 그 서비스를 제공하기 시작했다. 이 새로운 시도로 한국 드라마의 경계가 낮아지고, 새로운 비한인 시청자들을 끌어들이기 되었으며, 그들이 합법적으로, (좋은 번역이라든가 화질이라는 면에서) 질이 높은 한국 드라마를 접할 수 있는 기회가 생기게 되었다. 2010년에 시작된 비슷한 비디오 스트리밍 서비스인 비키(Viki.com) 역시 한국인 유학생 부부가 다른 이들과 함께 만들었는데,

22) 드라마피버는 2014년에 소프트뱅크에 팔렸다가 2016년에 워너브라더스사에 다시 팔렸으나, 설립자인 2명의 한인은 워너브라더스의 인수 이후에도 회사에 남아 있었다. 워너브라더스사가 인수할 정도로 관심을 가졌다는 것은 한국 드라마의 시장성에 대해 시사하는 바가 크다고 하겠으나, 한편으로는 재미한인이 한국 드라마 유통에 대해 가지는 의사 결정력이 축소되었거나 외부의 영향을 더 받게 되었다는 의미로도 해석될 수 있을 것이다. 그 후2018년 10월 16일을 기점으로 설립된 지 9년 만에 서비스가 중단되었다.

1.5세대 한인이 CEO를 맡기도 하는 등 초창기 디지털화된 한국 드라마 전파에 재미한인이 기여한 바를 보여주는 또 다른 예이다. 울프 해너즈(Ulf Hannerz)는 대중문화의 헤게모니적 확산에서 분배채널(distribution channel)이 가지는 중요성을 강조했는데, 디지털 시대가 가능하게 한 초국가적 분배채널의 확대를 통한 한류의 확산에 재미한인들이 차지하는 역할은 주목할 만 하다(Hannerz 1992).

재미한인들은 또한 한류 초창기부터 한류 콘텐츠 창조에 이바지해 왔다. 이 역할이 가장 드러나는 분야는 아마도 K-pop으로 불리는 대중음악 분야일 텐데, 서구 그 중에서도 미국 음악의 영향을 크게 받은 K-pop의 경우는 사실 재미한인들의 역할이 상당히 컸으며, 그 중 R&B나 힙합 등의 장르에서는 재미한인의 역할이 더욱 지대하다고 할 수 있다. 재미한인들로 구성되어 있던 솔리드(Solid)는 이들 장르가 소개된 초기에 한국에서 뿌리내리는데 큰 역할을 했으며, 초창기부터 지금까지 대부분의 K-pop 아이돌 그룹에 적어도 한 명 이상의 재미한인 멤버가 있다는 사실과 일년에도 몇 번씩 미주지역에서 유망주를 뽑기 위한 오디션이 정기적으로 열린다는 사실 또한 재미한인이 한국대중음악에서 차지하는 중요성을 반증한다(Park 2004a 참조). 또한 한국 영화나 드라마 등의 분야에도 재미한인들의 진출이 꾸준히 있어왔으며, 그들 중 일부는 (예를 들어 김윤진이나 다니엘 헤니) 한류를 통한 인기, 인지도를 바탕으로 할리우드로 성공적인 유턴을 하기도 했다. 그 외에도 제작이나 투자, 기획 등을 통해 재미한인들은 한류의 생산에 일익을 담당해 왔다. 한국 연예기획사의 양대 산맥인 SM 엔터테인먼트와 YG 엔터테인먼트가 각각 LA 한인타운과 한인밀집지역인 오렌지카운티에 미주본사를 겸한 복합엔터테인먼트 건물을 지을 예정이라는 사실 역시 한국대중문화의 초국가적 생산, 확대에 재미한인이 더욱 주체적이고 중심적으로 생산자 및 전파자의 역할을 통해 기여할 기회가 늘어나게 되었다는 것을 보여준다(박흥률 2020 참조).[23)]

그런데, 재미한인이 한국대중문화의 생산자로서의 역할을 일부 담당해 온 것은 사실이지만, 지금까지는 크게 주도적인 역할을 했다기 보다는 미국의 음악 트렌드나 스타일을 한국에 소개하거나 영어를 바탕으로 아이돌 그룹의 해외공연이나 해외시장 진출 시에 도움을 주는 식의 역할을 주로 한 듯이 보인다. 이는 어떤 면에서 한국과 재미한인 사회 사이의 불균등한 관계 및 힘의 불균형에서 기인하는 주변화를 시사한다고 볼 수 있다. 그런데, 재미한인이라는 범주에 유학생이나 주재원 그리고 일정기간을 머무르는 체류자(sojourner) 등도 포함시켜 말한다면, 한국대중문화, 특히 K-pop 창조에 재미한인이 기여한 바는 놀랄 만큼 확장된다. 일례로 K-pop의 중추역할을 맡고 있으며, 한국의 대표적 대형연예기획사로 일컬어지는 SM 엔터테인먼트와 JYP 엔터테인먼트의 수장이 미국 유학생이었거나 어렸을 때 생활한 경험이 있고, 그 경험이 그들의 음악 스타일이나 미국시장 개척에 대한 깊은 관심에 영향을 끼쳤음은 잘 알려진 사실이다. 또한 강남스타일(Gangnam Style)로 세계적인 인지도를 쌓은 싸이 역시 미국 유학생이었다는 사실과 한 때 한국의 '문화대통령'으로 불리던 서태지 역시 한동안 미국에 거주하며 미국 음악의 새로운 트렌드를 그의 음악에 계속 접목했음을 고려해 본다면, 초국가적 이주자(transnational migrants)로서 미국생활을 경험한 이들이 한국대중문화 창조에 끼친 영향의 크기와 중요성을 쉽게 가늠해 볼 수

23) LA 시의회는 2020년 10월 28일에 한인타운에 위치한 6가와 옥스포드길 교차로를 "SM Entertainment Square"로 명명하기로 결정했다고 한다. 이 곳에 SM의 복합 엔터테인먼트 공간이 개장될 예정이라고 한다(박흥률 2020).

있을 것이다. 거기다 많은 한국 연예인들이 자신이나 자식의 교육을 목표로 혹은 여러 개인적인 이유로 미국에 오래 체류하는 경우가 적지 않은데, 이들을 모두 체류자나 일시적 이주자로 간주할 경우, 재미한인이 한국대중문화 형성에 생산자로서 기여한 바는 상당하다고 할 수 있다.

4. 대중문화를 통한 정체성 형성 및 상상의 공동체

재미한인들이 이렇게 소비, 전파, 생산 등의 다양한 경로를 통해 한국대중문화의 형성 및 확산에 밀접하게 연계된 데에는 여러 이유가 있다. 그 중 가장 중요한 요소 중의 하나가 앞서 언급한 정체성의 문제이다. 정체성은 여러 층위를 가지며, 다양한 준거를 바탕으로 형성된다. 또한, 가변적이다. 여러 개인이나 집단들 가운데서도 특히 초국가적 이주자들은 다양한 준거점을 가진, 매우 유동적이며 다면적인 정체성을 안고 살아간다. 그들은 사이에 낀(in-between), 경계(border)를 넘나드는 위치에 있기 때문에 한 편으로는 정체성의 준거로 가용할 수 있는 자원을 많이 가지고 있지만, 또 다른 한 편으로는 훨씬 복잡하고 변동하는 맥락에 노출되므로 계속적으로 위치를 조정하고 재정립해야 하기도 한다(Basch et.al. 1994; Ong 1999 참조).

이주자들의 정체성과 성원권은 매우 밀접하게 연관되어 있다. 특히 거주국에서 성원권은 개인이나 집단의 생존 문제부터 삶의 방향과 질에 이르기까지 직접적으로 얽혀 있으므로 그들이 어떤 법적, 사회문화적 성원권을 갖느냐가 혹은 가질 수 있는가가 이주자들의 정체성 형성에 깊은 영향을 미친다. 인종간 위계관계가 사회구조의 근간을 이루는 미국 사회에서는 인종/민족적으로 소수계에 속하는 이주자들은 법적 성원권과는 별개로 사회, 문화적인 성원권의 측면에서 큰 도전에 직면한다. 아시아계는 특히 '외국인'이나 '타자'라는 이미지에서 자유롭지 못 하기 때문에, 그로 인해 사회, 문화적으로 미국 사회의 완전한 일원으로 받아들여지지 않는 경험을 자주하게 된다. 이런 주변화는 그들의 정체성 확립에 있어 미국 사회 내에서 차용할 수 있는 이념적, 문화적, 사회적 준거가 빈약하다는 사실과도 맞물려 있으며, 제한된 사회문화적 성원권은 아시아계 이주자들, 특히 청소년 들이 정체성을 형성하는 과정에서 많은 영향을 끼치게 된다.

아시아계 미국인들에게 필요한 사회, 문화적 준거 부족은 롤모델의 부족으로도 쉽게 증명된다. 약 2세기에 달하는 아시아계의 이주 역사에도 불구하고 미국 사회에서 전국적인 인지도를 가진, 정치, 사회, 역사적으로 중요한 족적을 남겼다고 모두가 인정할 수 있는 아시아계 인물은 찾기가 어렵다. 청소년을 포함한 젊은 세대는 대중문화나 스포츠 스타들을 롤모델로 삼는 경우가 많지만, 그 분야에서도 누구나 알만하고 동의할 만한 인물을 고르기란 쉽지 않다.[24] 그에 더해 이주 초기부터 따라다니는 왜곡된 이미지는 지금까지도 그들의 주변화를 정당화 시킨다. 대표적인 예로 타자화와 굴절된 성적 대상화를 들 수 있는데, 조금씩 개선되어 온 부분도 있지만, 근본적으로 편견에 찬 시선은 지금도 끈질기게 지속되고 있다(Xing 1998 참조). 이러한 왜곡과 대표성 부재에 대

---

24) 미국 내 아시아계 스포츠 스타들은 1세대 초국가적 이주자인 경우가 많다.박찬호, 이치로 그리고 야오밍 같은 예에서 볼 수 있듯이 미국에서 나고 자라지 않은 외국 출신의 선수들이 주로 아시아계 스포츠 스타로 각광을 받는데, 이는 아시아계 미국인들에게 자부심을 줄 수도 있지만, 한 편으론 아시아계 미국인과 아시아인을 동일시하는 시각을 강화시킬 수도 있다.

항하고자 대안적인 아시아계 미국인(Asian American) 문화제작을 표방하고 나서는 이들도 있지만, 그 영향력이나 파급력은 제한적인 수준에 머무른다(Hamamoto and Liu 2000 참조). 이런 노력들이 만족할만한 성과를 얻지 못 한데는 여러 이유가 있지만, 그 중 하나는 아시아계의 다양성 때문이다. 인종 · 민족 · 문화 · 종교 · 언어적 배경 등에 있어 매우 다양하고, 이주세대의 차이도 크게 나는 그룹을 대표하고 아우를 수 있는 문화 컨텐츠를 창조한다는 것은 쉽게 가능하지 않기 때문이다. 아시아계 미국인에 초점을 둔 문화담론과 컨텐츠를 만들려는 시도는 주로 일본계나 중국계처럼 이민 역사가 깊은 아시아계 그룹들이 주도하는 반면 베트남계처럼 이민 역사가 비교적 짧은 커뮤니티에서는 자신들이나 다른 베트남계 디아스포라가 필요로 하는 문화컨텐츠를 제작하거나, 한인들처럼 출신국 대중문화 산업으로 들어가는 방법을 선택하기도 한다. 이와 같이 방법이나 누구를 대상으로 하느냐 등의 차이는 있지만, 이 모두가 아시아계 미국인들이 자신들의 정체성을 확립하고, 소속감을 느끼며, 자신들의 목소리를 내려는 시도의 일환이라는 공통점이 있다.

여러 연구를 통해 보여진 바와 같이, 대중문화 소비와 정체성은 연결된다(Desai 2005; Valverde 2005; Maira 2005; Oh 2015 참조). 소비행위를 통해 개인이 타인과의 차별화를 꾀하고 그를 통해 자신의 취향, 사회적 계급 등의 정체성을 드러낸다는 것은 이미 잘 알려진 바다(Crang and Jackson 2001; Bourdieu 1987 참조). 대중문화 소비 역시 이런 구분 짓기 방식 중 하나인데, 미디어의 영향력이 더욱 강해진 디지털화 시대에 그 중요성을 더한다고 하겠다. 데이비드 몰리와 케빈 로빈스(David Morley and Kevin Robins)에 따르면 정체성은 기억에 근거하며, 미디어는 그 기억을 만들어 준다고 한다(Morley and Robins 1995). 즉 대중문화 소비를 통해 개인이나 집단이 공동의 기억을 공유하게 되고, 그를 바탕으로 정체성을 형성할 수 있다는 것이다. 견고한 국가주의가 대세이던 시절, 국민의식을 고취하기 위해 미디어가 중요한 통치기제로 작용해 왔던 것을 보더라도 그렇고, 초국가적 환경에 둘러싸인 오늘날에도 여러 나라의 국가 및 문화 정체성의 유지, 건설에 미디어가 차지하는 역할의 중요성을 고려하면 이러한 주장의 타당성이 인정된다(ibid.; Hannerz 1992).

그런데 대중문화를 통한 정체성 형성에는 감정적인 몰입과 연계, 상상력 등이 강하게 작용한다. 이 때문에 정체성이 지속력이 부족하거나 피상적이 될 수도 있지만, 한 편으로는 국경, 인종, 계급, 이념 등의 여러 가지 경계를 쉽게 넘어 새로운 종류의 결속을 가능하게도 한다. 우본라트 시리유바삭(Ubonrat Siriyuvasak)의 연구는 20세기 후반 태국 젊은이들의 정체성 찾기에 어떻게 전지구적 대중문화가 접목되었는지를 보여준다. 그에 따르면 권위주의적 태국 정부와 미국 제국주의에 대항하는 운동이 활발하던 1960년대와 70년대에 아이러니하게도 밥 딜런이나 조안 바에즈 같은 일련의 미국 가수들의 음악이 저항의 도구로 사용되었다고 한다. 이는 미국 대중문화의 권력을 보여준다고 할 수도 있지만, 동시에 국가와 상관없이 비슷한 이념, 지향점을 공유하는 이들 사이에 대중문화를 매개로 초국가적 연계가 맺어졌음을 시사한다. 또 정치, 경제적인 맥락이 바뀐 1990년대에는 태국 젊은이들이 일본 대중음악, 만화 그리고 애니메이션의 소비를 통해 자신들의 차별되는 "계급, 지위, 스스로의 이미지 및 매력"을 드러내려 했다고 하는데, 이 역시 대중문화가 정체성의 형성에 어떻게 초국가적으로 차용될 수 있는지를 드러내는 예라 하겠다(Siriyuvasak 2004:185). 그런 의미에서 현재 미국에서 불고 있는 BTS를 선두로 하는 K-pop 열풍은 이제 한국대중문화가 이런 초국가적 문화 준거로 충분히 작용할 수 있음을 예시한다고 볼 수 있다.

변화된 한국대중문화의 위상은 재미한인의 정체성 형성에 보다 다양한 모습으로 영향을 미칠 것이다. 1세대의 경우는 상대적으로 이미 한국이 그들의 정체성에 미치는 영향이 상당히 강한 만큼, 한국 드라마나 음악을 통해 그것을 더욱 공고히 하거나 확인을 할 가능성이 높다고 볼 수 있다. 이들의 경우는 특히 공통적 문화 준거를 통해 맺어지는 한국에 있는 가족, 친구 들과의 연계성 및 그를 통한 상상의 공동체 형성이 중요한 듯이 보인다. 1.5세대를 포함한 차세대 한인의 경우는 그 양상이 훨씬 다양하게 나타나는데, 그들이 거주하는 지역, 성별, 나이, 준거집단 등의 변수에 따라 많은 차이를 보일 것이다. 예를 들어, 데이비드 오(David Oh)가 애틀란타와 댈러스 지역에서 2세대 한인 청소년들을 대상으로 한 연구에서 나타난 바와 같이, 한인 청소년들이 한국대중문화에 갖는 관심의 정도는 상이하다. 그리고 한국대중문화 소비가 한인 청소년들의 정체성에 영향을 끼치기도 하지만, 반대로 그들이 이미 가지고 있는 정체성(특히 한인이라는 정체성의 강약 정도나 한국이나 한국문화에 대해 느끼는 긍정적/부정적 감정 등)이 한국대중문화 소비에 영향을 주기도 한다는 점에서 그 두 변수 사이의 상관관계는 복합적으로 작용한다.[25] 또 관심이 없지도 많지도 않은 중간쯤에 자리한 이들은, 주변 준거집단의 한국대중문화 소비에 영향을 받아 대화에 끼기 위해 자신도 동참하는 경향이 있다고 하고. 남녀 성별에 따라 다른 반응을 보인다고 한다(Oh 2015). 특정 지역에서 소수를 대상으로 한 연구 결과

25) 데이비드 오의 연구에 따르면, 한국문화에 관심이 없거나 싫어하는 청소년은 한국대중문화도 싫어하거나 관심이 없고, 한국적 정체성이 강한 청소년들은 한국대중문화 소비를 통해 그것을 더욱 강화하는 경향이 있다고 한다. 또 전체적으로 여성이 한국대중문화 소비의 주축이며, 그에 대해 훨씬 열려있는 태도를 보인다(Oh 2015).

가 이렇다는 데서 추론해 볼 때, 범위와 숫자를 넓히면 그 스펙트럼은 훨씬 다양하게 나타날 것이다.

이미 언급한 바와 같이, 대중문화를 준거로 하여 초국가적으로 정체성을 형성하는 일은 단지 재미한인들만이 아니라 다른 아시아계 미국인들을 비롯한 많은 이주자 커뮤니티, 더 나아가 비 이주자들에게서도 보여지는 현상이며, 다만 그 매개로 하는 대중문화나 그것의 준거틀로써의 중요성 등은 그룹이나 개인에 따라 다르게 나타난다(Desai 2005; Valverde 2005). 그러나 비교적으로 볼 때, 초국가적 이주자들에게는 대중문화를 통한 출신국과의 연결이 더 특별한 의미의 기제로 작동할 가능성이 높으며, 이런 연결은 직접적인 삶의 경험이나 공간이동을 통하지 않더라도 의미 있는 초국가적 연계가 가능하다는 시사점을 던져준다. 또한 대중문화라는 매개체를 통해 이주자들이나 그들의 후손들이 그들의 출신국 뿐 아니라 훨씬 넓은 세상과 공통의 관심사로 연계되어 감정적으로 연결된 상상의 공동체를 만들 수도 있음을 보여준다고 하겠다. 그런데, 지금까지 재미한인의 대중문화를 통한 초국가적 연결은 출신국 중심으로 이어져, 한인들로 하여금 한류에 좀 더 직접적으로 기여를 하고 초국가적 문화 흐름에 보다 밀착될 수 있게는 했지만, 재미한인만의 독자적 문화 형성과는 거리가 있어 보인다. 이주자 커뮤니티에 대한 문화연구를 보면, 정체성 형성이나 차별, 편견에 맞서기 위한 저항의 방편으로 출신국 문화를 접합시킨 이주자 문화를 만들기도 하고, 그 중에는 이주자 하부 문화가 거주국의 대중문화에 중요한 영향을 끼쳐 '주류문화'의 일부가 되는 예도 볼 수 있는데, 재미한인의 경우는 적어도 지금까지는 독자적 커뮤니티 문화 형성 움직임이 그리 눈에 띄지 않는다. 폴 길로이(Paul Gilroy)는 그의 책, 검은 대서양(The Black Atlantic)에서 대서양을 사이에 두고 유럽, 아프리카, 카리브 지역 그리고 미주 사이에 계속 이어져 왔던 초국가적 문화교류와 혼종을 흑인문화의 역할을 중심으로 논의하고 있는데, 그 흐름에는 아프리카계 이주자들과 그들이 변주한 다양한 혼종적 지역문화가 중추적인 역할을 한다(Gilroy 1993). 이런 의미에서 한국대중문화 소비가 재미한인들만의 독특한 정체성이나 문화형성에 어떤 의미를 갖는지, 또 한인들이 길로이가 논의한 것과 같은 초국가적이며 혼종된 문화흐름을, 태평양을 무대로 하여 형성하는 데 중요한 한 축을 담당할 수 있는지 등에 대한 질문을 던지게 된다.

5. 맺음말을 대신하며

대중문화로 매개되는 새로운 형태의 초국가적 연결이 가지는 파급력이나 결속력은 때로 놀라울 정도이며, 그를 통해 전과는 다른 성격의 다양한, 공유하는 대중문화 준거에 기반하여 감정적으로 연결된, 전지구적인 네트워크나 공동체가 형성되고 있다. 따라서 우리는 초국가적 문화교류의 기술적, 산업적인 측면의 변화만이 아닌 인적인 요소들의 중요성 역시 고찰해야 하며, 특히 지금까지 대부분 간과되어 왔던 디아스포라 인구의 역할에 주목할 필요가 있다. 그런 면에서 재미한인들과 한류의 생산, 소비, 확산이 연결되는 부분과 그것이 가지는 다양한 함의를 살펴봐야 하며, 재미한인을 넘어 전세계 곳곳에 존재하는 여러 한인 디아스포라가 대중문화를 통해 어떻게 한국과 초국가적 관계를 지속해 오고 있고, 그것이 서로에게 미치는 영향과 의미를 비교 고찰할 필요가 있다. 그리고 보다 넓게는 전지구화 시대에 이주자들이 그들의 출신국과 거주국(들)을 연결하는 방대한 네트워크 안에서 어떠한 역할을 하는지, 그리고 출신국 대중문화의 소비가 이주자들의 정체성 형성, 소속감에 어떤 영향을 주는지를 비교적으로 연구함으로써 초국가적 시대에 디아스포라가 가지는 다면적 역할과 중요성에 대한 이해를 높일 수 있을 것이다.

재미한인의 법조직역 정체성과 종족 정체성에 대한 검토

이재협

1. 서론

한 연구에 따르면 미국인들이 선망하는 전문직종으로 의사, 변호사, 컴퓨터공학자, 교수가 상위 순위에 위치하고 있다(Nance and Madsen 2014). 이러한 전문직들은 경제적으로나 사회적으로 높은 수준의 보상이 주어지고, 사회적 명성, 영향력 등에서 높은 위치를 점하고 있다. 이민사회 내에서도 부모들은 자녀가 전문직 직업을 가짐으로써 미국의 주류사회에 진출하기를 바란다. 실제로 이민사회의 2세, 3세 후손들이 각종 공직과 전문분야에 진출하는 사례는 해당 사회 내에서 이민집단의 영향력이 신장되고 있는 지표로 사용되곤 한다. 종종 전문직은 소수자적 지위를 갖고 있는 사람들에게 그 소수성을 상쇄할 수 있게 하는 자산이고, 소수자들은 전문직 진출을 통해 인종적 위계질서 내에서 신분상승을 할 수 있을 것이라는 기대를 하게 된다. 이민의 역사가 100년이 넘은 재미 한인사회에서도 차세대 한인들의 전문직 진출은 눈에 띄게 증가하였다. 반면 전문직으로 진출한 재미한인에 대한 연구는 그동안 활발하게 이루어지지 않았다.

전문직 연구에서는 그동안 의사, 건축가, 엔지니어 등과 같은 전문직의 비교를 통해 일반적 이론을 도출하려는 시도가 이루어져 왔다 (Macdonald 1995). 전문직의 주된 특징으로는 전문성, 독립성, 자율성이 지적되고 있다. 전문직은 신분과 계급이 아닌 직업적 분야의 형성을 통해 특정 분야 서비스에 대한 독점적 지배력을 형성하면서 등장한 직역이다. 전문직에 진입하기 위해서는 일정한 훈련과 전문적 지식의 습득이 필요하고, 전문직 업무는 전문직 종사자 개인 혹은 전문직인들로 구성된 조직에 의해 자율적으로 업무가 통제된다.

전문직에 관한 이론적 시각으로는 일반적으로 과정접근법, 구조기능접근법, 권력접근법이 제시되고 있다. 과정접근법은 하나의 직업이 전문직으로 변화되는 전문직의 형성과정을 규명하였고, 구조기능접근법은 기능주의적 관점을 바탕으로 전문직의 속성을 규명하는데 기여하였다. 권력접근법은 권력 개념을 중심으로 하여 전문직의 역동적인 변화 측면을 파악하였다(전병재·안계춘·박종연 1995). 그러나 이 세 가지 접근법 모두 연구대상인 전문직이 하나의 집단으로 다루어져 왔기 때문에 직업구조 내에서의 위치나 인식 등에 관한 연구가 주를 이루고 있다. 전문직 내부의 구성변화와 분화의 영향과 의미에 관해서는 상대적으로 연구된 바는 많지 않다. 특히 소수자, 이민자 출신 전문직에 대한 질적인 분석은 미흡한 수준이다.

아시아계 전문직 종사자들의 일상생활 속에서 인종, 종족성이 개입되는 모습을 보면, 대체적으로 소수민족 전문직인들은 주류사회로 동화되는 측면이 강하지만, 개인의 삶 속에서 다양하게 종족성이 발현되고 있음을 볼 수 있다(Min and Kim 2000). 미국사회의 일반인들이 종종 아시아계 미국인들을 완전한 미국시민이 아닌 이방인으로 인식하고 있는 점은 그들의 종족적, 인종적 정체성에 가장 큰 영향을 미치고 있다. 재미한인 의사에 관한 한 연구에 따르면 의료직역에서 이민출신 의사들이 대개 주변적 분야에 취업하고 있음을 보여준다. 성공한 전문직으로서의 대중적 이미지와는 달리 이민 출신의 전문인들은 비전문직 노동시장에서의 이민 노동자가 주변화되는 것과 마찬가지로 전문직 노동시장에서 주변화되고 있었다(Shin and Chang 1988). 이렇듯 소수민족 출신 전문인들의 '주류 속의 주변인'(margins in the mainstream)적 단면에 관해서는 그동안 여러 차례 사례가 보고되어 왔다.

그러나 다른 한편으로 전문직인들은 그들의 우세한 계급적 자원 때문에 모국방문 혹은 다양한 문화행사에 용이하게 참여함으로써 종족문화를 유지하고 있기도 하다. 동시에 전문직 종사자들은 높은 사회경제적인 지위 때문에 종족적 지표를 자신 있게 내세울 수 있다. 다시 말하면 전문직의 특권적 계급지위는 소수자 혹은 이방인으로서의 인종화를 축소한다. 물론 그들의 계급적 지위가 인종적 차이의 인식 자체를 없애는 것은 아니지만 적어도 일상생활에서 상대적으로 인종이 덜 중요시되게끔 작용할 수 있는 것이다. 또한 고학력의 전문직들은 다른 사람들보다 다민족간의 결혼을 할 가능성이 높다. 이러한 점들을 모두 고려한다면, 많은 아시아계 미국인 전문인들은 이중문화적(bicultural) 정체성을 갖고 있다는 점을 쉽사리 파악할 수 있다.

인류학 내에서도 지위가 높고 영향력을 가진 조직체와 관련 기구를 연구대상으로 삼는 소위 '상층부 연구(studying up)'가 필요하다는 점이 지적되어 왔는데(Nader 1969), 전문직 연구는 그러한 상층부 연구에 해당한다고 말할 수 있다. 이 글에서는 재미한인 연구에서 상대적으로 덜 연구된 대상인 전문직 중 법률가 집단에 관한 연구와 관련된 이론과 연구사례들을 검토하고자 한다. 재미한인 법조직역은 재미한인 연구에서도 연구가 덜 되었을 뿐 아니라 법사회학 분야에서도 소수민족 출신 법률가에 대한 연구가 축적되지 않았다는 점에서 가치가 있다. 이 글에서는 법률전문가로서의 정체성 형성과 관련된 논의들을 교육훈련, 업무환경의 맥락에서 살펴보고, 전문직의 직업정체성과 소수민족의 종족정체성이 어떻게 교섭, 상충하는지에 대한 내용을 검토하고자 한다. 소수민족 법률가들이 법조직역 구조 내에서 어떻게 위치하고 있는지, 그들의 정체성은 어떻게 형성되고 유지되는지, 다양성과 초국가성은 이들의 삶에서 어떻게 구현되고 있는지에 대한 이론과 사례들은 차세대 재미한인 연구의 지평을 넓힐 수 있는 토대가 될 것이다.

2. 변호사 연구와 직역구조

1) 법조직역의 구조

법률가의 행위와 직역현상을 기술하는 연구들은 주로 법조윤리 분야에서 이루어져 왔다. 대부분 법률가 현황에 관한 기초 통계자료나 일화적 사건을 중심으로 주로 양적 방법에 의한 분석이 주를 이룬다. 주로 법사회학자들에 의해 법률가에 관한 경험적 연구들이 이루어져 왔지만 관찰과 심층면접 등 질적 방법에 의해 이루어진 연구는 매우 드물었다. 그것은 연구대상인 법률가를 접근하기가 쉽지 않고, 직무상 알게 된 의뢰인의 정보에 대해 비밀유지 및 이해충돌 방지의무 때문에 법률사무소 등에서 오랫동안 머물며 관찰하기 힘든 방법론상의 난점 때문이었다. 뉴욕의 투자은행을 분석한 캐런 호도 실제 투자은행에 고용되어 활동하였던 경험을 바탕으로 연구했듯이(Ho 2009), 법률사무소에서의 현지조사를 위해서는 해당 기관에 취업하는 방법 이외에는 별로 없었다(Pierce 1996).

변호사에 관한 초창기 질적 연구로는 스미겔(Smigel 1964)과 칼린(Carlin 1962)이 있다. 대형로펌, 소형로펌과 같은 근무지의 차이에 따른 구분은 이러한 초창기 연구들에서 매우 중요하게 간주되었다. 스미겔의 연구에 의하면 월스트리트 로펌의 구성원 변호사(partner)들은 반 이상이 사립 고등학교 출신이며 70% 이상이 하버드, 예일, 콜롬비아 등 엘리트 로스쿨을 졸업하였다. 이 시기에 로펌에 고용된 여성 변호사는 거의 존재하지 않고, 대부분의 변호사들은 종교, 인종, 종족성의 측면에서 매우 동질적이다. 반면 칼린은 시카고의 단독개업 변호사 83명을 면접하였는데, 그의 연구대상자들은 대부분 야간 로스쿨을 졸업하고 변호사 시험에 여러 차례 응시한 끝에 합격하였고 선배변호사에게 도제교육을 받으면서 실무를 익혔다(Carlin 1962). 이렇듯 변호사 시장은 높은 평판과 고소득을 올리는 대형로펌의 기업변호사인 “월스트리트” 변호사와 하루하루 생존이 급한 생계형 “메인스트리트” 변호사로 양분되어 있었던 것이다.

하인즈(Heinz 1983, 2005)는 시카고의 다양한 변호사들을 표본조사하고 심층 면접하여 미국 변호사 집단의 단면을 가장 총체적으로 잘 보여주었고, 또한 20여 년간 이들을 추적 조사하여 변호사 전문직의 변화양상을 기록하였다. 변호사들과 의뢰인들의 사회조직, 계층화 등에 대한 그의 모델은 수많은 관련 연구를 태동시켰다. 그의 연구중 핵심적인 부분은 법률사무의 성질이 법리적 구분에 따라 이루어지는 것이 아니라 변호사-의뢰인 간의 관계에 따라 결정된다는 것이다. 하인즈의 연구는 또한 미국 법률직역 내에 성별, 인종, 근무지에 따른 계층화가 뚜렷이 지속적으로 나타나고 있음을 보여주고 있다. 그러한 직역 내의 구조적 차별화는 의뢰인 형태에 따라 이루어지고 있다. 미국의 법률직역은 개인에 법률서비스를 제공하는 집단과 기업 자문을 주로 하는 집단으로 양분되고 이들 사이에 거의 이동이 일어나지 않는다는 것이 특징이다. 개인을 상대로 하는 법률가들에 비해 기업 자문을 하는 법률가들이 법률직역 내에서 사회적 배경, 가치, 명성 등에 비추어 볼 때 우월한 구조적 지위를 가지고 있다는 것이다. 전국 단위의 샘플에 따른 최근 연구에서도 경력 현황은 그들의 사회적 계층에 따라 달라진다고 보고되었다 (Dinovitzer 2011). 즉 사회경제적 출신계층에 따라 출신 로스쿨이 달라지고, 졸업 후 근무지의 크기와 형태가 달라지며, 대기업 고객을 둔 대형 로펌 변호사들이 다른 변호사들보다 변호사 사회에서 높게 평가받는 위계적 직역구조가 형성된다는 것이다.

법률시장에서의 경쟁이 치열해지고 로펌 문화가 법률직역의 주류로 자리잡게 되면서 직역구조 내에서의 분화가 심화되었다. 콘리(Conley 2004)의 설문과 면접결과에 의하면 변호사들이 과거보다 훨씬 업무시간이 많고 생활에 불만족스러워하고, 업무 스트레스 때문에 정신적으로 건강하지 않다고 한다. 콘리가 보여주는 법률가들의 삶은 스미겔의 연구에서와 같은 긍정적인 모습이 아니다. 대다수의 변호사들은 삶의 질이 저하된 것을 가장 큰 문제로 인식하고 있다. 또한 그러한 압박이 여성에게 더 크게 작용한다고 보았다.

2) 법조직역의 내적 구성 및 분화

미국의 법률시장은 양적으로 급속한 성장을 해 왔다. 전미변호사협회(American Bar Association: ABA)의 자료에 따르면 1950년부터 2019년까지 약 70년 동안 미국의 변호사 수는 6배가량 증가하였다(ABA 2019). 자연히 법률가 집단은 성별, 인종, 종족성 차원에서 다양해졌지만, 다른 전문직에 비해 인종적 다양성이 부족하다고 평가되어 왔다. 예컨대 건축가의 81%, 회계사의 78%, 의사의 72%가 백인인 반면, 전체 변호사 중 백인의 비중은 88%에 달한다(Rhode 2015). 흑인, 라틴계, 아시아계 및 아메리칸 인디언계는 미국 인구의 1/3을 차지하고 로스쿨생 중 1/5에 해당하지만, 단지 7%만이 로펌의 구성원 변호사가 되고 9%만이 기업 법무실에 근무하고 있다(Rhode 2015).

전미변호사협회는 여성, 유색인종(특히 흑인 및 라틴계) 변호사가 전체 인구구성 비율과 비교해 볼 때 통계적으로 너무 적다고 보고하고 있다. 아울러 그러한 인종적, 종족적 소수민족 법률가들의 연봉이 전체 법률가 평균보다 낮고, 이들이 사적 부문(로펌, 사내변호사)보다는 공적 부문에서 근무하는 비율이 높으며, 판사 등 공직 분야로의 진출이 상대적으로 저조하다고 한다. 또한 근무지에서 차별을 받은 경험이 있으며 근무 만족도도 상대적으로 낮게 나타난다고 한다.

미국 법조직역연구연합(National Association for Law Placement)과 미국변호사재단(American Bar Foundation)이 수행한 「로스쿨 졸업 이후」(After the JD: 이하 'AJD') 연구 프로젝트는 2000년에 로스쿨을 졸업한 5,000여 명의 법률가들을 10년 동안 추적 조사하였다. 경력 2년~3년차 초임 법률가들의 인구학적 구성, 근무지, 근무환경, 급여, 만족도, 이직, 성차 및 인종차에 따른 영향, 로스쿨 경험과의 관련성 등을 다각도로 분석하고, 그 후 매 5년마다 이에 대한 비교를 통해 법조직역의 양태와 변화를 살펴보았다. 가장 최근의 조사결과를 보면, 법률가의 직업 만족도는 지난 10년 동안 변함없이 높은 편이었다. 시카고 법률가 연구와는 달리 AJD 조사결과는 같은 직장형태 내 혹은 다른 직장형태 간의 이직이 활발한 것으로 나타났다.

성별에 따른 취업직역의 차이는 전반적으로 크게 두드러지지 않았다. 다만 남성의 경우 단독개업, 여성의 경우 공익 부문 취직자 수가 상대적으로 높은 편이었다. 반면 남성에 비해 여성 법률가들이 임금과 승진기회에 있어 나타나는 격차가 심화되었다고 보고되었다. 이러한 차이를 가져오는 이유로 로펌 내의 멘토십의 부재가 지적되었는데, 멘토가 있는 남성의 경우 소득이 높고 만족도가 높으며 직무환경에 대해 공정하게 평가했다(Kay and Wallace 2009). 또한 인종에 따라 근무지, 만족도, 임금상승 비율 등이 다르게 나타나 법률직역 내에 형성된 계층화를 시사하고 있다. 인종에 따른 취업직역의 차이는 전반적으로 크게 두드러지지 않았다. 그러나 소수인종의 경우 정부, 공익 부문 취직자 수가 상대적으로 높았다. 로펌 내 구성원 변호사(partner), 소속 변호사(associate) 및 전체 변호사 내의 여성과 소수인종, 소수인종 여성의 비율은 증가추세에 있다. 그러나 구성원 변호사 중 소수인종의 비율이 소속 변호사 중 소수인종 비중보다 현저히 낮았다. 이 점은 로펌 내의 승진에 있어 소수인종 변호사들에 대한 '유리천장'이 존재함을 시사한다. 다만 로펌 내 구성원 변호사 및 소속 변호사 인구구성에서 아시아계의 비율이 가장 높게 나타났다.

법률직역에서 여전히 존재하는 인종에 따른 취업달성도의 차이는 여러 연구에서 나타난 바 있다(Payne-Pikus et. al. 2010). 인종에 따른 이러한 차이는 사회적 자본의 차이로 설명되기도 한다. 백인들에 비해 흑인들은 사회적 자본이 적고, 사회적 연결망을 통한 자원이 부족하다. 사회적 자본이 집단 내의 특성인가 아니면 집단 사이를 연결하는 네트워크인가에 따라 결속적 사회적 자본(bonding social capital)과 교량적 사회적 자본(bridging social capital)으로 구분되는데(Woolcock 1998), 흑인사회는 양자 모두 부족하다고 여겨진다. 이러한 측면에서 윌킨스는 흑인 변호사들이 엘리트 네트워크의 부재로 법률직역 내에서 불리하다고 주장한다(Wilkins and Gulati 1996). 흑인 변호사들이 로펌의 구성원 변호사가 될 가능성은 낮고(Wilkins 1998) 사적 부문이 아닌 분야에서 첫 번째 직장을 가질 가능성이 높기 때문에 상대적으로 수입이 적은 분야에 진출한다 할 수 있다(Kornhauser and Revesz 1996). 구성원 변호사가 된다 해도 소규모 로펌에서이고 권한도 그리 크지 않은 직책을 부여받으며, 그나마도 오래지 않아 퇴사할 가능성이 높다(Wilkins 1998). 로펌에서의 상대적으로 낮은 고용유지율을 보면 유색인종 변호사들이 자신의 능력에 대해 자신감이 덜한 것으로 해석된다(Payne-Pikus et al. 2010; Tomlinson et al 2013; Wilkins and Gulati 1996). 톰리슨 외(Tomlison et al. 2013)는 법률직에서의 소수민족 법률가들이 법률직역 내 주류인 대형로펌에서 활동하지 못하고 대안적 환경에서 활동한다고 보았다.

3. 직업정체성과 종족정체성

법률가의 직업정체성을 찾아볼 수 있는 공식적 영역은 직업윤리이고, 법조윤리는 법학 내에서 하나의 확립된 분과로 다루어지고 있다. 미국 변호사 윤리규범의 목표는 이상적인 법률가가 되기 위해 필요한 덕목과 행동준칙을 제시하는 것이 아니다. 오히려 최소한의 행동기준을 소극적으로 제시하는 것이 일차적 목표이다. 즉, 법률가로서 사회적 역할을 하기 위해서 반드시 지켜야 할 최저기준을 설정하고 어떤 법률가도 그 이하의 행동을 하지 않도록 규율하려는 것이 법률가직업 윤리이다(김재원 2007). 이러한 목표를 위해 미국의 주 변호사회와 전미변호사협회

(ABA)는 각자 혹은 공동으로 최소한의 행동준칙을 정립해 왔다. 윤리규범은 법률가 모두에게 공통적으로 적용되는 것으로, 모든 법률가들은 이러한 최소한의 행동준칙에 부합하는 역할을 수행하도록 요구되었다. 법률가에게 요구되는 덕목에는 '공평성' '중립성' '예측가능성' 등이 있는데, 전문직인으로서의 정체성 형성에 인종, 종족, 종교 등의 요소는 개입되지 않고, 개입되어서는 안 되는 것으로 간주되었다. 또한 합리성, 중립성, 능력 중심주의와 같은 가치들을 불편부당한 변호사가 갖추어야 할 덕목으로 보고, 객관적 합리성이 개인적 편견을 극복할 수 있을 것이라 본다. 법률가의 정체성에 대해 이러한 주류적 입장이 내포하고 있는 백인 남성중심적인 측면은 그동안 많은 학자들이 비판해온 바 있다 (Wilkins 1998; Pearce 2005). 비판자들은 변호사의 전문직인으로서의 정체성은 인종 및 다른 개인적 구성요소로부터 자유롭다는 지배적인 견해에 도전하면서 특히 정체성 형성 및 업무수행에 있어서 인종의 중심적 역할을 강조하였다.

법률전문직의 정체성을 형성하는 맥락은 크게 교육과정과 업무수행 과정으로 구분할 수 있다.

1) 교육과정 속에서의 사회화

법률가로 활동하기 위해서는 전문직에 특화된 학교 교육을 수료하거나 이와 동등한 지식을 습득한 것으로 공인받아 업무를 수행할 법적 자격을 취득해야 해당 직역에서 업무를 수행할 수 있다. 법률 업무수행에 필요한 형식적, 이론적 지식을 체계적으로 습득하기 위해서는 실제 업무수행과 별도로 특화된 과정을 통한 훈련이 필요하며, 미국에서는 대학원 과정인 로스쿨에서 교육이 이루어진다. 법조직역 전문교육 사회화 연구결과에 따르면(Erlanger and Klegon 1978; Erlanger et al. 1996; Granfield 1992; Stover 1989), 미국의 로스쿨 입학생 중에는 입학 전에 이미 법률가의 사회적 책임성에 대해 민감한 인식을 갖고 사회적 약자에게 법률서비스를 제공하기 위한 목적으로 로스쿨에 진학하는 경우가 상당하다. 그러나 로스쿨에서 전문적 사회화 과정을 거치면서 예비법조인의 가치와 신념에 변화가 생긴다는 지적이 있다.

1980년대 중반 하버드 로스쿨의 전문직 사회화 과정을 탐구한 그랜필드는 하버드 로스쿨생들이 교수의 격려와 암시는 물론 선배와 동료와 집합적 상호과정을 통해 특유의 '집합적 우월성(collective eminence)'을 형성하는 과정을 관찰했다(Granfield 1992). 하버드에서 로스쿨을 다니다 보면 학생들이 어떻게 공부하고 어떤 성적을 받든 결국 미국사회 내에 우월적 지위를 차지하게 될 것이라는 생각을 자연스럽게 갖게 된다고 한다. 결국 입학 무렵에는 반드시 그렇게 생각하지 않았던 로스쿨생들도 졸업 때에는 거액연봉의 대형로펌이나 기업으로 진출하는 데 거리낌이 없어진다.

법학교육은 역사적으로 인종과 계급적 특혜를 추적하고 재생산하는 중요한 과정으로 다루어져 왔다(Abel 1989; Costello 2005). 무어는 미국의 엘리트 로스쿨이 종종 능력주의라는 미명 하에 기존의 위계질서를 재생산한다고 주장하였다(Moore 2008). 이러한 제도화된 위계는 외부인의 법조직역에의 신규진입을 규제하여 종국에는 법조직역을 가장 다양성이 부족한 전문직으로 만들었다(Rhode 2015). 전문직 사회화 과정에서 습득된 소수자적 경험이 소수자 변호사들의 경력에 있어서도 불평등한 결과를 가져오기도 한다(Moore 2008; Wilkins and Gulati 1996).

그랜필드의 연구(1992)에서는 엘리트 로스쿨에서 엘리트적 배경을 갖지 못한 학생들이 위축되고 스트레스를 받고 일반적으로 소외감을 느끼는 등 사회적 계급에 근거하여 주변화(marginalization)되는 모습이 나타난다. 이들은 사회적 지위에 따라 자신이 평가되는 불안감을 줄이고자 자신의 정체성을 관리하고 조정한다. 그랜필드는 학생들이 법학교육 과정에서 성공하기 위해 학문적 수월성뿐 아니라 새로운 사회적, 문화적, 심리적 자본을 갖추어야 한다고 보았다.

웬디 무어(2008)는 비판법학의 이론틀에 따라 로스쿨이 본질적으로 백인 중심의 공간이고, 주류적인 서사와 특권을 주입하고 이를 합리화한다고 주장한다. 판(Pan 2016)은 엘리트 로스쿨과 비엘리트 로스쿨을 대상으로 연구했는데, 인종적 프레임이 지속적으로 아시아계와 라틴계 로스쿨 학생들의 사회화에 영향을 미치고 있음을 보여준다. 로스쿨 초기부터 문화적 충격과 인종화된 경험이 이들 학생들로 하여금 범민족적(panethnic) 단체에 소속하게 한다. 로스쿨에서 비주류 학생들이 "정체성 부조화"(identity incongruence)로 인한 고통을 겪고 있는 모습은 다른 전문직 사회화 과정에서 일어나는 일과 유사하다(Costello 2005).

언어인류학자인 머츠는 실제 로스쿨 강의 현장에서 이루어지는 사회화 과정을 보기 위해 교수와 학생 간의 질의응답에 관한 내용분석을 실시하였다(Mertz 2007). 이 연구에서는 미국에 소재한 전체 로스쿨의 인구통계학적 특성의 대표성을 고려하여 지역별, 평판도별로 8개의 로스쿨을 선정하여 1학년 1학기 계약법 수업을 참여관찰하였다. 실제로 로스쿨 1학년 과정은 소규모 수업의 세미나 방식으로 진행되는 다른 대학원 과정과 달리 대단위 수업으로 진행된다. 학생들은 지금까지 배워왔던 방식과는 확연히 다른 소위 '소크라테스식 문답법(Socratic method)'이라는 통과의례를 치른다.

소크라테스식 문답법은 하버드 로스쿨의 초대 학장인 크리스토퍼 랭델(Christopher Langdell)이 처음으로 도입한 상급법원의 판례에 관한 사례분석 방법이다. 교수와 학생이 문답 과정을 통해 판례의 일관성을 따지면서 스스로 문제의 해결점을 찾아가면서 법적 사고능력(legal mind)를 습득하게끔 하는 것이다. 미국 로스쿨들이 지역, 평판도, 구성원의 차이에도 불구하고 로스쿨 교육에서 공통되게 발견되는 소크라테스식 문답법에 기초한 수업방식에서는 전형적으로 제시되고 활용되는 비전과 언어가 있다. 머츠는 미국 로스쿨 수업에서 전달되는 언어는 어떤 메시지를 담고 있는지, 교수의 성별과 인종은 어떤 차이점을 가져오고, 학생의 성별과 인종, 그리고 배경은 어떠한 영향을 주는지에 대해 규명하였다.

머츠는 법학교육을 처음 접하는 수업과정에서 발생하는 언어적 상호작용을 통해 '법률가처럼 생각하기(thinking like a lawyer)' 교육이 전수되는 모습을 관찰하였다. 소크라테스식 문답법을 통해 진행되는 수업에서는 언어의 탈맥락화가 이루어지고 추상적 법리구성이 중요시된다. 사실관계 확정 과정에서도 사회적 맥락에 따른 사안의 복잡성보다는 법적인 주장과 당사자의 전략적 위치만을 부각시켜 사안을 '구성'하는 능력을 습득하는 교육이 주로 이루어짐을 보였다. 이 과정에서는 사실관계와 법원의 판시사항, 심급별 판결 등 법적 중요성을 지니는 내용을 구분하여 말할 것이 요구되며, 법적 텍스트에 대해서는 정확한 지식을 요구한다.

또한 여성과 소수인종 학생들이 문답식 수업에서의 발화 빈도가 전반적으로 낮은 반면, 여성이나 소수인종 교수의 수업일 경우에서는 더 적극적으로 수업에 참여한다고 보고했다. 여성과 유색인종 학생들의 참여 빈도가 저조한 것은 사회화 과정에서 자신들의 목소리가 잘 반영되지 않았던 경험에서 비롯되는 것일 수 있다. 그러므로 여기서 사회적 맥락이나 차이를 반영하지 않는 법학교육이 더욱 문제시된다. 미국 로스쿨의 학생선발 과정에서 시행되어 온 적극적 시정조치(affirmative action)는 학생구성의 다양성을 증진시키려는 목적으로 이루어져 왔는데, 그러한 제도의 취지를 살리기 위해서는 로스쿨 학생들의 인구사회적 배경의 다양성이 실제 강의실 등에서 발휘될 수 있도록 해야 한다. 그러나 머츠의 연구는 그것이 실제로 구현되지 못하고 있음을 보여주고 있다. 때문에 학생들이 의사소통을 통해 서로 간에 지적 자극을 줄 수 있는 환경을 조성하는 것이 필요하다고 제안하였다.

반면 백인 남성 학생들은 다른 학생들에 비해 로스쿨에서 보다 자신감을 갖게 되고, 그러한 자신감 때문에 좋은 성적을 유지할 수 있다(Clydesdale 2004). 왜냐하면 그들이 로스쿨생의 전형에 부합하기 때문이다. 요컨대 전형적인 로스쿨 1년생의 모습은 20대 초판의 백인이며, 영어를 모국어로 하고 전업 학생이며, 높은 자신감을 갖고 있는 신체적으로나 배우는 데 장애가 없는 사람이다. 또한 미혼에 아이가 없고 중상위 수준의 사회경제적 배경을 갖고 있다(Clydesdale 2004). 로스쿨에서는 이러한 전형적 모습에 부합하는 방향으로 모든 로스쿨생들에게 기대되는 역할을 수행할 것이 요구되는 일종의 사회화가 이루어지는 것이다.

판(Pan 2016)은 아시아계, 흑인, 히스패닉 로스쿨 학생들과의 면접을 통해 다양한 맥락에서 나타나는 종족성의 측면들을 조사하였다. 먼저 로스쿨에 지원한 동기를 살펴보면, 어떤 사람들은 부모나 아는 변호사들을 통해 동기부여가 되고, 어떤 경우에는 과거 법과 관련된 개인적 경험을 통해 진입한다. 살면서 뭔가 불이익을 당했던 경험 과 같은 동기는 매우 개인적일 수밖에 없다. 그런데 아시아계나 라틴계 변호사가 법조직역에 동화될 때에도 주류문화에 동화되는 것 못지않게 자신들에게 요구되는 문화적 열망을 균형 있게 수용해야 한다. 소수민족 법률가들은 인종화(racialization) 및 다른 장애물에 씨름하면서 동시에 주류 미국

사회에 통합하는 노력을 해야만 한다.

최근 로스쿨에 진학하는 국제학생들이 많아진 점은 법조직역 정체성을 형성하는 교육훈련 과정에서 또 다른 역동적 측면을 제공한다. 국제학생의 유무는 종종 로스쿨의 교육환경과 경험의 국제화를 나타내는 징표로 인정된다. 로스쿨에 국제학생이 많아지는 것은 미국학생들에게도 보다 넓은 시각을 제공해 주는 이점이 있다(Robel 2006). 법무박사(JD) 프로그램의 국제학생 비율은 지난 10년 동안 급격히 늘었으며, 이들의 비율은 2016년에 흑인(13%), 아시아계(14%), 라틴계(8%) 학생들의 비중보다 높았다. 또한 전미변호사협회에 따르면 1990년대 중반부터 2000년대 중반까지 JD 이후 대학원 과정(법학석사 및 법학박사) 등록자 수는 두 배로 증가하였다. 이 기간 동안 법학석사(LLM) 과정에 소속된 국제학생의 비중은 40%에서 60%로 증가하였다. 오늘날 로스쿨에서 국제학생들을 위한 대학원 과정을 적어도 1개 이상 운영하고 있는 학교는 80%가 넘는데, 그것은 지난 10년 동안 2배 이상 성장한 것이다. 이들 중 대부분은 캐나다, 중국, 한국에서 온 학생들이다. 이 세 국가는 JD 과정에 재학 중인 국제학생들 중 다수를 차지한다(Silver and Ballakrishnen 2018). 결국 오늘날 미국의 아시아계 로스쿨생들은 많은 아시아 출신 국제학생들과 함께 수업을 듣고 있다. 이러한 로스쿨의 학생구성의 변화로 인해 앞으로 법학교육과정 내에서의 법조직역 정체성 형성에 관한 새로운 연구들이 나타날 수 있을 것이라 기대된다.

2) 업무환경 속에서의 사회화

(1) 법조문화

직역사회화 과정은 일차적으로 로스쿨에서 “법률가처럼 생각하기”

를 배우면서 시작되지만, 상당 부분은 직업 현장에서 실무지식을 습득하면서 이루어진다. 법률가로서 업무를 수행하는데 그 자신의 인종적, 종족적, 종교적 정체성은 무관할 것이라고 간주하지만, 실제는 이와 다르다는 비판이 끊임없이 이어져 왔다. 무엇보다 미국 법률전문직주의는 역사적으로 살펴볼 때 특정 시기에 특정 집단에 의해 형성된 것이라는 점이 지적될 수 있다.

19세기 말까지만 하더라도 미국에서 대부분의 변호사들은 단독개업하거나 2~3명의 소규모 법률사무소에 근무하였다. 또한 변호사 양성과 법지식의 전수도 전문적 법교육 기관에서가 아닌 소규모 사무실에서 도제식으로 이루어졌다(Friedman 2005). 19세기 중반의 미국사회는 급속한 자본주의의 성장이 진행되었던 시기이다. 자본주의의 발전은 한편으로 변화에 부응할 수 있는, 나아가 변화를 촉진할 수 있는 전문적 지식과 훈련을 받은 법률가를 요구하였다. 여기에 새로운 이민자들이 유입되고 해방된 노예들이 북부의 대도시로 대거 이주하면서 기존의 위계질서가 위협을 받게 되었다.

1870년 처음으로 뉴욕시에서 변호사협회(New York City Bar)가 결성되었을 때 당해 연도에 가입한 450명의 변호사들 중 대부분은 명문가 출신의 상류층 기업변호사였다(Friedman 2005). 전미변호사협회(American Bar Association)는 1878년에 창설되었는데, 회원은 '품위 있고 고상한' 상류층 변호사에게만 문호가 개방되어 있었다. 이 시기에 결성된 법률전문직 단체들의 주류인 잉글랜드계 신교도 백인(WASP) 엘리트 법률가들은 자신보다 못하다고 생각되는 이민자 출신인 '수준 이하'의 변호사들이 법조계에 진입하는 것을 통제하고 봉쇄하고자 하였다. 변호사협회의 주도로 로스쿨 인증제도를 도입하여 이민자 및 저소득층의 학생들이 주로 다니던 야간 로스쿨을 고사시킨 것도 변호사협회의 편협성을 드러내 준다(이재협 2008). 이민자들이 법률가가 되기 위해서는 여러 가지 진입장벽들(로스쿨, 변호사 시험, 영주권/시민권 등 요건)을 극복해야만 했다(Abel 1989; Auerbach 1976; Sutton 2001). 1909년에는 ABA가 변호사 자격에 미국시민권을 요건으로 할 것을 제안하였고, 1946년에 이르기까지 모든 주에서 그러한 요건을 수용하였다.

미국 법조계의 업무 모델은 법률서비스의 대형화, 전국화, 다목적화, 상업화로 특징지어지는 로펌문화에서 나온다(Trbek et al 1994). 뉴욕에 소재한 유서 깊은 로펌인 크라바스, 스웨인, 무어(Cravath, Swaine, & Moore)의 대표변호사인 폴 크라바스(Paul Cravath)가 19세기 말에 시작한 '크라바스 모델'은 사후적 해결방식인 소송보다는 기업, 증권, 금융, 조세 등 기업 전반에 관한 사전적 문제해결 방식에 초점을 맞추었다. 또한 변호사 채용에 있어 경력변호사보다는 새내기 변호사들을 최고의 엘리트 로스쿨에서 충원하여 훈련시켰다. 크라바스는 신입변호사들을 통상적으로 6여 년의 기간이 지나 법률지식, 판단력, 인성 등의 기준으로 평가한 후 자질을 보이면 구성원 변호사로 채용하고 그렇지 못한 사람들은 해고하는, 변호사들이 구성원 변호사로의 정점을 향해 경쟁하는 피라미드 구조를 도입하였다(Galanter and Palay 1991). 로펌은 "자신이 처리할 수 있는 수준 이상의 사건을 수임하는 유능한 변호사가 다른 보조 변호사들을 고용한 뒤 이들을 치열한 경쟁과정(tournament) 속에서 관리함으로써 생산성을 극대화"하는 법률가 영업 방식의 새로운 조직형태였던 것이다(Galanter and Palay 1991).

미국 법실무의 지배적인 로펌문화에 내재된 이데올로기적 편향에 대해 손튼은 로펌의 기업법무가 긴 업무시간을 요구하고, 여성 변호사들의 업무적응을 용이하게 하는 정책들을 경시한다고 보았다(Thornton 2016). 샌더는 로펌에서 남성 중심으로 구성원 변호사가 구성되는 현상도 여성들이 구성원 변호사로의 승진에 요구되는 강도 높은 업무와 긴 근무시간을 기피하는 경향의 발로라고 보았다(Sander 2006). 제니퍼 피어스(Jenifer Pierce)는 1988년과 1989년 사이 15개월 동안 샌프란시스코 소재 두 개의 로펌에 사무보조원(paralegal)으로 취직하여 로펌 내의 업무에서 나타나는 남성 중심적 형태를 분석하였다. 연구대상에는 여성 소송전문 변호사뿐 아니라 법률사무보조원과 비서들도 포함되었다. 피어스는 어떻게 법률사무가 젠더화되었는지를 개인의 정체성과 사회적 상호작용의 차원에서 분석하였다.

피어스에 따르면 로펌에서 여성이 점유하고 있는 직업은 남성과는 체계적으로 달랐다. 남성들은 좀 더 힘 있고 권위 있고 수입이 높은 위치, 즉 구성원 변호사나 소속 변호사들이 대부분이라면 여성들은 대개 법률사서, 사무보조원, 비서로 근무하고 있었다. 로펌에서의 업무는 매우 상호의존적이지만 양자 간의 경력 이동 및 상호교류는 최소한으로 이루어지고 있었다. 피어스는 법률사무가 젠더화되는 것을 소송업무의 남성화(masculization of litigation)와 법률보조업무의 여성화(feminization of paralegal work)에서 찾는다. 즉 남성이 여성보다 더 선호되는 것이 아니라 법률직 자체가 남성의 감정적 필요를 여성이 충족시키는 방식으로 구조화한다. 법률사무에 수반되는 엄청난 압박 때문에 사무보조원이 업무에 지친 변호사를 달래고 위로하는 것이 당연시된다는 것이다. 여성들은 그들의 성 정체성을 구조적이고 규범적인 한계 안에서 협상한다. 어떤 여성 변호사들은 공격적인 남성 변호사를 흉내 내고, 또 다른 여성 변호사들은 소송에서는 공격적이지만 집이나 회사 근무환경에서는 동료들을 돌보는 역할을 수행하는 것처럼 말이다. 다만 피어스의 연구는 젠더가 로펌 내의 분업에 어떤 역할을 하는지가 드러내고 있지만 인종, 종족성, 사회계층과 같은 다른 정체성이 어떻게 개입되는지, 혹은 그에 따라 법률사무가 분화되는지 등에 대해서는 규명하고 있지 않다.

(2) 법조에서의 인종적 소수자

소수인종, 소수민족 변호사를 주된 연구대상으로 삼은 연구는 많지 않다. 라틴계 변호사들의 경험은 미국의 포용성과 법률직역에서의 다양성 부족을 나타내주고 있다. 한 연구에 따르면 그들은 흑인 변호사와 마찬가지로 대다수가 소규모 로펌에 근무하거나 단독개업을 했다. 공익변호인(public defender) 등 공적 부문, 비영리 부문에서 근무하는 사람도 많았다. 반면 대형로펌에서 근무하는 경우는 많지 않고, 법학교수도 드물었다(Reynoso 2005).

차베즈가 연구한 라틴계 변호사들은 출신지와 자라난 지역도 다르고 미국시민권이 있는 사람과 이민자가 섞여 있지만, 똑같이 주변화와 차별을 경험하였다(Chavez 2011). 가장 성공적인 법률가조차도 직장에서 정기적으로 차별을 경험하였다. 이들 중 소수만이 구성원 변호사로 승진하는 점은 법률직역의 인종적, 종족적 불평등을 나타내준다. 그러한 경험들을 통해 라틴계 변호사들은 성공적인 법률가가 되고자 하는 전략을 선택하는데, 이 연구에서 보이는 라틴계 변호사들의 성공(전문적 지위, 소득, 만족도, 사회참여 등)은 역설적이지만 인종화의 경향을 보여주는 것이라 할 수 있다.

아시아계 법률가에 관한 최근의 설문조사에서는 기본적인 인구 통계, 정치 참여, 로스쿨에서의 경험, 직장에서의 경력 선택과 경험, 그리고 미래 희망경력에 대한 데이터가 수집되었고, 연구대상인 77명의 변호사들을 12개의 포커스 그룹으로 나누어 심층면접하였다(Chung et. al. 2017). 각 포커스 그룹에게 법조인이 된 동기, 로스쿨에서의 경험, 경력 선택에 영향을 준 사항, 전문경력 개발에의 장애물, 차별 인식, 그리고 아시아계 종족정체성과 친한 집단의 역할에 대해서 질문하였다.

그 결과 아시아계 법률가는 다른 어떤 인종, 종족 집단보다 로펌이나 기업에서 일하는 경향이 강하며, 정부에서 일하는 경향이 가장 약했다. 정부나 정치계로 진출하는 것이 로스쿨에 지원한 첫 번째 이유라고 보고한 아시아계 법률가의 수는 매우 적었다. 2015년 상위 30개 로스쿨 졸업생의 10.3%를 아시아계가 구성하고 있지만, 연방 법원 재판연구원(law clerk)의 6.5%만을 구성한다. 연방법원에서 현직판사로 근무하고 있는 아시아계 법률가는 25명에 불과한데, 이는 연방법원 판사의 3%에 해당한다. 반면 주법원 판사의 비중은 2%에 머물러 있다.

20년 남짓 동안 아시아계 법률가들은 주요 로펌에서 가장 큰 소수 집단이었다. 하지만 가장 높은 이직율과 가장 낮은 구성원 변호사 비율을 나타내고 있다. 많은 아시아계 변호사들은 암묵적인 편견과 정형화된 인식을 진급이나 승진의 방해물로 보고한다. 아시아계 법률가 중에서 여성은 남성보다 인종에 근거한 편견을 경험할 가능성이 더 크다(Chung et. al. 2017). 전체적으로 아시아계 법률가들은 실질적으로 모든 법률직역에 진출하였지만, 로펌, 정부, 학계의 지도자급에서는 심각하게 과소 대표되어 있다.

(3) 종족성의 발현

2세 이민자들에 관한 기존 연구에는 아시아계가 상대적으로 성공하고 있는 모습들이 두드러지게 나타난다. 아시아계 이민자 자녀들은 대학원 이상의 고학력자가 많고 노동시장에서의 여러 장벽에도 불구하고 소득은 상대적으로 높게 나타나고 있다. 보르하(Borjas 1992)는 개인의 종족성이 그들의 사회적 이동에 영향을 줄 수 있음을 주장하였다. 그의 이론에 따르면 종족성은 인간자본 축적에 있어 일종의 "외부효과"를 일으키는데, 차후 세대들의 미래는 그들의 부모의 직업이 아니라 자녀들이 양육되는 종족적 환경의 질에 따라 달라지고, 그러한 것을 "종족성 자본"이라 칭하였다. 2세 이민자들의 학업성취에 대한 연구에서도 아시아계 이민자 자녀들이 부모의 교육수준, 직업, 소득에 무관하게 매우 높은 학업성취 결과를 나타낸다고 보았다. 즉, 문화개념 상의 프레임을 사용하여 이민자 자녀들과 그들의 부모의 성공에 대한 프레임을 사용해 분석하고 그러한 성공 프레임은 종족성에 따라 달라지고 그러한 프레임을 어떻게 종족적 자본이 뒷받침하느냐에 따라 달리 나타난다고 보았다.

디노비쩌(Dinovitzer 2006)의 연구는 변호사의 경력에 영향을 주는 사회적 자본을 유태계 변호사들의 경력을 통해 살펴보고 있다. 사회적 자본이 법조직역에 긍정적 영향을 끼치는 자원이라고 본 선행연구와는 달리 사회적 자본의 긍정적이고 부정적인 다차원적 양상을 규명하고 있다. 다섯 가지 종류의 사회적 자본(호혜적 교환, 정치적 결속, 개인적 연줄, 지역사회 멤버십, 교우관계)과 4가지의 결과(근무지, 업무의 평판, 만족도, 수입)에 기초해 볼 때 특정한 사회적 자본이 결과에 다르게 영향을 준다고 보았다. 이 연구는 사회적 자본이 호혜적 교환으로부터 파생되는 긍정적 영향이 있지만 촘촘한 사회적 연관성이 덜 성공적인 업무환경을 조성할 수 있음을 보인다.

아시아계 법률가에게는 순종적인 여성의 이미지, 모범적 소수자(model minority)와 같은 아시아계 이민자들에게 고정된 부정적 이미지가 그대로 투영되는 경우가 많다. 그러한 암묵적 편견 혹은 고정관념들은 재판과정 중에도 은연중에 나타나고 있다(Levinson, Bennett, and Hioki 2017). 뿐만 아니라 미국 법문화를 특징짓는 당사자주의(adversary system) 이념 내에도 개인주의, 경쟁, 자기중심주의라는 문화적, 젠더 가정이 내재해 있다(Oh 1992). 그러한 문화적 경향성은 종종 커뮤니티, 관계, 조화, 합의를 중시하는 아시아적 가치와 상충한다.

김현희(2016)는 한인 변호사들의 무료법률서비스를 분석하면서, 법률가들의 직업적 정체성이 종족 정체성의 특수한 의미를 생성해 내는데 중추적 역할을 수행한다고 하면서 양자의 매개적 측면과 교섭적 측면을 발견해 내고 있다. 이 연구에서 한인 변호사들이 변호사직과 업무를 이해하는데 있어서 이민 경로와 역사, 종족성 등이 주요 요소로 작용하고, 법률가로서의 법적 지식의 가치와 의미도 한인이라는 소수자 집단의 이민 사회라는 맥락에 따라 특수하게 결정되는 모습을 보여주고 있다.

왈드(Wald 2016)에 의하면 백인 남성 변호사들은 그들의 능력과 의뢰인에 대한 충성심에 대한 긍정적인 인종적 성적 고정관념으로 인해 이익을 받고 있고, 그로 인해 직장을 얻는 데에도 유리하다. 법률가들이 재판전략 상 개인 정체성을 상품화하는 것은 새로운 일이 아니다. 예컨대 흑인 유명농구선수가 성폭행 혐의로 기소되었을 때 피고인에 대한 인종적, 성적 고정관념에 대응하는 차원에서 백인 여성 변호사를 선임하는 등의 여성과 소수민족 변호사들의 정체성을 상품화하는 것이 한 예이다. 그는 또한 이민법 사무에 있어 소수민족 출신의 다언어 구사자들이 비교문화적인 감수성을 지니고 있어 의뢰인을 문화적으로 이해하고 더 잘 대변할 수 있음을 지적하고 있다.

딩그라(Dhingra)는 '주류 내의 주변'(margins in mainstream)적 시각을 도입하여 2세 변호사들이 어떻게 다중적인 정체성을 동시에 활용하는지 보여주었다. 그것은 상황이나 맥락에 따라 여러 개의 정체성 중 하나를 선택하거나 양자를 오고 가는 것이 아니라 여러 종족적 정체성을 일상적으로 혼합하여 사용하는 것을 말한다. 그러한 전략적인 정체성의 사용은 집, 직장, 여가 등 서로 다른 영역에서의 코드에 따라 제한된다(Dhingra 2007). 딩그라는 피면접자 중 적어도 절반 정도가 비정치적이고 보수적인 종족 정체성(음식, 언어, 종교관행)에 큰 소속감을 느낀다고 한다. 그들은 문화적 자본에 자부심을 갖고 동료들이나 친구들에게 이를 보여주는 것을 즐긴다. 그런가 하면 그의 다른 피면접자들은 성장과정에서 종족적 네트워크의 부재와 문화적 지식의 무지에 관한 죄책감 때문에 자신들의 종족 정체성에 상반된 반응을 보인다. 인종차별의 심리적 트라우마를 감소시키기 위한 동화 궤적(assimilative trajectory)을 추구하기보다는 국가성, 언어, 문화적 관행에 노출된 2세 아시아계 전문인들은 주류 혹은 사적 공간에서 그들의 종족정체성을 작동하는데 매우 능숙하다.

(4) 세계화

세계화는 국가적, 직무적 영역을 허물어 왔다. 갤란터(Galanter)가 분석한 메가로펌의 지배적 위치는 전 지구적 경쟁과 통합의 양상을 보여주는 초기의 모습이다. 법무의 글로벌화는 최근 가장 활발하게 연구되는 영역이다(Holiday and Carruthers 2007; Liu 2013). 법률가 사무의 범위는 지방, 국가, 지역적 경계를 확장시켜 와서 결국 기업로펌의 국제화와 전 지구적 법적 기구의 탄생을 낳았다(Dezalay and Garth 1996). 국제적 상거래가 빈번해지고 자본투자가 자유화되면서 소수의 지배적 국가에 의해 금융시장이 통제되고, 그 지역에 적용되는 지방적 법규범이 여타 국가의 상법적 법률시스템으로 침투하게 되었다. 오늘날 법의 세계화가 법의 미국화를 초래하였다고 해도 지나친 말은 아닐 것이다(이재협 2007).

이주에 대한 일반적 연구들과 같이(Massey et al 1998) 변호사의 이주를 촉진하는 요인은 다른 전문직의 그것과 유사하다. 임금의 차이가 주된 원인이긴 하지만, 그 외의 경제적, 정치적, 개인적 요인들이 있다. 중요한 이유 중 하나는 법률사무에 대한 각국의 규제의 차이이다. 의사나 엔지니어의 전문성은 한 장소에서 다른 장소로 쉽게 이전 가능하지만 법적 전문성은 매우 로컬화된 업무이다. 변호사들의 전문성을 구성하는 많은 부분은 소재지의 법 시스템과 법 집행 공무원들과의 유대관계 등이다(Liu 2014). 바로 이러한 법적 전문성의 지역성 때문에 한 지역에서 다른 지역으로 이주할 때 변호사들이 오랜 시간 동안 한 특정 지역에서 쌓아놓은 사회적 자본을 잃어버리고 만다.

실버(Carol Silver)는 미국의 법학석사(LLM) 과정이 법률실무의 글로벌 확산에 기여한다고 보았다. 법학석사 학위소지자들은 국제법무환경에서 자신들의 영역을 넘나드는 기술(법적, 문화적, 언어적)을 발휘한다고 보았다. 이민변호사는 마찬가지로 법학석사 학위를 받은 사람이 많은데 이들 역시 법조직역 내에서 성, 인종, 종족적 다양성을 실현하는 행위자로 보인다(Michelson 2015). 미국 법조직역 내의 인종적, 종족적 구성에 이민 변호사들이 기여하는 바는 중대하다. 이민자 변호사 중 아시아계가 차지하는 비중은 미국태생의 아시아계 변호사들 숫자보다 많다.

한 연구에서는 뉴욕시의 이민법협회 회원들이 비슷한 배경을 가지고 있다고 보았다. 그들의 1/3 정도가 이민자였고, 미국태생 회원들 중 1/3의 부모가 외국태생이었다. 대부분의 변호사들이 엘리트 로스쿨 출신이 아니었다(Levin 2011). 국제 JD 학생들의 숫자가 많아지면서 미국의 로펌들이 자신들의 명성을 신장시키기 위해 도입하였던 다양화 정책에도 영향을 주게 되었다. 한 연구에 따르면 홍콩 소재 미국계 로펌에 채용된 한국계 변호사의 경우 1/4이 한국에서 학사학위를 취득하였고, 3/4이 미국 로스쿨을 졸업하였다(Silver, Lee, and Park 2015). 한국 내에서 해외 로펌의 법률사무 수행이 금지되었을 때, 미국계 다국적 로펌들이 홍콩 지사를 통해 한국 관련 법률 사무를 수행하였고, 그들이 선호하는 변호사의 자격요건과 전문성은 '글로컬' 정책에 기반을 두고 있었다.

4. 결론

미국에서 법조직역은 정치, 경제, 사법행정, 언론 등 주류사회를 움직이는 핵심 전문직으로 인정되고 있다. 법률가가 된다는 것은 미국사회를 움직이는 엘리트 집단의 일원이 되는 것으로, 그동안 인종적 소수자와 이민자들이 사회경제적 지위와 권익을 신장하기 위해 법조계로 진출하면서 법조직역의 인종적, 민족적 구성이 다양해져 왔다. 법은 모든 사람에게 동일하게 적용되고 법의 이념과 원칙은 '피부색을 불문한'(color-blind) 보편적 기준이기 때문에 가치중립성과 공평무사성이 법률가로서의 중요한 자질과 덕성으로 인식되어 왔다. 따라서 법률가로서의 정체성 형성에 인종, 종족, 종교 등의 요소는 개입되지 않고 개입되어서는 안 되는 것으로 간주되었다. 그러나 법조직역의 문호가 모든 사람에게 공평하게 열려있고, 법률가 집단 내부의 지배적 이데올로기와 직업적 윤리가 소수자 출신 법률가에 대해 비차별적일 것이라는 이상은 실제와는 매우 다르다.

법률가적 사고와 지식을 습득하고 훈련하는 교육과정 속에서, 그리고 실제 법률시장에서 실무를 익히고 행사하는 과정에서 직업정체성 이외의 인종적, 종족적 정체성은 매우 유의미하게 관련된다. 법학교육기관 내의 사회화 과정에서 백인 중심의 주류적 시각과 이데올로기는 교수방법, 커리큘럼, 동료와의 상호작용 등의 맥락에서 강화되고 재생산된다. 소수자적 시각과 정체성은 때로는 경시되고, 은폐되고, 바람직하지 않은 것으로 간주되기도 한다. 법률가로서의 훈련을 모두 마치고 변호사 사무실의 일원으로 업무를 수행할 때에도 인종적, 민족적 정체성은 경력발전에 영향을 미친다. 로펌문화의 지배적 업무형태인 기업자문 법무는 고강도의 노동과 상호경쟁적인 환경, 그리고 끈끈한 멘토쉽과 사건수임을 위한 외부 네트워크를 요구한다. 이러한 요소를 갖추지 못한 소수자 출신 법률가들은 주류 법조집단과는 다른 공간(예컨대 공익, 정부, 이민 분야)에 종사하는 대안적 을 선택하기도 한다.

최근 법학교육과 법률실무에서 급속히 진행되고 있는 세계화의 추세는 법률가의 직업정체성과 인종 및 종종정체성 간의 역동적인 관계를 살펴보는데 유의미한 단서를 제공해 준다. 원래 법실무는 매우 지역적 상관성이 높아 지역 언어의 사용과 사회적 기반이 필수적인데, 상품과 자본, 인력의 국제적 이동이 증대되면서 국제상거래의 표준이 된 미국법이 준거법으로 채택되고, 미국법에 정통한 변호사들이 전 세계적으로 활동의 범위를 넓히고 있다. 의뢰인의 국적이 다양화되면서 현지 언어, 법문화에 대한 이해가 필요하게 됨으로써 미국의 법학교육에 있어서도 국제적 요소가 중시되게 되었다. 또한 지배적인 미국법을 배우고자 하는 외국변호사들의 수요가 급증하여 법학교육 현장에서 인종적, 민족적 다양성이 증대되기 시작하였다. 로펌들은 국제적 경쟁력을 확보하기 위해 다국적 로펌 간의 인수합병을 하게 되면서 다양한 배경의 변호사를 확보하고 이질적 로펌문화를 조화시키는 과제를 안게 되었다. 이제 점차 법률가의 인종적, 민족적 정체성은 법조시장에서 활용 가능한 하나의 가치 있는 자원이 되고 있다.

재미한인의 다양성 읽기 :

생애이야기 텍스트 리뷰

유철인

1. 생애텍스트

생애이야기(life story)나 생애사(life history)는 구술자가 자신의 지나온 삶을 구술채록자인 다른 사람에게 이야기한 생애텍스트(life text)이다. 생애사라는 용어는 한 개인의 지나온 삶에 관한 이야기가 과거의 사실이라는 점을 시사하고, 생애이야기라는 용어는 이야기를 하면서 지나온 삶의 경험이 재구성된다는 점을 강조한다(유철인 1996: 397; Chin 1999: 207).

미국 문화인류학에서는 1920년대부터 한 개인의 생애를 통해 사라진 아메리칸 인디언 문화를 재구성하려는 작업을 하면서 생애사가 본격적으로 시작되었다(Langness and Frank 1981: 10). 개인의 경험을 통해 문화를 연구하려는 생애사의 효용성은 자기가 속한 집단을 대표하는 전형적인 구술자를 찾는 것에 달려 있다. 그러나 1970년대부터 나타난 사회과학의 해석적 경향(Rabinow and Sullivan 1979)과 재현(representation)의 위기(조지 마커스·마이클 피셔 2005) 상황에서 생애사는 새롭게 조명되었다. 생애사는 구술자의 대표성보다 구술자와 구술채록자의 공동작업이 더 중요하다는 인식이 등장한 것이다. 예를 들면, 쿵족 여성 니사(Nisa)의 생애이야기(Shostak 1981)와 모로코인 남성 투하미(Tuhami)의 개인사(Crapanzano 1980)는 인류학자(구술채록자)와 구술자가 어떻게 생애사를 공동으로 만들어 가는지 보여주는 대화에 바탕을 두고 있다(조지 마커스·마이클 피셔 2005: 96).

생애텍스트는 구술채록자와 구술자의 상호작용에서 만들어지지만, 생애텍스트의 주체이자 기본적인 해석자는 구술자이다(유철인 2008: 446; Freeman 1989: 431). 구술자는 인터뷰 상황에서 자신의 과거 경험을 주관적으로 해석해 내면서 이야기한다. 사람들은 경험한 어떤 것을 기억할 때나 말할 때마다 그것에 대한 새로운 의미를 만들어 낸다(유철인 2008: 445). 생애텍스트를 만드는 과정에서 구술자와 구술채록자의 공동작업과 구술자의 주관성이 때로는 충돌하지만 결국에는 두 가지 모두 생애텍스트에 담긴다.

생애텍스트는 구술자의 주관적인 경험을 드러낸다는 점에서 구술자가 속한 집단 내 다양한 목소리를 들려준다. 아시아계 미국인 연구에서 한 개인의 생애텍스트로는 20세기 초 미국 하와이로 이주한 초기 한인 이민자 여성의 자서전(Lee 1990), 재미일본인 1세 여성의 생애사(Kikumura 1981), 초기 한인 이민자 2세 여성의 생애내러티브(Chin 1999) 등이 있다. 다섯 살 때인 1905년에 부모와 오빠랑 함께 하와이로 이주한 초기 한인 이민자 여성의 자서전은 중국계 미국인 여성인 역사학자가 편집했다(유철인 2020 참조). 1920년대 남편과 함께 캘리포니아로 이주한 재미일본인 1세 여성의 생애사는 인류학자인 딸이 채록했다. 1904년 캘리포니아로 온 아버지와 1920년 사진신부로 온 어머니 사이에서 1921년 태어난 초기 한인 이민자 2세 여성의 생애내러티브는 어렸을 때 싱가포르로 이주한 후 미국에서 공부한 재미한인여성 학자가 채록했다.

여러 사람의 생애텍스트는 구술자가 속한 집단 내 다양성을 보여준다. 여러 사람의 아시아계 미국인의 생애이야기를 묶어낸 책으로는 14명의 베트남계 미국인의 생애이야기(Freeman 1989), 38명의 한국계 미국인(Korean American)의 생애이야기(Kim and Yu 1996), 15명의 1.5세와 2세 아시아계 미국인의 자전적 내러티브(Min and Kim 1999) 등이 있다. 인류학자 프리만(Freeman 1989: 21-24)이 채록한 베트남계 미국인의 생애이야기는 생애텍스트를 만들고 읽는 과정이 어떻게 구술자가 속한 집단 내 다양성을 드러내는지 잘 보여준다.

인류학자 프리만은 베트남계 미국인의 연줄망을 이용하여 구술자를 찾았다. 관점이 다른 다양한 배경의 사람들 중에서 할 말이 있고 기꺼이 그것을 이야기하겠다는 사람을 구술자로 선택했다. 책에 실린 14명의 베트남계 미국인은 나이가 16세에서 80세까지이며, 직업, 교육정도, 출신지역, 정치성향, 종교 등의 측면에서 다양성을 보여준다. 또한 구술자 중에는 베트남 전쟁이 끝난 해인 1975년에 베트남을 떠난 1차 난민도 있고, 그 후 떠난 2차 난민도 있다.

베트남계 미국인 구술자는 연구참여자(participant)로 생애이야기 텍스트의 편집에도 관여하여 이야기의 어느 부분을 빼고 출판을 할 지 구술채록자와 같이 결정했다. 구술채록자인 인류학자는 연구보조원 겸 통역자로 베트남계 미국인들을 훈련시켜 이들이 앞으로도 계속해서 구술사 프로젝트를 수행할 수 있도록 했다. 따라서 베트남계 미국인의 생애이야기 텍스트는 구술자, 연구보조원 겸 통역자, 구술채록자가 공동으로 작업한 결과이다. 그러나 최종적으로 텍스트를 편집하고 시기별로 배치하고 텍스트에 대해 설명과 해석을 하는 것은 구술채록자인 인류학자의 몫이었다.

베트남계 미국인의 생애이야기는 연대순에 따라 어린 시절 및 청소년 시기, 베트남 전쟁의 슬픔, 베트남 해방의 슬픔, 자유를 찾아 망명, 미국생활 등 5개 시기별로 제시되었다. 각각의 시기마다 구술채록자인 인류학자가 생애이야기에 담겨있는 주제나 역사적 사건을 머리말로 제시했다. 14명 구술자의 생애이야기는 39개 장(章)으로 제시되었는데, 각 장의 시작 부분에서 구술채록자는 구술자를 소개하면서 어떻게 구술채록을 했는지 밝히거나 이야기의 내용을 소개했다.

베트남계 미국인의 생애이야기가 구술자별로 생애 전반을 이야기한 생애사로 제시되지 않고 시기별로 나누어서 제시된 것은 기본적으로 구술자들이 기억나는 사건들만 이야기했기 때문이라고 구술채록자인 프리만은 밝히고 있다. 사람들은 누구나 선택적으로 어떤 것을 기억해내고, 기억난 것 중에서도 어떤 것만을 선택하여 이야기한다. 베트남계 미국인의 생애이야기에서 한 시기에 여러 사람의 생애이야기가 제시된 것은 결과적으로 개인 각자 경험의 주관성에 뿌리를 둔 다양성을 보여준다. 그러나 한 명의 구술자가 여러 시기에 대해 이야기한 경우에는 어린 시절의 경험, 베트남 전쟁을 겪은 경험, 미국에서의 사회적응을 비교하면서 한 개인의 삶을 연대순으로 읽을 수도 있다.

이 글은 재미한인 연구에서 생애텍스트를 만드는 과정이 재미한인의 다양성을 어떻게 드러낼 수 있는지, 그리고 생애텍스트를 어떻게 읽어야 재미한인의 다양성을 보다 잘 파악할 수 있는지 살펴보고자 한다. 이를 위해 『미국을 향해 동쪽으로: 한국계 미국인의 생애이야기』(Kim and Yu 1996)를 분석할 것이다. 이 책의 생애이야기는 1992년 4월 29일에 일어난 LA(로스앤젤레스) 폭동 때 미국 미디어에 비춰진 재미한인의 전형적인 이미지에 자극을 받아 재미한인의 실제 모습은 매우 다양하다는 것을 보여주기 위해 수집되었다.[1]) 이 책은 생애이야기를 수집하게 된 동기에서부터 재미한인의 다양성을 크게 염두에 두었다.

2. 생애이야기 텍스트 만들기

생애이야기 텍스트는 구술채록 과정에서 구술된 생애이야기를 문자화한 결과물이다. 구술채록자가 누구인지, 어떤 동기로 누구의 이야기를 어떻게 채록하는지에 따라 구술된 생애이야기의 주제는 다양하게 나타난다. 구술채록자는 구술된 생애이야기를 이해한 후 생애이야기 텍스트를 편집한다. 구술채록자인 편집자가 생애이야기를 어떻게 이해하여 어떻게 편집했는지에 따라서도 구술자의 주관적 경험은 다양하게 드러나게 된다. 『미국을 향해 동쪽으로』라는 책의 생애이야기 텍스트는 누가 누구를 인터뷰하여 어떻게 채록했는지, 구술된 이야기를 어떻게 편집했는지 살펴보겠다.

---

1) LA 폭동은 흑인 로드니 킹(Rodney King)을 집단 폭행한 백인 경찰관들이 1992년 4월 29일 재판에서 무죄로 풀려난 것을 계기로 로스앤젤레스(LA)에서 아프리카계 미국인을 비롯하여 라틴계 미국인과 백인 등 여러 인종이 약탈과 방화를 일으킨 사건이다. 특히 사우스센트럴(South-Central) 흑인지역과 코리아타운의 피해가 컸는데, 로스앤젤레스의 한인들은 그날을 "사이구"로 부르고 있다(장태한 2002: 257). 당시 미국의 뉴스미디어에 비춰진 재미한인의 이미지는 지붕 위에서 총을 들고 자신의 가게를 지키려는 남자와 부서진 자신의 가게 앞에서 히스테릭하게 울부짖는 여자의 모습이었다(Kim and Yu 1996: XVI).

1) 구술채록자와 구술채록

『미국을 향해 동쪽으로』의 〈서문〉에서 두 명의 "공동편집자"는 구술사 방법을 선택한 이유를 밝혔다(Kim and Yu 1996: XII).[2] 구술사 방법이 연구대상에 '관해' 이야기하는 것이 아니라 연구대상과 '같이' '옆에서' 이야기할 수 있어 연구자와 연구대상 간의 위계관계를 흔들어 준다는 것이다(책 XII쪽, 원래의 강조). 그러나 구술자료는 구술채록자(연구자)와 구술자(연구대상)의 상호작용에서 생산되기 때문에 구술채록자의 속성 및 구술채록자와 구술자의 관계는 구술된 이야기에 영향을 끼친다(유철인 2003: 112; Yuh 1996: 176).

구술채록자에 따라 같은 구술자라고 하더라도 생애텍스트의 판본은 달라지기 때문에 생애텍스트를 분석하려면 먼저 구술채록자의 속성을 살펴봐야 한다. 이 책의 구술채록자인 유의영(Eui-Young Yu)과 일레인 김(Elaine H. Kim) 모두 본인을 "미국인"으로 생각하고 있다(책 XVII쪽). 캘리포니아주립대 LA분교 사회학과 교수인 유의영은 이 책이 출판될 당시 미국에서 30여 년간 공부하고 일하면서 가족을 돌봐 온 재미한인 1세 남성이다. 캘리포니아대 버클리분교 아시아계 미국인 연구학과 교수인 일레인 김은 재미한인 2세 여성이다.

두 명의 구술채록자가 이 책에 수록된 재미한인의 다양한 경험 모두를 연구할 수는 없지만, 사회연구에 대해 서로 다른 시각을 가지고 있어 구술채록 과정에서 상호보완이 되었다고 밝히고 있다. 유의영은 사람들

---

2) 이 책의 저자는 구술채록자이자 구술사 연구자이며, 구술된 생애이야기를 텍스트로 제시한 편집자이다. 저자는 스스로를 공동편집자로 자리매김하고 있어, 이후 이 책의 저자를 가리킬 때는 편집자로 표현할 것이다. 또한 『미국을 향해 동쪽으로』라는 책을 이후 인용할 때는 '(책 몇 쪽)'의 형식으로 쪽수만을 밝힐 것이다.

이 지역사회를 어떻게 만들어가고 어떻게 보고 있는지, 그리고 지역사회를 비롯한 제도가 그들의 삶에 어떤 영향을 주는지에 관심을 가지고 있다. 일레인 김은 젠더가 사람들의 생각과 경험에 어떻게 투영되는지, 그리고 사람들은 가족과 지역사회의 전통적인 의미에 어떻게 부합하고 어떻게 저항하는지에 관심이 있다.

이 책의 〈부록〉에는 편집자의 자전적 이야기가 실려 있는데, 자전적 이야기의 말미에 재미한인의 생애이야기를 채록하여 책으로 펴낸 소회를 밝히고 있다. 일레인 김은 생애이야기를 채록하면서 재미한인의 관점과 경험이 다양하다는 것에 매료되었다. 왜냐하면 재미한인들의 이야기는 한인이나 미국인이나 한국계 미국인이 되는 한 가지 길은 없다는 것을 확실하게 보여 주었기 때문이라는 것이다. 복지를 증진시키고 지역사회와 인간성에 기여하는 것을 큰 가치로 여기는 유의영은 재미한인의 생애이야기를 책으로 펴내는 일이 다른 인종의 미국인(특히 아프리카계 미국인)과 한국계 미국인 간의 상호이해에 도움이 되리라고 기대했다.

생애이야기는 구술자가 인터뷰 상황에서 자신의 과거 경험을 해석해 내면서 생산한 것이기에 구술채록자의 속성뿐만 아니라 인터뷰 과정도 구술된 이야기에 영향을 끼친다. 구술채록자는 "2년 반"에 걸쳐 100여 명의 생애이야기를 채록했다(책 XII-XIII쪽).[3] 인터뷰 시간은 한 구술자당 3시간에서 18시간까지 다양하다. 이 책의 편집자는 생애이야기 텍스트 말미에 인터뷰 시간은 밝히지 않은 채 인터뷰 날짜만을 적었다. 책에 수록된 생애이야기 텍스트의 구술자별 인터뷰 횟수는 1회가 27명, 2회

3) 책에 소개된 생애이야기 텍스트 말미의 인터뷰 날짜를 보면, 인터뷰는 1992년 7월부터 1995년 6월까지 3년간 진행되었다.

가 8명, 3회가 2명, 그리고 4회가 1명이다.

두 명의 구술채록자는 대략 구술자의 반반씩 생애이야기를 수집했다. 구술채록자 두 명이 같이 인터뷰를 하거나, 한 명의 구술채록자가 단독으로 인터뷰를 진행하기도 했다. 단독으로 인터뷰를 할 경우에는 다른 편집자의 관심사를 유념했다고 밝히고 있다. 그러나 각각의 생애이야기 텍스트에는 누가 인터뷰를 했는지 밝히지 않고 있다. 인터뷰는 한국어로 진행된 것도 있고 영어로 진행된 것도 있다고 추측된다. 그러나 어떤 인터뷰가 한국어로 진행되었는지 잘 알 수 없다. 또한 구술채록자가 인터뷰 과정에서 구술자에게 던진 질문에 관한 언급은 없다. 어떻게 인터뷰를 했는지 보다 자세하게 밝히지 않은 것에 대해 이 책의 서평자 고메즈(Gomez 1999: 1209)도 비판하고 있다. 구술자료 텍스트를 제시할 때 구술채록자는 구술채록 인터뷰 과정을 자세하게 제시하는 것이 좋다.

이 책의 구술채록자는 구술사 작업을 통해 구술채록자는 좋은 청자가 되어야 한다는 것을 배웠다고 술회하고 있다. 잘 듣는다는 것은 다른 사람이 말한 것을 그 자리에서 평가하지 않고 귀 기울여 들어야 한다는 것임을 구술채록자는 깨달았다. 구술자료는 단순히 구술채록자의 질문에 따라 구술자가 수동적으로 답변한 것이 아니다. 구술자는 구술자료의 주체이고 해석자이기에 구술채록자는 묻기보다 듣기에 충실해야 한다(윤택림 2019: 168). 구술채록자인 편집자는 녹음테이프를 들으면서 그리고 녹취록을 만들면서 구술자가 말한 것을 인터뷰 현장에서 제대로 듣지 못해 많은 것을 놓쳤다는 것을 알게 되었다고 고백한다. 그러나 생애이야기의 어느 대목에서 무엇을 놓쳤는지 밝히지 않고 있다.

2) 생애이야기 텍스트와 책의 편집

수집된 100여 명의 생애이야기 중 38명의 생애이야기 텍스트가 이 책에 실려 있는데, 편집자는 어떻게 38명의 생애이야기를 선정했는지 구체적으로 설명하지 않았다(Gomez 1999: 1209).[4] 구술자료는 개인의 주관적 경험을 기억을 통해 현재로 불러낸 것이기 때문에 지극히 주관적이고 또한 개인적일 수밖에 없다. 이러한 구술자료의 특성 때문에 대표성과 신뢰성을 요구하는 역사 연구나 사회과학에서 구술자료는 객관적 자료로 그다지 인정받지 못하고 있다(윤택림 2019: 83). 이 책의 편집자 역시 인터뷰 과정에서 재미한인의 경험을 '정확하게 대표하는' 자료집을 만들고 싶은 유혹을 많이 받았다고 밝히고 있다(책 XIII쪽, 원래의 강조).

편집자가 재미한인의 대표성과 관련하여 스스로 던진 질문은 다음과 같다. "구술자 중에는 이민 1세가 너무 많고, 1.5세나 2세는 너무 적은 것이 아닌가.[5] 사회활동가나 자영업자가 너무 많고, 월급쟁이는 적은 것이 아닌가. 우파 보수주의자나 기독교 근본주의자는 너무 적은가. 1930년대 출생 남자와 1950년대 출생 여자가 너무 많지 않을까.[6] 모든

---

4) 여러 사람의 베트남계 미국인의 생애이야기를 엮은 프리만(Freeman 1989: 21)도 40여 명과 인터뷰를 했지만 어떻게 14명의 생애이야기를 선정했는지 구체적으로 설명하지 않았다. 다만 3명의 구술자는 자신의 생애이야기가 출판되는 것을 허락했다가 결국 나중에 마음을 바꾸었다는 것만을 밝혔다.

5) 이 책에 수록된 생애이야기의 구술자에 대해 패터슨(Patterson 1997: 747)은 20세기 초기 이민자의 3세나 4세를 별로 다루지 않았다고 비판했으며, 여지연(Ji-Yeon Yuh)은 구술자들이 너무 알려진 사람이며 중산층에 치우쳐 있다는 점, 그리고 최근 이민자가 적다는 점을 지적했다(Yuh 1996: 176).

6) 이 책에 수록된 생애이야기 텍스트의 구술자는 남자가 21명, 여자가 17명이다. 출생연도를 알 수 없는 여자 1명을 제외하고 구술자의 성별과 연령에 따른 분포

결혼이 가부장제에 피해를 본 것처럼 비춰지지 않을까"(책 XIII쪽).

그러나 편집자는 이 책의 구술자 중 누구도 재미한인을 대변하는 사람은 없으며, 누구도 재미한인의 '전체적인 이야기'를 말할 수 없다고 평가하게 되었다(책 XVII쪽, 원래의 강조). 결국 편집자는 나이, 젠더, 세대, 직업, 정치의식, 성적취향, 미국 거주기간 등의 측면에서 나타나는 다양성을 염두에 두고, 재미한인의 "흥미 있는" 경험의 폭을 보여주기로 결정한다(책 XIII쪽). 이 책에 소개된 생애이야기는 이야기되지 않은 수천의 또 다른 이야기가 있다는 것을 말해준다고 하면서, 이 책이 여러 개의 천 조각을 이어붙인 한국의 전통적인 "보자기" 같은 모습으로 비춰지기를 기대했다(책 XVIII쪽).

구술채록자가 만든 생애이야기 텍스트는 구술자가 원래 이야기한 것을 편집한 것일 수밖에 없다(Freeman 1989: 430). 구술된 현장에 없었던 독자는 구술된 이야기를 말한 순서 그대로 문자화한 텍스트를 쉽게 이해할 수 없다. 말하기의 서사구조와 글의 서사구조가 다르기 때문이다(유철인 2008: 444), 구술채록자는 구술된 이야기를 나름대로 이해한 후 텍스트를 만든다. 구술된 생애이야기를 편집하여 글로 써진 텍스트로 만든 것이 구술채록자가 생애이야기를 1차적으로 해석한 것이다(유철인 2008: 453).

이 책의 편집자는 어떤 시각을 가지고 생애이야기 텍스트를 어떻게 편집했는지 자세하게 밝히지 않았다. 다만 한국어로 녹취된 자료를 영어로 된 텍스트로 만드는 과정이 여러 단계를 거치다 보니, 한국어 특유

를 살펴보면, 1930년대 출생 남자와 1960년대 출생 남자가 각각 5명으로 가장 많다. 1940년대 출생 여자와 1960년대 출생 여자는 각각 4명이며, 1950년대 출생 여자는 이보다 적은 3명이다.

의 표현을 영어로 옮기는데 어려웠다고 술회하고 있다. 또한 LA 폭동 기간 미국의 미디어가 재미한인을 표현도 제대로 못하는 "외국인 체류자"(aliens)로 그렸기 때문에 구술된 생애이야기를 텍스트로 만들면서 편집을 했다고만 밝히고 있다(책 XII쪽). 아마도 재미한인이 자기의 생각을 적절하게 표현하는 사람으로 비춰지기를 바라면서 생애텍스트의 문장을 다듬은 모양이다. 구술자료의 구술성(orality)을 중시하는 독자라면 생애이야기 텍스트가 너무 심하게 편집되었다고 느낄 수도 있다.7)

이 책의 각 장(章)을 구성하는 구술자별 생애이야기 텍스트는 최소 5페이지에서 최대 23페이지, 평균 8.3페이지의 분량이다. 생애이야기 텍스트의 첫 페이지에는 1쪽 분량으로 구술자의 이름, 생애이야기 텍스트의 제목, 그리고 구술자를 한 문단으로 간략하게 소개한 글을 실었다. 수록된 생애이야기 텍스트를 세대별이나 주제별로 묶지 않고, 읽다 보면 생애이야기 간에 나타나는 유사성과 차이점을 볼 수 있기 때문에 생애이야기 텍스트의 순서를 "무작위로" 정했다고 편집자는 밝히고 있다(책 XIV쪽). 이 책에 실린 생애이야기가 재미한인의 주체적 자기인식(subjectivity)이 복합적으로 형성되는 것을 보여주고, 모든 지역사회가 그러하듯 재미한인의 지역사회가 어떻게 다각적으로 조직화되는지 보여준다고 편집자는 생각하지만(책 XIII-XIV쪽), 재미한인의 다양성을 읽어내는 것은 독자의 몫으로 돌린 것이다.

서평자인 난 김(Nan Kim)은 비록 편집자가 '무작위로' 순서를 정했다지만 영어신문 기자로 활동한 사람의 생애이야기를 첫 번째로 소개한

7) 서평자 칼 김(Karl E. Kim)은 생애이야기 텍스트가 심하게 편집되어, 어떤 텍스트에는 '무엇인가 빠져있는' 느낌을 받기도 했고, 어떤 부분은 구술자가 '진짜로 생각한 것이 아닐 수 있다'고까지 느꼈다(K. Kim 1997: 149, 원래의 강조).

것은 의미가 있다고 평했다(N. Kim 1999: 179, 원래의 강조). 이 생애이야기에 LA 폭동이 재미한인 사회를 점검하는 출발점이 되었다는 말이 나오기 때문이다. 이 책이 LA 폭동에 관한 이야기로 시작한 것은 LA 폭동 때 미국 미디어에 비춰진 재미한인의 전형적인 이미지 때문에 생애이야기를 수집했다는 구술채록자의 의도를 보여준다.

3. 생애이야기 텍스트 읽기

구술채록자는 구술된 생애이야기를 듣는 청자이면서, 편집된 생애이야기 텍스트의 화자이다(김성례 2002: 57). 구술채록자는 구술된 이야기를 나름대로 이해한 후 편집자로서 텍스트를 만들기 때문에 구술채록자인 편집자가 생애이야기를 읽는 첫 번째 독자라 할 수 있다. 서평자는 관련 전문가 독자로서 해당 도서를 어떻게 읽었는지 공개적으로 말한다. 편집자와 서평자는 『미국을 향해 동쪽으로』의 생애이야기 텍스트를 어떻게 읽었는지 살펴보겠다.

1) 편집자의 읽기

이 책의 〈머리말〉에서 편집자는 일반적인 미국인과 재미한인을 독자로 상정하면서 각각의 독자가 관심을 가지고 읽을 만한 생애이야기를 소개했다. 일반적인 미국인 독자는 재미한인이 미국에 오기 전 한국에서 살았던 삶, 미국에 온 후 소상인 자영업자로 성공한 이야기, 부모세대와 자녀세대 간의 끈끈한 연결관계 등에 흥미를 느낄 것이라고 편집자는 생각했다.

한인 이민자의 삶은 미국에 오기 전 일제강점과 그 후 일어난 한반도의 분단, 한국전쟁, 냉전 등에 많은 영향을 받았는데, 미국인 대부분은 이를 잘 모를 것이라고 편집자는 생각했다. 또한 미국의 ABC-TV에서 방영된 재미한인 가족에 관한 시트콤 〈모두가 미국 소녀〉(All American Girl)가 보여준 '동서갈등'을 아는 시청자는 재미한인 자녀세대의 생애이야기를 통해 자녀가 부모를 얼마나 이해하려고 노력하는지, 부모를 얼마나 깊게 사랑하고 부모에게 얼마나 큰 고마움을 가지는지 알게 될 것이라고 기대했다(책 XVIII쪽, 원래의 강조).

미국인 대부분이 놀랄 만한 이야기로는 재미한인의 직업경력이라고 편집자는 생각했다. 재미한인이 소상인으로 성공한 것은 가족노동과 장시간 근로 때문이라는 이야기는 이 책에 수록된 여러 사람의 생애이야기에 등장한다.[8] 성공한 소상인 자영업자에 관한 이야기는 재미한인들에게 너무나 익숙한 이야기이기에 편집자는 같은 업종에 종사하는 재미한인들 간의 가격경쟁으로 사업이 망하는 사례로 의복공장의 여사장과 택시운전사 남성을 꼭 꼬집어 거론했다.

편집자는 재미한인들도 이 책에 실린 생애이야기 텍스트를 통해 다양한 재미한인이 존재한다는 사실에 놀랄 것이라고 생각했다. 그러한 예로 한국어보다 스페인어를 더 잘하는 남성 화가, 자영업자의 아들'이자' 게이(gay) 인권운동가인 드레지 강(Dredge Kang), 어릴 때 백인 가정에 입양되어 한국인이나 재미한인과는 접촉 없이 자란 여성, 고등학생 때 몇 년 먼저 한국에서 이민 온 학생들에게 괴롭힘을 당했던 남성, 최

8) 미국 인구통계조사국의 2005년 미국지역사회조사(American Community Survey) 추계에 의하면, 재미한인의 자영업 종사자 비율(13.6%)은 미국 내 인종집단 중에서 가장 높으며, 이에 따라 무보수 가족노동자의 비율도 타인종 집단에 비해 높다(신의항 2007: 331-332).

근에 이민 온 한국학생들과 쉽게 어울리면서 자신의 부모가 '백인처럼 말한다'고 생각하는 이민 4세인 10대 아들 등을 소개하고 있다(책 XVIII 쪽, 원래의 강조).

편집자는 재미한인 가정의 부모세대와 자녀세대의 차이를 나타내는 생애이야기로 부모는 자녀가 영어만 잘하면 성공하고 미국인으로 받아들여질 것으로 생각하지만 현실은 미국사회의 인종주의가 걸림돌이 되고 있다는 1.5세 남성의 이야기를 소개했다. 미국문화의 여러 분야에 관심을 갖는 1.5세와 2세의 이야기로 여자 대학생, 여자 대학원생, 남성 신문편집자, 여성 영화감독, 남성 화가 등을 소개하고 있다. 이중 언어를 구사하는 재미한인의 직업이 예전과 다른 예로 LA 경찰관을 소개했으며, 좋은 학력을 가지고 있어도 한인 지역사회에서 일할 수밖에 없는 사람을 비롯하여 1.5세 청년층 중에는 한인 지역사회 활동가를 택한 사람이 많다고 소개한다.

미군의 아내로 미국에 온 구술자는 이 책에 한 명만 등장하지만, 편집자는 여러 명의 생애이야기에 구술자의 어머니, 이모, 고모, 언니 등이 미군의 아내로 등장한다고 소개했다.[9] 그리고 이 책의 구술자가 1세의 여성이든 1.5세의 여성이든 2세의 여성이든 많은 여성이 재미한인 지역사회에 나타나는 가부장제에 대해 이야기했다고 평가했다. 그러면서 재미한인 지역사회에서 동성애자에 대한 편견, 동성애 혐오증, 가정폭력 등에 대해 교육활동을 하는 구술자들을 언급했다. 재미한인 사회에서 한인교회는 가장 중요한 조직인데, 기독교가 샤머니즘 및 애니미즘과

9) 편집자 중 한 명인 일레인 김은 자전적 이야기에서 미국의 한인 이민자 대부분이 미군과 결혼한 한인여성의 가깝거나 먼 친척이라고 썼다(책 357쪽). 1965년 이후 미국에 온 한인 신이민자의 3분의 1(최복림 2002: 603) 내지 40~50% 정도(이부덕 1991: 319)가 미군과 국제결혼한 한인여성의 연고자로 추정된다.

공존할 수 있는 것이 재미한인들에게 기독교가 많이 퍼진 이유라고 편집자는 설명하면서 나탈리 김(Nataly Kim)을 비롯한 몇 명의 기독교인을 거론했다.

〈머리말〉에서는 이 책에 등장하는 총 38명의 구술자 중 21명이 소개되었다. 소개된 구술자 중 재미한인 지역사회 활동가나 가부장제에 대해 이야기한 여성은 지역사회와 젠더라는 편집자의 관심영역에 부합되는 구술자들이다. 따라서 수집된 생애이야기 중 이 책에 수록된 생애이야기를 선정할 때 편집자의 관심사에 적합한 이야기를 우선적으로 선택한 것으로 보인다.

2) 서평자의 읽기

구술자료 텍스트는 독자가 다양한 관점을 가지고 읽을 수 있는 공간이 열려 있다. 이 책의 서평자는 생애이야기 텍스트를 어떻게 읽었을까. 서평자들은 먼저 재미한인의 다양성에 초점을 맞춰 읽었다. 예를 들면, 난 김은 이 책을 참여자들이 "허심탄회하게" 세대, 계급, 세계관을 넘어 소통하는 "공개토론회"의 모습으로 읽었다(N. Kim 1999: 180). 그러면서 "다중적 인간"(multiple-box person)이라고 스스로를 자리매김하는 동성애자인 드레지 강과 독실한 기독교인이면서 지역사회에서 활발하게 활동하는 자원봉사자인 나탈리 김을 재미한인의 양극단으로 제시했다. 여지연은 구술자의 자기인식이 한인이라는 배경을 가진 '미국인'에서부터 미국에 살고 있는 '한인'까지 재미한인의 다양성을 보여준다고 읽었다(Yuh 1996: 177).

생애이야기 텍스트를 읽고 재미한인의 다양성뿐만 아니라 삶의 다양성까지 읽은 서평자도 있다. 조안 리(Joanne Lee)는 재미한인의 '핵심

주제'(issues)라 할 수 있는 한국전쟁, 인종주의, LA 폭동에 관한 이야기보다 사람들의 삶, 특히 가족 이야기에 흥미를 느꼈다(Lee 1997, 원래의 강조). 다운 증후군을 앓고 있는 아이의 이야기, 의료환경이 나빠 막내아들을 잃은 이야기, 갱단의 일원이 된 1976년생 남자가 어린 시절과 어머니에 대한 서운함을 드러낸 이야기, 국제결혼의 어려움을 털어놓은 이야기, 스물일곱 살의 미혼여성이 가족과 주변으로부터 결혼하라는 압력을 받지만 집안의 가장 노릇을 해야 하는 이야기 등을 통해 조안 리는 재미한인의 인생뿐만 아니라 모든 인간의 삶을 느꼈다고 평을 했다.

따라서 조안 리는 편집자와 다른 관점에서 생애이야기를 읽었다. 편집자가 한국어보다 스페인어를 더 잘하는 화가로 소개한 남성 구술자를 조안 리는 갱단의 일원이라고 소개했다. 편집자가 자신의 부모가 백인처럼 말한다고 생각하는 4세인 10대 아들의 이야기로 내세웠던 생애이야기 텍스트에 대해, 조안 리는 의료환경이 나빠 막내아들을 잃은 어머니의 이야기로 소개했다. 편집자가 한인 지역사회 활동가로 소개한 여성 구술자에 대해 조안 리는 지역사회 활동가로 한인을 위해 많은 일을 하고 있다는 이야기도 거론했지만, 다운 증후군을 앓고 있는 아이의 이야기에 더 깊은 인상을 받았다.

서평자 중에는 다양성을 넘어 재미한인의 공통 문제나 정서를 읽어내기도 했다. 여지연은 구술자들의 생애이야기를 역사, 가족, 문화라는 엄청난 유대관계로 서로 엮여진 사람들의 이야기로 읽었다(Yuh 1996: 177). 자신의 자리를 만들려는 것은 이민자만의 문제가 아니고, 게이 남자에게는 성적취향의 문제이며 여성 대부분에게는 젠더와 가부장제의 문제이기 때문이다. 여지연이 서평에서 유일하게 구술자의 말을 직접 인용한 것도 "내 이야기는 누군가의 이야기와 겹치며, 누군가의 이야기 역시 또 다른 누군가의 이야기와 겹친다"(책 194쪽)는 말이다. 칼 김은 가족관계로 인해, 그리고 효도와 같은 한국인의 오랜 전통과 가치를 지키기 어려운 상황 때문에 이 책에 소개된 생애이야기에 한(恨)이 많이 드러난다고 평가했다(K. Kim 1997: 149-150).

4. 생애이야기 텍스트에 나타난 다양성

『미국을 향해 동쪽으로』에는 편집자가 채록한 38명의 생애이야기 텍스트가 실려 있다. 이 중에서 서평자 난 김(N. Kim 1999: 180)이 재미한인의 양극단으로 제시한 드레지 강과 나탈리 김의 생애이야기 텍스트를 읽고자 한다. 생후 9개월 만에 이민을 온 드레지 강은 "다중적 인간"이라고 스스로를 자리매김하는 동성애자 남성이다. 편집자는 <머리말>에서 자영업자의 아들이자 게이 인권운동가인 그를 재미한인들조차 놀랄 수 있는 사람으로 소개했고, 서평자 조안 리도 그를 재미한인의 '유형'에 속하지 않는 사람으로 읽었다(Lee 1997, 원래의 강조). 1986년 예순 살이라는 늦은 나이에 이민 온 나탈리 김은 독실한 기독교인이면서 지역사회에서 활발하게 활동하는 여성 자원봉사자이다. 서평자 여지연(Yuh 1996: 177)이 책에 실린 구술자의 자기인식을 분류한 것에 따르면, 드레지 강은 한인이라는 배경을 가진 '미국인'이라 할 수 있고, 나탈리 김은 미국에 살고 있는 '한인'이라 할 수 있다. 두 명의 생애이야기 텍스트를 비교하여 읽으면 재미한인의 다양성이 분명하게 드러난다.

1) '미국인'의 생애이야기 텍스트

드레지 병주 강은 1971년 한국에서 태어나서, 부모가 작은 가게를 운영하는 워싱턴 DC 지역에서 자랐다. 메릴랜드 대학을 졸업하고 1993년에 LA로 가서 <아시아·태평양 에이즈 중재팀>(Asian Pacific AIDS Intervention Team)에서 교육 및 예방 서비스 팀장을 맡고 있다. 눈썹에 금반지 피어싱을 달고 빡빡 깎은 머리의 모습은 훤한 이마와 맑고 지적인 눈을 드러낸다(책 81쪽).

위의 인용문은 이 책의 편집자가 생애이야기 텍스트에 앞서 드레지 강을 소개한 글이다. 드레지 강의 생애이야기 텍스트는 자신의 아이덴티티에 관한 이야기로 시작한다.

몇 년간에 걸쳐, 나의 아이덴티티는 가변적이며 어떠한 것도 내가 누구인지를 진정으로 나타낼 수 없다는 것을 알게 되었다. 그러나 내 핵심은 말할 수 있다. 다른 사람과 공유하고 싶은 게 무엇인지 많이 생각했다. 나는 진실을 말하고 싶으면서도 또한 부모의 바람이라고 생각하는 것에도 경의를 표하고 싶다. 나는 가족을 끔찍이 사랑하고, 그들도 나를 사랑한다는 것을 안다. 내가 그들의 입장을 이해하려고 노력하는 것처럼 그들도 내 입장을 이해하려고 노력하기를 바란다. 나는 사람들이 생각하는 한국계 미국인의 스테레오 타입과 게이 남성의 스테레오 타입을 다루고자 한다. 그러나 자아의 이런 측면을 과도하게 내세우거나 선정적으로 이야기할 생각은 없다(책 82쪽).

구술자가 자신의 생애이야기를 이렇게 시작했는지, 아니면 편집자가 생애이야기 텍스트의 시작을 이렇게 편집했는지는 알 수 없다. 그럼에도 불구하고 한국계 미국인의 스테레오 타입과 게이 남성의 스테레오 타입을 염두에 두고 구술자가 자신의 생애를 이야기했다는 사실은 분명해 보이며, 이는 드레지 강의 생애이야기를 읽는데 매우 중요한 단서임에 틀림없다. 드레지 강은 대학교 1학년을 마칠 때 처음으로 동성애자라고 밝힌 후, 자신을 급진적이고 전투적인 활동가로 인식하고 있다.

> 나는 메릴랜드 대학에서 동성애자라고 밝히고, 활동가로 일하기 시작했다. 물론 나는 유색인종, 동성애자, 페미니스트, 사회주의자, 채식주의자, 환경운동가, 동물권리 옹호론자, 낙태시술 옹호자, 가두 행진과 시위에 참여하는 사람 등 급진적이고 전투적인 활동가이다(책 85-86쪽).

> 내 인생의 '찰밥'(sticky rice) 단계에서 현재 미국에서 동성애자 남성과 아시아인의 의미는 무엇인가 생각하게 되었다. 동성애자 남성을 부르는 다양한 용어가 있다. 당신이 쌀(게이이자 아시아인)이고 백인 남성을 좋아한다면, 당신은 눈 동성애자 남성(snow queen) 혹은 감자 동성애자 남성(potato queen)이다. 그러한 당신을 좋아하는 백인 남성은 쌀 동성애자 남성(rice queen)이라 부른다. 모든 종족성은 보통 음식과 관련된 용어를 가지고 있다. 찰밥의 핵심은 아시아인이기 때문에 당신의 몸이 평가절하 되는 문화에서 우리 자신을 사랑하는 법을 배워야 한다는 것이다. 그것이 우리에게 자율권을 주는 것이다. 내 친구들은 찰밥을 말 그대로 아시아인 남성을 사랑하는 아시아인 남성으로 정의한다. 나는 거기에서 더 나아가 행동이라기보다는 태도의 문제로 개념화했다(책 87쪽, 원래의 강조).

생후 9개월 만에 미국에 이민 온 드레지 강은 기분에 따라 1.5세, 혹은 1.3세나 1.9세로 자신을 인식하고 있다(책 82쪽). 1.5세는 한국에서 태어나 어렸을 때 미국에 이민 온 사람을 학계에서 일컫는 말이다. 1.3세로 느끼는 것은 부모의 한국적 사고방식이 어느 정도 강력하게 그를 지배하고 있기 때문이다. 자신이 게이라서 어머니의 속을 썩이고 있다는 것과 부모가 죽을 때 차마 눈을 감지 못할 것이라는 이야기에 본인이 1.3세로 인식할 때가 드러난다. 드레지 강이 1.9세로 느끼는 것은 아마도 2세의 행동방식과 비슷하게 행동할 때나 생후 9개월 만에 미국에 왔다는 산술적 계산에서 비롯된 것이다. 그러나 그가 이민 몇 세인지보다 중요한 것은 한국계 미국인을 넘어 아시아계 미국인으로 자신을 내면화한 것이다. 이는 그의 친구 대부분이 동성애자이며 아시아계 사람들이기 때문이지만, 아시아인 남성을 사랑하는 아시아인 남성을 가리키는 "찰밥"이라는 용어를 태도의 문제로 개념화했다는 것이 더 중요한 요인으로 보인다. 그의 생애이야기 텍스트는 시작 부분과 마찬가지로 아이덴티티에 관한 이야기로 끝난다.

> 내 '문제'(issues)—내가 들고 다니는 짐—를 잘 안다. LA의 내 친구 대부분은 동성애자이며 아시아계 사람들이다. 더 이상 전투적인 작은 키의 남성 동성애자가 되지 않기 위해 내 주변을 보다 우호적으로 만들어 왔다. 이는 많은 스트레스를 해소시킨다. 나는 1.5세 한국계 미국인 게이 남성이라는 꼬리표에 지쳐있다. 나는 다중적 인간(MBP, multiple-box person)이나 문제가 있는 사람(PWI, person with issues)으로 불리는 것이 더 좋다(책 89쪽, 원래의 강조).

부모가 미국에 와서 처음에 고생한 이야기에 대해 부모는 "기밀정보"라고 강조했지만, 드레지 강은 과거의 흠이 아니라 발전의 증거이기에 자랑스럽게 여기고 있다(책 84쪽). 그러나 생애이야기 텍스트에는 가족이 어떻게 미국으로 이민을 오게 되었는지가 빠져 있다. 아버지가 한국에서 "양반" 출신으로 기계공학과 교수였는데(책 84쪽), 왜 이민을 왔는지, 어떻게 왔는지 알 수 없다. 미국 이민과정을 언급하지 않은 것은 드레지 강이 너무 어렸을 때 왔기 때문이기도 하지만, 이보다는 그가 미국에서 동성애자 남성과 아시아인의 의미는 무엇인가를 항상 골똘하게 생각한 탓으로 보인다. 또한 그가 <아시아·태평양 에이즈 중재팀>에서 일하고 있는 현재의 시점에서 과거를 기억해서 이야기했기 때문일 것이다.

2) '한인'의 생애이야기 텍스트

> 나탈리 김(가명)은 1926년에 평양에서 태어났다. 그녀 나이 예순 살 때 미국으로 이민을 왔다. 은은한 색깔의 옷과 조신한 태도는 그녀의 조용하고 차분한 말과 어울린다. 활동적이고 수완이 좋으며 항상 새로운 것을 배우려는 자신에 대해 자부심을 가지고 있다. 그녀는 여러 LA 노인 프로그램에서 자원봉사자로 일하고 있다(책 266쪽).

위의 인용문은 이 책의 편집자가 생애이야기 텍스트에 앞서 나탈리 김을 소개한 글이다. 편집자는 <머리말>에서 나탈리 김의 생애이야기를 가부장제에 관한 이야기와 독실한 기독교인의 이야기로 소개했다. 나탈리 김의 생애이야기 텍스트는 그녀를 버렸던 남편이 병이 나서 돌아온 이야기로 시작한다.

> 남편은 13년 후에 나에게 돌아왔다. 남편은 젊은 여성 때문에 나와 세 자녀를 버렸었다. 결혼 전 우리는 부모님과 조부모님이 했던 일을 되풀이 하지 말자고 서로 약속했다. 약혼자에게 다른 것은 바랄 것 없고 단지 서로에게 충실하자고 말했다. 그러한 일은 아버지 세대에서 끝내자고 했다(책 267쪽).

그녀의 아버지와 할아버지는 부인을 버리고 다른 여자와 살았다. 따라서 그녀는 결혼 전 남편이 될 사람에게 부인을 버리고 다른 여자와 사는 것은 아버지 세대에서 끝내자고 다짐을 했지만, 결국 남편도 그녀를 버렸다. 그녀는 작은 양장점을 운영하면서 남편 없이 두 딸과 아들을 키웠다. 병든 남편을 13년 만에 데려와 돌보게 된 때가 그녀의 일생에서 가장 힘든 때였다는 이야기에서 그녀는 하나님에 대한 믿음을 강조했다. "남편을 데리고 오지 않으면, 내가 나중에 하나님께 갔을 때 할 말이 없을 것이다"(책 268쪽).

나탈리 김은 예순 살이라는 늦은 나이에 미국으로 이민을 왔지만 평양에 있는 기독병원 간호학교를 다녔던 10대 후반 때부터 미국에 가기를 원했다. 그녀는 기독병원 간호학교를 다닐 때부터 왜 미국에 가기를 원했을까. 이 책의 편집자는 미주(尾註)에서 2차 세계대전 중인 1943년경 미국인 선교사 의사와 간호사 대부분이 한국을 떠났지만, 그들의 영향력은 계속되었다고 설명했다(책 384쪽). 미국인 선교사들의 영향력은 무엇이었을까.

> 기독병원 간호학교를 다니던 1943년부터 미국에 가기를 원했다. 큰딸이 1979년 미국으로 가자, 나는 미국의 딸네 집을 방문하고 싶었다. 서울의 한 신학교에서 내게 사무실 일을 제안했을 때, 매년 여름 뉴욕에 있는 딸을 방문하는 것을 허락하면 맡겠다고 했다. 좋다고 해서 일을 시작했다. 1981년부터 1985년까지 매년 뉴욕에 갈 수 있었다. 뉴욕까지 입양아를 데리고 오는 일로 항공권을 싸게 구입했다.
>
> 나는 1986년 이민자로 오게 되었다. 그때 큰딸은 미국 시민권자였기에 나를 초청할 수 있었다. 이보다 1년 전 아들네는 LA로 왔다. 아들은 내부 분란이 있는 (한인)교회의 초청을 받았다. 7개월 후 그 교회를 그만두고 자신의 교회를 세웠다. 뉴욕으로 가는 도중 아들의 교회가 어떠한지 들렀다. 단지 약 30명의 신자가 일요예배에 참석했고,

> 며느리는 법무사무실의 비서로 일하고 있었다. 세 명의 어린 자녀를 돌봐야 하기에 결국 내가 LA에 정착하게 되었다. 손자들을 돌보는 일은 매우 힘들었다. 내가 미국에 처음 왔을 때 손자들은 네 살, 다섯 살, 아홉 살이었다(책 271-272쪽).

구술자의 미국에 대한 오랜 동경은 미국으로 이민 간 큰딸 네를 방문한 것을 시작으로 미국 시민권자인 큰딸이 초청해서 1986년에 이민을 온 것으로 이루어진다. 구술자를 비롯하여 세 자녀 모두 미국에 살고 있다. 목사인 아들은 한인교회의 초청으로 미국에 왔지만, 미국에 가장 먼저 온 큰딸과 캘리포니아주 라카냐다(La Cañada)에 사는 작은딸은 어떻게 미국에 오게 되었을까. 그녀의 생애이야기 텍스트는 현재의 미국 생활에 대해 이야기하는 것으로 끝난다.

> 어느 날 내 오른손이 약간 떨리는 것을 발견했다. 그래서 성경의 한 장(chapter)씩 쓰기 시작했다. 잠들기 전 매일 밤 다음날 쓸 성경 부분의 테이프를 듣는다. 다음날 아침 한 구절씩 한국어로 읽고 영어로 쓴다. 평균적으로 하루에 한 장씩 쓴다. [중략] 쓰면 쓸수록 즐거워진다. 영적으로 은혜 받는 일이다. 그리고 손 떨림이 완전히 사라졌다.
>
> 1991년에 미국 시민권자가 되었다. 그때부터 투표를 했다. 조지 부시를 좋아하고 공화당은 약간 보수적이기에 공화당 지지자가 되었다. 그러나 지난번 선거에서 캘리포니아 법령 187호에 대해서는 반대표를 던졌다.[10] 왜냐하면 '불법' 이민자 몇 명을 알고 그들이 겪는 어려

---

10) 캘리포니아주 법령 187호(1994년)는 구술자의 반대에도 불구하고 통과되었는데, 이에 대해 구술자는 어떤 생각을 했을까. 이 책의 편집자는 미주(尾註)에서 이 법령이 불법이민자에 대한 재정지원 혜택을 제한하는 것이라고만 간단히 설명했다(책 384쪽).

움을 알기 때문이다. 나는 미국생활이 행복하다. 과거에 많은 고통을 겪었기 때문에 신이 축복을 내린 것이다(책 273쪽, 원래의 강조).

미국생활이 행복하며, "내게 잘해주는 이 나라를 위해 뭔가 갚아야 하기 때문에" 자원봉사 활동을 열심히 한다는 대목은 구술자가 현재의 삶을 어떻게 바라보고 있는지 확실하게 보여준다(책 272쪽). 그녀는 로스앤젤레스로 이민 온 다음해인 1987년부터 YWCA에서 양재 기술을 가르치기 시작했다. 또한 병원에서 가난한 여성의 아이들이 입을 옷을 만드는 자원봉사를 하고, 도서관에서 아이들에게 책을 읽어주고 있다. 구술자가 나탈리 김이라는 가명을 쓴 이유는 주변사람들이 자신의 한국에서의 과거를 알게 되는 것을 꺼린 것처럼 보인다. 구술채록자가 판단하기에 구술자는 자신에 대해 자부심을 가지고 있고(책 266쪽), 구술자 스스로도 축복을 받았다고 생각하는 미국에서의 현재 생활을 생각하면, 가명을 쓴 이유가 충분히 납득이 간다.

3) 생애이야기 텍스트의 시작과 제목

드레지 강은 자신의 아이덴티티에 관한 이야기로 생애이야기를 시작했고, 나탈리 김은 그녀를 버렸던 남편이 병이 나서 13년 만에 돌아온 이야기로 시작했다. 그러나 구술자가 자신의 생애를 이야기하면서 스스로 시작한 내용인지는 잘 알 수 없다. 구술채록자인 편집자의 자전적 이야기가 어떻게 시작되었는지를 통해 책에 수록된 생애이야기 텍스트의 시작을 어떻게 편집했는지 추측할 수 있을 뿐이다.

편집자인 일레인 김은 재미한인들이 자기를 보고 재미한인처럼 '보이지' 않는다는 말을 종종 한다면서 자신의 개인사가 다른 재미한인들의 개인사와 닮지 않았다는 이야기로 자전적 이야기를 시작했다(책 353쪽, 원래의 강조). 그녀는 초기 한인 이민자인 하와이 사탕수수 노동자의 자손인 '잊힌 세대'에 속하며(책 353쪽, 원래의 강조),[11] '나쁜 여자'의 자손이라는 것이다(책 356쪽, 원래의 강조). 잊힌 세대라는 말은 1965년 미국의 이민법이 개정된 후 이주한 신이민자가 재미한인을 대표하고 있다는 것을 암시한다. 나쁜 여자라는 말은 일레인 김의 외할머니가 임신을 한 채 사진신부로 하와이에 왔는데 어머니가 러시아 군인을 생부로 둔 혼혈인처럼 보인다는 것이다.

다른 편집자인 유의영은 삼촌이 경상도 산골짜기에 있는 6대조 할아버지의 무덤에 데려간 이야기로 자전적 이야기를 시작했다. 그는 아버지가 목회를 했던 교회의 70년사를 쓰기 위해 당시 서울에 머무르고 있었고, 삼촌은 그가 1988년에 돌아가신 아버지에 대해 쓰고 있기에 조상의 뿌리에 대해 좀 더 알아야 된다고 생각했다. 자신이 목사의 아들로서 독실한 기독교인이라는 것을 강조하기 위한 시작으로 읽힌다.

편집자의 자전적 이야기의 시작 부분을 읽어 보면, 구술자가 자신의 생애를 이야기하면서 스스로 시작한 내용이거나 구술채록자가 생애이야기의 핵심이라고 해석한 내용으로 구술자의 생애이야기 텍스트가 시작된 것으로 보인다. 생애이야기 텍스트의 제목도 구술채록자인 편집자가 구술자의 생애를 어떻게 해석했는지 단적으로 보여 준다. 드레지 강의 생애이야기 텍스트의 제목은 「다중적 인간」이며, 나탈리 김의 생애이야기 텍스트의 제목은 「하루에 한 장씩」(One Chapter a Day)이다. 편

11) 일레인 김은 1926년 유학생 신분으로 미국에 온 아버지로부터 따지면 2세이지만, 1903년경 하와이에 사진신부로 온 외할머니로부터 따지면 20세기 초기 이민자의 3세에 해당한다.

집자는 구술자의 현재를 잘 드러내는 단어로 생애이야기 텍스트의 제목을 붙인 것으로 보인다.

5. 맺음말

생애텍스트가 구술자의 주관적인 경험을 드러내는 것이라면, 생애텍스트 읽기는 독자의 주관적인 활동이다(Watson and Watson-Franke 1985: 21). 독자가 구술자의 다양한 시각을 이해하고 구술자가 자신을 스스로 어떻게 재현하는지 알아차리는 것은 스테레오 타입을 넘어선 다양한 모습을 보는데 중요하다(Freeman 1989: 435).

『미국을 향해 동쪽으로』의 생애이야기 텍스트를 어떻게 읽어야 재미한인의 다양성을 보다 잘 파악할 수 있을까. 첫째, 생애이야기 텍스트의 시작 부분에 주목해야 한다. 구술자가 자신의 생애를 이야기하면서 처음으로 말하는 몇 마디는 자신의 삶 전체의 의미를 스스로 어떻게 해석하고 있는가를 보여주는 매우 중요한 대목이기 때문이다(유철인 1996, 1998, 2004 참조). 앞에서 소개한 두 사람의 생애이야기 텍스트의 시작 부분을 읽어보면, 구술자가 자신의 생애이야기를 이렇게 시작했는지, 아니면 편집자가 생애이야기 텍스트의 시작을 이렇게 편집했는지는 알 수 없다. 그러나 생애이야기 텍스트의 시작 부분이 구술자의 생애이야기의 핵심인 것은 분명하다.

둘째, 생애이야기 텍스트에 빠져있는 이야기가 무엇인지, 왜 이야기를 하지 않았는지 읽어야 한다. 구술자료는 사건과 경험이 기억과 회상을 통해 주관적으로 재구성된 것이기 때문에 어떠한 구술자료도 구술자가 겪어온 사건과 경험의 모든 측면을 보여주는 것은 아니다(유철인

2008: 446). 더군다나 모든 말하기는 '협상된 말하기'여서 무엇인가 빠져 있기 마련이다(정진웅 2017: 133, 원래의 강조). 이 책의 구술자 중 중년이나 노년 남성이민자는 자신에게 적합한 이미지를 고려하여 연대기적으로 일어났던 사건의 수면 아래에 대해 이야기하는 것을 불편해 했다고 한다(책 XIII쪽).

앞에서 소개한 드레지 강의 생애이야기 텍스트에는 가족이 왜 미국으로 이민을 왔는지, 어떻게 왔는지가 빠져 있다. 나탈리 김의 생애이야기 텍스트에는 그녀가 10대 후반 때부터 왜 미국에 가기를 원했는지, 미국에 가장 먼저 온 큰딸은 어떻게 미국에 오게 되었는지가 빠져 있다. 드레지 강이나 나탈리 김 둘 다 미국에 이민을 오게 된 과정은 현재의 삶에서 중요하지 않다고 생각한 것이다.

마지막으로, 생애텍스트의 구술채록자인 편집자가 구술채록자와 구술자의 상호작용과 텍스트의 편집 과정을 자세히 밝혔을 때, 스테레오타입을 넘어선 구술자의 다양한 모습을 보다 잘 파악할 수 있다(유철인 2011, 2016 참조). 예를 들면, 초기 한인 이민자 2세 여성의 생애내러티브(Chin 1999: 15)는 구술자의 목소리, 구술을 끌어내는 구술채록자의 목소리, 그리고 구술자의 이야기를 들으면서 구술채록자 자신의 삶을 회고하는 목소리 등 세 가지 목소리를 담고 있다. 구술채록자의 목소리를 완전히 생략하고 구술자료가 출판될 때, 구술자의 목소리는 오히려 왜곡된다(알레산드로 포르텔리 2010: 90). 『미국을 향해 동쪽으로』는 재미한인의 다양성을 크게 염두에 두고 생애이야기를 수집했지만, 구술채록자와 구술자의 상호작용과 텍스트의 편집 과정을 자세히 밝히지 않아 다양한 관점을 가지고 생애이야기 텍스트를 읽으려는 독자가 들어설 공간이 제한적이라는 아쉬움이 남는다.

참고문헌

김성례, 2002, 「여성주의 구술사의 방법론적 성찰」, 『한국문화인류학』 35(2): 31-64.

김재원, 2007, 『미국의 법학교육과 변호사 윤리』, 도서출판 정법.

김현희, 2016, 「미국 시민권으로의 길: 뉴욕 한인 변호사의 무료법률서비스」, 『한국문화인류학』 49(1): 109-164.

루이스 알튀세르, 2007, 『재생산에 대하여』, 김웅권 역, 동문선.

류승렬, 2010, 「재미 한인 네트워크의 역사 현안 대응」, 『역사교육』 116: 127-162.

민병갑·주동완, 2010, 「뉴욕 플러싱-베이사이드 지역의 한인 타운」, 『글로벌문화콘텐츠』 5: 7-39.

박원석, 2015, 「미국 LA 지역 한인 이주민의 정착 경로 및 주거입지 특성」, 『한국경제지리학회지』 18(1): 17-44.

박준규, 2002, 「복합정체성, 그 가능성과 한계: 미국의 마이너리티 문제를 중심으로-미주한인의 디아스포라적 아이덴티티」, 『역사비평』 58: 300-321.

신의항, 2007, 「미국 한인 동포 사회와 타인종 집단 간의 불평등」, 『북미주 한인의 역사(상)』, 국사편찬위원회.

신지연, 2014, 「트랜스이주 시대의 뉴욕 한인 타운의 재구성과 민족간 관계 연구」, 이화여자대학교 석사논문.

안재성, 2017, 『윤한봉: 5·18 민주화운동 마지막 수배자』, 창작과비평사.

알레산드로 포르텔리, 2010, 「무엇이 구술사를 다르게 하는가」, 『구술사, 기억으로 쓰는 역사』, 윤택림 편역, 아르케.

오승아, 2009, 「동일성과 차이 사이에서」, 『영미문학교육』 13: 5-25.

유철인, 1996, 「어쩔 수 없이 미군과 결혼하게 되었다: 생애이야기의 주제와 서술전략」, 『한국문화인류학』 29(2): 397-419.

유철인, 1998, 「물질하는 것도 머리싸움: 제주해녀의 생애이야기」, 『한국문화인류학』 31(1): 97-117.
유철인, 2003, 「구술자료의 채록과 해석: 구술자와 채록자의 상호작용」, 『한국예술종합학교 논문집』 6: 99-117.
유철인, 2004, 「구술된 경험 읽기: 제주4·3 관련 수형인 여성의 생애사」, 『한국문화인류학』 37(1): 3-39.
유철인, 2008, 「지방사 연구와 인류학: 생애사 연구를 중심으로」, 역사문화학회(편), 『지방사연구입문』, 민속원.
유철인, 2011, 「구술생애사를 텍스트로 만들기: 제주해녀 고이화의 두 가지 텍스트 비교」, 『한국문화인류학』 44(2): 113-138.
유철인, 2016, 「구술생애사 인터뷰를 텍스트로 만들기: 서평, 『안주의 땅을 찾아서: 재일제주인의 생활사 1』(재일제주인의 생활사를 기록하는 모임 엮음, 김경자 옮김, 선인, 2012)」, 『구술사연구』 7(1): 229-241.
유철인, 2020, 「초기 재미한인 가족의 초국가적 삶: 메리 백 리(Mary Paik Lee)의 자서전 읽기」, 정은주 엮음, 『태평양을 넘어서: 글로벌 시대 재미한인의 삶과 활동』, 학고방.
윤지환, 2018, 「기억의 초국적 이동과 이민자 집단의 정치: 미국 위안부 소녀상을 사례로」, 『한국경제지리학회지』 21(4): 393-408.
윤택림, 2019, 『역사와 기록 연구를 위한 구술사 연구방법론』, 아르케.
이나영, 2017, 「일본군위안부운동 다시 보기: 문화적 트라우마 극복과 공감된 청중의 확산」, 『사회와 역사』 115: 65-103.
이부덕, 1991, 「국제결혼 한미여성의 공헌과 수난」, 『미국 속의 한국인』, 민병갑 외 9인, 유림문화사.
이승철·이의한, 2011, 「미국 조지아 주 메트로 애틀랜타 한인사회의 성장과 공간적 분포」, 『한국경제지리학회지』 14(2): 225-239.
이유혁, 2012, 「이동하는 또는 고통스러운 기억들」, 『인문연구』 64: 267-300.
이재협, 2007, 「법의 세계화와 로펌의 성장」, 『외법논집』 27: 573-614.
이재협, 2008, 「미국의 법학교육: 과거, 현재, 그리고 미래」, 『미국학』 31(2):

117-140.
전병재·안계춘·박종연, 1995, 『한국사회의 전문직업성 연구』, 사회비평사.
장태한, 2000, 「로스앤젤레스 폭동과 동포 사회의 미래」, 『한국학연구』 12: 7-22.
장태한, 2002, 「4·29 LA 폭동과 한인사회」, 『미주 한인이민 100년사』, 한미동포재단·미주 한인이민 100주년 남가주기념사업회.
정성호, 2008, 「코리안 디아스포라: 공동체에서 네트워크로」, 『한국인구학』 31(3): 107-130.
정의길, 2018, 『지정학의 포로들』, 한겨레출판사.
정진웅, 2017, 「생애구술 연구의 '생산성'이란?」, "재미한인의 대표성과 다양성: 생애이야기 읽기"(유철인, 2017 세계한인학술대회 북미지역세션 발표문)에 대한 토론문, 재외동포재단·재외한인학회 주최, 『2017 세계한인학술대회 북미지역세션 발표논문집』.
정혜욱, 2007, 「외상의 물질성과 이창래의 『제스처 인생』」, 『현대영어영문학』 51(1): 133-157.
조지 마커스·마이클 피셔, 2005, 『인류학과 문화비평』, 유철인 옮김, 아카넷.
주동완, 2011, 「뉴욕 플러싱 코리아타운 디지털화를 위한 기본연구」, 『재외한인연구』 23: 223-280.
최복림, 2002, "Pioneers in Inter-Racial and Inter-Cultural Marriages and Adoptions," 『미주 한인이민 100년사』, 한미동포재단·미주 한인이민 100주년 남가주기념사업회.
한봉석, 2011, 「Korean American 1.5 세의 독도수호운동과 한인민족주의의 변화: 워싱턴 디씨 지역을 중심으로」, 『구술사연구』 2(2): 55-96.
홍석경, 2013, 『세계화와 디지털 문화 시대의 한류: 풀하우스, 강남스타일, 그리고 그 이후』, 한울 아카데미.
Abel, Richard L., 1989, *American Lawyers*, New York: Oxford University Press.
Abelmann, Nancy and John Lie, 1995, *Blue Dreams: Korean Americans*

and the Los Angeles Riots, Cambridge: Harvard University Press.

Alba Richard D. and John R. Logan, 1991, "Variations on Two Themes: Racial and Ethnic Patterns in the Attainment of Suburban Residence," Demography 28: 431-453.

Allen, James P and Eugene Turner, 1996, "Ethnic Diversity and Segregation in the New Los Angeles," In *Ethnic City: Geographic Perspectives on Ethnic Change in Modern Cities*, C. Roseman et al. (eds.), Lanham: Rowman & Littlefield Publishers, Inc.

An, Sohyun, 2012, "Korean American High School Students' Perspectives on US History," The Social Studies 103(1): 12-19.

Anderson, Benedict, 1991, *Imagined Communities*, London: Verso.

Anzaldúa, Gloria, 1987, *Borderlands/La Frontera: The New Mestiza*, 2nd ed., San Francisco: Aunt Lute Books.

Appadurai, Arjun, 1996, *Modernity at Large: Cultural Dimensions of Globalization*, Minneapolis: University of Minnesota Press.

Assmann, Aleida, 2010, "The Holocaust-A Global Memory? Extensions and Limits of a New Memory Community," In *Memory in a Global Age*, Sebastian Conrad and Aleida Assmann (eds.), London: Palgrave Macmillan.

Assmann, Aleida, 2014, "Transnational Memories," European Review 22(4): 546-556.

Auerbach, Jerod S., 1976, *Unequal Justice*, New York: Oxford University Press.

Basch, Linda, Nina Glick Schiller, and Cristina Szanton-Blanc, 1994, *Nations Unbound: Transnational Projects, Postcolonial Predicaments, and Deterritorialized Nation-States*, Langhorne: Gordon and Breach.

Beck, Ulrich, 2000, "The Cosmopolitan Perspective: Sociology of the Second Age of Modernity," British Journal of Sociology 51(1):

79-105.

Benedict, Ruth, 1973[1946], *The Chrysanthemum and the Sword: Patterns of Japanese Culture*, Boston: Houghton Mifflin Company.

Boccagni, Paolo, 2012, "Rethinking Transnational Studies: Transnational Ties and the Transnationalism of Everyday Life," European Journal of Social Theory 15(1): 117-132.

Bonacich, Edna, 1973, "A Theory of Middleman Minorities," American Sociological Review 38(5): 583-594.

Borjas, George J., 1992, "Ethnic Capital and Intergenerational Mobility," The Quarterly Journal of Economics 107(1): 123-150.

Borjas, George, 1994, "The Economics of Immigration," Journal of Economic Literature 32: 1667-1717.

Bourdieu, Pierre, 1987, *Distinction: A Social Critiqque of the Judgement of Taste,* Cambridge: Harvard University Press.

Brah, Avtar, 1996, *Cartographies of Diaspora,* New York: Routledge.

Brettell, Caroline B. and Faith G. Nibbs, 2010, "Immigrant Suburban Settlement and the 'Threat' to Middle Class Statues and Identity: The Case of Farmers Branch, Texas," International Migration 49(1): 1-30.

Brown, S. K., and F. D. Bean, 2006, "Assimilation Models, Old and New: Explaining a Long-Term Process." Migration Information Source, October 1: 3-41.

Brubaker, Rogers, and Jaeeun Kim, 2011, "Transborder Membership Politics in Germany and Korea," European Journal of Sociology 52(1): 21-75.

Carlin, Jerome, 1962, *Lawyers on Their Own: The Solo Practitioner in an Urban Setting,* New Brunswick: Rutgers University Press.

Castells, Manuel, 1989, "Space and Society: Managing the New Historical Relationships," In *Cities in Transformation: Class, Capital, and the*

State, Michael Perter Smith (ed.), Beverly Hills: Sage.

Castles, Stephen Castles, Hein de Haas and Mark J. Miller, 2013, *The Age of Migration*, 5th edition, London and New York: Palgrave Macmillan.

Chang, Edward. T., 1988, "Korean Community Politics in Los Angeles: The Impact of the Kwangju Uprising," Amerasia Journal 14(1): 51-67.

Chang, Yoonmee, 2012, *Writing the Ghetto: Class, Authorship, and the Asian American Ethnic Enclave*, New Brunswick: Rutgers University Press.

Chavez, Maria, 2011, *Everyday Injustice: Latino Professionals and Racism*, Lanham: Rowman & Littlefield.

Cheng, Lucie and Edna Bonacich, 1984, *Labor Immigration Under Capitalism: Asian Workers in the United States Before World War II*, Berkeley: University of California Press.

Chin, Kyu Sup and David Smith, 2015, "A Reconceptualization of State Transnationalism: South Korea as an Illustrative Case," Global Networks: A Journal of Transnational Affairs 15(1): 78–98.

Chin, Soo-Young, 1999, *Doing What Had to Be Done: The Life Narrative of Dora Yum Kim*, Philadelphia: Temple University Press.

Cho, Grace M., 2008, *Haunting the Korean Diaspora: Shame, Secrecy, and the Forgotten War*, Minneapolis: University of Minnesota Press.

Chong, Kelly H., 2013, "Relevance of Race: Children and the Shifting Engagement with Racial/Ethnic Identity among Second-Generation Interracially Married Asian Americans," Journal of Asian American Studies 16(2): 189-221.

Chu, Seo-Young, 2008, "Science Fiction and Postmemory Han in Contemporary Korean American Literature," MELUS 33(4): 97-121.

Chuh, Kandice, 2003, "Discomforting Knowledge: Or, Korean 'Comfort Women' and Asian Americanist Critical Practice," Journal of Asian American Studies 6(1): 5-23.

Chung, Angie, 2007, *Legacies of Struggle: Conflict and Cooperation in Korean American Politics*, Stanford: Stanford University Press.

Chung, Angie Y., Irene Bloemraad, and Karen Ivette Tejada-Peña, 2013, "Reinventing an Authentic 'Ethnic' Politics: Ideology and Organizational Change in Koreatown and Field's Corner," Ethnicities 13(6): 838-862.

Chung, Eric, Samuel Dong, Xiaonan April Hu, Christine Kwon, and Goodwin Liu, 2017, *A Portrait of Asian Americans in the Law*, Yale Law School and National Asian Pacific American Bar Association.

Clark, William A. V., 1991, "Residential Preferences and Neighborhood Racial Segregation: A Test of the Schelling Segregation Model," Demography 28(1): 1-19.

Clydesdale, Timothy, 2004, "A Forked River Runs Through Law School: Toward Understanding Race, Gender, Age and Related Gaps in Law School Performance and Bar Passage," Law and Social Inquiry 29: 711-770.

Collins, W. J. and M. H. Wanamaker, 2017, "Up from Slavery? African American Intergenerational Economic Mobility Since 1880," Working Paper 23395, National Bureau of Economic Research.

Conley, John. 2004, "How Bad is it Out There?: Teaching and Learning About the Legal Profession," North Carolina Law Review 82: 1943-2016.

Costello, Carrie Yang, 2005, *Professional Identity Crisis: Race, Class, Gender, and Success at Professional Schools,* Nashville: Vanderbilt University Press.

Crang, Philip and Peter Jackson, 2001, "Geographies of Consumption,"

In *British Cultural Studies*, David Morley and Kevin Robins (eds.), Oxford: Oxford University Press.

Crapanzano, Vincent, 1980, *Tuhami: Portrait of a Moroccan,* Chicago: The University of Chicago Press.

Cravern, Wesley F., 1971, *White, Red, and Black: The Seventeenth-Century Virginian*, Charlottesville: University Press of Virginia.

Cresswell, Tim, 2004, *Place: A Short Introduction*, Malden: Blackwell Publishes.

Cunningham, Stuart and Tina Nguyen, 2001, "Popular Media of the Vietnamese Diaspora," In *Floating Lives: The Media and Asian Disporas,* Stuart Cunningham and John Sinclair (eds.), Lanham: Rowman & Littlefield Publishers, Inc.

Desai, Jigna, 2005, "Planet Bollywood: Indian Cinema Abroad," In *East Main Street: Asian American Popular Culture,* Shilpa Davé, LeiLani Nishime and Tasha G. Oren (eds.), New York: New York University Press.

Dezalay, Yves and Bryant Garth, 1995, "Merchants of Law as Moral Entrepreneurs Constructing International Justice from the Competition for Transnational Business Disputes," Law and Society Review 29(1): 27-64.

Dhingra, Pawan, 2007, *Managing Multicultural Lives: Asian American Professionals and the Challenge of Multiple Identities,* Stanford: Stanford University Press.

Dinovitzer, Ronit, 2006, "Social Capital and Constraints on Legal Careers," Law & Society Review 40(2): 445-480.

Dinovitzer, Ronit, 2011, "The Financial Rewards of Elite Status in the Legal Profession," Law & Social Inquiry 36(4): 971-998.

Dorfman, Ariel and Armand Mattelart, 1975, *How to Read Donald*

Duck:Imperialist Ideology in the Disney Comic, New York: International General.

Duany, Jorge, 2011, *Blurred Borders: Transnational Migration between the Hispanic Caribbean and the United States*, Chapel Hill: The University of North Carolina Press.

Erlanger, Howard S. and Douglas A. Klegon, 1978, "Socialization Effects of Professional School: The Law School Experience and Student Orientations to Public Interest Concerns," Law & Society Review 13(1): 11-35.

Erlanger, Howard S., Charles R. Epp, Mia Cahill, and Kathleen M. Haines, 1996, "Law Student Idealism and Job Choice: Some New Data on an Old Question," Law & Society 30: 851-864.

Espiritu, Yen Le, 2003, *Home Bound: Filipino American Lives across Cultures, Communities, and Countries*, Berkeley: University of California Press.

Espiritu, Yen Le and Thom Tran, 2002, "'Viet Nam, Nuoc Toi'(Vietnam, My Country): Vietnamese Americans and Transnationalism," In *The Changing Face of Home: The Transnational Lives of the Second Generation*, Peggy Levitt and Mary C. Waters (eds.), New York: Russell Sage Foundation.

Falk Richard, 1993, "The Making of Global Citizenship," In *Global Visions: Beyond the New World Order*, J. B. Childs, J. Brecher, and J. Cutler (eds.), Boston: South End.

Fernández-Kelly, Patricia and Lisa Konczal, 2005, "'Murdering the Alphabet' Identity and Entrepreneurship among Second-Generation Cubans, West Indians, and Central Americans," Ethnic and Racial Studies 28(6): 1153-1181.

Fisher, Maxine, 1990, "Review of Accommodation without Assimilation:

Sikh Immigrants in an American High School by Margaret A. Gibson," American Ethnologist 17: 594-595.

Fishman, Robert, 1987, "The End of Suburbia: A New Kind of City Is Emerging the 'Technoburb'," Los Angeles Times, August 02.

Fitzgerald, David, 2009, *A Nation of Emigrants: How Mexico Manages Its Migration,* Berkeley: University of California Press.

Foner, Nancy, 2002, "Second-Generation Transnationalism, Then and Now," In *The Changing Face of Home: The Transnational Lives of the Second Generation*, Peggy Levitt and Mary C. Waters (eds.), New York: Russell Sage Foundation.

Fortuijin, Joos D., Sako Musterd, and Wim Ostendorf, 1998, "International Migration and Ethnic Segregation: Impacts on Urban Areas," Urban Studies 35(3):367-370.

Fouron, Georges and Nina Glick-Schiller, 2002, "The Generation of Identity: Redefining the Second Generation within a Transnational Social Field," In *The Changing Face of Home: The Transnational Lives of the Second Generation,* Peggy Levitt and Mary C. Waters (eds.), New York: Russell Sage Foundation.

Fraser Nancy Gordon Linda, 1992, "Contract versus Charity: Why is There No Social Citizenship in the United States?" Socialist Review 22: 45-68.

Freeman, James M., 1989, *Hearts of Sorrow: Vietnamese-American Lives,* Stanford: Stanford University Press.

Friedman, Lawrence, 2005, *A History of American Law,* 3rd ed., New York: Touchstone.

Fuhr, Michael, 2016, *Globalization and Popular Music in South Korea: Sounding Out K-pop*, London: Routledge.

Gans, Herbert, 1992, "Second-Generation Decline: Scenarios for the

Economic and Ethnic Futures of the Post-1965 American Immigrants," Ethnic and Racial Studies 15(2): 173-192.

Galanter, Marc and Thomas Palay, 1991, *Tournament of Lawyers: The Transformation of the Big Law Form,* Chicago: University of Chicago Press.

Garreau, Joel, 1991, *Edge City: Life on the New Frontier,* Anchor Books.

Gerstle, Gary, 2010, "Historical and Contemporary Perspectives on Immigrant Political Incorporation: The American Experience." International Labor and Working-Class History 78(3): 110-117.

Gerstle, Gary and John Mollenkopf (eds.), 2001, *E Pluribus Unum? Contemporary and Historical Perspectives on Immigrant Incorporation,* New York: Russell Sage Foundation.

Gibson, Margaret A., 1988, *Accommodation without Assimilation: Sikh Immigrants in an American High School,* Ithaca: Cornell University Press.

Gilroy, Paul, 1993, *The Black Atlantic: Modernity and Double-Consciousness,* Cambridge: Harvard University Press.

Glazer, Nathan and Daniel Moynihan, 1970, *Beyond the Melting Pot: The Negroes, Puerto Ricans, Jews, Italians, and Irish of New York City,* Cambridge: MIT Press.

Glenn, Evelyn Nakano, 2002, *Unequal Freedom: How Race and Gender Shaped American Citizenship and Labor,* Cambridge: Harvard University Press.

Glick Schiller, Nina, 1992, "Transnationalism: A New Analytic Framework for Understanding Migration," In *Towards a Transnational Perspective on Migration: Race, Class, Ethnicity, and Nationalism Reconsidered,* Nina Glick Schiller, Linda Basch, and Christina Blanc-Szanton (eds.), New York: New York Academy of Sciences.

Glick Schiller, Nina, 2005, "Transnational Social Fields and Imperialism: Bringing a Theory of Power to Transnational Studies," Anthropological Theory 5(4): 439-461.

Glick Schiller, Nina and Ayse Çağlar, 2010, *Locating Migration: Rescaling Cities and Migrants,* Ithaca: Cornell University Press.

Glick Schiller, Nina, Linda Basch, and Christina Blanc-Szanton (eds.), 1992, *Towards a Transnational Perspective on Migration: Race, Class, Ethnicity, and Nationalism Reconsidered,* New York: Annals of the New York Academy of Sciences.

Glick Schiller, Nina, Linda Basch, and Christina Blanc-Szanton, 1995, "From Immigrant to Transmigrant: Theorizing Transnational Migration," Anthropological Quarterly 68(1): 48-63.

Gomez, Christina, 1999, "Book Review of *East to America: Korean American Life Stories,*" Social Forces 77(3): 1209-1210.

Gopal, Sanjita and Sujata Moorti, 2008, *Global Bollywood: Travels of Hindi Soap and Dance,* Minneapolis: University of Minnesota Press.

Gordon, Milton M., 1964, *Assimilation in American Life: The Role of Race, Religion and National Origins,* New York: Oxford University Press.

Gorrie, Peter, 1991, "The Changing Face of Chinatown," Canadian Geographic 111(4): 16-28.

Granfield, Robert, 1992, *Making Elite Lawyers: Visions of Law at Harvard and Beyond,* New York: Routledge.

Green, Richard P., 1997, "Chicago's New Immigrants, Indigenous Poor, and Edge Cities," Annals of the American Academy of Political and Social Science 551: 178-190.

Hacker, Andrew, 2003, *Two Nations: Black and White, Separate, Hostile,* New York: Scribner.

Hamamoto, D. and S. Liu, 2000, *Conversions*, Philadelphia: Temple University Press.

Handlin, Oscar, 1973[1951], *The Uprooted*, New York: Little Brown & Company.

Hannerz, Ulf, 1992, *Cultural Complexity: Studies in the Social Organization of Meaning*, New York: Columbia University Press.

Hardwick, Susan W., 2008, "Toward a Suburban Immigrant Nation," In *Twenty-First Century Gateways: Immigrant Incorporation in Suburban America*, A. Singer, S. W. Hardwick and C. B. Bretell (eds.), Washington, DC: The Brookings Institution.

Hasunuma, Linda and Mary M. McCarthy, 2018, "Creating a Collective Memory of the Comfort Women in the USA," International Journal of Politics, Culture, and Society 32(2): 145-162.

Heinz, John and Edward Laumann, 1983, *Chicago Lawyers: The Social Structure of the Bar*, Chicago: University of Chicago Press.

Heinz, John, Robert L. Nelson, Rebecca L. Sandefur, and Edward O. Laumann, 2005, *Urban Lawyers: The New Social Structure of the Bar*, Chicago: University of Chicago Press.

Hemmasi, Farzaneh, 2020, *Teherangeles Dreaming: Intimacy and Imagination in Southern California's Iranian Pop Music*, Durham: Duke University Press.

Herod, Andrew, 2011, *Scale*, New York: Routledge.

Hing, Bill Ong, 1993, *Making and Remaking Asian America Through Immigration Policy, 1850-1990*, Palo Alto: Stanford University Press.

Hirschman, C. and L. Falcon, 1985, "The Educational Attainment of Religio-Ethnic Groups in the United States," Research in Sociology of Education and Socialization 5: 83-120.

Ho, Karen, 2009, *Liquidated: An Ethnography of Wall Street*, Durham:

Duke University Press.

Holiday, Terrence and Bruce G. Carruthers, 2007, "The recursivity of law: Global norm making and national lawmaking in the globalization of corporate insolvency regimes," American Journal of Sociology 112(4): 1135-1202.

Hung, Christine J., 2008, "For Those Who Had No Voice: The Multifaceted Fight for Redress by and for the Comfort Women," Asian American Law Journal 15(1): 177-204.

Hurh, Won Moo, 1998, *The Korean American,* Westport: Greenwood Press.

Iwabuchi, Koichi, 2002, *Recentering Globalization: Popular Culture and Japanese Transnationalism*, Durham: Duke University Press.

Jackson, Kenneth T, 1987, *Crabgrass Frontier: The Suburbanization of the United States,* New York: Oxford University Press.

Jeyathurai, Dashini, 2010, "Intergenerational Transmission of Trauma in Nora Okja Keller's Comfort Woman," Asian Journal of Women's Studies 16(3): 62-79.

Jin, Dal Yong, 2015, "New Perspectives on the Creative Industries in the Hallyu 2.0 Era: Global-Local Dialectics in Intellectual Properties," In *Hallyu 2.0: The Korean Wave in the Age of Social Media,* Sangjoon Lee and Abé Mark Nornes (eds.), Ann Arbor: University of Michigan Press.

Jin, Dal Yong, 2016, *New Korean Wave: Transnational Cultural Power in the Age of Social Media,* Urbana: University of Illinois Press.

Jung, Moon-Kie, 2009, "The Racial Unconscious of Assimilation Theory," Du Bois Review 6: 375-95.

Kang, Hyun Yi, 2003, "Conjuring 'Comfort Women': Mediated Affiliations and Disciplined Subjects in Korean/American Transnationality,"

Journal of Asian American Studies 6(1): 25-55.

Kasinitz, Philip, John H. Mollenkopf, and Mary C. Waters (eds). 2004, *Becoming New Yorkers: Ethnographies of the New Second Generation,* New York: Russell Sage.

Kasinitz, Philip, John H. Mollenkopf, and Mary C. Waters, and Jennifer Holdaway, 2008, *Inheriting the City: The Children of Immigrants Come of Age,* New York: Russell Sage Foundation; Cambridge: Harvard University Press.

Kay, Fiona M. and Jean E. Wallace, 2009, "Mentors as Social Capital: Gender, Mentors, and Career Rewards in Law Practice," Sociological Inquiry 79(4): 418-452.

Kearney, Michael, 1991, "Borders and Boundaries of State and Self at the End of Empire," Journal of Historical Sociology 4: 52-74.

Kelts, Roland, 2006, *Japanamerica: How Japanese Pop Culture Has Invaded the U.S.*, New York: Palgrave Macmillan.

Kibria, Nazli, 2002a, *Becoming Asian American: Second-Generation Chinese and Korean American Identities*, Baltimore: Johns Hopkins University Press.

Kibria, Nazli, 2002b, "Of Blood, Belonging, and Homeland Trips: Transnationalism and Identity Among Second Generation Chinese and Koreans," In *The Changing Face of Home: The Transnational Lives of the Second Generation,* Peggy Levitt and Mary C. Waters (eds.), New York: Russell Sage Foundation.

Kikumura, Akemi, 1981, *Through Harsh Winters: The Life of a Japanese Immigrant Woman,* Novato: Chandler & Sharp Publishers, Inc.

Kim, Dae Young, 2004, "Leaving the Ethnic Economy: The Rapid Integration of Second-Generation Korean Americans in New York," In *Becoming New Yorkers: Ethnographies of the New Second*

Generation, Philip Kasinitz, John H. Mollenkopf, and Mary C. Waters (eds.), New York: Russell Sage.

Kim, Dae Young, 2009, "Second-Generation Korean Americans in Professional Fields in New York," In *Korean American Economy and Community in the 21st Century*, Eui-Young Yu, Hyojoung Kim, Kyeyoung Park, and Moonsong David Oh (eds.), Los Angeles: Korean American Economic Development Center.

Kim, Dae Young, 2011, "The Pursuit of Elite High Schools and Colleges among Second-Generation Korean Americans," Development and Society 40(2): 225-259.

Kim, Daniel Y., 2003, "Do I, Too, Sing America?: Vernacular Representations and Chang-rae Lee's Native Speaker," Journal of Asian American Studies 6(3): 231-260.

Kim, David S., 1975, *Korean Small Businesses in the Olympic Area, Los Angeles. School of Architecture and Urban Planning*, University of California, Los Angeles.

Kim, Elaine H., 2004, "Roots and Wings: An Overview of Korean American Literature, 1934-2003," In *Korean American Literature*, Young-Key Kim-Renaud, Richard Grinker, Kirk W. Larsen (eds.), The Sigur Center Asia Papers, 1-19.

Kim, Elaine H. and Eui-Young Yu, 1996, *East to America: Korean American Life Stories*, New York: The New Press.

Kim, Jodi, 2008, "'I'm Not Here, If This Doesn't Happen': The Korean War and Cold War Epistemologies in Susan Choi's The Foreign Student and Heinz Insu Fenkl's Memories of My Ghost Brother," Journal of Asian American Studies 11(3): 279-302.

Kim, Jodi, 2015, "The Ending is Not an Ending at All: On the Militarized and Gendered Diasporas of Korean Transnational Adoption and the

Korean War," Positions: East Asia Cultures Critique 23(4): 807-835.
Kim, Karl E., 1997, "Book Review of *East to America: Korean American Life Stories*," Korean Studies 21: 148-150.
Kim, Nadia, 2013, "Finding our Way Home: Korean Americans, 'Homeland' Trips, and Cultural Foreignness," In *Diasporic Homecomings: Ethnic Return Migration in Comparative Perspective*, Takeyuki Tsuda (ed.), Stanford: Stanford University Press.
Kim, Nan, 1999, "Book Review of *East to America: Korean American Life Stories*," The Oral History Review 26(2): 178-181.
Kim, Rose M., 2012, "Violence and Trauma as Constitutive Elements in Korean American Racial Identity Formation: The 1992 LA Riots/Insurrection/Saigu," Ethnic and Racial Studies 35(11): 1999 -2018.
Kong, Belinda, 2011, "Beyond K's Specter: Chang-rae Lee's, Comfort Women Testimonies, and Asian American Transnational Aesthetics," Journal of Transnational American Studies 3(1): 1-29.
Koshy, Susan, 1996, "The Fiction of Asian American Literature," The Yale Journal of Criticism 9(2): 315-346.
Kwon, Hyeyoung, 2015, "Intersectionality in Interaction: Immigrant Youth Doing American from an Outsider-Within Position," Social Problems 62(4): 623-641.
Kwon, Soo Ah, 2013, *Uncivil Youth: Race, Activism, and Affirmative Governmentality*, Durham: Duke University Press Books.
Langness, L. L. and Gelya Frank, 1981, *Lives: An Anthropological Approach to Biography*, Novato: Chandler & Sharp Publishers, Inc.
Lee, Christopher, 2011, "Form-Giving and the Remains of Identity in a Gesture Life," Journal of Asian American Studies 14(1): 95-116.
Lee, Elisa, 2015, "Behind the Mask of Human Rights: 'Comfort Women,'

Heteronormativity, and Empires," Tapestries: Interwoven Voices of Local and Global Identities 4(1): 1-10.

Lee, Erika and Naoko Shibusawa, 2005, "Guest Editor's Introduction: What is Transnational Asian American History?: Recent Trends and Challenges," Journal of Asian American Studies 8(3): vii-xvii.

Lee, Helen K., 2018, *Between Foreign and Family: Return Migration and Identity Construction among Korean Americans and Korean Chinese,* New Brunswick: Rutgers University Press.

Lee, Jennifer and Min Zhou, 2015, *The Asian American Achievement Paradox,* New York: Russell Sage Foundation.

Lee, Joanne, 1997, "Getting to Know You: Book Review of East to America: Korean American Life Stories," Korean Quarterly, Winter 1997 issue.

Lee, Kyhan, 1994, "Korean-American Literature: The Next Generation," Korea Journal 34(1): 20-35.

Lee, Mary Paik, 1990, *Quiet Odyssey: A Pioneer Korean Woman in America,* Sucheng Chan (ed.), Seattle: University of Washington Press.

Lee, Sangjoon, 2015, "From Diaspora TV to Social Media: Korean TV Dramas in America," In *Hallyu 2.0: The Korean Wave in the Age of Social Media,* Sangjoon Lee and Abé Mark Nornes (eds.), Ann Arbor: University of Michigan Press.

Lee, Sara S., 2004, "Marriage Dilemmas: Partner Choices and Constraints for Korean Americans in New York City," In *Asian American Youth: Culture, Identity, and Ethnicity,* J. Lee & Min Zhou (eds.), New York & London: Routledge.

Levin, Leslie C., 2011, "Specialty Bars as a Site of Professionalism: The Immigration Bar Example," University of St. Thomas Law Journal

8(2): 194-224.

Levinson, Justin D., Mark W. Bennett, and Koichi Hioki, 2017, "Judging Implicit Bias: A National Empirical Study of Judicial Stereotypes," Florida Law Review 69: 1-51.

Levitt, Peggy, 2001, *The Transnational Villagers,* Berkeley: University of California Press.

Levitt, Peggy, 2002, "The Ties That Change: Relations to the Ancestral Home over the Life Cycle," In *The Changing Face of Home: The Transnational Lives of the Second Generation*, Peggy Levitt and Mary C. Waters (eds.), New York: Russell Sage Foundation.

Levitt, Peggy, 2015, "Welcome to the Club?: A Response to The Cross-Border Connection by Roger Waldinger," Ethnic and Racial Studies, 38: 13, 2283-2290.

Levitt, Peggy and Mary C. Waters (eds), 2002, *The Changing Face of Home: The Transnational Lives of the Second Generation*, New York: Russell Sage Foundation.

Levy, Daniel and Natan Sznaider, 2002, "Memory Unbound: The Holocaust and the Formation of Cosmopolitan Memory," European Journal of Social Theory 5(1): 87-106.

Lew, Jamie, 2007, "A Structural Analysis of Success and Failure of Asian Americans: A Case of Korean Americans in Urban Schools," Teachers College Record 109(2): 369-390.

Ley, David, 2008, "Postmulticulturalism?" In *Immigration and Integration in Urban Communities Renegotiating the City,* L. M. Lanley, B. A. Ruble and A. M. Garland (eds.), Washington, DC. and Baltimore: Woodrow Wilson and The Johns Hopkins University Press.

Li, Wei, 1998a, "Los Angeles's Chinese Ethnoburb: From Ethnic Service Center to Global Economy Outpost," Urban Geography 19(6):

502-517.

Li, Wei, 1998b, "Ehnoburb versus Chinatown; Two Types of Urban Ethnic Communities in Los Angeles," Cybergeo 10: 1-12.

Li, Wei, 1999, "Building Ethnoburbia: The Emergence and Manifestation of the Chinese Ethnoburb in Los Angeles' San Gabriel Valley," Journal of Asian American Studies 2(1): 1-28.

Li, Wei, 2009, *Ethnoburb: The New Ethnic Community in Urban America,* Honolulu: University of Hawaii Press.

Li, Wei and Emily Skop, 2007, "Enclaves, Ethnoburbs, and New Patterns of Settlements among Asian Immigrants," In *Contemporary Asian America: A Multidisciplinary Reader,* M. Zhou and J. V. Gatewood (eds.), New York: New York University.

Liem, Ramsay, 2007, "Silencing Historical Trauma: The Politics and Psychology of Memory and Voice," Peace and Conflict: Journal of Peace Psychology 13(2): 153-174.

Liem, Ramsay, 2009, "The Korean War, Korean Americans and the Art of Remembering," The Asia-Pacific Journal: Japan Focus 41(4): 1-14.

Lin, Jan, 1998, *Reconstructing Chinatown: Ethnic Enclave, Global Change,* Minneapolis: University of Minnesota Press.

Liu,Sida, 2013, "The Legal Profession as a Social Process: A Theory on Lawyers and Globalization," Law & Social Inquiry 38(3): 670-693.

Liu, Sida, Lily Liang, and Ethan Michelson, 2014, "Migration and Social Structure: The Spatial Mobility of Chinese Lawyers," Law and Policy 36(2): 165-194.

Livingstone, Gretchen and Anna Brown, 2017, "Intermarriage in the U.S. 50 Years After Loving v. Virginia," Pew Research Center Report.

Lopez, G., K. Bialik, and J. Radford, 2018, "Key Findings about U.S. Immigrants," Pew Research Center.

Macdonald, Keith M., 1995, *The Sociology of the Professions*, London: Sage Publications.

McCann, Eugene and Kevin Ward (eds.), 2011, *Mobile Urbanism: Cities and Policy Making in the Global Age,* London: Routledge.

McClean, Angela Y., 2018, "Universalising the Particular: Strategic Framing in Immigrant Cross-border Activism," Journal of Ethnic and Migration Studies, 1-19. https://doi.org/10.1080/1369183X.2018.1504675

McCullough, David, 2001, *John Adams*, New York: Simon & Schuster.

Maira, Sunaina, 2005, "Trance-Formations: Orientalism and Cosmopolitanism in Youth Culture," In *East Main Street: Asian American Popular Culture*, Shilpa Davé, LeiLani Nishime and Tasha G. Oren (eds.), New York: New York University Press.

Martiniello, Marco and Jan Rath, 2014, *An Introduction to Immigrant Incorporation Studies: European Perspectives,* Amsterdam: Amsterdam University Press.

Massey, Doreen, 1984, *Spatial Divisions of Labour: Social Structures and the Geography of Production*, New York: Methuen.

Massey, Douglas S. and Nancy A. Denton, 1993, *American Apartheid: Segregation and the Making of the Underclass,* Cambridge: Harvard University Press.

Mertz, Elizabeth, 2007, *The Language of Law School: Learning to "Think Like a Lawyer"*, Oxford: Oxford University Press.

Michelson, Ethan, 2015, "Immigrant Lawyers and the Changing Face of the U.S. Legal Profession," Indiana Journal of Global Legal Studies 22(1): 105-111.

Millican, Anthony, 1992, "Presence of Koreans Reshaping the Region," LA Times, Feb. 2, p. B3.

Min, Pyong Gap, 1996, *Caught in the Middle: Korean Communities in*

New York and Los Angeles, Berkeley: University of California Press.

Min, Pyong Gap, 2012a, "Growth and Settlement Patterns of Koreans Americans, 1990-2010," Research Report for the Korean Community Queens College of CUNY 4.

Min, Pyong Gap, 2012b, "Population Growth and Racial Composition in Korean Enclaves in the New York-New Jersey Area, 1980-2010," Research Report for the Korean Community Queens College of CUNY 5.

Min, Pyong Gap, 2017, "Transnational Cultural Events among Korean Immigrants in the New York-New Jersey Area," Sociological Perspectives 60(6): 1136-1159.

Min, Pyong Gap and Rose Kim, 2000, "Formation of Ethnic and Racial Identities: Narratives by Young Asian-American Professionals," Ethnic and Racial Studies 23(4): 735-760.

Min, Pyong Gap and Rose Kim (eds.), 1999, *Struggle for Ethnic Identity: Narratives by Asian American Professionals*, Lanham: AltaMira Press.

Moore, Wendy Leo, 2008, *Reproducing Racism: White Space, Elite Law Schools and Racial Inequality*, Plymouth: Rowman and Littlefield.

Morley, David and Kevin Robins, 1995, *Spaces of Identity: Global Media, Electronic Landscapes and Cultural Boundaries*, London: Routledge.

Nader, Laura, 1969, "Up the Anthropologist: Perspectives Gained from 'Studying Up'" In *Reinventing Anthropology*, D. Hymes (ed.), New York: Random House.

Naficy, Hamid, 1993, *The Making of Exile Cultures: Iranian Television in Los Angeles*, Minneapolis: University of Minnesota Press.

Nakane, Chie, 1971, *Japanese Society*, Berkeley: University of California Press.

Nance, Jason P. and Paul E. Madsen, 2014, "An Empirical Analysis of Diversity in the Legal Profession," Connecticut Law Review 47: 271-320.

Newbold, K. Bruce and John Spindler, 2001, "Immigrant Settlement Patterns in Metropolitan Chicago," Urban Studies 38(1): 1903-1919.

Oh, Carolyn Jin-Myung, 1992, "Questioning the Cultural and Gender-Based Assumptions of the Adversary System: Voices of Asian-American Law Students," Berkeley Women's Law Journal 7: 125-180.

Oh, David, 2015, *Second-Generation Korean Americans and Transnational Media: Diasporic Identifications*, Lanham: Lexington Books.

Ong, Aihwa, 1999, *Flexible Citizenship: The Cultural Logics of Transnationality*, Durham: Duke University Press.

Ong, Aihwa, 2003, *Buddha is Hiding: Refugees, Citizenship, the New America*, Berkeley: University of California Press.

Ong, Aihwa and Donald Nonini (eds.), 1997, *Ungrounded Empires: the Cultural Politics of Modern Chinese Transnationalism*, New York: Routledge.

Pae, K. Christine, 2011, "In Remembrance of Wartime 'Comfort Women'," Reflections, Spring, 52-54.

Pan, Yung-Yi Diana, 2016, *Incidental Racialization: Perfomative Assimilation in Law School*, Philadelphia: Temple University Press.

Park, Edward J. W., 2012, "From an Ethnic Island to a Transnational Bubble: A Reflection on Korean Americans in Los Angeles," Amerasia Journal 37(1): 43-47.

Park, Jung-Sun, 2004a, "Korean American Youth and Transnational Flows of Popular Culture Across the Pacific," Amerasia Journal 30(1).

Park, Jung-Sun, 2004b, "Korean American Youths' Consumption of Korean and Japanese TV Dramas and Its Implications," In *Feeling "Asian" Modernities: Transnational Consumption of Japanese TV Dramas*, Koichi Iwabuchi (ed.), Hong Kong: Hong Kong University Press.

Park, Kyeyoung, 1999, "'I Really Do Feel I'm 1.5!': The Construction of

Self and Community by Young Korean Americans," Amerasia Journal 25(1): 139-64.

Park, Kyeyoung and Jessica Kim, 2008, "The Contested Nexus of Los Angeles Koreatown: Capital Restructuring, Gentrification, and Displacement," Amerasia Journal 34(3): 127-150.

Park, Lisa Sun-Hee, 2005, *Consuming Citizenship: Children of Asian Immigrant Entrepreneurs,* Stanford: Stanford University Press.

Park, Robert Ezra & Ernest Watson Burgess, 1921, *Introduction to the Science of Sociology,* Chicago: University of Chicago Press.

Park, Robert Ezra, Ernest Watson Burgess, and Morri Janowitz, 1925, *The City: Suggestions for the Study of Human Nature in the Urban Environment,* Chicago: University of Chicago Press.

Parsons, Talcott, 2005, *The Social System,* Taylor & Francis e-Library, e-Book.

Patterson, Wayne, 1997, "Book Review of East to America: Korean American Life Stories," The International Migration Review 31(3): 747-748.

Patterson, Wayne and Hyung-Chan Kim, 1993, *The Koreans in America,* Minneapolis: Lerner Publications Company.

Payne-Pikus, Monique R., John Hagan, and Robert Nelson, 2010, "Experiencing Discrimination: Race and Retention in America's Largest Law Firms," Law & Society Review 44: 553-584.

Pearce, Russell G., 2005, "White Lawyering: Rethinking Race, Lawyer Identity, and Rule of Law," Fordham Law Review 73(5): 2081-2099.

Pieke, Frank N., 1999, "Introduction: Chinese and European Perspectives on Migration," In *Internal and International Migration: Chinese Perspectives,* Frank N. Pieke and Hein Mallee (eds.), Richmond: Curzon.

Pierce, Jeniffer, 1996, *Gender Trials: Emotional Lives in Contemporary Law Firms,* Berkeley: University of Califormia Press.

Portes, Alejandro, 1994, "Introduction: Immigration and Its Aftermath," International Migration Review, 28(4): 632-639.

Portes, Alejandro, 1995, "Segmented Assimilation among New Immigrant Youths: A Conceptual Framework," In *California's Immigrant Children*, R. G. Rumbaut and W. A. Cornelius (eds.), La Jolla: Center for U.S.-Mexican Studies, University of California-San Diego.

Portes, Alejandro and Min Zhou, 1993, "The New Second Generation: Segmented Assimilation and Its Variants," The Annals of the American Academy of Political and Social Science 530(1): 74-96.

Portes, Alejandro and Ruben Rumbaut, 2001, *Legacies: The Story of the Second Generation*, Berkeley: University of California Press.

Portes, Alejandro, Escobar Cristina, and Alexandria Walton Radford, 2007, "Immigrant Transnational Organizations and Development: A Comparative Study," The International Migration Review 41(1): 242-281.

Portes Alejandro, Luis Eduardo Guarnizo, and Patricia Landolt, 1999, "The Study of Transnationalism: Pitfalls and Promises of an Emergent Research Field," Ethnic and Racial Studies 22(2): 217-37.

Pyke, Karen D., 2004, "Review of Becoming Asian American; Second Generation Chinese and Korean American Identities by Nazli Kibria," Contemporary Sociology 33(1): 47-48.

Ram, Anjali, 2014, *Consuming Bollywood: Gender, Globalization, & Media in the Indian Diaspora,* New York: Peter Lang Publishing, Inc.

Rand, Christopher, 1967, *Los Angeles: The Ultimate City*, New York: Oxford University Press.

Rabinow, Paul and William M. Sullivan (eds.), 1979, *Interpretive Social Science: A Reader*, Berkeley: University of California Press.

Reynoso, Cruz, 2005, "A Survey of Latino Lawyers in Los Angeles County: Their Professional Lives and Opinions," University of California Davis

Law Review 38: 1563-1642.

Rhode, Deborah L., 2015, *The Trouble with Lawyers*, Oxford: Oxford University Press.

Robel, Lauren K., 2006, "Opening Our Classrooms Effectively to Foreign Graduate Students," Penn State International Law Review 24(4): 797-800.

Rosaldo, R. and W. Flores, 1997, "Identity, Conflict, and Evolving Latino Communities: Cultural Citizenship in San Jose, California," In *Latino Cultural Citizenship*, W. Flores and R. Benmayor (eds.), Boston: Beacon Press.

Rouse, Roger, 1991, "Mexican Migration and the Social Space of Postmodernism," Diaspora 1(1): 8-23.

Rudrappa, Sharmila, 2004, *Ethnic Routes to Becoming American: Indian Immigrants and the Cultures of Citizenship*, New Brunswick: Rutgers University Press.

Said, Edward, 1979, *Orientalism*, New York: Vintage Books.

Sander, Richard H., 2006, "The Racial Paradox of the Corporate Law Firm," North Carolina Law Review 84: 1755-1822.

Sassen, Saskia, 1991, *The Global City: New York, London, Tokyo*, Princeton: Princeton University Press.

Schultermandl, Silvia, 2007, "Writing Rape, Trauma, and Transnationality onto the Female Body: Matrilineal Em-body-ment in Nora Okja Keller's Comfort Woman," Meridians: Feminism, Race, Transnationalism 7(2): 71-100.

Sheller, Mimi and John Urry, 2006, "The New Modalities Paradigm," Environment and Planning 38(2): 207-226.

Sherman, Diana, 1979, "Korean Town's Extent, Population Grows Daily," Los Angeles Times, Feb. 25, pt. 8, p. 1.

Shin, Eui Hang and Kyung-Sup Chang, 1988, "Peripherization of Immigrant Professionals: Physicians in the United States," International Migration Review 22(4): 609-626.

Shostak, Marjorie, 1981, *Nisa: The Life and Words of a !Kung Woman,* New York: Vintage Books.

Silver, Carole, Jae-Hyup Lee, and Jeeyoon Park, 2014, "What Firms Want: Investigating Globalization's Influence on the Market for Lawyers in Korea," Columbia Journal of Asian Law 28(1):1-40.

Silver, Carole and Swethaa S. Ballakrishnen, 2018, "Sticky Floors, Springboards, Stairways & Slow Escalators: Mobility Pathways and Preerences of International Students in U.S. Law Schools," UC Irvine Journal of International, Transnational, and Comparative Law 3: 39-70.

Sinclair, John, Audrey Yue, Gay Hawkins, Kee Pookong and Josephine Fox, 2001, "Chinese Cosmopolitanism and Media use," In *Floating Lives: The Media and Asian Disporas*, Stuart Cunningham and John Sinclair (eds.), Lanham: Rowman & Littlefield Publishers, Inc.

Sinclair, John and Stuart Cunningham, 2001, "Diasporas and the Media," In *Floating Lives: The Media and Asian Disporas*, Stuart Cunningham and John Sinclair (eds.), Lanham: Rowman & Littlefield Publishers, Inc.

Siriyuvasak, Ubonrat, 2004, "Popular Culture and Youth Consumption: Modernity, Identity and Social Transformation," In *Feeling Asian Modernities*, Koichi Iwabuchi (ed.), Hong Kong: Hong Kong University Press.

Smigel, E. O., 1964, *The Wall Street Lawyer, Professional Organization Man*, New York: Free Press of Glencoe.

Smith, Robert, 1998, "Transnational Localities: Community, Technology and the Politics of Membership within the Context of Mexico and U.S. Migration," In *Transnationalism from Below*, Michael Peter

Smith and Luis Eduardo Guanizo (eds.), New Brunswick and London: Transaction Publishers.

Smith, Robert, 2002, "Life Course, Generation, and Social Location as Factors Shaping Second Generation Transnational Life," In *The Changing Face of Home: The Transnational Lives of the Second Generation*, Peggy Levitt and Mary C. Waters (eds.), New York: Russell Sage Foundation.

Smith, Robert, 2006, *Mexican New York: Transnational Lives of New Immigrants*, Berkeley: University of California Press.

Son, Elizabeth W., 2016, "Transpacific Acts of Memory: The Afterlives of Hanako," Theatre Survey 57(2): 264-274.

Sowel, Thomas, 1981, *Ethnic America: A History*, New York: Basic Books, Inc. Publishers.

Stover, Robert V., 1989, *Making It and Breaking It: The Fate of Public Interest Commitment During Law School*, Urbana: University of Illinois Press.

Sutton, John, 2001, *Law/Society: Origin, Interactions and Change*, Thousand Oaks: Pine Forge Press.

Tanke, Sara, 2015, *Immigrant Stories*, ebook.

The National Advisory Commission on Civil Disorders, 2016, *The Kerner Report*, Princeton: Princeton University Press.

Thai, Hung Cam, 2014, *Insufficient Funds: The Culture of Money in Low-Wage Transnational Families*, Stanford: Stanford University Press.

Thornton, Margaret, 2016, "Work/Life or Work/Work? Corporate Legal Practice in the Twenty-First Century," International Journal of the Legal Profession 23(1): 13-39.

Thussu, Daya Kishan, 2007, "Mapping Global Media Flow and Contra-Flow," In *Media on the Move: Global Flow and Contra-Flow*, Daya Kishan

Thussu (ed.), London: Routledge.
Tomlinson, Jeniffer, Daniel Muzio, Hilary Sommerlad, Lisa Webley, and Liz Duff, 2013, "Structure, agency and career strategies of white women and black and minority ethnic individuals in the legal profession," Human Relations 66(2): 245-269.
Tomlinson, John, 1991, *Cultural Imperialism,* Baltimore: Johns Hopkins University Press.
Trubek, David, Yves Dezalay, Ruth Buchanan, and John R. Davis, 1994, "Global Restructuring and the Law: Studies of the Internationalization of Legal Fields and the Creation of Transnational Arenas", Case Western Reserve Law Review 44(2): 407-498.
Tu, Thuy Linh N., 2011, *The Beautiful Generation: Asian Americans and the Cultural Economy of Fashion*, Durham: Duke University Press.
UN Research Institute for Social Development(UNRISD), 1994, "Social Integration: Approaches and Issues," UNRISD Briefing Paper No. 1.
U.S. Human Rights Network, 2010, "The United States of America: Summary Submission to the UN Universal Periodic Review," Universal Periodic Review Joint Reports: United States of America(UN Report).
Valverde, Kieu Linh Caroline, 2005, "Making Transnational Vietnamese Music: Sounds of Home and Resistance," In *East Main Street: Asian American Popular Culture,* Shilpa Davé, LeiLani Nishime and Tasha G. Oren (eds.), New York: New York University Press.
Vickerman, Milton, 2002, "Second Generation West Indian Transnationalism," In *The Changing Face of Home: The Transnational Lives of the Second Generation*, Peggy Levitt and Mary C. Waters (eds.), New York: Russell Sage Foundation.
Wald, Eli, 2007, "The Rise and Fall of the WASP and Jewish Law Firms," Stanford Law Review 60(6): 1803-1866.

Waldinger, Roger, 2015, "The Cross-Border Connection: A Rejoinder," Ethnic and Racial Studies, 38(13): 2305-2313.

Waldinger, Roger and Fitzgerald D., 2004, "Transnationalism in Question," American Journal of Sociology 109(5): 1177-95.

Waldinger, Roger, Eric Popkin, and Hector Aquiles Magana, 2008, "Conflict and Contestation in the Cross-Border Community: Hometown Associations Reassessed," Ethnic and Racial Studies 31(5): 843-870.

Waters, Mary and Thomas R. Jimenez, 2005, "Assessing Immigrant Assimilation: New Empirical and Theoretical Challenges," Annual Review of Sociology 31: 105-125.

Waters, Mary C. and Marisa G. Pineau (eds.), 2015, *The Integration of Immigrants into American Society,* Washington DC: National Academies Press.

Watson, James (ed.), 1997. *Golden Arches East: McDonald's in East Asia.* Stanford: Stanford University Press.

Watson, Lawrence C. and Maria-Barbara Watson-Franke, 1985, *Interpreting Life Histories: An Anthropological Inquiry*, New Brunswick: Rutgers University Press,

Weller R. P., 1999, *Alternate Civilities: Democracy and Culture in China and Taiwan,* Boulder: Westview.

White, Jenny, 1997, "Turks in the New Germany," American Anthropologist 99(4): 754-769.

Wilkins, David, 1998, "Fragmenting Professionalism: Racial Identity and the Ideology of Bleached Out Lawyering," International Journal of the Legal Profession 5: 141-173.

Wilkins, David and G. Mitu Gulati, 1996, "Why Are There So Few Black Lawyers in Corporate Law Firms-An Institutional Analysis," California Law Review 84(3): 493-625.

Willen, Sarah S., 2007, "Toward a Critical Phenomenology of 'Illegality': State Power, Criminalization, and Objectivity among Undocumented Migrant Workers in Tel Aviv, Israel," International Migration 45(3): 8-38.

Wimmer, Andreas and Nina Glick-schiller, 2003, "Methodological Nationalism, the Social Sciences, and the Study of Migration: An Essay in Historical Epistemology," International Migration Review 37(3): 576-610.

Woolcock, Michael, 1998, "Social Capital and Economic Development: Toward a Theoretical Synthesis and Policy Framework," Theory and Society 27(2): 151-208.

Xing, Jun, 1998, *Asian America Through the Lens*, Walnut Creek: Altamira Press.

Yamamoto, Eric K., and Sara Lee, 2012, "Korean Comfort Women Redress 2012 through the Lens of US Civil and Human Rights Reparatory Justice Experiences," Journal of Korean Law 11(2): 123-149.

Yau, Esther. 2001 "Introduction: Hong Kong Cinema in a Borderless World." In *At Full Speed: Hong Kong Cinema in a Borderless World,* Ester Yau (ed.), Minneapolis: Minnesota University Press.

Yoneyama, Lisa, 2003, "Traveling Memories, Contagious Justice: Americanization of Japanese War Crimes at the End of the Post-Cold War," Journal of Asian American Studies 6(1): 57-93.

Yu, Eui-Young, 1982, "Koreans in Los Angeles: Size, Distribution, and Composition," In *Koreans in Los Angeles: Prospects and Promises,* Eui-Young Yu, Earl H. Phillips, and Eun Sik Yang (eds.), Los Angeles: Koryo Research Institute.

Yu, Eui-Young, 1983, "Korean Communities in America: Past, Present, and Future," Amerasia Journal 10: 23-51.

Yu, Eui-Young, 1985, "'Koreatown' in Los Angeles: Emergence of a New

Inner-City Ethnic Community," Bulletin of the Population and Development Studies Center 14: 29-43.

Yu, Eui-Young, 1990, "Korean Community Profile: Life and Consumer Patterns," Los Angeles: Korea Times, 1990.

Yu, Eui-Young, Eun Sik Yang, and Earl H. Phillips (eds.), 1982, *Koreans in Los Angeles: Prospects and Promises*, Los Angeles: Koryo Research Institute.

Yu, Zhou and Dowell Myers, 2007, "Convergence or Divergence in Los Angeles: Three Distinctive Ethnic Patterns of Immigrant Residential Assimilation," Social Science Research 36(1): 254-285.

Yuh, Ji-Yeon, 1996, "Book Review of East to America: Korean American Life Stories," Amerasia Journal 22(3): 175-177.

Yuh, Ji-Yeon, 2005, "Moved by War: Migration, Diaspora, and the Korean War," Journal of Asian American Studies 8(3): 277-291.

Zelinski, Wilbur and Barrett A. Lee, 1998, "Heterolocalism: An Alternative Model of the Sociospatial Behavior of Immigrant Communities," International Journal of Population Geography 4: 281-298.

Zhou, Min, 2007, "Segmented Assimilation: Issues, Controversies, and Recent Research on the New Second Generation," International Migration Review 31(4): 975-1008.

Zong, Jie and Jeanne Batalova, 2017, "Korean Immigrants in the United States," Migration Information Source, February 8.

□ 자료 □

박흥률, LA에 'SM 엔터테인먼트 광장' 한국일보 2020.11.06.
http://m.koreatimes.com/article/20201105/1335864 (retrieved on 8/2/2021)

American Bar Association, ABA National Lawyer Population Survey:

Historical Trend in Total National Lawyer Population, 1878-2019.
National Public Radio et al., 2017, Discrimination in America: Experiences and Views of Asian Americans. https://legacy.npr.org/assets/news/2017/12/discriminationpoll-asian-americans.pdf
The American Bar Foundation and the NALP Foundation for Law Career Research and Education, After the JD II: Second Results from a National Study of Legal Careers, 2009 ('AJD II').
The American Bar Foundation and the NALP Foundation for Law Career Research and Education, After the JD III: Third Results from a National Study of Legal Careers, 2014 ('AJD III').
The NALP Foundation for Law Career Research and Education and the American Bar Foundation, After the JD: First Results of a National Study of Legal Careers, 2004 ('AJD I').
Tyler, L. G., 1915, Encyclopedia of Virginia Biography, Lewis Historical Publishing Company. (http://vagenweb.org/tylers_bios/vol1-09.htm)
U.S. Census Bureau, 2016, "2015 American Community Survey," American FactFinder.
https://dictionary.cambridge.org/ko/%EC%82%AC%EC%A0%84/%EC%98%81%EC%96%B4/integrate
https://dictionary.cambridge.org/dictionary/english/incorporation
https://en.wikipedia.org/wiki/Social_integration
https://en.wikipedia.org/wiki/Ancestry_of_George_Washington
https://en.wikipedia.org/wiki/Martin_Van_Buren
https://www.wikitree.com/wiki/Monroe-377
https://sites.google.com/site/paulcunneen/home/us-history-1/immigrationunitoutline/4-waves-of-immigration
https://sites.google.com/site/paulcunneen/home/us-history-1/immigrationunit

outline/4-waves-of-immigration
https://www.archives.com/genealogy/president-jackson.html
https://www.hoover.org/research/melting-pots-and-salad-bowls
https://www.definitions.net/definition/social+integration
https://www.geni.com/people/Thomas-Jefferson-I/6000000003615503118
https://www.migrationpolicy.org/topics/immigrant-integration
https://www.merriam-webster.com/dictionary/incorporation

한경구

서울대학교 인류학과 학부 및 석사과정을 졸업하고 국사학과 석사과정에서 수학하다가 미국 하버드대학교에 유학하여 일본 기업에 대한 연구로 박사학위를 받았다. 강원대학교 인류학과, 국민대학교 국제학부, 서울대학교 자유전공학부 교수를 역임하고 현재 유네스코 한국위원회 사무총장으로 있다. 재외한인학회장과 한국이민학회장을 역임했으며, 저술로는『세계의 한민족 : 아시아 태평양』,『일본 한인의 역사(상)』(공저), 공역서로는『국경을 넘는 방법 : 문화, 문명, 국민국가』,『낯선 곳에서 나를 만나다』등이 있다.

박계영

서울대학교 생물교육학과(인류학 부전공)와 동 대학원 인류학과를 졸업하고 미국 CUNY대학교(City University of New York Grad Ctr)에서 인류학 박사학위를 받았다. 현재 미국 UCLA대학교에서 인류학과와 아시안 아메리칸학과 교수이다. 주요 저서로 아시안 아메리칸학회 저술상을 받은 *The Korean American Dream: Immigrants and Small Business in New York City*가 있고, 최근 출간된 *LA Rising: Korean Relations with Blacks and Latinos after Civil Unrest*가 있다.

이정덕

인류학을 전공하여 전북대학교에서 문화인류학을 가르치며 글로벌융합대학의 학장을 맡고 있다. 주요 관심 분야는 미국 현대와 한국 근현대 문화로 문화의 현대화 과정과 제국/식민의 글로벌 상호작용에 초점을 맞추고 있다.『21세기 한국의 문화혁명』, 『근대라는 괴물』, 『아시아의 압축근대, 성장 그리고 사회변화』(공저), 『한국의 압축근대와 생활세계』(공저), 『서구근대서사와 서구중심주의』, 『서구근대개념과 서구우월주의』, 『문화창조도시, 전주』(공저) 등을 저술하였다.

김현희

서울대학교 법과대학을 졸업하고 미국 일리노이대학교(어바나-샴페인)에서 인류학 박사학위를 받았다. 현재 연세대학교 법학연구원 연구교수이다. 주요 논문으로 「불법과 합법 사이의 경계에서: 미국 이민법제의 변동과 한인 미등록 청년의 삶」, 「미국 시민권으로의 길: 뉴욕 한인 변호사의 무료법률서비스」, 「재미한인여성의 트랜스보더 시민활동과 정체성의 정치: 세월호 광고 캠페인을 중심으로」 등이 있다.

정은주

서울대학교 학부, 대학원 및 미국 하버드대학교 인류학과에서 사회인류학을 전공하고 한국화교 디아스포라 형성의 특수성에 관한 연구로 박사학위를 받았다. 현재 인천대학교 중국학술원 교수로 재직하며, 동아시아인의 이주, 이주자 시민권, 교육과 공간성의 정치에 초점을 둔 연구를 진행하고 있다. 주요 논저로 『동아시아 연구 어떻게 할 것인가』(공저), 『한반도화교사전』(공저), 「이주 공간 연구와 이주민 행위주체성 담론에 대한 비판적 검토」, 「'이방인'에 대한 시선: 해방 이후 한국 언론 담론에 재현된 화교」 등이 있다.

박정선

연세대학교 사회학과를 졸업하고 미국 노스웨스턴대학교에서 인류학 석사와 박사학위를 받았다. 현재 California State University at Dominguez Hills의 아시아-태평양학과(Asian-Pacific Studies) 교수이다. 주요 논저로 『한류 그 이후: 한류의 저력과 향후 과제』(공저), *The Borders in All of Us: New Approaches to Three Global Diasporic Communities*(공저) 등이 있다.

이재협

서울대학교 인류학과를 졸업하고 미국 펜실베이니아대학교에서 미국학 박사학위, 미국 노스웨스턴대학교에서 법학 박사학위(J.D.)를 받았다. 현재 서울대학교 법학전문대학원 교수이다. 주요 저서로 *Dynamics of Ethnic Identity: Three Asian American Communities in Philadelphia*, 『대한민국의 법률가: 변화하는 법조에 관한 경험적 탐구』(편저) 등이 있다.

유철인

서울대학교 인류학과를 졸업하고 미국 뉴욕주립대학교(빙햄턴)에서 인류학 석사학위, 미국 일리노이대학교(어바나-샴페인)에서 미군과 국제 결혼한 한인 여성의 생애사 연구로 인류학 박사학위를 받았다. 한국문화인류학회장과 한국구술사학회장을 역임했으며, 현재 제주대학교 철학과 교수이다. 주요 논저로 『태평양을 넘어서: 글로벌 시대 재미한인의 삶과 활동』(공저, 2020), 『인류학과 문화비평』(역서, 2005), 『인류학과 지방의 역사』(공저, 2004), 「재미한인 여성의 구술생애사 : 무엇을 말하고 어떤 것을 듣나」(2019), 「구술된 경험 읽기 : 제주 4·3 관련 수형인 여성의 생애사」(2004) 등이 있다.

글로벌 시대 재미한인 연구
이론적 리뷰와 새로운 방향의 모색

초판 인쇄 2021년 11월 1일
초판 발행 2021년 11월 15일

엮 은 이 | 정은주
지 은 이 | 정은주·한경구·박계영·이정덕·김현희·박정선·이재협·유철인
펴 낸 이 | 하운근
펴 낸 곳 | 學古房

주 소 | 경기도 고양시 덕양구 통일로 140 삼송테크노밸리 A동 B224
전 화 | (02)353-9908 편집부(02)356-9903
팩 스 | (02)6959-8234
홈페이지 | www.hakgobang.co.kr
전자우편 | hakgobang@naver.com, hakgobang@chol.com
등록번호 | 제311-1994-000001호

ISBN 979-11-6586-423-1 93300

값: 21,000원